国家出版基金项目
NATIONAL PUBLICATION FOUNDATION

中国海上丝绸之路通史
第一辑
中国海洋文明发展史

U0102547

近现代时期：中外经贸文化交流与发展

陈支平　王子今　主编

佳宏伟　著

海峡出版发行集团 | 鹭江出版社
THE STRAITS PUBLISHING & DISTRIBUTING GROUP

2023年·厦门

图书在版编目（CIP）数据

近现代时期:中外经贸文化交流与发展/陈支平,
王子今主编;佳宏伟著. --厦门:鹭江出版社,
2023.12
　　ISBN 978-7-5459-2042-0

　　Ⅰ.①近…Ⅱ.①陈…②王…③佳…Ⅲ.①对外贸
易－贸易史－中国－近现代Ⅳ.①F752.95

　　中国国家版本馆CIP数据核字（2023）第235278号

中国海上丝绸之路通史（第一辑）

JINXIANDAI SHIQI ZHONGWAI JINGMAO WENHUA JIAOLIU YU FAZHAN

近现代时期：中外经贸文化交流与发展

陈支平　王子今　主编

佳宏伟　著

出版发行：鹭江出版社

地　　址：厦门市湖明路 22 号　　　　　　　邮政编码：361004

印　　刷：恒美印务（广州）有限公司

地　　址：广州南沙开发区环市大道南 334 号　　联系电话：020-84981812

开　　本：787mm×1092mm　　1/16

插　　页：4

印　　张：23.75

字　　数：328 千字

版　　次：2023 年 12 月第 1 版　　　　2023 年 12 月第 1 次印刷

书　　号：ISBN 978-7-5459-2042-0

定　　价：150.00 元

总　序

　　任何一种文明都是在与其他文明的交融对话中不断发展的。作为世界上最古老的几个文明之一，中华文明在历史长河中既扮演了文明传播者的角色，也不断从其他文明中汲取各种养分。在这种文明交往的世界体系中，中华文明既壮大发展了自身，也为世界文明的进步作出了重大贡献。

　　长期以来，学界对中国社会文明史的研究，主要侧重传统农业社会发展史方向，对中国海洋发展史的关注度则相对薄弱。这一方面是因为中国自古以来就是一个"以农立国"的国度，历代社会的经济基础及意识形态，基本上围绕"农业"展开；另一方面是因为历代统治者为了政权的巩固与社会的稳定，往往把从事海上活动的人群视为对既有社会形态的威胁，经常实施诸如禁止出海活动的法令。在这些因素的作用下，中国的海洋文明发展史以及由此开拓出的海上丝绸之路的历史与文化，必然受到历代政府与士大夫们的漠视，甚至备受打击。

　　中国是一个临海国家，从北到南，大陆海岸线长度约一万八千千米。事实上，在这样的地理优势之下，我们的先民很早就开始从事海洋活动。这种活动除了延续至今的海洋捕捞、海洋养殖之外，还不断通过国家、社会的不同领域与层面向外延伸，寻求与外界的联系和发展。可以说，中国海洋文明存在于"海—陆"一体的结构中。中国既是一个大

陆国家，又是一个海洋国家，中华文明具有陆地文明与海洋文明双重性格。中华文明以农业文明为主体，同时包容游牧文明和海洋文明，形成多元一体的文明共同体。中华民族拥有源远流长、辉煌灿烂的海洋文化和勇于探索、崇尚和谐的海洋精神。没有古代中国的海洋文明，也就谈不上近代中国海权的旁落；没有古代中国的海洋文明，也就没有当代中国海权的复兴。我们不能因为中国在近代落伍和被欺凌、被打压，就否认中国传统海洋文明的辉煌。①

中国的先民正是在长达数千年的不断探索、实践之下，才让中国的海洋文明发展史在世界文明史上留下光辉的篇章。

一、对中国海洋发展的回顾

中国先民在上古时期进行的海洋活动，应该是沿着海岸线进行海洋捕猎和滩涂养殖活动。在不断与大海搏击与互相适应的过程中，逐渐形成了辉煌灿烂的海洋文化和勇于探索、崇尚和谐的海洋精神。中华海洋文明是中华原生文明的重要组成部分，与中华农业文明几乎同时发生。在汉武帝平定南越以前，东夷、百越等海洋族群创造的海洋文明仍是一个独立的系统。

早期中华海洋文明的逐渐形成，伴随着海上活动区域的日益扩大。有学者指出，中国历史文献中的百越族群，与人类学研究的南岛语族属于同一范畴，两者存在亲缘关系。百越族群逐岛漂流航行的活动范围，是从东海、南海几经辗转到达波利尼西亚等南太平洋诸岛，百越族群是大航海时代以前人类最大规模的海上移民。东夷、百越被纳入以华夏文明（即内陆文明、农业文明、大河文明）为主导的王朝统治体系后，海洋文明逐渐被进入沿海地区的汉族移民承继、涵化，和汉化的百越后裔

---

① 杨国桢、王鹏举：《中国传统海洋文明与海上丝绸之路的内涵》，《厦门大学学报（哲学社会科学版）》2015 年第 4 期。

一道，铸造了中华文明的海洋特性，拉开了海上丝绸之路的帷幕。① 由于中国沿海传统渔业和养殖业在中国历代社会经济中所占份额较小，因此，中国的海洋文明发展历史，主要体现在向海外发展并且与海外各地相互连接的海上丝绸之路上。

从现有的资料看，中华民族海洋先民与世界其他民族的交流，早在公元前 10 世纪时就已产生。由于地处亚欧大陆，东临大海，中国在早期的对外交流中，率先开辟西通西域、东出大海的两条主要通道，中华文明与世界文明交往基本格局的雏形自此形成。

《山海经》中提到"闽在海中"，这是一种传说。但是"闽在海中"的传说，是数千年来中国南方民族与东亚民族长期交往的历史记忆。"闽"是福建地区的简称。福建地区处于陆地，何谓"海中"？这一传说实际上说明了我国东南沿海地区面向大海以及宝岛台湾在东南海洋中的特殊地理位置，乃至中国东南沿海地区与南洋各地包括南岛语族居民长期交融的文化互动关系。这种关系无疑就是后来海上丝绸之路的先声。

中国北方有"箕子入朝鲜"的记述，称公元前 1066 年，周武王灭商，命召公释放箕子，箕子率 5000 人前往朝鲜。公元前 3 世纪末，朝鲜历史上第一次记载了"箕氏侯国"。《史记》记载，箕子在周武王伐纣后，带着商代的礼仪和制度到了朝鲜半岛北部，被那里的人民推举为国君，并得到周朝的承认，史称"箕子朝鲜"。现代谱系学的研究成果证实，现今许多朝鲜人和韩国人的祖先来自华夏地区。

春秋战国时期有"徐福东渡日本"的记载。徐福东渡，一直被公认为华夏民族及其文化传入日本的重要历史事件。《史记·淮南衡山列传》记载了徐福东渡事件，后又有徐福在日本平原、广泽为王之说。徐福东渡日本，促成了一代"弥生文化"的诞生，并为日本带去了文字、农耕和医药技术。据统计，日本的徐福遗迹有 50 多处。

春秋战国时期文献多数缺失，至今留存的文献记载十分有限，但是从上述传说和记述中，我们可以了解到中国古代先民并没有辜负大海的恩

---

① 杨国桢：《海洋丝绸之路与海洋文化研究》，载李庆新主编《海洋史研究（第七辑）》，社会科学文献出版社，2015。

总序

3

赐。在当时生产力低下、航海技术相当原始的情况下，他们仍不断地尝试循着大海，向东面和东南面拓展，谋求与海外民族的联系与合作。

汉唐时期是中国历史上的强盛时期，社会生产力得到长足的进步，交通工具特别是航海技术有了空前的提升，中外文化交流也进入稳步发展阶段。强盛的国力和丰富多彩的文化，吸引着东亚各国前来学习，唐代的政治文化制度对东方邻国的政治文化体制产生了直接的影响。可以说，汉唐时期中国闻名于世的陆上丝绸之路和海上丝绸之路已经形成，中国海洋发展史进入了一个崭新的阶段。

公元前 138 年，张骞出使西域，这是丝绸之路开通的先声。东汉永元九年（97），西域都护班超派遣甘英出使大秦，扩大华夏文化对西域的影响，也丰富了汉人对西域的认识。陆上丝绸之路开辟以后，中国的丝织技术随丝织品输入西方，促进了中外文化交流和贸易往来，加强了西汉与西域地区的联系。

与此同时，自中国沿海起始的海路，西达印度、波斯，南及东南亚诸国，北通朝鲜、日本。公元前 2 世纪到公元前 1 世纪，西汉王朝的使节已在南海航行。中国古籍《汉书·地理志》最早提到的中西海路交通的路线是："自日南（今越南中部）障塞、徐闻（今广东徐闻）、合浦（今广西合浦）船行可五月，有都元国；又船行可四月，有邑卢没国；又船行可二十余日，有谌离国；步行可十余日，有夫甘都卢国。自夫甘都卢国船行可二月余，有黄支国……平帝元始中，王莽辅政，欲耀威德，厚遗黄支王，令遣使献生犀牛。自黄支船行可八月，到皮宗；船行可二月，到日南、象林界云。黄支之南，有已程不国，汉之译使自此还矣。"[1]《汉书·地理志》所记载之海上交通路线，实为早期的海上丝绸之路，当时海船载运的"杂缯"，即各种丝绸。到 2 世纪 60 年代，罗马帝国与东汉通过海上丝绸之路发生联系。三国时期的吴国曾派遣朱应、康泰出使南海，促进了中国与南海诸国的联系。5 世纪，中国著名旅行家法显由陆上丝绸之路前往印度，回国时取道海上丝绸之路，经师子国（今斯里兰卡）、耶婆提（今印度尼西亚苏门答腊岛一带）回国。此时，

---

[1]《汉书》，中华书局，1962，第 1671 页。

海上交通已相当频繁，中国与东南亚地区、印度洋地区已有广泛联系，特别是来自中国与印度的僧人为弘扬佛法，交往更为密切。这一时期，中国与阿拉伯半岛、波斯湾地区之间也有一定规模的海上交流活动。

唐朝是海上丝绸之路的大发展时期。隋唐五代时期，与中国通商的国家有赤土、丹丹、盘盘、真腊、婆利等。中唐之后，西北地区丝绸之路阻塞，华北地区经济衰落，华南地区经济日益发展，海上交通开始兴盛。这一时期，海上丝绸之路的繁荣程度远远超过了陆上丝绸之路。与中国通商的国家有拂菻、大食、波斯、天竺、师子国、丹丹、盘盘、三佛齐。航路是以泉州或广州为起点，经过海南岛、环王国、门毒国、古笪国、龙牙门、罗越国、室利佛逝、诃陵国、个罗国、哥谷罗国、胜邓洲、婆露国、师子国、南天竺、婆罗门国、信度河、提罗卢和国、乌剌国、大食国、末罗国、三兰国。同时，唐代即有唐人移民海外。其中，唐代林氏始祖渡海至韩国，繁衍至今约有 120 万人。2001 年，韩国林氏到泉州惠安彭城村寻根谒祖，传为佳话。

中国宝岛台湾以其雄踞东南海中的地理位置，在中国海洋文明发展史及对外交通的海上丝绸之路中扮演着无可替代的角色。最新考古发掘资料证实，以台北地区十三行文化遗址为代表，在距今 1800 年至 400 年之间，台湾是联结中国大陆与海外的一个重要中转站。这里出土的文物，既有来自大陆的青铜器物，也有来自南亚地区甚至更远区域的玻璃器皿。这些出土文物充分说明，我国东南地区及台湾地区在唐宋时期就已经成为我国海上丝绸之路的重要港口与据点。

隋唐时期我国海洋文明发展的一个重要标志，是中国文化向周边国家传播。隋唐时期是我国专制集权发展的鼎盛时期，政治、经济、文化均较为发达，与邻近诸国往来频繁，互相影响，对我国及邻近各国的经济、文化发展，具有积极的推进意义。唐贞观十七年（643），李义表、王玄策出使印度，天竺迦摩缕波国童子王要求将《道德经》翻译成梵文。他们归国后，唐太宗命玄奘等完成翻译，王玄策在第二次出使印度时，即将翻译好的《道德经》赠送给童子王，并赠送了老子像。这是迄今为止最早的有文字可考的关于《道德经》传入印度的记述。不仅如此，侨居中国的波斯人、阿拉伯人亦受中国文化的熏陶。当时的长安可

谓亚洲各国留学生聚集的地方，也是世界文化传播中心。

汉字作为世界上使用人数最多的文字，对日本、朝鲜、韩国、越南、哈萨克斯坦等亚洲诸国均产生过深远且重大的影响。日本民族虽有古老的文化，但其本族文字则较晚出现。长期以来，日本人民以汉字作为传播思想、表达情感的载体，称汉字为"真名"。公元5世纪初，日本出现借用汉字的标音文字——"假名"。公元8世纪时，以汉字标记读音的日本文字已较为固定，其标志是《万叶集》的编定。日本文字的最终创制由吉备真备和弘法大师（空海）完成。他们两人均曾长期留居中国唐朝，对汉字有很深的研究。前者根据标音汉字楷体偏旁创造了日文"片假名"，后者采用汉字草书创造日文"平假名"。尽管自公元10世纪起，假名文字开始在日本盛行，但汉字的使用却并未因此废止。时至今天，已在世界上占据重要地位的日本文字仍保留着1000多个简体汉字。

朝鲜文字称谚文。它的创制和应用是古代朝鲜文化的一项重要成就。实际上，中古时期的朝鲜亦如日本，没有自己的文字，使用的是汉字。新罗统一后稍有改观，时人薛聪曾创造"吏读"，即用汉字表示朝鲜语的助词和助动词，辅助阅读汉文书籍。终因言文各异，"吏读"无法普及。李朝初期，世宗在宫中设谚文局，令郑麟趾、成三问等人制定谚文。他们依中国音韵，研究朝鲜语音，创造出11个母音字母和17个子音字母，并于1443年编成"训民正音"公布使用，朝鲜从此有了自己的文字。

公元10世纪以前，越南是中国的郡县。秦、汉、隋、唐均曾在此设官统辖，故越南受中国文化的影响较深。越南独立后，无论是上层人士的交往，还是学校教育、文学作品创作，均以汉字为工具。直至13世纪，越南才有本国文字——字喃。字喃是以汉字为基础，用形声、假借、会意等方法创制的表达越南语音的新字。15世纪时，字喃通行越南全国，完全取代了汉字。

不仅文字，唐代的政治制度同样对东亚各国产生了不小的影响。科举制度和三省六部制是中国古代政治制度的重要组成部分，也是支持官僚政治高度发展的两大杠杆。科举制度和三省六部制萌芽于汉代，建立于隋唐，不仅影响了东亚世界政治制度的发展，还促进了西方文官制度的建立。在唐代，有不少来自朝鲜、安南（今越南）、大食（今阿拉伯）等国的留学人员参加中国的科举考试，其中尤以朝鲜人为多。公元9世纪初，朝鲜半岛还处于百济、新罗、高句丽并立的三国时代，新罗的留唐学生十分向往中国的科举制度，并且来中国参加科举考试。821年，新罗学生金云卿首次在唐朝科举中登第。截至唐亡的907年，新罗学生在唐登第者有58人。五代时期，新罗学生及第者又有32人。958年，高丽实施科举制度。日本也于8世纪时引进中国的科举制，建立贡举制。唐会昌五年（845），唐王朝允许安南同福建、黔府、桂府、岭南等地一样，每年选送进士7人、明经10人到礼部，同全国各地的乡贡、生徒一起参加科举考试。科举制度虽然最早产生于中国，但其声望及影响并非仅囿于中国。从其诞生之日起，历朝历代就有不少外国学子到中国学习和参加科举考试，绝大多数人学有所成，像桥梁一样促进了国与国之间在文化、教育等方面的交流，为增进中国人民与其他各国人民的友谊作出了不可磨灭的贡献。他们的历史功绩永载中国海洋文明发展史及中外文化交流史史册。

新罗受唐文化影响最深。当时入唐求学的新罗学子很多，仅840年一年，从唐朝回国的新罗留学生就有100余人。他们学成归国后，协助新罗统治者仿效唐朝的政治制度，建立起从中央到地方的行政组织。8世纪中叶，新罗仿效唐朝改革了行政组织，在中央设执事省（相当于唐朝的中书省），在地方设州、郡、县、乡。日本也是与唐朝有密切来往的东亚国家之一。仅在唐朝一代，日本就派遣了12批遣唐使团到中国学习，次数之多，规模之大，时间之久，学习内容之丰富，可谓空前，推动了中日文化交流的第一次高潮。通过与中国的不断交往，日本在政治、经济、军事、文化、生产技术以至生活风尚等方面都受到中国的深刻影响。其中，影响最大的是646年日本的大化改新。日本在这次革新中充分借鉴了唐朝经验，建立了以天皇为中心的中央集权国家，官吏任免权收归中央。这次改革还仿效唐朝的三省六部制，在中央设立相应机构，各司其职，置八省百官。从649年"冠位十九阶"的制定到701年《大宝律令》、718年《养老律令》的先后制定，全新的封建官僚体制取

代了贵族官僚体制（现在日本的中央部级还称作"省"）。同一时期，安南所推行的文教制度和选拔人才政策也与隋唐几乎相同。世界五大法系之一——"中华法系"的代表《唐律疏议》，对越南法制史有重大影响。中国政治制度对东亚、南亚国家的影响一直延续到宋明时期。

佛教传入中国，经过中国文化的滋养，再传入东亚各国，对东亚各国的宗教文化产生了深刻影响。鉴真先后6次东渡到达日本，留居日本10年，辛勤不懈地传播唐朝多方面的文化成就。唐代前期和中期以后，新罗留学生研习当时盛行的天台宗、法相宗、律宗、华严宗、密宗和禅宗。

唐朝时期，中国的典籍源源不断地传入东亚各国，形成了一个高潮。日本飞鸟、奈良时代甚至出现了当时举世罕见的汉书抄写事业。日本贵族是最早掌握汉字和汉文化的社会阶层。日本平安时代（794—1192）是贵族文化占主流的时代。这一时代的贵族，包括皇室在内，均以中国文明为榜样，嗜爱汉籍，对唐诗推崇备至。平安时代初期，嵯峨天皇敕令编撰了《凌云集》和《文华秀丽集》两部汉诗集，开启其后三百年间日本汉文化发达之先河。

唐代国学等汉籍传入东亚各国，形成了一条通畅的"书籍之路"。早期"书籍之路"航线从中国江南始发，经朝鲜半岛，再至日本列岛，这是与东亚海上丝绸之路相辅相成的文化传承之路，构建了东亚文化交流的新模式。

宋元时期中国海洋文明发展史在更广阔的范围展开。一方面，在传统"朝贡贸易"的刺激下，民间从事私人海上贸易的情况不断出现；另一方面，理学成为中国儒学的新形态，很快成为东亚各国的道德文化范本。中国禅宗的兴盛也深深地影响着周边各国。中国的"四大发明"进一步影响世界，中国与东南亚各国的往来日渐密切，与非洲的联系也日益紧密。

宋元时期，儒学向亚洲国家传播，对东亚及东南亚产生深远的影响。对东亚的影响主要是朱子学和文庙制度的东传。四书五经等儒家经典的思想和智慧传到朝鲜、日本和越南，这些教化中国民众的核心精神也深深影响着东亚各国。在朝鲜，高丽王朝的安珦于1290年将《朱子全书》抄回国内后，白颐正、禹倬等人开始不遗余力地在朝鲜发扬程朱理学。他们的后学李齐贤、李穑、郑梦周、郑道传等人，成了推动朝鲜朱子学发展的中流砥柱。日本的朱子学传播伴随着佛教的交流。日本僧人俊芿曾带回朱熹的《四书章句集注》等著作，日本僧人圆尔辩圆曾持朱熹的《大学或问》《中庸或问》《论语精义》《孟子精义》等著作回国。同时，宋朝僧人道隆禅师曾赴日以儒僧身份宣传理学，元朝僧人一宁禅师赴日宣传宋学，培养了一大批禅儒兼通的禅僧，如虎关师炼、中岩圆月、义堂周信等。15世纪末朱子学在日本形成三大学派：萨南学派、海南学派和博士公卿派。在越南，陈圣宗于绍隆十五年（1272）下诏求贤才，能讲四书五经之义者，入侍帷幄。于是，越南出现了一批积极传播朱子学的先驱，如朱文安、黎文休、陈时见、段汝谐、张汉超、黎括等。黎朝建立后，仍然大力提倡朱子学，将朱子学确立为正统的国家哲学。

宋元时期，除了朝鲜、日本、越南等经过海路与中国交往，并且产生文化影响力之外，东南亚各国也同中国产生了直接的联系。例如泰国，宋朝曾于1103年派人到罗斛国，1115年罗斛国的使者正式来到中国，罗斛国与中国建立友好关系。罗斛先后五次（分别于1289年、1291年、1296年、1297年和1299年）派遣使者出访元朝。1238年，泰族首领马哈柴柴查纳亲王后裔坤邦克郎刀创建了以素可泰为中心的素可泰王国（《元史》中称"暹罗"），历史上称作素可泰王朝。宋元时期，泰国医生使用的药物中，30％为中药。他们也采用中医望、闻、问、切的诊治方法。中国的针灸术也流行于泰国。再如缅甸。缅甸蒲甘国1106年第一次遣使由海路入宋，于1136年第二次遣使由陆路经大理国入宋。纵观整个元代，缅甸至少13次遣使至元朝，元朝向缅甸遣使约6次。1394年，明朝在阿瓦设缅中宣慰司，与阿瓦王朝关系密切。再如柬埔寨。真腊是7—16世纪柬埔寨的国名。公元616年2月24日，真腊国遣使贡方物。苏利耶跋摩二世在位时（1113—1150），曾两次遣使来中国访问。真腊国分别于1116年、1120年、1129年遣使入宋，宋朝廷将"检校司徒"称号赐予真腊国王。1200年，真腊遣使入宋赠送驯象等礼品。宋宁宗以厚礼回赠，并表示真腊"海道远涉，后勿再入贡"。1295年，元成宗

（铁穆耳）派遣使团访问真腊，周达观随行。回国后，他写下了《真腊风土记》。唐宋时期中国与老挝的交往在史书中几乎没有记载。元朝曾在云南边外设老丫、老告两个军民总管府。1400年至1613年间，中、老两国互相遣使达43次，其中澜沧王国遣使入明34次，明朝向澜沧王国派遣使节共9次，并在澜沧王国设"军民宣慰使司"。960年，占城国悉利胡大霞里檀遣使李遮帝入宋朝贡。982年，摩逸国（今菲律宾群岛一带）载货至广州海岸。1003年、1004年、1007年，蒲端王其陵遣使来华"贡方物"。1011年，蒲端王悉离琶大遐至遣使入宋"贡方物"。1372年，吕宋（位于菲律宾北部）遣使来贡。1003年，三佛齐王思离朱罗无尼佛麻调华遣使入宋。宋元时期，随着中国海洋文明及海上丝绸之路的发展，中国与东南亚各国建立了比较稳定的联系。

15世纪初叶，郑和船队开始了史诗般的航行；16世纪之后，中国沿海贸易商人也拼搏于东西洋的广阔海域。世界东西方文明在这一时期产生了直接的碰撞与交流。中国文化在面对初步全球化格局的挑战时，演绎了许多可歌可泣的历史篇章；中华文明在新的碰撞交流中，将自身的影响力扩大到全球。中国海洋文明发展的历史又向前迈进一步。

中国明代前期郑和下西洋，体现了中国古代航海技术的最高水平。自永乐三年（1405）开始，一支由200余艘"巨舶"、27000余人组成的庞大舰队在郑和的带领下踏上了海上征程。在近30年的航行中，郑和船队完成了人类史无前例的壮举：先后7次跨越三大洋，遍历世界30多个国家。这支当时世界上最强大的海上舰队的足迹，东达琉球、菲律宾和马鲁古海，西至莫桑比克海峡和南非沿海的广大地区，定期往返，到达越南、马来西亚、斯里兰卡、印度、沙特阿拉伯等30多个国家和地区，最远曾达非洲东部、红海、麦加，并有可能到过澳大利亚、新西兰和美洲。1904年，郑和下西洋500年后，梁启超在《新民丛报》发表《祖国大航海家郑和传》，请国人记住这位"伟大的航海家"，说"郑君之初航海，当哥伦布发现亚美利加以前六十余年，当维哥达嘉马发现印度新航路以前七十余年"。而郑和与带给美洲、非洲血腥殖民主义的西欧航海家最大的不同，则是其宣扬"宣德化而柔远人"的和平贸易理念。这支秉持明太祖"不征"祖训的强大海军，不仅身负建立朝贡贸易的重任，也扮演了维持海洋秩序，使"海道清宁"的角色。在感慨这支强大的海军因明朝廷内外交困不得不中止使命，中国失去在15世纪开始联结世界市场的机会之余，我们还应思考郑和与他史诗般的跨洋航行留给我们的启示：是不是只有牺牲人性与和平的殖民主义才是"全球化"的唯一可行路径？我们的海洋、我们的世界，能否建立起一个以"仁爱""和平"的理念联结在一起的政治秩序？

15世纪中叶，肩负中国官方政治使命的郑和航行虽然画上了句号，但以中国为核心的东亚海洋贸易网络的勃兴与发展却从未停止。郑和船队对东亚、南亚海域的巡航，为中国历代沿海居民打开了通向大洋的窗口，而明朝海禁政策导致朝贡贸易的衰落，更刺激了民间海外贸易的大发展，最终迫使明朝廷做出"隆庆开关"的决定，民间私人海外贸易获得了合法的地位。东南沿海各地民间海外贸易进入了一个新时期。此时，中国沿海海商的足迹几乎遍及东亚和东南亚各国，其中日本、吕宋（今菲律宾）、暹罗（今泰国）、满刺加（今马六甲）等地为当时转口贸易的重要据点。他们把内地的各种商品，如生丝、丝织品、瓷器、白糖、果品、鹿皮及各种日用珍玩运销海外，换取大量白银及香料。由于当时欧洲商人已经染指东南亚各国及我国沿海地区，这一时期的海外贸易活动实际上也是一场东西方争夺东南亚贸易权的竞争。16世纪至17世纪上半叶，以闽粤商人为主的中国商人集团在与西方商人的竞争和抗衡中始终占有一定的优势，成为世界市场中非常活跃的贸易主体。随着国内外商品市场的发展，作为交换媒介的货币也发生了重要变化，自唐、五代以来一直流行于民间的白银，随着海外贸易中大量白银货币的入超，最终取代了明朝的法定钞币，成为通行的主要货币。

繁盛的海外贸易对增加明朝廷的财政收入具有无可替代的重要作用。实际上，明朝已经成为当时的世界金融中心。明代后期及清代前期，中国与世界已经紧密地联系在一起。中国商人奔走于东西洋之间，促进了中国与亚洲各国的经济和文化交流。公元15世纪之后，来自欧洲的商人及传教士群体，纷纷来到亚洲，更是与中国的商人发生了直接的交往。

万历时期，即16世纪末、17世纪初，欧洲陷入经济萧条，大西洋

贸易衰退，以转贩中国商品为主的太平洋贸易发展为世界市场中最活跃的部分。中国商品大量进入世界市场，在一定程度上缓和了世界市场贵金属相对过剩与生活必需品严重短缺的不平衡状态；因嗜好中国精美商品而掀起的"中国热"，刺激和影响了欧洲工业生产技艺的革新，促进了经济的发展。中国商品为17世纪西方资本主义的兴起作出了不可磨灭的贡献。

16至18世纪，"中国热"风靡西方世界，欧洲人沉浸在对东方文明古国心驰神往的迷恋之中。思想家们开始思索西方与东方、欧洲与中国之间的深层次交流。欧洲的启蒙运动思想家们正是在这样一种氛围中，援引儒家思想，赞美中国。中国悠久的历史和发达的文明令欧洲人欣羡不已。为欧洲带来有关中国的信息从而引发热潮的人，主要是16—18世纪持续不断地来到中国的耶稣会士。由于此时的陆上丝绸之路已经衰败，从陆路来到中国，交通相当不便，于是海上交通便成为15世纪以后西方人来到中国的主要通道。换言之，中国的海洋文明发展史，在15世纪以后开始逐渐向世界各地延伸。

明末清初时期，中西之间的文化交流达到了前所未有的深度与广度，呈现出第三次高峰。在此时期，来华天主教传教士，尤其是耶稣会士，充当了重要的文化交流桥梁。一方面，在传播天主教教义的动机的驱使下，西方传教士译介了大量的西方科学文化知识，使明清时期的中国知识界对"西学"有了初步的了解和认识；另一方面，通过定期撰写书信报告、翻译中国典籍等方式，传教士也将中国悠久灿烂的文化及中国现状介绍到欧洲，致使17—18世纪的欧洲"中国热"经久不衰。可以说，这一时期中西文化的接触和交流，对东西方社会的发展和进步都产生了重要的影响。这个时期中国文化比较系统地传入欧洲，对18世纪欧洲社会文化转型和正在兴起的启蒙运动产生了重大影响。18世纪中叶，启蒙运动在欧洲兴起。启蒙思想家在继承古希腊、古罗马以来西方理性主义精神遗产，尤其是近代实证论、经验论的同时，也把眼光投向了中国，他们发现了在2000年前（公元前5世纪时）就已清晰地阐述了他们想说的话的伟大哲人——孔子。在耶稣会士从中国带回的各种知识中，没有哪一样像孔子的思想那样引发欧洲知识界的热烈研究与讨论，而与之相关联的，对中国的理性主义、文官制度、科举制度和法律的探讨，更是直接成为欧洲启蒙运动的重要灵感。许多著名的启蒙思想家，对孔子及中华学说赞扬不已。如伏尔泰从儒学的"人道""仁爱"思想和儒家道德规范的可实践性看到了他所寻求的理想社会的道德理论和道德经验。莱布尼茨惊呼："东方的中国，竟然使我们觉醒了！"孟德斯鸠从中国的儒学中看到了伦理政治对君主立宪的必要性。百科全书派的代表人物曾经赞扬中国是世界上唯一把政治和伦理道德相结合的国家。

18世纪以来，西方的工业革命确立了资本主义制度的坚固基础，殖民化的欲望日益增强。传统的中华古国，在西方列强坚船利炮的冲击下，陷入了深重的危机。然而，富有包容性和创新性的中国海洋文化，在逆境中不断寻求变革之路，探索着文化的新生与重构。以鸦片战争为标志，在西方现代文明的冲击之下，中华文明遭遇空前危机，其主体性地位不断被质疑，中华文明向海外扩展的内在动力也大为减弱。然而，中华文化内在的包容性与创新性，激发了一代又一代的中国人，特别是知识分子群体。中国的仁人志士从未停止对中华民族复兴之路的探索。他们勇于直面危机，努力探索，求新求变，从而推动中华文化的自我调整和现代化嬗变。中华文明面对的是"三千年未有之大变局"，中国长期的文化优势和文化优越感被西方殖民主义的强势文化不断消解。因此，伴随着西方历次的殖民战争，许多中国人在阵痛之后开始了文化自觉和文化反思。这种文化自觉和文化反思最集中的表现即对西方先进科学技术和社会科学理论的引进传播，最终孕育了20世纪初的新文化运动，这成为中国近代名副其实的启蒙运动。

无论是林则徐、魏源等人的"师夷长技以制夷"，还是洋务派人士的"师夷长技以自强"；无论是维新派人士的"立宪救国"，还是资产阶级革命派的"民主共和"；无论是以"民主"和"科学"为旗帜的新文化运动，还是以马克思主义为旗帜的中国共产党领导的新民主主义革命，无不体现出中国传统文化勇于面对逆境的韧劲。当然，逆境中的复兴之路，是十分艰辛、曲折的。仁人志士在不断的探索及实践中，最终找到"只有社会主义才能救中国"的伟大真理。

近代中国文化在中外文化交流中虽然身处逆境，但是其顽强的生命

力，使这一时期中华文明的海外交流和传播从未间断，并且呈现出某些新的传播特征。从对外经济往来的层面说，西方的经济入侵，固然使中国传统经济受到了很大的冲击，但是善于求新求变的中国民众，特别是沿海一带的商民们，忍辱负重，敢于向西方学习，尝试改变传统的生产格局，发展工农业实业经济，拓展海外贸易，取得了良好的成效，从而为中国现当代社会经济的转型与发展奠定了不可忽视的基础。

从文化层面看，20 世纪初中国遭受的巨大浩劫，牵动东西方文明交流向更深入的方向走去。中国知识分子在吸收西方近代知识智慧的同时，深刻地反思中国传统文化的精髓与糟粕，继而为国家和民族的命运奋起反抗。在中学西传的过程中，以在传统海商聚居地出生的辜鸿铭、林语堂为代表的晚清知识分子的贡献很大。这一时期，中国古典文明的现代意义虽然在国内受到质疑和批判，但是在西方社会依然被广泛关注。中国传统的儒家经典、古典诗歌、明清小说在这一时期仍被大量译介到西方。许多汉学家如葛兰言、高本汉等对此都有专业的研究。

在近代中外文化交流中，海外华侨群体也作出了杰出贡献，如创办华文报刊、华文学校等，提倡华文教育。华文教育无形中扩大了中文社会的影响力，促进了中国文化与南洋本土文化的交流，同时也使南洋居民在一定程度上认识和了解了博大精深的中华文化。

随着明清时期特别是近代以来中国民间群众移民海外数量的增加，这一时期中国文化的对外传播形成了某些值得注意的新特征，这就是遍布世界各地的"唐人街"的形成与传播。近代中国文化在中外文化交流中虽然处于逆境，但中国商民在海外的发展从来没有停止，中国文化的海外交流和传播一直没有间断，中国的一些文化习惯，如中国茶文化传到西方之后，依然表现出强大的影响力，成为西方的一种流行文化。而华侨华人对世界各地经济发展的贡献，更是世界各国人民有目共睹的。

近代以来，中国人民的艰辛探索终于迎来了中华人民共和国的诞生。新中国成立之后，殖民主义文化被彻底抛弃，中华文明及其深厚的海洋文化发展潜力得到全面的复苏与拓展，中国与世界各地的经济交往以前所未有之势蓬勃发展，中华文化在中西文化交流中展现出前所未有的自觉和自信。特别是改革开放以来，随着中国综合国力和国际话语权的不断提升，中华文明及海洋事业在国际事务与中西文化交流中，表现出强大的拓展动力和趋势。中华海洋文化及中国海上丝绸之路，再次焕发出独特魅力，不断地延伸创新，影响世界，成为中国走向世界的最强音。

纵观中国海洋文明发展的历史过程，以及中华海洋文化与世界文化的交流历史，既有畅行的通途，也有布满艰辛的曲折之路。无论是唐宋时期由朝贡体系促成的政治制度、礼仪制度、文字文学、宗教信仰等的向外传播，还是宋明以来中国沿海商民的私人海上贸易和华侨移民，都对世界文明的进步与世界经济的发展作出了重要贡献。即使是在以往被人们忽视的科学技术领域，英国著名汉学家李约瑟（Joseph Needham）在其著作《中国科学技术史》一书中，对中国古代科学技术为世界所作的贡献作出了很高的评价。当然，近代以来，中华文明以及中国海洋文明的发展，备受压抑，历尽磨难，但始终葆有顽强的生命力、特有的文化魅力和世界影响力。当改革开放的春风吹遍神州大地的时候，中华文化更是在频繁的交流中不断丰富发展，体现出越来越鲜明的包容性格和进取精神。这一历史发展过程也充分证明，中华文明作为世界文明花坛中的一朵奇葩，必将在今后的历程中更加绚丽多彩。在全球化日益显著的今天，我们有责任也有义务让包括中国海洋文明在内的中华文明在继承中不断发扬光大，为整个世界文明的发展与和谐共存贡献力量。

二、对中国历代政府海洋政策的反思

中国历代政府所推行的海洋政策，无疑对各个时期海洋事业的发展与迟滞，产生了极为重要的作用。众所周知，欧洲中世纪以来，西方各国争相向海外发展势力，在全世界包括东方各地争夺势力范围。在这一系列的海外扩张过程中，国家的海洋政策起到了至关重要的推进作用。西方国家一直是海商、海盗寻求海外势力范围的坚强后盾。然而，中国历代政府的海洋政策与此截然不同。秦汉以来，中国历代政府关于海洋事务的政策基调，基本上围绕所谓的朝贡体系展开。到了近代，中国积贫积弱，朝贡体系因而备受海内外政治家与学者的非议乃至蔑视。

　　秦汉以来的朝贡体系无疑是中国历代对外关系的基石。近现代以来，人们诟病这一外交体系主要因为两个方面：第一，中国历代政府以朝贡体系为主的外交方式，把自身置于"天朝上国"或"宗主国"的地位，把交往的其他国家视为"附属国"；第二，中国历代朝贡体系下的外交，是一种在经济上得不偿失的活动，外国贡品的经济价值有限，而中国历代朝廷赏赐品的经济价值大大超出贡品的经济价值。

　　进入近现代时期，由于西方列强的侵略及中国自身发展的迟滞，中国沦为"落后挨打"的半封建半殖民地社会。在许多西方人和日本人的眼里，中国是一个可以随意宰割的无能国度。在这种观念的影响下，西方人和日本人探讨中国近现代以前，特别是中国历代的朝贡体系时，就不免带有某种先入为主的偏见，嘲笑中国历代的朝贡外交体系是一种自不量力、自以为是的"宗主国"虚幻政策。与此同时，20世纪中国学界普遍沉浸于向西方学习的文化氛围中，相当一部分学者也就自然而然地接受了这种带有蔑视和嘲笑意味的学术观点。因此，近现代以来国内外学者对明朝朝贡体系的批评，存在明显的殖民主义语境。与此形成鲜明对照的是，同时期大英帝国所谓"日不落帝国"及其后的美国霸权主义，却很少受到世人的蔑视与取笑。

　　中国历代朝贡体系之下的外交在经济上得不偿失的观点，很大程度上受20世纪四五十年代以来关于中国封建社会内部是否已经出现资本主义萌芽问题讨论的影响。由于受到西方学界的影响，中国大部分学者希望自己比较落后的祖国能够像西方的先进国家一样，走上资本主义社会这一有历史发展规律可循的道路。而发展资本主义社会的前提是商品经济、市场经济及对外贸易经济的高度发展。于是，在这样的学术背景下，20世纪五六十年代，中国历史学界探讨明清时期的商品经济、市场经济及海外贸易等领域，取得了不错的成绩。人们发现，西方国家在资本原始积累的过程中，对外关系、对外贸易以及海外掠夺，对这些国家的资本主义经济发展和社会变革起到了至关重要的助力作用，反观中国传统朝贡体系下的经济贸易，得不偿失，未能给中国资本主义的萌芽和发展提供丝毫的帮助。然而，从纯经济的角度来评判中国历代的朝贡体系，实际上严重混淆了明朝的国际外交关系与对外贸易的应有界限。

毋庸讳言，中国历代的朝贡外交体系是承继中国两千年来"华夷之别"的传统文化价值观而形成的。这种朝贡外交体系，显然带有某种程度的政治虚幻成分。同时，它又只是一种国与国之间的政治外交礼仪而已。这种朝贡式外交礼仪中的所谓"宗主国"与"附属国"，也只是一种名义上的表述，两者的关系并不像欧洲中世纪国家那样，必须以缴纳实质性的贡赋作为联系纽带。因此，我们评判一个国家或一个朝代的外交政策及其运作体系，并不能仅仅因为它的某些虚幻观念和经济上的得失，就武断地给予负面的历史判断。如果我们要比较客观和全面地评判中国历代的对外关系，就应该从确立这一体系的核心宗旨及其实施的实际情况出发，同时参照世界上其他国家对外关系的历史事实，进行综合分析，如此才能得出切合历史真相的结论。

中国历代对外朝贡体系的确立，是建立在国与国、地区与地区之间和平共处的核心宗旨上的。这一点我们在明朝开创者朱元璋及其儿子明成祖朱棣关于对外关系的一系列谕旨中就不难发现。朱元璋在《皇明祖训》中明确指出："四方诸夷，皆限山隔海，僻在一隅，得其地不足以供给，得其民不足以使令。若其自不揣量，来扰我边，则彼为不祥。彼既不为中国患，而我兴兵轻伐，亦不祥也。吾恐后世子孙，倚中国富强，贪一时战功，无故兴兵，致伤人命，切记不可。"[1] 洪武元年（1368），朱元璋颁诏于安南，宣称："昔帝王之治天下，凡日月所照，无有远迩，一视同仁，故中国尊安，四方得所，非有意于臣服之也。"从这个前提出发，中国对外关系的总方针就是要"与远迩相安于无事，以共享太平之福"[2]。永乐七年（1409）三月，明成祖朱棣命郑和下西洋，"敕谕四方海外诸番王及头目人等……祇顺天道，恪守（遵）朕言，循理（礼）安分，勿得违越；不可欺寡，不可凌弱，庶几共享太平之福"[3]。在这种对外关系的总方针下，明初政府开列了朝鲜、日本、大小琉球、安南、真腊、暹罗、占城、苏门答腊、西洋、爪哇、彭亨、百

---

①《皇明祖训》条章，载《四库全书存目丛书》，齐鲁书社，1996。

②《明太祖实录》卷三四。

③ 郑鹤声、郑一钧：《郑和下西洋资料汇编》上册，齐鲁书社，1980，第99页。

花、三佛齐、浡泥，以及琐里、西洋琐里、览邦、淡巴诸国，皆为"不征诸夷国"。① 在与周边各国的具体交往过程中，朱元璋本着中国自古以来的政策，主张厚往薄来。在一次与琐里的交往中，他说道："西洋诸国素称远番，涉海而来，难计岁月。其朝贡无论疏数，厚往薄来可也。"② 明初奉行的一系列对外政策和措施，充分体现了明朝政府在处理国际关系中所秉持的不用武力，努力寻求与周边国家和平共处之道的基本宗旨。

在寻求国与国之间和平共处的核心宗旨的前提下，明朝与周边的一些国家，如朝鲜、越南、琉球等，形成了宗主国与附属国的关系，这也是不争的事实。但这种宗主国与附属国关系的形成，更多是承继以往历朝的历史因素。纵观全世界中世纪以来宗主国与附属国的关系，就会发现，宗主国与附属国的关系基本上是通过三种途径形成的：一是通过武力征服强迫形成，二是通过宗教关系或是民意及议会的途径形成，三是在传承历史文化的条件下通过和平共处的途径形成。显然，在这三种宗主国与附属国关系中，只有第三种，即以和平共处方式形成的宗主国与附属国的关系，是最经得起历史检验和值得后世肯定的。中国历代建立起来的以和平共处为核心宗旨的宗主国与周边附属国的关系，正是这样一种经得起历史检验和值得后世肯定的对外关系。正因为如此，纵观历史，虽然这些附属国会不时发生内乱等极端事件，历经政权更替，但无不以得到明朝中央政府的册封为荣，即使是叛乱的一方，也都想方设法得到明朝中央政府的承认。可以说，当这些附属国发生内乱，明朝中央政府基本上采取充分尊重本国实际情况的原则，从道义上给予正统的一方支持，以稳定附属国的国内情势，维护区域和平局面。当遭遇外患陷入国家危机的时候，这些附属国也经常向明朝求援。其中最典型的例子，就是万历年间朝鲜遭到日本军阀丰臣秀吉侵略时，明朝政府应朝鲜王朝的求援，派出大量军队，帮助朝鲜王朝抵抗日本军队的进攻，最终把日本军队赶出朝鲜，维护了朝鲜王朝的领土完整和国家尊严。尤其值

---

① 郑一钧：《论郑和下西洋（修订本）》，海洋出版社，2005，第9页。
② 《明史》卷三二五《外国六·琐里》，中华书局，1974，第8424页。

得一提的是，在这场规模不小的抗倭战争中，明朝政府不但派出军队参战，而且所有的战争经费都由明朝政府从财政规制中支出，"糜饷数百万"①。作为宗主国，明朝对附属国朝鲜的战争支援，完全是无偿的。

在历代对外朝贡体系中，中国对外国朝贡者优渥款待，赏赐良多。而这些朝贡者，来自东亚、南亚甚至中东的不同国家与地区，带来的所谓贡品，更多是作为求得明朝中央政府接待的见面礼，仅是"域外方物"而已。作为受贡者的明朝政府，对各国的所谓贡品并没有具体的规定。因此，明朝朝贡体系中的外国"贡品"，是不能与欧洲中世纪以来宗主国与附属国之间定期、定额的"贡赋"混为一谈的。明朝朝贡体系中的"贡品"，随意性、猎奇性的成分居多，缺乏实际经济价值。因此，如果单纯从经济效益衡量，当然是得不偿失。但是这种所谓的经济上的"得不偿失"，实际上被我们近现代时期的许多学者无端夸大了。明朝政府在接待来贡使者时，固然实行"厚往薄来"的原则，但无论是"来"还是"往"，其数量都是比较有限的，是有一定规制的，基本上仅限于礼尚往来的层面。迄今为止，除了郑和下西洋这种大型对外交往行为给国家财政造成一定的压力之外，我们还看不到中国历代正常朝贡往来中的"厚往薄来"对政府的财政产生过不良的影响。即使有，也是相当轻微的，因为所谓"厚往"，仅仅只是礼物和人员接待费用而已。明朝政府对一般来贡国国王的赏赐，基本上是按照本朝"准公侯大臣"的规格施行的。② 如果把这种"得不偿失"与万历年间援朝抗倭战争的军费相比，只能算是九牛一毛！万历年间支援朝鲜的抗倭战争，从根本上说，是为了维护地区的和平与稳定，而不是为了维持朝贡体系。

从更深的层面来思考，我们判断一个国家或一个时期的对外政策是否正确，不能仅仅以经济效益作为衡量得失的主要标准。国与国之间的外交关系和国与国之间的经济贸易关系，固然有必然的联系，但又不完全等同，外交关系与贸易往来必须有所区分，不能混为一谈。在 15 至 16 世纪以前欧洲国家所谓的"大航海时代"尚未来临，在世界的东方，

①《明史》卷三二二《外国三·日本传》，第 8358 页。
② 郑一钧：《论郑和下西洋（修订本）》，第 13 页。

总
序

明朝可以说是这一广大区域中最大，也是最为核心的国家。作为这一广阔区域中的大国，对维护这一区域的和平稳定是负有国际责任的。假如这样一个核心国家，凭借自身的经济、军事优势，四处滥用武力，使用强权征服其他国家，那么这样的大国是不负责任的，区域的和平与稳定是不可能长久存在的。从这样的国际关系理念出发，明朝历代政府所奉行的安抚周边国家、厚往薄来，以和平共处为核心宗旨的对外朝贡体系，正是体现了明朝作为东方核心大国的责任担当。事实上，纵观世界历史，所有曾经或现在依然是区域核心大国的国家，在与周边弱小国家和平相处的过程中，由于肩负维护区域和平稳定的义务和责任，在经济上必须承担比其他周边弱小国家更多的负担，这几乎是一种必然的现象。换句话说，核心大国所承担的政治经济责任，同样是另外一种"得不偿失"。但是这种"得不偿失"，是作为区域大国承担区域和平稳定责任的重要前提。另一方面，明朝作为东亚区域最大、最核心的大国，在勇于承担国际义务与责任的同时，被周边国家视为"宗主国"或"中国"，因而自视为"天朝上国"，也是十分顺理成章的事情。如果我们时至今日依然目光短浅地纠缠在所谓"朝贡体系"贸易中"得不偿失"的偏颇命题，那就大大低估了中国历朝历代政府所奉行的和平共处的国际关系准则。这种国际关系准则，虽然带有某些"核心"与"周边"的"华夷之别"的虚幻成分，但对中国的历史延续性及其久远的历史意义，至今依然值得我们欣赏和思考。

我们若明白自秦汉以来中国历代政府所施行的"朝贡体系"，实质上只是一种政治上的外交礼仪，就不难想象中国历史上历代政府所认知的世界，仅局限在亚洲一带，应该是建立在一种和谐相处的氛围之内的。由于中国是这一时期亚洲最大又最有实力的国家，建立以中国为核心的亚洲世界，也就顺理成章地成为政策制定的依据了。

我们再从秦汉以来至明清时期中国海洋政策的纵向面来考察。秦汉以来至隋唐时期，中国与海外各地的经济贸易活动相对稀少，有限的贸易也基本上被局限在"朝贡贸易"的圈子之内。宋代之后，经济层面的活动，包括私人海外贸易活动，才逐渐兴盛起来。因此，宋代是中国历代政府执行对外海洋政策的一个重要转折期。从秦汉以迄隋唐，由于海上私人贸易活动比较罕见，政府制定的对外海洋政策基本着眼于政治与文化外交的层面。与周边许多国家政治与文化体制较为落后的情形相比，中国的政治与文化体制有较为突出的优势。政府把对外海洋政策着眼于政治与文化的层面，并不会对中国的政治与社会统治产生不良后果。因此，在这个时期内，国家政府对政治体制与文化形式的输出，往往采取鼓励的方式。而这种对外海洋政策，在一定程度上促进了隋唐时期中国政治制度向朝鲜、日本、越南等邻近国家的传播。以文化形式向外传播，扩散的范围将更为广阔。因此，我们可以说，宋代以前，中国政府的对外海洋政策与民间的对外联系基本上是吻合的。

但是到了宋代，情况有了很大的改变。一方面，随着与周边国家和地区经济交往的增多，沿海一带出现了不少私人海上贸易现象。这种私人海上贸易活动已经超出了"朝贡体系"所能约束的范围，政府自然把这种活动视为"违禁走私"活动，政府的主要思考点在于确保社会环境和政治统治的稳定。南宋时期著名学者兼名臣真德秀在泉州担任知州时有一项重要事务，就是布置海防，防范海上贸易活动，即所谓"海盗"活动，剿捕流窜于海上的"盗贼"。很显然，从宋代开始，政府的海洋政策出现了两种相互矛盾的走向：一方面继续维持以往的"朝贡体系"，另一方面对民间海上私人贸易活动严加禁止，阻挠打击。

宋朝廷禁止和打击民间私人海上贸易的做法，被后世的统治者们延续下来。特别是到了明代，这种做法对海洋贸易的阻碍作用愈加突显。从明代中叶开始，东南沿海商民从事海上私人贸易已经成为经济发展的趋势。特别是到了 15 世纪之后，世界局势发生了重大变化，处于资本主义原始积累阶段的欧洲人开始向世界的东方进发，"大航海时代"已经到来。这就使得 15 世纪之后的明朝社会，被迫进入一个前所未有的"世界史"的国际格局之中。① 从比较世界史的视角来观察，明初中国国力鼎盛的时期，正是欧洲"黑暗"的中世纪。西方出现资本主义的曙光，和明中叶以降中国社会经济与文化思潮新旧交替的冲动几乎同时到来。

---

① 陈支平：《从世界发展史的视野重新认识明代历史》，《学术月刊》2010 年第 6
期。

随着欧洲资本主义原始积累的步步推进，早期殖民主义者跨越大海，来到亚洲东部的沿海，试图打开中国社会经济的大门，谋取资本原始积累的最大利润。差不多在同一时期，伴随中国明代中期社会经济特别是商品市场经济的发展，中国商人也开始尝试突破传统经济格局和官方朝贡贸易的限制，冒险走出国门，投身到海上贸易的浪潮之中。

16 世纪初，西方的葡萄牙人、西班牙人相继东航，分别以满刺加、吕宋为根据地，逐渐扩张势力至中国的沿海。这些欧洲人的东来，刺激了东南沿海地区商人的海上贸易活动。嘉靖、万历时期，民间私人海上贸易活动冲破封建政府的重重阻碍，取代朝贡贸易，并迅速兴起。中国海商的足迹几乎遍及东亚、东南亚各国，其中尤以日本、吕宋、暹罗、满刺加等地作为转口贸易的重要据点。他们把内地的各种商品，如生丝、丝织品、瓷器、白糖、果品、鹿皮及各种日用珍玩等，运销海外，换取大量白银及香料等回国出售。由于当时欧洲商人已经染指东南亚各国及我国沿海地区，因此这一时期的海外贸易活动，实际上也是一场东西方争夺东南亚贸易权的竞争。中国沿海商人，以积极应对的姿态，扩展势力至海外各地。研究中国明代后期东南亚海上贸易的学者普遍认为，17 世纪前后，中国的商船曾经遍布南海各地，从事各项贸易，执东西洋各国海上贸易的牛耳。

明代中后期不仅是中国商人积极进取，应对"东西方碰撞交融"的时期，而且随着这种碰撞交融的深化，中国的对外移民也成了常态。在唐宋时期，虽说中国的沿海居民中也有迁移海外者，但数量有限且非常态，尚不能在迁移的地方形成具有一定规模的华侨聚居地。而拥有真正意义上的海外移民并且形成华侨群体的年代，应是始于中国明朝时期。这种情况在福建民间的许多族谱中多有反映，譬如泉州安海的《颜氏族谱》记载，该族族人颜嗣祥、颜嗣良、颜森器、颜森礼及颜侃等五人，先后于成化、正德、嘉靖年间到暹罗经商并侨寓其地至死。《陈氏族谱》记载该族族人陈朝汉等人于正德、嘉靖年间到真腊经商且客居未归。再如同安汀溪的黄姓家族，成化年间有人去了南洋，繁衍族人甚众。永春县陈氏家族则有人于嘉靖年间到吕宋经商并定居于当地。类似的例子很多，举不胜举。① 到中国明代后期，福建、广东一带迁移国外的华人，已经逐渐向世界各地拓展。印度尼西亚的巴达维亚城是荷兰东印度公司所在地，1619年前当地华侨不足四百人。不到十年，即截至1627年，该城华侨已达三千五百人，而其中大多数是来自福建漳州、泉州的移民。又据有关记载，从明代中后期始，中国的丝绸、瓷器等商品已由中外商人贩运到墨西哥等拉美地区，一些广东商民甚至在墨西哥的阿卡普尔科等地从事造船业或其他行业的生产经营活动。②

这些移居海外的华人，为侨居地早期的开发与经济繁荣作出了较大的贡献，如福建巡抚徐学聚所说："吕宋本一荒岛，魑魅龙蛇之区，徒以我海邦小民，行货转贩，外通各洋，市易诸夷，十数年来，致成大会。亦由我压冬之民，教其耕艺，治其城舍，遂为奥区，甲诸海国。"③对于这一点，即使是西班牙殖民者也不得不承认。如马尼拉总督摩加在16世纪末宣称："这个城市如果没有中国人确实不能存在，因为他们经营着所有的贸易、商业和工业。"一位当时的目击者胡安·科博神父（Father Juan Cobo）亦公正地说："来这里贸易的是商人、海员、渔民，他们大多数是劳动者，如果这个岛上没有华人，马尼拉将很悲惨，因为华人为我们的利益工作，他们用石头为我们建造房子，他们勤劳、坚强，在我们之中建起了最高的楼房。"④ 一些菲律宾史学家对此也作出了公正的评价，《菲律宾通史》的作者康塞乔恩（Joan de la Concepcion）在谈到17世纪初期的情况时写道："如果没有中国人的商业和贸易，这些领土就不可能存在。"如今仍屹立在马尼拉的许多老教堂、僧院及碉堡，大多是当时移居马尼拉的华人所建。约翰·福尔曼（John Foreman）在《菲律宾群岛》一书中亦谈道："华人给殖民地带来了恩惠，没有他们，生活将极端昂贵，商品及各种劳力将非常缺乏，进出口贸易将非常窘

① 王日根、陈支平：《福建商帮》，香港中华书局，1995，第117—119页。
② 黄国信、黄启臣、黄海妍：《货殖华洋的粤商》，浙江人民出版社，1997，第144页。
③ 徐学聚：《报取回吕宋囚商疏》，载《明经世文编》卷四三三《徐中丞奏疏》。
④ Teresita Ang See, *Chinese in the Philippines*, vol. 1, Manila, 2018, p. 137.

总序

困。真正给当地土著带来贸易、工业和有效劳动等的是中国人，他们教给这些土著许多有用的东西，种植甘蔗、榨糖和炼铁，他们在殖民地建起了第一座糖厂。"①

移居印度尼西亚的华人同样为巴达维亚的发展与繁荣作出贡献。荷兰东印度公司在到来的第一个世纪里，不但使用了华人劳力和华人建筑技术建造巴达维亚的城堡，而且把城里的财政开支都转嫁到华人农民的税收上，凡城市的供应、贸易、房屋建筑，以及巴达维亚城外所有穷乡僻壤的垦荒工作都由华人来承担。② 荷兰东印度公司在 17 世纪下半叶才把糖蔗种植引进爪哇，在欧洲市场上它虽然不能与西印度的蔗糖竞争，但它取得了印度西北部和波斯的大部分市场，并且还出售到日本，而这些新引进的糖蔗的种植工作几乎是由华人承包的。③ 因此，英国学者博克瑟（C. R. Boxer）曾说："假如马尼拉的繁荣应归功于移居那里的华人的优秀品质，那么当时作为荷兰在亚洲总部的巴达维亚的情况亦一样。华人劳工大多数负责兴建这座城市，华人农民则负责清除城市周围的村庄并进行种植，华人店主和小商人与马尼拉的同胞一样，占据零售商的绝大部分。我们实事求是地说，荷兰东印度公司对其首府的迅速兴起应极大地感激这些勤劳、刻苦、守法的中国移民。"④ 到了清代以至民国时期，庞大的华侨华人群体，更是为世界各地的社会经济发展作出了不可磨灭的贡献。

15 世纪至 17 世纪，固然是西方殖民主义者向世界各地扩张的时期，但其时东方的中国社会，中国商人以积极进取的姿态，同样把自己的活动范围向海外延伸。这种双向碰撞交融的历史进程，无疑从另一个源头上促进了"世界史"大概念的形成与发展。因此可以说，15 世纪至 17

① John Foreman，*The Philippine Islands*，London，1899，p. 118.

② J. C. Van Leur，*Indonesian Trade and Society*，The Hague，1960，pp. 149，194.

③ John F. Cady，*Southeast Asia：It's Historical Development*，New York，1964，p. 225.

④ C. R. Boxer，Notes on Chinese Abroad in the Late Ming and Early Manchu Periods Compiled from Contemporary Sources（1500—1750），in *Tien Hisa Monthly*，1939 Dec.，vol. 9，no. 5，pp. 460—461.

近现代时期：中外经贸文化交流与发展

世纪的中国社会，同样是推进"世界史"格局形成的重要组成部分。

明代中后期，也就是 16—17 世纪，东西方的经济与文化碰撞，中国沿海商民积极应对西方所谓"大航海时代"的来临，这本来是中国海洋发展的绝佳时机。但遗憾的是，中国政府并未像西方政府那样，成为海洋商人寻求拓展海外势力范围的坚强后盾，而是采取了相反的政策措施——禁绝打击。由于受到政府禁海政策的压制，中国明代东南沿海地区的商人不得不采取亦盗亦商的经营行为。从中世纪世界海商发展史的角度来考察，亦商亦盗的武装贸易形式，也是中世纪以至近代西方殖民者海商集团所采取的普遍形式。不同的是，西方殖民者的海盗行径大多得到本国政府的支持。"大航海时代"的葡萄牙人、西班牙人、荷兰人，都以本国政府的支持和强大的武装为后盾，企图打开中国沿海的贸易之门。① 而中国海商集团的武装贸易形式，是在政府的压制下不得不采取的一种自我保护措施。在中国政府的压制下，东南海商的武装贸易形式虽然能够在中国明代后期这一特定的历史空间中得以发展，但最终不能长期延续并发展下去。终清之世，中国东南海商再也未能形成一支强大的武装力量。从国际贸易的角度看，这也是中国海商逐渐失去东南海上贸易控制权的重要原因之一。16 世纪至 19 世纪中叶，中国的海商只能在政治与社会的夹缝中艰难行进。

中国历代朝贡体系虽然奉行与周边国家地区和平共处的宗旨，但这种仅着眼于政治仪式层面的外交政策，忽略了文化层面的外交交流（这里的文化层面，主要指带有意识形态的宗教、信仰、教育及生活方式等）。而这种带有政治仪式意味的外交政策，将随着政治的变动而变动，缺乏长久的延续性。因此，到 17 世纪后东亚及中东的政治版图发生变化时，中国对南亚、西亚以至中东的政治影响力迅速衰退。

通过对中国历代政府对外海洋政策的分析，我们不难了解到，中国历代政府所制定的对外海洋政策，主要围绕政治稳定展开，海洋经济的发展，基本上不能进入政府决策者的考量之中。虽然说政府也在某些场

① 毛佩琦：《明代海洋观的变迁》，载中国航海日组委会办公室、上海海事大学编《中国航海文化论坛》（第一辑），海洋出版社，2011，第 268 页。

总
序

合、某些时段对民间海上私人贸易设立管理机构并予以课税等，但是这些行为大多是被动的，是为了更有效地管制民间的"违禁"贸易行为。这种"超经济"的对外海洋政策和"朝贡体系"维系了中国与周边地区，也就是亚洲地区近两千年和谐共存的国际关系，使亚洲不曾出现像欧洲中世纪那样国与国之间攻伐不断的混乱局面。另一方面，国家政府对民间海上私人贸易活动的禁绝压制，也在一定程度上阻碍了中国海洋文明发展史的顺利前进。

三、宋明以来中国海上丝绸之路发展的两种路径

正如前文所论述的，在中国的海洋文明发展史上，宋代是一个关键的转折期。宋代以前，中国的海洋事务基本上在政府的"朝贡体系"下施行。而宋代以后，特别是明代以来，民间从事海上私人贸易活动的现象日益增加，最终大大超出国家政府"朝贡体系"控制下的经济活动范围。从中国海洋活动的范围看，唐宋时期中国的海洋活动及文化的对外传播，主要局限在亚洲相邻国家以至中东地区，和欧洲等西方国家的联系及对其的影响，是间接的，且相对薄弱。但是到了明代，情况就不一样了。双方不但在贸易经济上产生了直接并带有一定对抗性的交往，而且由于西方大批耶稣会士的东来，双方在文化领域也产生了直接的交往。

明代中叶之后，伴随世界地理大发现和新航路的开通，西方的思想文化及科学技术也日渐向外传播。而明代嘉靖、万历时期社会经济发展，海外贸易引发对传统商品扩大再生产和改革工艺的要求，迫切需要科学技术的创新和总结。欧洲耶稣会士带来的西方科技，如天文、历算、火器铸造、机械制造、水利、建筑、地图测绘等知识，又以其新奇和实际的应用刺激了讲究实学的士大夫的求知欲望。在这双重因素的交互推动下，出现了一股追求科技知识的新潮，产生了一次小型的"科学

革命"①。这种思想文化与科学技术的变化，充分地体现了这一时期中国文化与西方文化直接碰撞和交融的初步成果，同时也折射出当时的中国社会在面对新的世界格局调整时，是以一种包容开放的心态来与西方展开交流的。

正因为如此，尽管当时西方耶稣会士是带着传教目的来的，而且对所谓"异教徒"文化往往怀有某种程度的蔑视心态，但是在较为开放的中国社会与文化面前，这批西方耶稣会士敏锐地意识到中国传统文化的博大精深，所以他们中很少有人用轻视的眼光看待中国文化。由于有了这种较为平等的文化比较心态，明代后期来华的耶稣会士们，在一部分中国上层知识分子的协助下，开始较为系统地从事向欧洲译介中国古代文化经典的工作，竭力把中国的政治、经济、社会的基本状态及文化的基本内涵，介绍到西方各国。在这种较为平等的中西文化交流与文化传播中，中国的文化在西方获得了应有的尊重。

到了清代中期，中国政府采取了较为保守封闭的对外政策，尤其是对思想文化领域的交流，逐渐采取压制的态势。在这种保守封闭的政策之下，中国文化的对外传播受到了一定的阻碍。更为重要的是，随着西方资本主义革命的不断胜利和工业革命的巨大成功，"欧洲中心论"的文化思维已经在西方社会牢固树立。欧洲的政治家和知识分子也逐渐失去了对中华文化的敬畏之心。直至近代，虽然说仍然有一小部分中外学人继续从事翻译介绍中国文化经典的工作，但是在绝大部分西方人士的眼里，所谓中华文化，只是落后民族的低等文化。尽管他们的先哲也许在不同的领域提及并赞美过中国的儒家思想，然而到了这个时候，大概也没有多少人肯承认他们的高度文明思想跟远在东方的中国儒家文化有什么瓜葛。时过境迁，18世纪以后，中国以儒家经典为核心的意识形态文化在世界文化整体格局中的影响力大大下降，对外传播的作用日益衰微。

但是我们还必须看到，随着宋元以来民间私人海上经济活动的不断

---

① 杨国桢、陈支平：《明史新编》，傅衣凌主编，人民出版社，1993，第427—432页。

加强，沿海一带的居民也随着这种海上活动的推进，不断地向海外移民。这就促使中国海洋文明发展与海上丝绸之路形成了两种不同的路径，一种是由政府主导的"朝贡体系"和由知识分子主导的以传播儒家经典为核心的意识形态文化，另一种是随沿海商民迁移海外而传播出去的与一般民众生活方式相关的基层文化。

据文献考察，宋明以来，特别是明代以来，中国迁居海外的移民基本上来自明代私人海上贸易最发达的地带，往往是父子、兄弟相互传带的家族式移民。1571 年，西班牙殖民者进抵菲律宾群岛并构建了以马尼拉城为中心的殖民据点，积极开展与东亚各国的贸易往来，采取吸引华商前来贸易的政策，前往菲律宾岛的华商日渐增多，其中不少人定居下来。明代福建官员描述："我民往贩吕宋，中多无赖之徒，因而流落彼地不下万人。"① 有的记载则称这些沿海商民"流寓土夷，筑庐舍，操佣贾杂作为生活"，"或娶妇长子孙者有之，人口以数万计"。② 到了清代，中国东南沿海人民往海外的迁移活动，基本上呈不断递升的状态。随着国际交往的扩大和资本主义市场的网络化，中国海外移民的数量及所涉及的地域均比以往有所增长。到了近现代，中国东南沿海海外移民的足迹，已经遍布亚洲之外的欧洲和美洲各地，甚至到了非洲。

这种家族、乡族成员连带的海外移民方式，必然促使他们在海外新的聚居地较多地保留祖地的生活方式。于是，家族聚居、乡族聚居生活方式的延续，民间宗教信仰的传承，风尚习俗与方言的保存，文化教育与娱乐偏好的追求，都随着一代又一代移民的言传身教，顽强地延续下来。这种由民间传播至海外的一般民众的生活方式，逐渐在海外形成了富有中国特色的文化象征。因此，我们在回顾中国以儒家经典为核心的意识形态文化在明代后期向西方传播的同时，绝不能忽视明代中后期以来一般民众生活方式对外传播的文化作用及意义。当近代以来中国的意识形态文化在西方人眼里日益衰微的时候，以往被人们忽视的由沿海商

---

① 张燮：《东西洋考》卷五，载《东洋列国考》，中华书局，1981，第 91 页。

② 顾炎武：《天下郡国利病书》卷九三《福建三》，广雅书局光绪二十六年刊本，第 13 册。

民迁移海外而传播出去的一般民众的基层文化传播途径，实际上成了 18 世纪以后中华文化向海外传播的主流渠道。

虽然说从 16—17 世纪以来，中国东南沿海居民不断地、大批地向世界各地移民，形成华侨群体，并在自己的居住国形成具有中华文化特征的社会文化氛围，但是我们还必须看到，这种由下层民众传播到世界各地的中华文化，无论是宗教信仰、生活习俗，还是文化教育及艺术娱乐，基本上都是在华人的小圈子里打转，极少扩散到华人之外的族群当中去。也就是说，中华文化在海外的这种传播，不太可能对华人之外的群体乃至国家、地区产生重要的影响力。

中国历代的对外关系，基本上是遵循两条道路开展的：一是王朝政府的朝贡体系，一是宋代以来民间海外贸易与对外移民的系统。如前所述，王朝的朝贡体系，关注的是政治礼仪外交，宋代以后缺乏带有国家层面的文化输出和传播。而宋明以来的民间海洋活动，关注的是经济问题，民间文化输出的目的在于维系华人小群体和谐相处的稳定局面，极少往政治层面上去思索，因此这种民间文化的输出，影响力极其有限。也就是说，中国海上丝绸之路的发展模式，自宋代以来，严重缺失了国家层面的对外文化传播与输出。反观 15 世纪以来西方殖民者的东扩，在庞大的商业船队到来的同时，天主教的传教士也不断涌入，想方设法地在东方世界包括中国在内的广大民众之中传播西方的宗教信仰与意识形态。时至今日，西方天主教、基督教对中国社会的渗透，依然十分强大。有些东亚国家，如韩国，其民众对基督教的信仰大大超出了以往对东方佛教的信仰。起源于中东地区的伊斯兰教，同样也是如此。本来，华人移民率先进入东南亚地区，但是后来的伊斯兰教徒，充分利用和扩展与东南亚国家和地区上层阶层的交往，使伊斯兰教在东南亚地区得以迅速传播，如今东南亚地区的许多居民被伊斯兰教同化。伊斯兰教文化在这些地区后来居上，占据了统治地位。虽然有少部分中国学者一厢情愿地认为明代前期郑和下西洋对东南亚地区的伊斯兰教传播起到了重要作用，但是这种论点的历史依据，大多是属于现代的，很难得到东南亚

地区伊斯兰教系统文献的印证①，基本上属于自娱自乐、自说自话的范畴。

在中国历代海洋事业及海上丝绸之路的发展历程中，文化传播与输出的缺失，极大地限制了中国对周边国家特别是东南亚国家和地区的整体影响。尽管中国历代政府希望通过朝贡体系谋求与周边国家的和平共处，中国海外移民也对居住国社会经济的发展作出了重大的贡献，但是由于文化上的隔阂，使得无论是中国与周边国家、地区的关系，还是华侨华人与当地族群的关系，都处于比较尴尬的境地。就东南亚地区百余年的发展情况而言，华侨华人在经济上为当地的发展作出了重大的贡献，但是经济上越成功，对当地的贡献越大，往往越难与当地族群形成亲密和谐关系，二者之间的隔阂始终存在。一旦这些国家或地区出现政治上、经济上的波动，当地族群往往把社会、政治及经济上的怨恨发泄到华侨华人群体上。百余年来，东南亚地区是华侨华人人数最多的地区，同样居住在这些地区的其他外来族群，却很少受到血腥的排斥，唯独华侨华人，不时受到当地政府或当地民众的排斥、攻击与屠杀。这其中的原因当然是十分复杂的，但是我们不得不认识到，中国海上丝绸之路在发展历程中忽视了文化的传播与输出，造成不同国家与地区之间文化上的隔阂，无疑是其中一个重要的因素。

中国的海洋文明发展历史及中国海上丝绸之路历史的前进道路，虽然在18世纪之后受到一定的挫折，但是其整体发展趋势并没有发生明显的改变，中国通过海上丝绸之路与世界的联系，始终保持波浪式的前进态势。而随着中国改革开放的大踏步前进，到了21世纪，中国发展包括"海上丝绸之路"在内的"一带一路"重大倡议日益坚定。"建设丝绸之路经济带和21世纪海上丝绸之路的战略构想，兼顾陆地与海洋，是建立在中国既是一个陆地国家，又是一个海洋国家的历史土壤上，统筹陆海

---

① 如孔远志先生是主张郑和下西洋时向东南亚地区传播伊斯兰教的学者，但是他也承认："海外现有的关于郑和在海外传播伊斯兰教的记载，尚缺乏有力的佐证。"参见孔远志：《论郑和与东南亚的伊斯兰教》，载中国航海日组委会办公室、上海海事大学编《中国航海文化论坛》（第一辑），第81页。

大格局、全方位对外开放的大手笔。它秉承和平合作、开放包容、互学互鉴、互利共赢的精神，通过政策沟通、道路联通、贸易畅通、货币流通、民心相通等一系列规划项目和实践，促进沿线国家深化合作，建设成一个政治互信、经济融合、文化包容的利益共同体、命运共同体和责任共同体。这个构想本身就是对传统中华文明的传承和弘扬。21世纪海上丝绸之路建设不是简单的经济过程、技术过程，而是文明的进步过程。仅仅靠资金的投入和技术的推广是不够的，需要正确的理论指导和历史经验教训的借鉴。因此，忽视基础研究并不可取，挖掘海洋文明史资源，深化中国海洋文明史研究，推动历史研究与当代研究的互通互补，不仅是提高讲好海洋故事能力的必要条件，更是推进中国文明的现代转型，建设海洋强国的内在诉求。"[1] 正因为如此，我们今天梳理中国海洋文明发展历史与中国海上丝绸之路历史的前进脉络，其现实意义是不言而喻的。

四、我们撰写"中国海上丝绸之路通史" 的基本思路

中国海洋文明的发展及由此形成的中国海上丝绸之路，不仅给中国的社会经济与文化增添了不断奋进的鲜活元素，同时也为世界文明注入了不可或缺的源头活水。自现代以来，中外学界的不少学者都对中国的海洋文明发展史及海上丝绸之路历史文化进行过诸多探讨解析。但是迄今为止，学界对中国海洋文明发展史及海上丝绸之路历史文化的研究，主要侧重中国对外交通史、中国海外贸易史和中外文化交流史等领域。而对中国海洋文明发展史及海上丝绸之路的另外一种发展路径，即上面论及的以往被人们忽视的由沿海商民从事的海洋事业，以及由此迁移海外并传播到世界各地的基层文化的传播途径的研究，是缺失的。中国的海洋文明发展史及海上丝绸之路历史文化，从根本上讲，是由从秦汉以来一代又一代的民众构筑起来的。我们今天探讨和解析中国海洋文明发

① 杨国桢、王鹏举：《中国传统海洋文明与海上丝绸之路的内涵》，《厦门大学学报（哲学社会科学版）》2015年第4期。

展史及海上丝绸之路历史文化，理应将较多的关注点放在构筑这一光辉历史与文化的下层民众上。近年来，随着中国海洋意识的提升，学界对中国海洋文明发展史及海上丝绸之路历史文化的讨论和学术研究日益增多，涌现出诸多富有见识的学术论述，其中以杨国桢先生主编的"海洋与中国"丛书、"海洋中国与世界"丛书和"中国海洋文明专题研究"丛书最具规模。这三套丛书用很大篇幅探讨、剖析了海洋文明与海洋文化中一般民众的生活方式及基层文化，使中国海洋文明发展史和海洋社会经济史的研究更贴近海洋草根文化的本源真实。

近年来，学界还组织出版了一些以"海上丝绸之路"为主题的研究成果，这其中有清华大学出版社出版的《海南与海上丝绸之路》、厦门大学出版社出版的"海上丝绸之路研究丛书"、世界图书出版社出版的"海上丝绸之路断代史研究"丛书和安徽人民出版社出版的"南方丝绸之路研究丛书"。在这几种有关海上丝绸之路研究的图书中，《海南与海上丝绸之路》是地域性研究著作，而厦门大学出版社出版的"海上丝绸之路研究丛书"则是专题性研究成果的汇集。这些专题性研究成果的出版，将进一步推进对海上丝绸之路历史文化的研究，扩展我们对海上丝绸之路的考察视野，具有良好的学术意义。然而，这批著作过于注重专题性的叙述，因此也缺乏对中国海上丝绸之路历史文化的整体把握。世界图书出版社出版的"海上丝绸之路断代史研究"丛书，比较简要地概述了从秦汉至明清时期中国海上丝绸之路的演变历史。但是这一历史叙述基本建立在中国本土立场上展开，对海上丝绸之路涉及的其他区域及华侨华人在世界上的伟大贡献，基本上未涉及，这不得不说是一个很大的遗憾。因为海上丝绸之路是世界性的，我们无法忽视中国海上丝绸之路与沿路各地的相互联系。正是这种联系，使其成了真正意义上的海上丝绸之路。

回顾近30年中国学界对中国海洋文明发展史及海上丝绸之路历史文化的研究，不难发现以往对中国海洋文明发展史和海上丝绸之路历史文化的研究，更多是建立在宏观概念的探讨与专题性分析上。需要指出的是，在当前国家提倡"一带一路"重大倡议时，社会上乃至学界的一部分人，蹭着国家重视海洋意识的热度，赶着海上丝绸之路的时髦，提出了一些脱离中国海洋文明发展真实历史的观点，正如杨国桢先生所批评的："现在一些研究成果，对海洋的历史作用的认识存在分歧。一种认为传统中国是一个陆权国家，海洋并不重要，现代国家的发展要重建陆权。一种急于表达中华海洋文明是世界领跑者、优秀角色，提出中国或福建是世界海洋文明发源地，近代以前至少15世纪以前是海洋之王……这些现象的出现，是中国海洋史学发展不成熟的表现。一些声音很高的人本身对历史毫无素养，写的书是'非历史的历史研究'，他们看了一些历史论著就随意拔高观点，宏观架构出理论体系，当然会对社会产生误导。比如最近在海峡两岸引起轰动的南岛语族问题，考古学界、人类学界、语言学界的研究成果，把他们的一部分来源追溯到我国东南沿海或台湾地区。于是台湾有人说：'台湾是人类文明发源地。'福建有人说：'福建是世界海洋文明的发源地。'这是真的吗？我认为史学界应该重视，开展讨论，辨明是非。这类问题还有不少，不宜视而不见。"①

　　从这样的思考出发，我们认为有必要撰写一系列比较全面又清晰体现中国海洋文明发展史及海上丝绸之路历史文化的著作，尤其是能在一定程度上反映历代中国商民从事的海洋事业，以及由此迁移海外而传播到世界各地的一般民众基层文化传播途径。当然，要使我们的这系列著作能够达到这样一个目标，涉及三个方法论的问题，有必要在这里与大家逐一探讨。

　　首先，作为中国海洋文明发展的全史性著作，叙述书写的边界在哪里？所谓中国海洋文明发展通史，顾名思义，要叙述的是与海洋相关联的社会经济活动。但是我们不能赞同有些学者把中国的海洋文明发展史局限在海洋之中发生的历史事件。在本文的开章伊始，我们对中国的海洋历史形成这样的认识：中国海洋文明存在于"海—陆"一体的结构中。中国既是一个大陆国家，又是一个海洋国家，中华文明具有陆地与海洋的双重性格。中华文明以农业文明为主体，同时包容游牧文明和海洋文明，形成多元一体的文明共同体。中华民族拥有源远流长、辉煌灿

① 朱勤滨：《海洋史学与"一带一路"——访杨国桢教授》，《中国史研究动态》
　　2017年第3期。

总
序

烂的海洋文化和勇于探索、崇尚和谐的海洋精神。中国海洋文明发展的这种"海—陆"一体的结构，决定了其与大陆文明的发展，具有天然的、不可分割的联系。从某种意义上讲，中国的陆地文明与海洋文明是相互促进、相互制约、相辅相成的。二者的发展历程，是无法断然割裂的。基于这样的思考，我们对叙述中国海洋文明发展历史边界的整体把握，并不仅限于发生在海洋当中的活动，而是从较为宏观的视野考察中国历代海洋活动中陆地与海洋的各方关系，从而更加全面地描述中国海洋文明发展的基本概貌。

其次，我们撰写的这部中国海洋文明发展通史，既然是基于中国海洋文明存在于"海—陆"一体结构的观点之上，那么这一极为宏观的审视所牵涉的领域又未免过于空泛和难于把握。为了更集中地体现中国历代海洋活动的主体核心部分，我们认为，在中国海洋文明发展历史的进程中，人的作用始终是第一位，海洋社会的核心是海洋活动中的人。"在海洋发展历史上，不同的海上群体和涉海群体塑造了不同的海洋社会模式，如古代的渔民社会、船员社会、海商社会、海盗社会、渔村社会、贸易口岸社会等等。他们有各自的身份特征、生计模式，通过互动结合，形成不同风格的群体意识和规范。海洋史就是要去研究海洋社会中的结构、经济方式，及其孕育的海洋人文。"[1] 我们只有更加深入与全面地反映历代人民在中国海洋文明发展进程中所发挥的无与伦比的历史作用，才能更加贴近中国海洋文明发展历史与文化的真实面貌，还原出一个由历代人民艰苦奋斗创造出来的历史本真。当然，要较为全面且如实地描述历代人民在中国海洋文明发展历程中所扮演的角色及其所发挥的作用，就必须深入地剖析历代人民所秉持的生活方式的方方面面，举凡社会、经济、精神、宗教信仰、文化教育、风俗习尚等，都是我们这部著作所要体现的重要内容。

再次，我们这部中国海洋文明发展史，虽然把论述的核心放在海洋活动中的"人"，但是中国自秦汉以来就是一个中央集权制国家，国家

---

[1] 朱勤滨：《海洋史学与"一带一路"——访杨国桢教授》，《中国史研究动态》2017 年第 3 期。

制度对政治、社会、经济、文化等各个方面都具有不可替代的强制力，而传承了两千多年的儒家文化等上层意识形态，同样也对中国历代的政治、社会、经济、文化等各个方面的发展起到不可忽视的影响作用。中国的海洋文明发展进程同样也是如此，无论是汉唐时期政府主导的"朝贡体系"，还是宋明以来民间私人海上贸易与海外移民的兴起，无不在相当程度上受到国家政府的制度设计和制度约束，从而在不同程度上影响着中国海洋文明发展的历史进程。特别是明清以后，国家政府对民间私人海上贸易活动及海外移民活动基本采取了压制的政策，对中国海洋文明的国际化进程产生了一定的阻碍作用。中国历代政府与中国海洋文明发展的这种复杂又多元的关系，以及中国传统儒家文化、道德观念对中国海洋文明发展历程所产生的影响力，无疑是我们在探讨中国海洋文明发展史及中国海上丝绸之路历史文化时应关注的内容。

最后，关于中国海洋文明发展历史，虽然最初海洋活动的产生是基于海岸线上的生产生活活动，如捕捞、养殖以及沿着海岸线的短途商业活动等，但随着海洋活动的扩展与进步，中国的海洋活动势必从海岸线走向大海，走向东南亚、南亚、中东以至欧洲、美洲各地。因此，中国海洋文明发展史，无疑是中国海洋活动不断向大海拓展活动空间的历史，而这一历史发展进程，就不单单涉及中国一个国家或地域的问题，而是涉及双向的国际问题。我们现在论述中国海洋文明发展史，总是脱离不了中国海上丝绸之路的话语，这正说明了中国的海洋文明发展史，是与中国海上丝绸之路的发展史紧密联系在一起的。海上丝绸之路是亚洲海洋文明的载体，不是中国一家独有的。从文化视角出发，海上丝绸之路可阐释为"以海洋中国、海洋东南亚、海洋印度、海洋伊斯兰等海洋亚洲国家和地区的互通互补、和谐共赢的海洋经济文化交流体系"。在某种意义上，海上丝绸之路是早于西方资本主义世界体系出现的海洋世界体系。这个世界体系以海洋亚洲各地的海港为节点，自由航海贸易为支柱，经济与文化交往为主流，包容了各地形态各异的海洋文化，形成和平、和谐的海洋秩序。中国利用这条海上大通道联通东西洋，既有主动的，也有被动的成分；沿途国家加入海上丝绸之路的运作，不是中国以武力强势和经济强势胁迫的。从南宋到明初，由于造船、航海技术

的发明和创新，中国具有绝对的海上优势，但中国并不利用这种优势追求海洋权力，称霸海洋。所以海上丝绸之路自开辟后一直是沿途国家交往的和平友善之路，直到近代早期欧洲向东扩张，打破了亚洲海洋秩序，才改变了海上丝绸之路的和平性质。海上丝绸之路作为历史的符号，覆盖了西太平洋和印度洋的地理空间，代表传统海洋时代和平、开放、包容的精神和文化。① 从这样的思路出发，我们对中国海洋文明发展史的认识，应该是具备国际视野的。从某种意义上或许可以说，中国的海洋文明发展史，也是我们海洋先民的足迹不断地向海外跋涉迈进的历史。这一点，同样是我们在这系列专著中力求表达的一个重要部分。

从以上的学术思路出发，我们撰写的"中国海上丝绸之路通史"丛书，应该是一套能充分体现中国历史上海洋事业与海上丝绸之路的纵向发展与横向发展的全方位的史学著作。也就是说，这批著作一方面较详尽地阐述了中国自先秦至民国时期海上事业与海上丝绸之路的发展概貌，另一方面也对各个历史时期中国海洋事业与海上丝绸之路发展阶段的主要特征进行专题性研究。其次，我们必须把研究的视野从中国本土逐渐向世界各地延伸，而不能局限于中国本土，不能仅仅以中国人的眼光来审视这一伟大的历程。我们必须追寻我们华侨先人的足迹，他们不惧汹涌的波涛，走向世界各地，从而为中华文化的对外传播，为世界各地的社会发展作出巨大的贡献，他们与祖籍家乡保持紧密联系、始终与祖籍家乡同呼吸共命运。中国海洋文明发展史与海上丝绸之路历史与文化的世界性，是该系列专著要表达的一项重要内容。其三，以往对中国海洋文明发展史及海上丝绸之路的研究都只关注社会经济活动，而事实上中国海洋事业与海上丝绸之路的发展演变过程除了包含社会经济活动，还包含文化、思想、教育、宗教等方方面面的上层建筑领域的内涵。因此，该系列专著还包括政治制度、文化精神等方面的内容，探索中国海洋社会经济发展的基本历程及其与文化等上层建筑领域的相互关系，寻找中国海上丝绸之路的文化意义及其对世界的重要贡献。

---

① 杨国桢、王鹏举：《中国传统海洋文明与海上丝绸之路的内涵》，《厦门大学学报（哲学社会科学版）》2015 年第 4 期。

当然，要比较全面而清晰地反映中国海洋文明发展史及海上丝绸之路历史文化，并不是一件简单的事情，没有一定的篇幅，是不足以反映中国海洋文明发展史及海上丝绸之路历史文化的全貌的。因此，我们联络了厦门大学、中国人民大学、闽南师范大学、福建中医药大学、闽江学院等多所高等院校的研究学者，分工合作，组成撰写 20 卷作品的研究队伍。我们从中国海洋文明发展史及海上丝绸之路历史文化的纵向和横向两个方面，进行多视野、多层次的探讨，经过三年多的努力，终于完成了这套数百万字的著作。我们希望这套专著能把两千年来的中国海洋文明发展史及海上丝绸之路历史文化，特别是把从事海洋事业、构筑海上丝绸之路的一般民众艰辛奋斗的历史，以及把中国传统文化传播到世界各地，推动世界文明多元化前进的本真面貌，呈现给广大读者。

我们深切知道，要全面深入地呈现中国海洋文明发展史及海上丝绸之路历史文化，单凭这样一套专著是远远不够的。由于我们的学力有限，这部多人协作完成的专著一定还存在不少缺点和错误。我们希望借这套专著的出版问世之机，向各位方家学者求教，希望得到方家学者的批评指正，以促使我们改进，并与海内外有意于研究中国海洋文明发展史及海上丝绸之路历史文化的同仁们一道探索，一道前进，共同促进中国海洋文明发展史及海上丝绸之路历史文化的学术研究更上一层楼。

陈支平

2022 年 10 月

总
序

目 录

前 言

1894 年 11 月 10 日，恩格斯在致弗里德里希·阿道夫·左尔格的信函中称："在中国进行的战争将给古老的中国以致命的打击。闭关自守已经不可能，即使是为了军事防御的目的，也必须敷设铁路，使用蒸汽机和电力以及创办大工业。这样一来，旧有的小农经济的经济制度，以及可以容纳比较稠密的人口的整个陈旧的社会制度都会逐渐瓦解。千百万人将不得不离乡背井，移居国外；他们也将找到去欧洲的道路，大批地涌入欧洲。而中国人的竞争一旦成为群众性的，那么这种竞争无论在你们那里或在我们这里都会迅速地极端尖锐化，这样一来，资本主义征服中国的同时也就会对欧洲和美洲资本主义的崩溃起推动作用。"① 恩格斯的这一论断十分中肯地概括了近代以降中外关系史上一个不容争辩的事实，即西方在用武力打开中国大门的同时，也开启了中国进入并影响西方世界的可能。不过，长期以来，学术界对中外关系这一命题的探讨基本上都是基于西方对中国的影响这一角度去思考的，或者强调消极的影响，或者强调积极的影响，或者两者兼顾。从李鸿章"三千年未有之

---

① ［德］卡尔·马克思、［德］弗里德里希·恩格斯：《马克思恩格斯全集》第三十九卷，中共中央马克思恩格斯列宁斯大林著作编译局译，人民出版社，1974，第297 页。

大变局"的感慨，到随后"器物""制度"和"文化"反思与自救，也都是聚焦于西方对于近代中国社会的可塑性问题。从某种意义上讲，这一局面的出现与近代以来西方世界的支配性地位的事实逻辑密切相关。近代以来的中外关系，特别是在中西关系交往中，西方凭借其所拥有的资本主义政治、军事、经济和文化优势，在很长一段时期占据主导地位和霸权地位，这都是不可回避的历史事实。因此，在中国史研究中，以西方为切入点，曾经并仍具有重要影响力的"冲击—回应""帝国主义"和"传统—近代"等史学分析范式必将继续对近代以来中外经贸文化交流问题的思考产生重要影响。但是，我们也必须承认一个事实，近代国人在面向西方、模仿西方和学习西方的过程中，从来都不是简单机械地照搬、照抄和照转。因此，我们在考察这一历史过程时，必须充分认识这一过程中所展现的复杂性、多元性和矛盾性。本书作为"中国海上丝绸之路通史"丛书的一部分，承担着近现代以来中外经贸文化交流的断代部分内容，在关照丛书整体框架内容的同时，结合学术界相关问题的探讨，试图在以下几个方面有所侧重：

第一，用长时段尺度去观察近代以来中外经贸文化交流与发展的阶段性特征。讨论近现代以来中外经贸文化交流势必会面对一个学界聚焦的学术命题——何为"近代"，特别是与"近代"一词密切相关的"中国近代分期问题"，对此命题相关的讨论和争议从未间断。① 这一命题之所以会引起学术界的长时间关注，无疑是因为它直接涉及讨论或者研究对象的起点问题。本书在讨论相关问题的历史起点时，也必然面临这一棘手问题。应该说，目前学术界在讨论近现代以来的中外经贸文化交流史，无论是断代史，还是通史性著作，或者是专题性考察，都会存在历史回溯问题，习惯于以 1840 年鸦片战争这一时间标识作为分水岭。这一划分自然有其自身逻辑和历史价值，但是这一"瞬时性"时间指向显然更适合年鉴学派史学家布罗代尔所指的以"重大事件"为中心的政治史，经济史、文明史、文化史考察显然更适用布罗代尔所指的"长时

---

① 相关学术梳理可参阅赵庆云：《何为"近代"——中国近代史时限问题讨论述评》，《兰州学刊》2015 年第 11 期。

段"时间概念，因为这一概念更强调趋势、周期和结构。特别是从长时段尺度去观察中外关系发展这一过程时，近代以来中外经济贸易文化交流过程中呈现出的主体性地位转换的阶段性特征十分明显，表现出"新""旧"时代更替、"传统""现代"转换以及中外世界观的转变。因此，我们赞同日本学者沟口雄三的观点，他在论及"近代"一词的内涵时指出："'近代'这一概念，本来是地区性的欧洲的概念，至多不过是他们欧洲人内部对旧时代而言的自我歌颂的概念，可是随着欧洲自我膨胀到世界一样大，不知不觉地就成了世界性的概念。这时，'近代'一词甚至成了证明他们在世界史上的优越地位的指标。亚洲对此则或由抵抗而屈服，或由赞美而追随，结果是被迫接受了这个概念。"① 可见，所谓"近代"的概念本身就涵盖西方的"世界"霸权语境的意义，中国在引入、接受和运用这一概念时，无疑也是与西方在中国的殖民霸权密切相关。因此，本书在考察相关问题时，以西方资本主义文明介入中国作为考察起点，在关照传统历史学编纂过程中的晚清时期、民国时期和新中国时期的阶段性划分的同时，注重考察这些时代交替过程中的中外经贸文化交流与冲突的内在逻辑，特别是中西经贸文化交流的断裂与接续问题。

第二，将研究视角聚焦于中国的自我调适与应对问题。对于中国而言，近现代以来的中外经贸文化交流面临的最大变局是西方资本主义文明的强势崛起。这一挑战是全方位的，首先表现在传统中国对外贸易文化制度——朝贡制度受到冲击和挑战，西方凭借资本主义文明所确立的政治、经济、军事和文化优势，试图将中国纳入资本主义发展所需要的商业殖民贸易文化体系中。西方国家以商业走私、宗教传播和军事战争的方式不断突破传统中国的体制防线。明清以来，中国对外贸易文化诸多政策调整也是为了因应这种挑战，政府试图通过实行包括一口通商制度在内的贸易文化政策调整来维护传统中国对外贸易文化交流中的主体性地位。直至鸦片战争爆发，中国对外经贸文化交流一直呈现一个基本

①［日］沟口雄三：《中国前近代思想的演变》，索介然、龚颖译，中华书局，2005，第7页。

趋势：以西方为代表的资本主义文明通过各种方式不断突破传统中国贸易文化制度的束缚，并且逐渐确立对中国贸易文化交流中的优势地位，中国也不断调整政策以便于应对这一冲击。鸦片战争爆发后的条约制度的建立，则从事实和制度层面完全确立了西方在中外贸易文化交流中的主导性地位。因此，从西方视角去审视鸦片战争之后中外经贸文化交流，特别是中西文化交流，中国都处于十分被动的局面，变成一个被动的客体；从中国视角去审视鸦片战争以来中外经贸文化交流，尤其是中西文化交流时，中国一直在"世界怎么了，中国怎么办"的世纪之问中探寻和重塑自己的主体性地位，并努力试图通过模仿和学习西方来重塑中外贸易文化，特别是中西贸易文化交流的主导地位，探索贸易文化的新生与重构。时人对于西方的认知也由之前的不屑，到后来必须面对，再到主动去了解，中国的世界观也因此发生重大变化。这一过程实际上横跨晚清、民国和新中国三个不同历史阶段。经世派、洋务派、革命派、共产党人等不同群体一直不断提出自己的自救方案和策略，试图重构或者重建中国经济贸易文化的影响力和自信力。从这个意义上讲，近现代以来中外经贸文化发展在重构中不断走向新生。特别是1949年新中国成立，让这一重构过程焕发出前所未有的力量，中国对外经贸文化发展开启大变革时代。中国不再局限于去模仿世界、迎合世界，而是主动向世界敞开大门，积极面向世界、融入世界，与世界共赢。本书也力图通过聚焦于国人几个世纪以来的艰辛探索和自我调适来展现近现代以来中外经贸文化发展的内生动力。

第三，关注中外经贸文化交流中认知观念上的变化。近现代以来中外经贸文化交流既表现为经贸文化诸要素之间的矛盾与融合，也表现为中外之间经贸文化上的互为认知冲突与交流。因此，本书在兼顾整套丛书的框架设计的同时，选取中外经贸文化，特别是中西经贸文化交流中重要经贸文化要素和现象进行分析，聚焦于中外经贸文化交流中的观念冲突与融合问题。中国自古以来对包括海洋在内的世界的探索从未停息，而且在相当长的历史时期中保持足够的开放性和包容性，吸收来自中国之外世界各国的各种经济文化营养，共同缔造中国文化的世界自信。直至西方来到中国之后的相当长的一段时期内，中国在与世界其他地区的交往中一直维持着强大自信，尽管明末清初以来不断遭受来自西方的挑战，但是直至鸦片战争前，中国在处理对外经贸文化交流中都保持有很强的优越感，致使后来学者在讨论这一时期政府的对外贸易文化政策时常用"闭关自守"这一词汇形容。事实上，这种在西方文化面前的超然自信是来自于长时期中国经贸文化的发展高度。因此，这一时期的诸多经贸文化政策背后是长期以来所形成的经贸文化自信和观念。政府在面对来自西方的经贸文化新挑战时，都一直试图将其纳入传统的贸易体制之中进行制度性安排。这一情况一直持续到鸦片战争后所建立起来的条约制度建立为止。特别是在面对西方的频繁冲击时，西方经济文化优势日益显现。如作为当时中西贸易中的两种重要商品——茶叶和鸦片对于中西方社会而言也发生了重大意义变化。茶叶由之前的"制夷"工具，变成西方"制华"工具；鸦片贸易也由之前的"走私"贸易变成一种"合法"贸易。中国在这一时期的经贸文化交流也被全方位纳入西方商业殖民轨道中，中国的世界观发生了重大变化。"世界怎么了，中国怎么办"的中国之问让这一时期的中外经贸文化交流表现出很强的西方烙印。西方成为中国模仿、学习的榜样，"西方中心观"的意识也开始扎根于国人的内心世界和意识之中，以至于国人试图以西方之术、西方之制和西方之文来解决西方之危。晚清至民国时期的中外经贸文化交流，特别是中西经贸文化交流则鲜明地体现出这一特点。直至新中国成立后，这一观念才开始发生根本性变化，经过七十余年的奋斗和发展，中国再次走向世界中心。中国人的世界观也因之发生变化，道路自信、理论自信、制度自信、文化自信和历史自信响彻世界，正在实现民族全面复兴和繁荣。新中国成立七十余年来的中外经贸文化交流也以"站起来""富起来""强起来"的历史脉络完成近代以来对外经贸文化的全面复兴之路。

　　本书主要分为五个部分：第一部分，将近代以来中外经贸文化交流纳入"丝绸之路"的概念视野中去考察其历史变化和基本特征。第二部分，考察开埠之前中外贸易文化格局的转换，凸显近代以来中外经贸文化交流历史源流问题。第三部分，以条约体系建构为切入点，考察西方商业殖民贸易文化对于晚清中外经贸文化交流的主体性塑造。第四部

分，通过重点考察民国时期贸易文化政策演变，分析这一时期贸易文化交流过程中的自省和自救意识。第五部分，结合社会环境和政策变化，系统考察新中国成立七十余年中外经贸文化交流的阶段性特征，以及从"自主"到"自信"的转变过程。

最后，需要特别说明的是，关于近代以来中外经贸文化交流的研究，中外学术界长期以来都给予高度关注，并取得了重要的学术成就。这些研究从多个角度阐述了近代以来中外经贸文化交流的不同面向。特别是改革开放以来，随着新的史学观念和方法的介入，相关研究视域和领域得到极大拓展，通史性论著、专题性论著以及国别史著作层出不穷。本书也是充分吸收学界已有研究成果，为保证"中国海上丝绸之路通史"丛书学术体例的一致性，不再一一罗列介绍，本书重点吸取的学术成果会在最后的主要参考文献中体现，希望本书的出版能为相关问题的认识略尽绵薄之力。

第一章
"丝绸之路"：近代以来
中外经贸文化交流概念视野

当下，"丝绸之路"这一名称已经成为中国历史上中外经贸文化交流的代名词，学术界也从不同角度对"丝绸之路"一词的内涵和外延有过诸多解释。应该说，这些解释和思考对于丰富"丝绸之路"这一概念的认知具有重要意义。若把"丝绸之路"这一概念纳入到近代中外经贸文化交流的历史发展脉络中思考，可以说很难找到一个语汇可以替代"丝绸之路"一词。从19世纪后期提出"丝绸之路"这一概念，到20世纪五六十年代这一概念的"大众化"和"专门化"，再到与21世纪"一带一路"概念的遥相呼应，这一概念的背后反映的是近代以来中外经贸文化交流发展的基本历史过程和特征。

第一节 "他者"与"我者"之间：
"丝绸之路"一词的提出及其流变

关于"丝绸之路"一词的溯源问题，学术界普遍认为是由德国历史地理学者李希霍芬最早提出①，其根据是李希霍芬在1877年出版的《中

---

① 王冀青在《关于"丝绸之路"一词的词源》（《敦煌学辑刊》2015年第2期）一文中指出丝绸之路的得名，主要是来自马里努斯、托勒密托等人的语言。这些早期的西方人，最先意识到这一条通向"丝国"的丝绸贸易路线的存在。李希霍芬并不是从无到有的发明者，而是沿用者。

国——亲身旅行的成果和以之为根据的研究》第Ⅰ卷中多次使用 Seiden-strassen（丝绸之路）这一德文。[①] 虽然学术界对于李希霍芬文中"丝绸之路"一词的指向内容仍有争议，但是有一点是清楚的，"丝绸之路"一词的初始含义与目前学术界对于"丝绸之路"的认知有很大不同。从目前学术界对于这一词汇的讨论来看，"丝绸之路"一词显然已经超越最初词义本身的意义。从李希霍芬的 Seidenstrassen，到"一带一路"背景下的"丝绸之路"，在这一概念的流变中，该词汇已经被赋予了太多词义本身之外的内容，其中，"丝绸之路"一词在"他者"与"我者"之间的意义转换是观察和理解这一词汇内涵流变的关键。

一、"他者"意义："丝绸之路"一词的提出

美国学者丹尼尔·沃教授曾经指出，在李希霍芬的文本语境中，"丝绸之路"一词"只是一个实用的速记短语，用以辅助古代文献的特殊处理"，比起 Seidenstrassen 这个词，李希霍芬更愿意使用 Verkehr（交流渠道）、Strassen（大路）、Hauptstrassen（主干道）或 Handelsstrassen（商路）这些名词。[②] 这也提醒我们要想弄清楚"丝绸之路"的初始内涵，必须考察李希霍芬是在什么语境下提出这一概念的。从 1877 年出版的《中国——亲身旅行的成果和以之为根据的研究》一书的副标题就很容易发现，李希霍芬提出这一概念与自己在中国的亲身"旅行"经历及其观察和研究有很大关系。作为一个地理学家和地质学家，李希霍芬的

---

① 刘进宝：《"丝绸之路"概念的形成及其在中国的传播》，《中国社会科学》2018年第11期。

② ［美］丹尼尔·沃：《李希霍芬的"丝绸之路"：通往一个概念的考古学》，蒋小莉译，载朱玉麒主编《西域文史》第七辑，科学出版社，2012，第295—310页。

德国人李希霍芬及其出版的《中国》一书书影

科学精神和学术贡献是不容置疑的。[①] 但是，除强调这一调查或者"旅行"的科学意义之外，也必须承认这一调查或者"旅行"与鸦片战争前后西方殖民者对中国进行以军事和经济侵略为主要目的的社会调查密切相关。

---

① 关于李希霍芬的相关科学贡献可参阅翁文灏：《李希霍芬与中国之地质工作》，《国风半月刊》1933 年第 3 卷第 12 期；［德］克莱白：《李希霍芬之研究工作与教育工作》，任美锷译，《方志月刊》1935 年第 8 卷第 1、2 合期；［德］彭克：《李希霍芬对地理学之贡献》，任美锷译，《方志月刊》1935 年第 8 卷第 1、2 合期；［瑞典］斯文·赫定：《地学耆旧——李希霍芬小传》，李玉林译，《方志月刊》1934 年第 7 卷第 4 期；［德］魏金鏊：《斐迪南·李希霍芬传》，孙方锡译，《中德学志》1940 年第 2 卷第 2 期；杨小平：《李希霍芬地貌学思想在德国的继承和发展》，《第四纪研究》2005 年第 4 期；［德］Dieter Jaekel：《李希霍芬对中国地质和地球科学的贡献》，《第四纪研究》2005 年第 4 期；孙继敏：《李希霍芬与黄土的风成学说》，《第四纪研究》2005 年第 4 期；郭正堂、刘东生：《黄土与地球系统：李希霍芬对黄土研究的贡献及对地球系统科学研究的现实意义》，《第四纪研究》2005 年第 4 期。

1870 年 1 月 4 日，上海出版的《北华捷报及最高法庭与领事馆杂志》中刊登了一则有关李希霍芬的报道，可以充分说明李希霍芬的调查或者"旅行"绝不仅仅是单纯的科学考察。包括英国在内的西方国家之所以对李希霍芬的"旅行"如此关注，无非是看重其考察的商业殖民价值。这篇以《李希霍芬》为名的报道明确指出"香港有可能慷慨地支持李希霍芬男爵的勘探项目，能够提供充足的资金，以确保项目成功。在这个殖民地，人们对这位男爵的成功颇感兴趣，因为他打算通过的第一个地区是西河"，并指出"相信他（李希霍芬）公正地陈述对外国商人开放后，内地可能获得的收益"①。1911 年，张星烺在《地学杂志》上介绍李希霍芬的《中国》一书时也意识到这种关联性，称：

> 此二书鄙人幸于柏林书肆中购得之，粗阅一过，为之舌拤不下者久之。吾国中凡稍治西文者，莫不闻知李氏之名，而"山西煤矿足供全球千年之用"一语，亦自李氏发。然其著书之原委，或有未能详知者，今请略言之。1863 年间，德意志联邦尚未告成也，而普鲁士首相毕斯马克（俾斯麦）素怀雄略，驰域外之观，深嫉英、法诸国属地遍寰宇，而日耳曼独无之。于是盱衡全局，以中国政治腐败，国民愚陋，有隙可乘也。遂于是年遣派李希霍芬率众十余，漫游中国，历时几及二十年，而于山河险要、地质矿产、海港形势，皆悉心考察，一一笔之于书，且播告其国人，谓中国有三良港，一为浙江之三门湾，二为江苏海州之青口，三为山东之胶州湾，皆可占据，而胶州湾逼近矿产，尤为最胜。由是而知，1898 年德人之占我胶州蓄谋已久，而倡其议者，实漫游之李氏也。②

实际上，早在李希霍芬这次考察之前，普鲁士政府已经通过多种途径派人对中国进行商业调查。如 1842 年 12 月，萨克森外交部就指示驻

---

① Baron Richthofen. *The North-China Herald and Supreme Court & Consular Gazette*，1870-1-4 (5).

② 张星烺：《〈中国〉〈中国地质图〉图书介绍》，《地学杂志》1911 年第 2 卷第 16 期。

汉堡的萨克森领事注意"汉堡有一家商行拟在中国设支店一事是否确实，以及关于对华贸易的一般希望作'确切和广泛的调查报告'"。① 李希霍芬第一次来到中国，就是在1860年至1861年以地质学专家及公使馆秘书的名义参加普鲁士政府所组织的"东亚考察团"。这一考察团的主要目的就是对包括中国在内的东亚各国进行商业贸易调查，以谋取政治和经济利益。虽然李希霍芬的这次中国之行由于"太平之乱正在极惨烈的时候，向内地旅行，当然是不可能的了"，但是李希霍芬仍"到亚洲东南各海中作长途航行"。② 1868年至1872年间，李希霍芬在加利福尼亚银行和上海西商会的经费资助下，又先后对中国进行了七次考察，足迹遍布当时18个行省中的13个，对中国的山脉、气候、人口、经济、交通、矿产等情况进行了深入的探查。③ 可以说，李希霍芬在对中国进行科学考察的同时，也一直在从事其他的工作。李希霍芬在自己的日记中对此也毫不讳言，他在1869年的旅行日记中明确写道："虽然我的考察的出发点是获取科学成果，但是也有其实用价值，尤其是对普鲁士来说。我甚至能够拥有直接给宰相俾斯麦写信汇报考察结果的自由。"④ 在1872年的旅行日记中更为直接地称："我将那些同该国的资源、内部贸易和交通有关以及其他几个方面的成果称作非科研性质的成果。它们将展现一个以后可供外国创业家施展才能的领域。这件事的重要性得到了完全的认可。"⑤ 因此，针对这一服务目的，李希霍芬在考察过程中还撰写了一系列专题报告。如1868年12月，李希霍芬撰写了一份关于夺取离上海不远的舟山作为"北德海军站和港口殖民地"的报告。1871年5

---

① ［德］施丢克尔：《十九世纪的德国与中国》，乔松译，生活·读书·新知三联书店，1963，第44页。

② ［德］魏金鏊：《斐迪南·李希霍芬传》，孙方锡译，《中德学志》1940年第2卷第2期。

③ ［瑞典］斯文·赫定：《地学耆旧——李希霍芬小传》，李玉林译，《方志月刊》1934年第7卷第4期。

④ ［德］费迪南德·冯·李希霍芬著、［德］E. 蒂森选编《李希霍芬中国旅行日记》上册，李岩、王彦会译，华林甫、于景涛审校，商务印书馆，2018，第119页。

⑤ ［德］费迪南德·冯·李希霍芬：《李希霍芬中国旅行日记》下册，第800—801页。

月 31 日，他又撰写了关于在中国—日本领海内选择最适当的地点作为创设德国海军和商业站的备忘录。① 1868 年 11 月 21 日，他在日记中更是赤裸裸地提出这一想法，称：

> 如果有哪个政权，比如普鲁士想占领一座自由港的话，舟山群岛是个不错的选择。港口很容易就能被封锁，只需一个舰队就能控制中国北方和日本之间的交通要道。作为贸易地，舟山群岛也具备很高的价值，如果宁波和上海都丧失了重要性的话，把产业放在这里会更安全些。②

1874 年，在德国柏林地理学会以"中国和欧洲间铁路联络是最自然的道路"为题的报告中，他指出建造这样一条铁路的首要受益者是俄国，其次是德国，因为他们可以剥削中国便宜的劳动力。他认为从西安府经哈密到伊犁一段最适宜商业。③ 1877 年出版的《中国——亲身旅行的成果和以之为根据的研究》就是根据这些调查报告整理而成。正如有学者指出"李希霍芬讲的'路'是确定的，讲'丝绸'有些偶然，而且真正要说的是'丝绸贸易'"。④ 李希霍芬在论著中多次提及"丝绸之路"一词与这一时期西方商业贸易拓展不无关系。即便有学者认为"丝绸之路"一词本身"并没有殖民色彩"，但是依然认为它"代表着一种西方的现代经济贸易框架，是西方人站在东西方贸易往来的视角看东方人给西方人带来的货物，并将这种货物用来给交通要道命名"。⑤ 对于中国人而言，在相当长时期内，提及李希霍芬及其所说的"丝绸之路"概念也都是被纳入这一殖民贸易的"他者"意义。直到 20 世纪 30 年代，这一认识也较为常见。如 1935 年 11 月 26 日，时任中央研究院总干事丁

---

① ［德］施丢克尔：《十九世纪的德国与中国》，第 81—82 页。

② ［德］费迪南德·冯·李希霍芬：《李希霍芬中国旅行日记》上册，第 39 页。

③ ［德］施丢克尔：《十九世纪的德国与中国》，第 95 页。

④ 唐晓峰：《李希霍芬的"丝绸之路"》，《读书》2018 年第 3 期。

⑤ 王小英：《"丝绸之路"的语言学命名及其传播中的话语实践》，《现代传播》2017年第 11 期。

文江在《我国的科学研究事业》的演讲中指出：

> 许多人都知道，六十五年前，有一位著名的德国地质家 Richthofen
> （李希霍芬）子爵到中国来做地质旅行。他在中国不过两年，旅行的区
> 域很广，所以当然不能做任何详细的工作。他看见中国到处有煤，尤
> 其在北方几省。而且当时山西的土法炼铁，还没有受外国钢铁的影响。
> 所以，他以为中国的煤铁工业前途异常远大。从此，世界上的人们都
> 以为中国是矿产最丰富的国家，是第二个美国。一八九六年，德国人
> 侵略胶州，以及其他各国人索要矿权，都是受了他的宣传的影响。①

从这个意义上讲，"丝绸之路"一词的提出，从一开始都是以"他
者"的意义存在。这一概念的提出，反映的是十九世纪中西交流过程
中，西方殖民主义的"霸权"格局。

二、"他者"与"我者"之间："丝绸之路"一词的语境转换

李希霍芬提出"丝绸之路"之后，"丝绸之路"一词在中国经历了
逐渐被接受、传播和再诠释的过程。不过，从国内早期出版物来看，虽
然李希霍芬对中国的考察早已引起国内相关媒体的报道和关注，但是主
要还是局限于当时西方人在华出版的英文报纸，如《北华捷报》《上海
信使报》《上海通信报》等报刊，而且报道内容也主要是对李希霍芬在
中国的考察过程进行介绍，并没有关注"丝绸之路"一词，甚至都没有
提及。例如，1873 年 7 月 17 日，《通闻西字晚报》（又称《上海通信
报》）专门以《李希霍芬在中国的旅行》为题进行大篇幅报道，通篇报
道都没有提及"丝绸之路"一词。② 实际上，"丝绸之路"一词是随着赫
尔曼、斯文·赫定、斯坦因、伯希和、格鲁塞等人对西北地区的持续考

---

① 丁文江：《我国的科学研究事业（十一月二十六日对全国中等学校学生演讲）》，《申
　报》1935 年 12 月 4 日第 2 版。
② Baron Richthofen's Travels in China. *The Shanghai Evening Courier*，1873-7-1（3）.

察，才逐渐引起国人关注。

根据邬国义的考察，在汉文文献中最早谈到"丝绸之路"一词是1899年出版的由日本学者桑原骘藏著、樊炳清等翻译的《东洋史要》。[①]但是从相关记载来看，这里所谓的"丝绸之路"一词，也只是提及类似李希霍芬所说的"在古代曾经有一条通往罗马的'绢布'之路"，并没有明确使用"丝绸之路"一词。之后，在赫尔曼、斯文·赫定、斯坦因、伯希和、格鲁塞等人的中文译作中出现"古丝商之路""蚕丝贸易通路""运丝通路""丝路""丝道"等译名。20世纪30年代之后，"丝路""丝道"的名称和概念才逐渐流行于学术界和一般的报刊传媒中。例如，1939年1月11日，《申报》刊载的一篇文章《苏联赶工修筑公路通至新疆惠远》中就提及"丝路"，并对"丝路"一词的范围进行界定，称："古昔所谓'丝路'乃系印度、波斯各国与中国通商必由之路，其时之骆驼队均自搭什干城、萨玛肯特城、蒲哈拉城（均在苏联乌慈贝吉斯坦邦境内）通至库尔嘉城（在新疆省即惠远城）。"[②] 1943年2月24日，《申报》刊载的一篇名为《南洋各地特辑之四：马来亚纵横谈》的文章中，则明确使用"丝绸之路"一词，并且还提及了"香料之路"：

> 白人最早发现马来，也就是马六甲。白人最先至东方的葡人伽玛（Vasco de Gama）于一五〇二年率舰二十艘，二次至印度，与印度王公极意联欢，得以在若干地方建立商业基地。一五〇三年葡人阿尔布归克（Afonso de Albuquerque）在印度巩固基础，为印度"总督"。后占领锡兰至马六甲等区域，并设立商馆，作为向东进窥的根据地。当时还没有橡胶，也没有石油与锡，欧洲人追求的是南越特产的香料。所以，当时北循陆路越天山以至中国，将取丝的商路，叫做"丝绸之路"，而南越马六甲出南海以取南洋香料的路就称为"香料之路"。所以，马来半岛一有白人踪迹，就开始了被侵掠的命运。[③]

————————

① 邬国义：《"丝绸之路"名称概念传播的历史考察》，《学术月刊》2019年第5期。
②《苏联赶工修筑公路通至新疆惠远》，《申报》1939年1月11日第4版。
③ 选民：《南洋各地特辑之四：马来亚纵横谈（一）》，《申报》1943年2月24日第2版。

显然，"丝绸之路"一词的词义至此已发生重要变化，由李希霍芬时代的殖民"贸易"指向，逐渐向商业交通道路转变。不过，对于国人而言，这一时期在论及"丝绸之路"的道路意义的同时，还存在一个"借古喻今"的涵义，希望通过重振古丝绸之路的"主体感"，以摆脱西方的殖民霸权。① 如1911年，张星煌在《地学杂志》上提及翻译李希霍芬的《中国》一书时即称："分门译之，则二三年内，中土之研求地质矿产者，亦得最良之参考书，其有造于中国前途，岂浅鲜哉！是固鄙人所深望者也。"中国对于西方人在西北地区进行所谓"丝绸之路"考察的警惕性意识的增强，也可以说明这种"主体"意识在不断地加深。

　　1927年3月13日，《申报》刊载了一篇新闻通讯，称斯文·赫定带领的瑞典远征队受到北京中央观象台农商部地质调查所、内务部古物陈列所、教育部历史博物馆、北大考古学会等学术团体的反对，报道称"瑞典远征队赫定，因京学术团体反对，其新疆之行，特函主荫泰请代疏解"。② 3月27日，该报再次刊发通讯，称"瑞典考古队赫定等行抵绥远附近，被当地军事机关扣留，谓其有宣传主义嫌疑，现已电京办理"。③ 这一争议最后经过协商，通过组建中瑞联合西北科学考察团共同考察的方式解决，并且规定考察的时间为两年，为此还专门订立联合考察协议书，包括十九条具体条款，内容涉及考察团的组织架构、经费来源、考察项目、考察路线等问题。从这十九条条款内容来看，主要是对以斯文·赫定为团长的瑞典考察队的限制。如第五条"中外团长之任务"中明确规定：中瑞联合西北科学考察团的诸多事宜必须与中方团长协商，或者由中方团长负责完成；第十条更是明确规定：凡直接或间接对于中国国防国权上有关系之事务，一概不得考查。如有违反者，应责成中国团长随时制止；第十一条规定：旅行时所绘地图除工作所用区域

---

① 笔者所提及的关于"丝绸之路"的"主体感"一词最早是来自于唐晓峰《李希霍芬的"丝绸之路"》（《读书》2018年第3期）一文，这种"主体感"意识的提升，笔者认为在进入民国时期之后日趋明显。

②《申报》1927年3月13日第5版。

③《申报》1927年3月27日第6版。

外，其比例不得大于三十万分之一；第十二条规定：（一）不得有任何借口致毁损关于历史、美术等之建筑物；（二）不得以私人名义购买古物等。①

英国人斯坦因的西北之行，也引起当时国人的高度警戒。1930年5月22日，《申报》刊载的一篇名为《外人之新疆考古热》的文章中指出：

> 斯坦因三次携去中国古物，现欲再往。新疆为我国西北边陲，居亚洲之中，海通以前，为欧亚交通之孔道。在上古均为繁盛区域，遗留古物极多，为中国文化史料之宝藏，加以气候干燥，保存状态极好。四十年来，欧洲人之往新疆考古者，均满载而归。满清时，政府愚昧，对于此等极可宝贵之史料，不知爱惜，任人取去，毫不限制，遂致近代国内学者欲治此期国史者，反须求之于外国博物馆。年来，国内学术机关，渐知注重收集保存此类史料，曾有西北科学考查团之组织，工作结果极佳。虽有外人参加，然一切文化史料均留国内，不准外运，条件限制极严。近闻匈牙利人斯坦因又奉英政府令来中国，请求发给护照往新疆考古。斯坦因曾往新疆、甘肃等地三次，运去敦煌经卷、西陲竹简以及佛像等极多，现均归英国博物馆。此次来华目的为继续前项工作，行踪极为秘密，闻其路线为由印度直接入藏，再入新疆，已向外交部要求护照，唯不愿受中国之限制，闻中央研究院为此事已函询外交部，与斯氏接洽之详情，并拟照赫定等之前例，加以相当限制。②

后来斯坦因虽然"秘密入新、甘"，但是由于遭到我国学术团体的强烈反对，并且极力要求"新省府阻止入境"，③ 当时的中央古物保管委员会也电请政府"严令驱逐"。④ 由1931年5月23日、5月26日和7月

①《中瑞合组西北科学考查团》，《申报》1927年5月10日第9版；《中瑞合组西北科学考查团（续）》，《申报》1927年5月11日第7版。

②《外人之新疆考古热》，《申报》1930年5月22日第8版。

③《新省府令斯坦因出境》，《申报》1931年5月23日第5版。

④《斯坦因由蒲犁出境》，《申报》1931年7月1日第8版。

1 日《申报》的三篇连续报道中可知，斯坦因被当时新疆省政府勒令出境。①

1931 年 7 月 14 日，《申报》刊发了李秀芬的《各国在华的考古研究事业》一文，列举当时先后到中国西北地区进行考察的外国人，除了瑞典的斯文·赫定和英国的斯坦因之外，还包括俄国的加保诺夫、瑞典的安迪生博士、德国的斯第纳尔博士、法国的奈生博士和沙尔顿博士以及美国的华纳、俾斯若夫、智彼尔德大佐、罗克、亚德理武斯等人，这些人都先后到中国西北地区进行考察。文章在开篇就指出国人对于这些考察的警惕性，称："近来西方各国的学术界都很热烈地到中国研究考古学，被盗窃的古物不计其数。数年来，国人亦知注意及此，与外国学术团体协同调查，或单独研究者，天天多起来，这是值得注意的事。"② 由于这些考察都是围绕着"丝绸之路"沿线的文化遗存进行，国人对于这种文化考察的警惕或者反对也让"丝绸之路"一词的寓意不再拘囿于贸易路线本身。随着沿线大规模文化遗迹被发现，"丝绸之路"的文化内涵日益凸显出来，致使"丝绸之路"的"我者"意义不断增强。这一"主体感"的不断提升，也是进入 20 世纪之后，与西北地区密切相关的"丝绸之路"一词在国内逐渐被频繁提及的主要原因之一。

第二节 "我者"意义：从外交辞令到
"一带一路"倡议的转换

新中国成立之后，"丝绸之路"一词再次被提及并受到广泛关注始于 20 世纪 50 年代的外交语境。1957 年 10 月 26 日，周恩来总理与阿富

①《新省府令斯坦因出境》，《申报》1931 年 5 月 23 日第 5 版；《新疆省府勒令出境》，《申报》1931 年 5 月 26 日第 7 版；《斯坦因由蒲犁出境》，《申报》1931 年 7 月 1 日第 8 版。
② 李秀芬：《各国在华的考古研究事业》，《申报》1931 年 7 月 14 日第 25 版。

汗王国萨达尔·穆罕默德·达乌德首相会面时指出："阿富汗和中国是友好的邻邦，我们两国有悠久深厚的友谊。连接着我们两国边疆的'丝绸之路'印下了中阿两国人民长期的友好足迹。"① 10 月 27 日的《人民日报》还专门以"周总理说：连接着我们两国边疆的'丝绸之路'印下了中阿两国人民长期的友好足迹"为题进行报道。之后，"丝绸之路"一词频繁在外交语境中被提及。1971 年 6 月 22 日，《人民日报》针对当时外交语境中频繁使用"丝绸之路"一词还作了专门解释，称"最近在欢迎伊朗贵宾时，报上常常提到'丝绸之路'，这是怎么一回事?"《人民日报》在回答这一问题时，对"丝绸之路"一词进行如下界定：第一，与两千多年前中国和波斯、罗马等国家的丝绸贸易有关；第二，指出这一古代丝绸的输出大体循着张骞通西域的道路，有南、北两条；第三，指出"丝绸之路"一词是由西方历史学家提出；第四，指出"丝绸之路"的开辟"不仅促进东西方的贸易，也是东西交通和文化交流的要道"。② 至此，以中国为视域，"丝绸之路"作为东西方交通、贸易和文化交流的符号意义越来越清晰。

不过，在很长一段时间内，提及"丝绸之路"主要还是指古代从中国出发，横贯亚洲，联结非洲、欧洲的古代陆路交通线，以及通过这条线路所进行的政治、经济、文化交流。而现在所说的"海上丝绸之路"，虽然历史上确实很早就已经有相关贸易路线的记载，并且有"香料之路"或者"陶瓷之路"的称呼，但是"海上丝绸之路"的概念被明确提出却是在 20 世纪 60 年代，据周长山的考证，为日本学者三杉隆敏在《探寻海上丝绸之路——东西陶瓷交流史》一书中首次提出。③ 尽管有学者指出"海丝"研究的兴起实与中国的政治现实、社会经济需求有莫大关系④，"海上丝绸之路"的称呼"不甚合适"，应称为"瓷器之路"。⑤

①《达乌德首相举行宴会 周总理说：连接着我们两国边疆的"丝绸之路"印下了中阿两国人民长期的友好足迹》，《人民日报》1957 年 10 月 27 日第 1 版。

②《"丝绸之路"》，《人民日报》1971 年 6 月 22 日第 6 版。

③ 周长山：《"海上丝绸之路"概念之产生与流变》，《广西地方志》2014 年第 3 期。

④ 陈支平：《关于"海丝"研究的若干问题》，《文史哲》2016 年第 6 期。

⑤ 王建辉：《"海上丝绸之路"应称为"瓷器之路"》，《求索》1984 年第 6 期。

但是，1987 年联合国教科文组织召开的第 24 届大会通过"丝绸之路"国际考察计划，"丝绸之路"一词被明确指出不再局限于陆上丝绸之路，还涉及海上丝绸之路、草原丝绸之路和南方丝绸之路。[①] 因为这一国际性考察计划的实施，"丝绸之路"一词的主体性内涵进一步扩大，指向更为宽泛，不再局限于丝绸贸易本身，也不再局限于传统的欧亚陆路贸易通道，逐渐泛化为古代中国中外经贸文化交流的代名词，并成为社会共识。[②]

2013 年 9 月 7 日，习近平主席访问哈萨克斯坦时，发表《弘扬人民友谊，共创美好未来》主题演讲，提出共同建设"丝绸之路经济带"，称："为了使欧亚各国经济联系更加紧密、相互合作更加深入、发展空间更加广阔，我们可以用创新的合作模式，共同建设'丝绸之路经济带'。"[③] 同年 10 月 3 日，习近平主席访问印度尼西亚时，发表《携手建设中国—东盟命运共同体》主题演讲，提出共同建设 21 世纪"海上丝绸之路"，指出"东南亚地区自古以来就是'海上丝绸之路'的重要枢纽，中国愿同东盟国家加强海上合作，使用好中国政府设立的中国—东

---

① 根据这项计划，联合国教科文组织将组织专家学者分水路、草原、陆路三条路线对"丝绸之路"进行考察。相关内容可参阅《中外专家探讨"丝绸之路"考察计划》，《人民日报》1987 年 12 月 2 日第 7 版。

② 李伯重在《丝绸之路的终结：丝绸之路史研究的新视角》（《亚洲世界历史评论》2020 年第 8 期）一文中对"丝绸之路"的泛化现象提出自己的疑问，指出对于丝绸之路的解释必须弄清楚三个层面：丝绸之路本身，丝绸之路贸易以及丝绸之路的终结。这一分析显然对于理清"丝绸之路"一词的内在逻辑十分有益。不过，笔者认为"丝绸之路"的泛化，实际上是与这一语汇所承载的历史境遇密切相关。对于"丝绸之路"作用的夸大评价也与近代以来国人所遭遇的历史境遇及其改变这种境遇的自觉意识的增强有很大关系。另外，最近有学者发表文章讨论近代"丝绸之路"的延续问题，相关研究可参阅王健：《从"丝绸之路"概念演变到"近代丝绸之路"研究》，《云南师范大学学报（哲学社会科学版）》2017 年第 6 期；水海刚：《中国古代海上丝绸之路的近代演变——以环南中国海地区为视域》，《光明日报》2019 年 3 月 11 日第 14 版。

③ 习近平：《弘扬人民友谊 共创美好未来——在纳扎巴耶夫大学的演讲》，《人民日报》2013 年 9 月 8 日第 3 版。

盟海上合作基金，发展好海洋合作伙伴关系，共同建设 21 世纪'海上丝绸之路'"。① 这两个倡议被称为"一带一路"倡议。"一带一路"倡议显然与近代以来"丝绸之路"这一概念的"主体性"认识的不断增强和延伸密不可分，并赋予其新的时代意义。习近平主席已经在多次谈话中论及这一问题。2014 年 11 月 6 日，在中央财经领导小组第八次会议上，习近平主席在谈到加快推进丝绸之路经济带和 21 世纪海上丝绸之路建设时指出："历史上，陆上丝绸之路和海上丝绸之路就是我国同中亚、东南亚、南亚、西亚、东非、欧洲经贸和文化交流的大通道，'一带一路'倡议是对古丝绸之路的传承和提升。"② 2016 年 4 月 30 日，在中共中央政治局第三十一次集体学习时，习近平主席指出要"赋予古代丝绸之路以全新的时代精神"，强调"我们提出'一带一路'倡议，就是要继承和发扬丝绸之路精神，把我国发展同沿线国家发展结合起来，把中国梦同沿线各国人民的梦想结合起来，赋予古代丝绸之路以全新的时代内涵"。③ 2016 年 6 月 22 日，习近平主席在乌兹别克斯坦最高会议立法院演讲时，更是指出"一带一路"倡议为世界提供共同繁荣的"中国方案"，"'一带一路'倡议是中国根据古丝绸之路留下的宝贵启示，着眼于各国人民追求和平与发展的共同梦想，为世界提供的一项充满东方智慧的共同繁荣发展的方案"。④ 在具体实践操作层面，更是把"一带一路"建设上升到国家发展战略，与京津冀协同发展、长江经济带发展一起确立为国家发展战略，并于 2014 年通过了《丝绸之路经济带和 21 世纪海

---

① 习近平：《携手建设中国—东盟命运共同体——在印度尼西亚国会的演讲》，《人民日报》2013 年 10 月 4 日第 2 版。

②《加快推进丝绸之路经济带和 21 世纪海上丝绸之路建设——习近平主持召开中央财经领导小组第八次会议并发表重要讲话》，《人民日报》2014 年 11 月 7 日第 1 版。

③《习近平在中共中央政治局第三十一次集体学习时强调：借鉴历史经验，创新合作理念，让"一带一路"建设推动各国共同发展》，《人民日报》2016 年 5 月 1 日第 1 版。

④ 习近平：《携手共创丝绸之路新辉煌——在乌兹别克斯坦最高会议立法院的演讲》，《人民日报》2016 年 6 月 23 日第 1 版。

上丝绸之路建设战略规划》，2015 年发布了《推动共建丝绸之路经济带和 21 世纪海上丝绸之路的愿景与行动》。① 可以说，"一带一路"倡议极大地丰富了"丝绸之路"这一概念的内涵。具体表现在以下几个方面：

第一，"丝绸之路"被赋予的空间意义得到极大延展。无论是"丝绸之路经济带"，还是 21 世纪"海上丝绸之路"，都被纳入区域合作的机制中。"丝绸之路经济带"被纳入到欧亚区域合作机制，21 世纪"海上丝绸之路"被纳入到中国与东南亚、南亚、非洲、拉丁美洲、大洋洲的区域合作机制。显然，"一带一路"倡议下的"丝绸之路"的空间意义已经突破传统的"点""线"范畴，扩展到"面""片"范畴。"一带一路"建设植根于丝绸之路的历史土壤，重点面向亚、欧、非大陆，并向世界上所有国家开放。"丝绸之路"在这里已经不仅仅是交通要道的涵义。

第二，"丝绸之路"被赋予了更多的社会、文化内涵。尽管传统的"丝绸之路"也涉及社会、文化交流的内容，但是经济功能意义显然是主要诉求。"一带一路"倡议虽然也是以经济联系为纽带，但是强调的不仅仅是经济贸易内容，还涉及政策沟通、道路联通、贸易畅通、货币流通、民心相通等问题。"一带一路"倡议希望借鉴古代丝绸之路"和平合作、开放包容、互学互鉴、互利共赢"的丝路精神，构建新时期中外交流的"和平之路""繁荣之路""创新之路"和"文明之路"。②

第三，"丝绸之路"的"我者"意识在"一带一路"倡议中进一步被凸显。"丝绸之路"本身的历史就可以追溯至两千多年前。但是，在"一带一路"倡议中，与早期"他者"的历史审视不同，而是以"我者"视角去审视历史上这一贸易路线。"一带一路"倡议实际是近代以来民族自觉意识发展的结果，这一倡议与 20 世纪三十年代不断高涨的"开发

---

① 《习近平在推进"一带一路"建设工作座谈会上强调 总结经验坚定信心扎实推进 让"一带一路"建设造福沿线各国人民》，《人民日报》2016 年 8 月 18 日第 1 版。
② 习近平：《携手推进"一带一路"建设——在"一带一路"国际合作高峰论坛开幕式上的演讲》，《人民日报》2017 年 5 月 15 日第 3 版。

西北"①的呼声与思潮遥相呼应，也与近代以来民族复兴的历史责任一脉相承。

总之，从李希霍芬开始，"丝绸之路"一词已经在中国传播和运用了150余年，这100多年是近代中外经贸文化交流日趋频繁的时代，也充满着对抗、冲突和矛盾的过程。"丝绸之路"作为古代中国社会经济文化繁荣的见证，在近代被国人赋予了沉重的历史责任。因此，"丝绸之路"一词一开始并不是单纯的学术用语，其产生及其演变过程承载着近代以来中外经贸文化交流的起伏历史。回望"丝绸之路"一词的历史流变，对于梳理近代以来中外经贸文化交流格局演变也至关重要。"丝绸之路"一词的"他者"和"我者"意义的转换，实际上也是近代以来中外经济交流的基本格局的变化。从朝贡贸易体制被打破到殖民贸易体系的渗入、发展和建立，从殖民贸易体制被解构、废除到"一带一路"倡议的提出，中国在中外经贸文化交流中的主体性经历了被弱化、替代、重构和确立的时期，没有比"丝绸之路"更好的词汇可以让我们去窥视这一变化趋势。

---

① 邬国义：《"丝绸之路"名称概念传播的历史考察》，《学术月刊》2019年第5期。

第二章
从主动到被动：开埠之前
中外经贸文化格局转换

学术界在考察近代中外经贸文化演变时，习惯以开埠通商为界标，并纳入殖民主义经贸文化体系中去考察。实际上，早在明清之际，西方的传教士和商业殖民势力都已经纷纷东来，葡萄牙、西班牙、荷兰、英国、法国、奥地利、丹麦、瑞典等国先后成立东方贸易特许公司，成为对华活跃的贸易商，中国传统贸易文化体制不断受到挑战。[①] 为应对这种变化和挑战，中国基于自己的贸易文化诉求，也在不断地调整自己的贸易文化政策。近代西方殖民主义贸易文化体系就是在这种对弈中逐渐占据主导权，因此我们应首先考察开埠之前中外经贸文化格局这一转换过程。

第一节　朝贡贸易及其挑战

"朝贡贸易"是学者在考察近世中外贸易关系时最常被提及的一个概念。尽管"朝贡贸易"未必可以全面反映开埠之前中外经济贸易联系的内容，但是从相关文献记载来看，政府在处理中外经济关系时，可以清晰地发现这种"中国的世界秩序"观念和意识根深蒂固。这种体制大多是基于贸易制度安排，其具体内涵可能还有讨论的空间。但是有一点是明确的，这一朝贡体制主要是以中国为中心的一种亚洲贸易秩序。正

---

① 张国刚：《明清之际中欧贸易格局的演变》，《天津社会科学》2003 年第 6 期。

如费正清所言："外国必须把与中国的贸易视为皇帝给予他国统治者的一种恩赐，外国统治者必须遣使进京，举行朝贡仪式，只有在这样的政治框架中，经济关系才能得到正式认可。"①

一、以中国为中心的东、西洋朝贡贸易圈

中国与东、西洋各国的朝贡交往，早在《汉书·地理志》中就已明确记载了这种贸易交往形式，称："夫乐浪海中有倭人，分为百余国，以岁时来献见云。"②《南史》卷七十八《列传第六十八·夷貊上·南海诸国》记载："汉元鼎中，遣伏波将军路博德开百越，置日南郡，其徼外诸国，自武帝以来皆朝贡。"③ 之后，朝贡关系虽然历朝历代时有变化，但是以中国为中心的这种朝贡体制被延续下来。宋代，高丽、占城、三佛齐、大食等20余个海外国家与宋王朝建立所谓"朝贡"关系。明朝建立之后，以隆庆元年（1567）部分开放海禁为界，在厉行海禁时期，朝贡贸易"几乎成为唯一的海外贸易渠道"，政府在贡期、贡道和贡使的行动、交易等方面都有明确的制度性规定。④ 特别是郑和下西洋后，朝贡贸易达到鼎盛。郑和每次下西洋返航时，海外诸国纷纷遣使随行朝贡。例如，永乐五年（1407）九月，郑和第二次下西洋返回时，遣使随行来贡的就有苏门答剌、古里、满剌加、小葛兰、阿鲁等国。⑤ 永乐二十年（1422）六月，郑和第六次下西洋返回时，有暹罗、苏门答剌、

---

① 费正清：《一种初步的设想》，载《中国的世界秩序——传统中国的对外关系》，中国社会科学出版社，2010，第3页。

②〔汉〕班固：《汉书》卷二十八《地理志第八下》，中华书局，1962，第1658页。

③〔唐〕李延寿：《南史》卷七十八《列传第六十八·夷貊上·南海诸国》，中华书局，1975，第1947页。

④ 李金明、廖大珂：《中国古代海外贸易史》，广西人民出版社，1995，第217—225页。

⑤《明太宗实录》卷七一，永乐五年九月壬子，中研院历史语言研究所，1966，第1页。

哈丹等国遣使随行来贡方物。① 明人庄元臣在《西洋朝贡典录》中记载了当时中国同西洋 23 国的朝贡情况，如表 2-1 所示：

表 2-1   《西洋朝贡典录》所载西洋各国朝贡情况一览表②

朝贡国	朝贡频次	朝贡物
占城国	其朝贡以三载，其传位受皇帝之封	象牙、犀牛角、犀、孔雀、孔雀尾、橘皮、抹身香、龙脑、薰衣香、金银香、奇南香、土降香、檀香、柏木、烧辟香、花梨木、乌木、苏木、花藤香、芜蔓番纱、红印花布、油红绵布、白绵布、乌绵布、圆壁花布、花红边缦、杂色缦、番花手巾、番花手帕、儿罗棉被、洗白布泥
真腊国	朝贡不常	象、象牙、苏木、胡椒、黄腊、犀角、乌木、黄花木、土降香、宝石、孔雀铜
爪哇国	朝贡无常	胡椒、荜茇、苏木、黄腊、乌爹泥、金刚子、乌木、番红花土、蔷薇露、奇南香、檀香、麻滕香、速香、降香、木香、乳香、龙脑、血竭、肉豆蔻、白豆蔻、藤竭、阿魏、芦荟、没药、大枫子、丁皮、番木鳖子、闷虫药、碗石、荜澄茄、乌香、宝石、珍珠锡、西洋铁、铁枪、摺铁刀、荙布、油红布、孔雀、火鸡、鹦鹉、玳瑁、孔雀尾、翠毛、鹤顶、犀角、象牙、龟筒、黄熟香、安息香
三佛齐国	朝贡无期	黑熊、火鸡、孔雀、五色鹦鹉、诸香、兜罗绵被、荙布、白獭龟、乌椒、肉豆蔻、番油子、采脑
满剌加国	朝贡不绝	番小斯、犀角、象牙、玳瑁、鹤顶、鹦鹉、黑熊、黑猿、白鹿、锁袱金母、鹤顶、金厢戒指、撒哈剌白荙布、撒都细布、西洋布、花缦、片脑栀子、蔷薇花、沉香、乳香、黄速香、金银香、降真香、紫檀香、丁香、乌木、苏木、大枫子、番锡、番盐
勃泥国	朝贡不绝	珍珠、宝石、金戒指、金条环、龙脑、牛脑、梅花脑、降香、沉香、速香、檀香、丁香、肉豆蔻、黄腊、犀角、玳瑁、龟筒、螺壳、鹤顶、熊皮、孔雀、倒挂鸟、五色鹦鹉、黑小厮、金银八宝器

---

①《明太宗实录》卷二五〇，永乐二十年六月壬寅，第 8 页。

② 根据［明］庄元臣《西洋朝贡典录》（粤雅堂丛书本）一书所提供的资料整理统计而成。

第二章　从主动到被动：开埠之前中外经贸文化格局转换

19

朝贡国	朝贡频次	朝贡物
苏禄国	朝贡无常	梅花脑、竹布、棉布、玳瑁、降香、苏木、胡椒、荜荠、黄蜡、番锡
彭亨国	朝贡无常	金水罐、檀香、乳香、速香、片脑、胡椒、象牙
琉球国	琉球之贡以二载	马、硫磺、苏木、胡椒、螺壳、海巴刀、生红锡铜、牛皮、折子扇、磨刀石、玛瑙、乌木、降香、木香
暹罗	朝贡以三载	象、象牙、犀角、孔雀尾、翠毛、龟筒、六足龟、宝石、珊瑚、金戒指、片脑、朱脑、糠脑、脑油、紫檀香、速香、安息香、黄熟香、降真香、罗斛香、乳香、树香、木香、乌香、阿槐、蔷薇水、丁皮、碗石、紫梗、藤竭、藤黄、硫黄、没药、乌爹泥、肉豆蔻、胡椒、白豆蔻、荜拨、苏木、乌木、大枫子、芯布、油红布、白缠头布、红撒哈喇布、红地绞节智布、红杜花头布、红边白暗花布、乍连花布、乌边葱白暗花布、细棋子花布、织人象花文打布、西洋布、织花红丝打布、剪绒丝杂色红花被面、织杂丝打布、红花丝手巾、织人象杂色红花文丝缦
阿鲁国	朝贡无常	象牙、熟脑
苏门答腊	朝贡无常	马、犀牛、龙涎、撒哈喇梭服、宝石、木香、降真香、沉速香、胡椒、苏木、锡、水晶、玛瑙、番刀弓、石青、回回青、硫磺
南勃里国	朝贡无常	无载
溜山国	朝贡无常	无载
锡兰山国	朝贡不绝	宝石、珊瑚、水晶、金戒指、撒哈喇象、乳香、木香、树香、土檀香、没药、西洋细布、藤竭、芦荟、硫磺、乌木、胡椒、碗石
榜葛剌国	朝贡无常	马、马鞍、金银事件、戗金、琉璃器皿、青花白磁、撒哈喇者扶黑苔立布、洗白芯布、兜罗绵、糖霜、鹤顶、犀角、翠毛、鹦哥、乳香、鹿黄熟香、乌香、麻藤香、乌爹泥、紫胶、藤竭、乌木、苏木、胡椒
小葛兰国	朝贡无常	珍珠、伞白棉布、胡椒
柯枝国	朝贡无常	无载

朝贡国	朝贡频次	朝贡物
古里国	朝贡无常	宝石、金系腰、珊瑚珠、琉璃瓶、琉璃碗、拂郎双刃刀、宝铁刀、苏合油、阿思模达涂儿气、龙涎、栀子花、花毯单、伯兰布、蕊布、红丝花手巾、番花人马象物手巾、线结花靠枕、木香、乳香、檀香、锡、胡椒
祖法儿国	朝贡无常	无载
忽鲁谟斯国	朝贡无常	无载
阿丹国	朝贡无常	无载
天方国	朝贡无常	无载

　　尽管庄元臣所观察到的明代朝贡情况实际上已经过了鼎盛时代，但是朝贡国家仍涵盖了当时西洋各主要国家，朝贡物品更是多达上百种。不仅西洋，东洋地区的琉球、高丽（朝鲜）和日本与当时中国政府之间的朝贡贸易也十分频繁。以琉球为例，据谢必震的研究，仅明清两朝，中国册封琉球就有 23 次，琉球国更是以进贡、接贡、庆贺、进香、谢恩、请封、迎封等名义接连朝贡。日本学者赤岭诚纪曾统计明清时期琉球国朝贡使团总计有 884 次之多，其中明代 537 次，清代 347 次。① 在这种朝贡体制之下，中国与东、西洋各国的贸易联系不断拓展。据《东西洋考》记载，从中国海港出发的海船可以到达东、西洋几十个国家，如西洋方向的交趾、占城、暹罗、下港、柬埔寨、大泥、旧港、麻六甲、哑齐、彭亨、柔佛、丁机宜、思吉港、文郎马神、迟闷等；东洋有吕宋、苏禄、猫里务、沙瑶呐哔啴、美洛居、文莱、日本等。② 虽然中国与其他国家朝贡交往的政治考量大于经济意义，但是正是在这一朝贡体制之内，包括日本、朝鲜、琉球和东南亚各国在内的东亚区域统制性贸易交往关系是当时各国共同认可的经济交往方式。即便在朝贡贸易之外

---

① 谢必震：《明清中琉航海贸易研究》，海军出版社，2004，第 74 页。
② ［明］张燮：《东西洋考》卷五《东洋列国考》，中华书局，1981，第 1—130 页。

存在大量走私贸易，包括宋朝出现"私市"或者"私觌"等活动①，也都是与这种朝贡体制的安排有着千丝万缕的联系。因此，当西欧殖民者东来的时候，他们首先要面对这个已经存在千年的朝贡贸易制度安排。

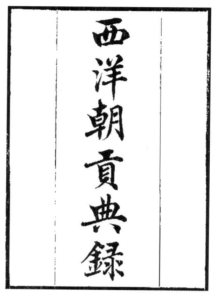

《西洋朝贡典录》书影

二、西欧殖民者东来与朝贡贸易体制的挑战

嘉靖四十四年（1565），兵部右侍郎吴桂芳在《议阻澳夷进贡疏》中称："夷人近年混冒满剌加名目，潜通互市。今又托名求贡，以为阻赖抽分之计，事涉可疑……正德末年，佛郎机番夷亦以进贡为名来广，名虽求贡，实拥大番船往来贸易，喜则人，怒则兽。官兵莫敢谁何，沿海被其荼毒。"② 这段话虽然是批评葡萄牙借朝贡之名，行"番船贸易"之

① 李金明、廖大珂：《中国古代海外贸易史》，广西人民出版社，1995，第116—122页。

② ［明］吴桂芳：《议阻澳夷进贡疏》，载［明］陈子龙等选辑《明经世文编》卷三四二《吴司马奏议》，明崇祯平露堂刻本，第14—15页。

实。但是，从另一个侧面也可以说明葡萄牙作为早期拓展中国贸易渠道的西方殖民者，在初来中国之时也需要面对传统的朝贡贸易制度的安排，虽不得已也必须"托名求贡"。实际上，不仅仅是葡萄牙，之后荷兰、英国初登中国时也遇到过类似问题。顺治十年（1653），荷兰巴达维亚总督派遣使者斯克德"至广东请贡，兼清贸易"，因没有表文和贡物，"巡抚具奏，经部议驳"。顺治十二年（1655），荷兰又遣使来华，这次按照清廷规定，"齐表文、方物请贡"，礼部则给予"议准"。① 根据费正清的研究，1655—1795年，西方来华的十七个使团中有十六个都服从了中国的要求，并向中国皇帝行磕头礼。② 尽管这一制度安排并非这些西方殖民者乐意接受的，妥协背后更多是基于巨大的经济诱惑③，但是这一妥协也说明朝贡体制本身的韧性和影响力。

对于中国政府和官员而言，初遇这些西方殖民者时，也是很自然地把他们纳入到传统的朝贡体系之内。如顺治十三年（1656），礼部在奏请荷兰使团"请贡"事宜时，称："荷兰国从未入贡，今重译来朝，诚朝廷德化所致。念其道路险远，准五年一贡，贡道由广东入。至海上贸易，已经题明不准。应听在馆交易，照例严饬违禁等物。"④ 在顺治皇帝批复的御批中也清楚地反映了这一观念，"荷兰国慕义输诚，航海修贡，念其道路险远，着八年一次来朝，以示体恤远人之意"。⑤ 乾隆五十八年（1793），针对英国马嘎尔尼使团的款待事宜，乾隆皇帝特别敕谕地方大臣必须"以符体制"：

> 应付外夷事宜必须丰俭适中，方足以符体制。外省习气，非失之

---

① ［清］梁廷枏：《海图四说·粤道贡国说》卷三《荷兰国》，中华书局，1993，第205页。

② ［美］费正清：《中国沿海的贸易与外交：通商口岸的开埠（1842—1854年）》（上），牛贯杰译，山西人民出版社，2021，第18页。

③ 王尔敏：《五口通商变局》，广西师范大学出版社，2006，第52页。

④ ［清］刘锦藻编纂《清朝文献通考》卷三三《市籴考二·市舶互市》，浙江古籍出版社，2000，第5153页。

⑤ 同上。

太过，即失之不及。此次英咭唎贡使到后，一切款待固不可踵事增化，但该贡使航海远来，初次观光上国，非缅甸、安南等处频年入贡者可比。梁肯堂、征瑞务宜妥为照料，不可过于简略，致为远人所轻。①

美国学者何伟亚在描述广州的清廷官员看到这些欧洲殖民者船只的初始想法的同时，也清楚地反映了这种朝贡观念的根深蒂固：

> 欧洲船只一抵港，广州的清廷官员就在盘算一系列问题，这些人是某位已知藩王的臣民吗？如果不是，那是不是某位藩王派来的使节，意在与皇上建立主从关系呢？如果是，他们有没有带着任命他们为使节的藩王信函呢？他们是不是携有贡礼并准备了礼单？如果他们是某位已归顺藩王的臣民，那么是不是来更改与皇上的关系呢？②

对于这些西方殖民者而言，他们显然不会屈尊于"不是平起平坐"的制度，特别是西方殖民者对于利润的渴望，注定他们也不会拘囿于这一中国主导的体制安排。正如彭慕兰、史蒂夫·托皮克所言，"19世纪的西欧人，深信人的本性就是追求利润"，而"朝贡制度的制定和实施，源自于统治者对自身文化、政治和身份地位的关注，而不是源自对经济利益的关注"。因此，他们为了"能打开中国的眼界"，让中国人"接受自由的观念"，"动用武力也未尝不可"。③ 实际上，从一开始这些来自西方的殖民者都企图采用包括武力在内的各种手段建构新的贸易秩序，以实现利益最大化。葡萄牙首次来到中国，便开始圈地，寻找商业据点。正德八年（1513），诺尔热在没有被授权的情况下，在屯门岛竖起了一块

---

① 《寄谕着直隶总督接待英咭唎贡使事》，载中国第一历史档案馆、天津市档案馆、天津市长芦盐业总公司编《清代长芦盐务档案史料选编》，天津人民出版社，2014，第187页。

② ［美］何伟亚：《怀柔远人：马嘎尔尼使华的中英礼仪冲突》，邓常春译，社会科学文献出版社，2002，第55页。

③ ［美］彭慕兰、史蒂夫·托皮克：《贸易打造的世界》，黄中宪译，陕西师范大学出版社，2008，第24、25页。

刻有葡萄牙国王徽章的石柱。正德十二年（1517），以皮列士为首的使臣团率领精良的船队抵达屯门后，直接驶入广州。明人张燮《东洋西考》中记载：

> 佛郎机素不通中国。正德十二年，驾大舶突至广州澳口，铳声如雷，以进贡为名。抚按查无《会典》旧例，不行。乃退泊东莞南头，盖房树栅，恃火铳自固。①

明人陈文辅在《都宪汪公遗爱祠记》一文中对葡萄牙人的武力入侵也有详细记载，文中记载葡萄牙凭借精良武器强占据点，气焰十分猖獗：

> 正德改元，忽有不隶贡数，号为佛郎机者，与诸狡猾，凑杂屯门、葵涌等处海澳，设立营寨，大造火铳，为攻战具。占据海岛，杀人抢船，势甚猖獗，虎视海隅，志在吞并，图形立石，管辖诸番。②

西班牙继葡萄牙之后，也把目光投向亚洲。1571 年 5 月，西班牙殖民者黎牙实比占领马尼拉，建立西属菲律宾殖民地，在马尼拉经营大帆船贸易，并采取一系列措施限制来自中国的商船贸易，甚至屠杀在马尼拉的华商。③

荷兰于 17 世纪初来到东方，并以武力先后侵占澳门、澎湖和台湾。光绪《香山县志》对万历二十九年（1601）荷兰侵占澳门的情形有详细记载，称：

> 自佛郎机市香山，据吕宋，和（荷）兰闻而慕之。二十九年驾大舰，携巨炮，直薄吕宋。吕宋人力拒之，则转薄香山澳。澳中人数诘

---

① ［明］张燮：《东西洋考》卷五《东洋列国考》，第 93 页。
② ［明］陈文辅：《都宪汪公遗爱祠记》，载 ［清］舒懋官等纂修《新安县志》卷二三下卷《艺文二·记序》，嘉庆二十四年刊本，第 266 页。
③ 李金明、廖大珂：《中国古代海外贸易史》，第 333—340 页。

问，言欲通贡市，不敢为寇。当事难之，税使李道即召其酋入城，游处一月，不敢闻于朝，乃遣还。澳中人虑其登陆，谨防御，始引去。①

之后，荷兰人又先后侵占澎湖、台湾。特别是 1624 年占据台湾之后，荷兰人便以台湾为跳板，不断袭击、骚扰他国在海上的传统贸易活动，企图垄断东亚地区的贸易主导权。② 英国人在 17 世纪初也对东方贸易事业非常热衷。1600 年 12 月 31 日，伊丽莎白给"伦敦官商对东印度贸易"联合公司颁发了专利特许状。至 1615 年，英国先后在印度、暹罗、苏门答腊、爪哇、婆罗洲、香料群岛、日本等地建立了 19 个商馆。③ 崇祯十年（1637），英国第一次与中国官方接触就发生武装冲突，英国人攻陷一个炮台，并公开掠夺珠江上的船舶，试图突破当时的贸易限制进入广州城。④ 马士在《东印度公司对华贸易编年史》一书中对这一过程有详细描述，称"9 月 18 日，威得尔开始积极行动。翌日，天亮前已经焚毁三艘装备，作为火器船的帆船及其他的帆船两艘，放火焚烧一处'小城镇'，并带走三十头猪"；两天后，威得尔命令登陆，"用三大桶火药炸炮台，把围墙大部分炸碎，其余的部分，特别是炮台内部都炸裂及损毁"。⑤ 应该说，这些西方殖民者对传统朝贡贸易制度带来了巨大的挑战。虽然朝贡贸易制度"所规定的朝贡路线和经由的城市，作为通商道路和通商口岸，与此后欧美列强所强迫的开港地非常一致"⑥，但这种形式上的一致并不意味着实质内容一样。我们也确实可以发现在中西方接触之初，"西方诸国与亚洲各国在朝贡贸易圈上发生关系的历史"

① ［清］王明曜等：《香山县志》卷二二《纪事》，清光绪刻本，第 16 页。

② 朱亚非：《明末闽台海峡局势与中荷关系》，载《明代中外关系史研究》，济南出版社，1993，第 313 页。

③ ［美］马士：《东印度公司对华贸易编年史》第一、二卷，区宗华、林树惠译，中山大学出版社，1991，第 6—8 页。

④ 张轶东：《中英两国最早的接触》，《历史研究》1958 年第 5 期。

⑤ ［美］马士：《东印度公司对华贸易编年史》第一、二卷，第 23—24 页。

⑥ ［日］滨下武志：《近代中国的国际契机：朝贡贸易体系与近代亚洲经济圈》，朱荫贵、欧阳菲、虞和平译，中国社会科学出版社，1999，第 36 页。

是"从西方加入亚洲区域内的贸易开始的"①，但是这种"加入"的诉求与朝贡贸易体制本身的诉求是有本质区别的。虽然以朝贡名义的贸易没有中断，但根据李云泉的研究，清代各国朝贡活动的频次与清王朝的盛衰并不成正比。与清代的鼎盛时期相比，19世纪前期清代的衰落时期，朝贡活动反而有所增加。如琉球，在康熙元年（1662）至乾隆六十年（1795）的133年间，朝贡67次，维持两年一贡的频次；在嘉庆元年（1796）至道光十九年（1839）的43年间，朝贡达34次，年均次数增长近30%。这一现象说明中国在朝贡关系中的主导地位已经削弱，朝贡国自身利益的变化反而成为左右朝贡关系兴衰的关键。②

三、私人贸易兴起与朝贡贸易衰落

传统贸易体制的另一个挑战来自私人海上贸易的逐渐兴起。由于受到明清时期海禁政策的影响，明清时期的官方贸易不断收缩，但沿海走私或者民间贸易活动从未停止，并日趋频繁。以福建为例，明代以来，传统的官方贸易港口泉州、福州不断衰落，而以月港、安平港为代表的私人海上贸易港口却逐渐兴起和繁荣。

月港，又称月泉港，位于今漳州市龙海区东部附近。隆庆设县之前，是东南沿海的主要走私贸易港口。从史籍记载来看，早在宣德年间，月港海商就已无视明朝政府的禁令，泛海通商。至成化、弘治时期，月港的海外贸易呈现"趁舶风转，宝货塞途，家家歌舞赛神，钟鼓管弦连飚响答，十方巨贾竞鹜争驰"③的繁荣景象。正德、嘉靖期间，月港的对外贸易进一步发展。嘉靖二十年（1541），已经有500多位葡萄牙商人留居月港的记载，月港逐渐发展成为"闽南一大都会"，出现了

① ［日］滨下武志：《近代中国的国际契机：朝贡贸易体系与近代亚洲经济圈》，第45页。

② 李云泉：《朝贡制度史论——中国古代对外关系体制研究》，新华出版社，2004，第145—146页。

③ ［明］梁兆阳等纂修《海澄县志》卷一一《风土志》，崇祯六年刻本，第3页。

洪迪珍、张维二十四将及许西池、谢和、王清溪等十几个海商武装集团。① 隆庆、万历时期，开放海禁，月港贸易进入全盛时期，成为我国对外贸易的主要港口，是东南地区海外交通的中心，在世界海上交通史和国际贸易史上都具有重要地位。据《东西洋考》记载，当时通过月港输入的商品有 111 种，除了传统的香料和珠宝之外，还包括大量的农产品、手工业产品和原料，如番米、椰子、绿豆、番被、草席、番纸、粗丝布、西洋布、漆、沙鱼皮、牛皮、蛇皮、金、锡、铅、铜、矾土等；输出的商品则有丝绸、布匹、瓷器、茶叶、砂糖、纸张、果品等；贸易地区遍及东、西两洋 47 个国家和地区；贸易量巨大。关于贸易量，从月港征收的商税数目上可见一斑。隆庆年间，税饷征收三千两；万历三年（1575），增加一倍，为六千两；万历四年（1576），达到一万两；万历十三年（1585），增加到两万两；万历二十二年（1594），增加到两万九千两；万历四十一年（1613），增加到三万五千一百两。②

除了月港之外，泉州安平港在明代的私人海外贸易中也占有重要地位。安平港，宋元时期称安海港，位于泉州南部围头湾内，隆庆、万历时期，安平港与月港并驾齐驱，是当时福建最大的两个贸易商港。特别是天启之后，月港逐渐衰落，但是安平港作为郑芝龙海商集团的核心地带，进入了繁盛时期，成为当时福建最大的私人海上贸易商港。安平商人雇佣船工，满载各种货物，往来日本、吕宋、交趾等地，足迹遍布东、西二洋。李光缙《景璧集》卷十四《二烈传》记载："安平之俗好行贾，自吕宋交易之路通，浮大海趋利，十家而九。"③ 根据《长崎荷兰商馆日记》记载，安海商船经常出没于长崎港，如 1641 年 6 月 26 日、7 月 1 日、7 月 4 日，安平海商郑芝龙的三艘货船开到长崎港，其中货物共有白生丝 25700 斤，黄生丝 15550 斤，各种棉纺织品 140760 匹，各种瓷器

---

① ［明］张燮：《东西洋考》卷六《外纪考》，第 114 页。

② 同上书，第 133 页。

③ 傅衣凌：《明代泉州安平商人论略——读〈景璧集〉〈镜山全集〉等书后札记》，见《安海港史研究》，福建教育出版社，1989，第 83 页。

2597 件，以及水银、麝香、土茯苓、苏枋木、白蜡、鹿皮等大量商品。①

不仅仅是福建，江苏、浙江和广东沿海的海商走私贸易也十分活跃。明人万表在《玩鹿亭稿》中记载：

> 近年海禁渐弛，前项贪利之徒，勾引番船纷然往来，而海上寇盗遂亦纷然矣。然各船各认所主，承揽货物，装载而还，各自买卖，未尝为群。后因海上强弱相凌，自相劫夺，因各结踪，依附一雄强者，以为船头，或者五只，或十数只，成群纷党，纷泊各港。又各用三板草撇脚船，不可数计，在于沿海兼行劫掠，乱斯生矣。自后日本、暹罗诸国无处不至，又哄带日本各岛贫穷倭奴，借其强悍，以为护翼，亦有纠合富实倭奴，出本附搭买卖者，互为雄长，虽则收贩番货，俱成大寇。②

当时杭州"歇家牙行"走私贸易也十分盛行，"杭城歇客之家，明知海贼，贪其厚利，任其堆货，且为之打点护送，如铜钱用以铸铳，铅以为弹，硝以为火药，铁以制刀枪，皮以制甲及布帛丝绵油麻等物，大船装送，关津略不讯盘，明送资贼。"③ 明人谢肇淛在《五杂俎》中记载了当时沿海各地海商与日本贸易走私的盛况，称："今吴之苏、松，浙之宁、绍、温、台，闽之福、兴、泉、漳，广之惠、潮、琼、崖，驵狯之徒，冒险射利，视海如陆，视日本如邻室耳，往来贸易，彼此无间。"④

正是由于这些走私贸易活动的兴盛，中国贸易商船活跃于东、西洋各个国家。根据全汉昇对菲律宾马尼拉进港船只数目的搜集与统计，来自中国的商船占当时马尼拉进出港船只的绝大多数。这些商船也基本上都是私人海上船只，如表 2-2 所示：

---

①《日本长崎荷兰商馆日记》，载郑成功研究学术讨论会学术组编《郑成功研究论文选续集》，福建人民出版社，1984，第 195 页。

②［明］万表：《玩鹿亭稿》卷五《杂言》，明万历万邦孚刻本，第 37—38 页。

③ 同上书，第 41 页。

④［明］谢肇淛：《五杂俎》卷四《地部二》，中国书店，2019，第 339—340 页。

表 2-2　1577 年至 1644 年马尼拉进港船只数目一览表①

单位：艘

年代	总数	中国船数	年代	总数	中国船数	年代	总数	中国船数	年代	总数	中国船数
1577	15	9	1601	33	29	1612	53	—	1636	36	32
1578	33	9	1602	21	18	1620	41	28	1637	57	54
1580	50	21	1603	—	16	1627	33	28	1638	20	20
1581	—	9	1604	26	20	1628	17	12	1639	39	37
1582	—	24	1605	23	20	1629	15	6	1640	11	11
1588	—	48	1606	30	27	1630	—	27	1641	16	11
1589	—	21	1607	42	39	1631	46	39	1642	41	36
1596	—	40	1608	—	39	1632	32	22	1643	32	30
1597	—	14	1609	44	41	1633	36	34	1644	12	9
1599	29	19	1610	—	41	1634	37	29			
1600	30	25	1611	—	21	1635	49	47			

　　不仅仅是东南亚，中日之间的走私贸易量也非常大。当时中日之间的走私贸易主要采取两种途径：一是以暹罗、占城、琉球、大西洋、咬留吧为名，以日本为实；一是从杭州置货，由宁海下洋，直接抵达日本。②　日本学者岩生成一专门考察了 1611 年至 1635 年往来日本的私人贸易船只情况，驶入日本的贸易船只数量可以达到每年 70 余艘。③

　　明清易代，政府虽然实行"海禁"和"迁海"的政策，但是私人海外贸易并没有完全断绝。正如康熙帝所言："今虽禁海，其私自贸易者，

①　根据全汉昇《明季中国与菲律宾间的贸易》（《中国文化研究所学报》1968 年第 1期）一文中的数据统计而成。

②　李金明、廖大珂：《中国古代海外贸易史》，第 316 页。

③　王莱特：《近世中日通商关系史研究：贸易模式的转换与区域秩序的变动》，清华大学出版社，2018，第 118—119 页。

何尝断绝。"① 在清政府严厉施行海禁期间，郑成功更是乘机垄断了海外贸易，"凡中国各货，海外皆仰资郑氏，于是通洋之利，惟郑氏独操之，财用益饶"，并且建立了以厦门为中心的海外贸易网络，一些从事走私活动的贸易商"厚赂守口官兵，潜通郑氏，以达厦门，然后通贩各国"。② 可以说，沿海居民与海外的民间贸易往来一直持续不断。康熙二十三年（1684），清政府宣布开放海禁，准许私人出海贸易。民间私人贸易得到官方认可，发展迅速，"商舶交于四省，偏于占城、暹罗、真腊、满剌加、渤泥、荷兰、吕宋、日本、苏禄、琉球诸国"，"可谓极一时之盛矣"。③ 李金明等人根据有关资料分别梳理了开海之后到暹罗、马尼拉和巴达维亚进行贸易的中国船只数量。对他们提供的数据进行分析可知，开海禁之后，中国与东南亚地区的贸易关系发展迅速。1689 年至1702 年到暹罗贸易的中国商船数量平均每年有 6～15 艘；1680 年至 1720年到巴达维亚贸易的中国商船数量平均每年有 10 艘左右。④ 1684 年至1716 年到马尼拉贸易的中国商船数情况，如表 2-3 所示：

表 2-3 　1684—1718 年到马尼拉贸易的中国船数⑤

单位:艘

年代	中国船数	年代	中国船数	年代	中国船数	年代	中国船数
1684	5	1693	18	1701	9	1709	43
1685	17	1694	12	1702	15	1710	25
1686	27	1695	19	1703	21	1711	14
1687	15	1696	17	1704	—	1712	—

①《清实录·圣祖仁皇帝实录》卷四，顺治十八年闰七月己未，中华书局，1986，第 84 页。

②［清］黄叔璥：《台海使槎录》卷四《伪郑附略》，清文渊阁《四库全书》本，第13 页。

③《重修福建省志》卷八七《海防·总论》，清同治十年重刊本，第 47 页。

④ 李金明、廖大珂：《中国古代海外贸易史》，第 400、403 页。

⑤ 同上书，第 402 页。

年代	中国船数	年代	中国船数	年代	中国船数	年代	中国船数
1688	7	1697	17	1705	17	1713	15
1689	14	1698	24	1706	27	1714	17
1690	13	1699	20	1707	15	1715	14
1691	14	1700	17	1708	32	1716	10

正是由于南洋贸易的快速发展，引发大量沿海居民移居海外。因此，清政府于康熙五十六年（1717）宣布禁止南洋贸易，"凡商船照旧令，往东洋贸易外，其南洋吕宋、噶喇吧等处，不许前往贸易，于南澳地方截住，令广东、福建沿海一带水师各营巡查，违禁者治罪"。① 不过，这一禁令在雍正五年（1727）又被下令废除。清政府重新开放与南洋的贸易，广开对外贸易之门。中日之间的贸易交往虽然不时受到中日双方贸易政策的影响，但是明清易代后，中日之间的私人贸易往来也一直络绎不绝，开放海禁之后，更是发展迅速。据统计，1683 年，中国驶入长崎港的船舶有 24 艘，之后年年增加，1684 年有 24 艘，1685 年增加到 85 艘，1686 年增至 102 艘，1687 年增至 115 艘，1688 年更是达到了 194 艘。② 不过，1715 年，日本幕府政府颁布"正德令"，实行信牌贸易制度，中日民间贸易受到限制，贸易量不断减少。③

总而言之，明清以来的官、民海外贸易的发展呈现出盛衰更替的趋势，随着私人及民间贸易的发展，朝贡贸易的弊端越来越凸显。西方殖民贸易的入侵，更是加剧了传统朝贡贸易体制的解体。

① ［清］刘锦藻编纂《清朝文献通考》卷三三《市籴考二》，第5157—5158页。
② ［日］大庭脩：《日清贸易概观》，李秀石译，《社会科学辑刊》1980年第1期。
③ 祝国红、王芳：《古代中日贸易述论》，山东人民出版社，2014，第47—49页。

第二节　西方商业特许公司的贸易拓展与广州体制的建立

随着西方商业殖民势力的不断东扩，中国传统的贸易管理机制不断遭受挑战。为了适应这种变化，中西双方也不断调整各自的贸易管理体制，试图借机控制当时贸易发展的主导权。

一、西方商业特许公司的建立及中西贸易拓展

16—18 世纪商业资本主义扩展时期，葡萄牙、西班牙、荷兰、英国、法国、奥地利、丹麦、瑞典等国先后成立商业特许公司，专门从事商业贸易拓展活动。[①] 据估计，西方先后在各地创办的特许公司总数不下数百家，其中仅法国在 1599—1789 年间就组建了 75 家，英国在 1553—1580 年间组建了 49 家。[②] 这些商业特许公司的统治权与财产权、公权与私权相结合，"一方面，它是商业'公司'，是众多投资者的共同体，是建立在众多股资合作基础上的，代表着所有私人所有权的利益；另一方面，它又是所谓'特许'公司，其权力是由国王的'特许'所赋予的，因而其权力是独占的"。[③]

16 世纪以来，西方在向中国商业渗透和拓展过程中，也与欧洲各国设立的这些商业特许公司有很大关系。在诸多商业特许公司中，主导和支配东方商业贸易的主要机构是隶属西方各国的东印度公司。这些东印度公司虽然一开始就存在着竞争关系，但是在拓展同中国的殖民贸易方

---

① 王加丰：《西方历史上的特许公司》，《历史教学问题》2016 年第 2 期。
② 何顺果：《特许公司——西方推行"重商政策"的急先锋》，《世界历史》2007 年第 1 期。
③ 同上。

面的目标是一致的，都企图掌控东方贸易的垄断权。为了打开东方贸易市场，荷兰在东印度公司成立之前，已经在阿姆斯特丹、米德尔堡、费耳以及鹿特丹等地成立被称为"早期公司"的贸易公司。[①] 1602 年 3 月 20 日，荷兰东印度公司成立，荷兰议会颁布《公司成立特许状》，明确授予荷兰东印度公司"从荷兰共和国到好望角以东以及经由麦哲伦海峡为期 21 年的船运贸易特权"。[②] 1600 年 12 月 31 日，英国伊丽莎白女王给"伦敦官商对东印度贸易"联合公司颁发专利特许状。之后，詹姆斯一世于 1609 年、克伦威尔护国主于 1657 年、查理二世于 1661 年又先后三次发给特许状。1698 年，威廉三世又专门颁布"英国对东印度贸易公司"特许状。[③] 法国早在 1615 年也曾组织过一个莫罗克公司开展东方贸易。1664 年 3 月，法国东印度公司成立，国王专门给予公司从事自好望角东部到麦哲伦海峡，包括所有东印度和南海区域贸易的绝对特权和 50 年贸易垄断期。[④] 德国、奥地利、丹麦、瑞典等国也都先后建立针对亚洲的贸易特许公司，开拓与中国在内的亚洲国家的贸易联系。

西方各国与中国的早期商业往来，也都是与这些商业特许公司直接相关。1595 年 4 月，荷兰首次与亚洲的直接通航就是由 7 名阿姆斯特朗商人组成的"远方公司"实现的。[⑤] 1602 年，荷兰又组织东印度公司经营爪哇群岛，与早已在此地经营贸易的华人展开竞争。乾隆五年（1740），该公司还在吧城屠杀了万余名华侨，造成"红河之役"。[⑥]

中英之间的早期通商往来也与这些特许公司的开拓密切相关。1600 年，伊丽莎白女王给"伦敦官商对东印度贸易"联合公司颁发专利特许状之后，这些贸易特许公司一直都在寻找摆脱受制于葡萄牙和荷兰的东方贸易的机会。1601 年，公司派船队开始第一次航行，并在爪哇的万丹

① ［荷］伽士特拉：《荷兰东印度公司》，倪文君译，东方出版中心，2011，第 6 页。
② 同上书，第 10 页。
③ ［美］马士：《东印度公司对华贸易编年史》第一、二卷，第 6 页。
④ 康波：《法国东印度公司与中法贸易》，《学习与探索》2009 年第 6 期。
⑤ 陈勇：《商品经济与荷兰近代化》，武汉大学出版社，1990，第 106 页。
⑥ 李介丞：《岭东山寨记》下卷，载民国《广东通志未成稿》，民国二十四年稿本，无页码。

荷兰东印度公司商船示意图

建立商馆。至 1615 年，船队已在印度的苏拉特、暹罗的犹他亚、苏门答腊的亚齐、爪哇的万丹、婆罗洲的苏加丹那、日本的平户等地建立了 19 个商馆。[1] 1637 年，同中国第一次直接接触的威德尔船队虽然不隶属于东印度公司，但是隶属于葛廷商会，葛廷商会实际上也是当时英王查理一世授予对东印度贸易特权的商业特许公司。[2] 1759 年发生的洪任辉事件，也是英国东印度公司企图扩大贸易特权的结果。洪任辉本身也是英国东印度公司的职员，当时是英国东印度公司广东商馆的通事。[3] 乾隆五十八年（1793），马嘎尔尼使团访华也与英国东印度公司的推动有直接关系，"使团的全部费用，包括薪金、维持费、礼物及全部费用，均由东印度公司支付"，而且公司还派出"印度斯坦号"及驳船"豹号"护送马嘎尔尼的随员及礼物。[4] 英国外交大臣亨利·邓达斯在给马嘎尔尼的

① [美] 马士：《东印度公司对华贸易编年史》第一、二卷，第 7—8 页。

② 章文钦：《广东十三行与早期中西关系》，广东经济出版社，2009，第 332 页。

③ 关于相关事件的具体情况可参阅林健：《洪任辉案——兼论乾隆时期的对外贸易政策》，载中国人民大学清史研究所编《清史研究集》第六辑，光明出版社，1988，第 265—279 页。

④ [美] 马士：《东印度公司对华贸易编年史》第一、二卷，第 534—535 页。

训令中一直要求马嘎尔尼要注意收集中国的情报，以便制定合理的访华计划：

> 假如你在向北方行进之前，有绝对必要停靠中国南部的某些口岸，你要到澳门或广州，在该处公司的管理会要求和收集，或者通过私人的询问，获得对你的使团的目的有帮助的事实和情报，并进一步取得使你前往北方的必要帮助。①

英国对上海的觊觎与扩张也与东印度公司密切相关。东印度公司先后派遣代理人毕谷、林特赛等人率船前往上海，企图打通同与上海的直接贸易。民国《上海县志》记载：

> 前清乾隆时有英人毕谷者，为东印度公司代理人，尝至上海察看情形，极言为通商善地，遂报告本国。道光十二年，林特赛、郭实猎二英人复至上海，亦极言与上海通商。英国商业当日盛，此为英人垂涎上海之始。嗣于道光十五年，有英商船名夏荷米驶入吴淞停泊，至秋间而去。②

除荷兰、英国外，第一艘到达中国的法国船只"安菲特里特"号，也是由于法国东印度公司将其对华贸易权利让给诸当公司，才能成功抵达。③ 表 2-4 是 1743—1820 年来广州的东印度贸易公司船只的数量情况。尽管这些贸易商业特许公司的早期贸易活动，并未完全打破传统的亚洲贸易格局，但是这些特许贸易商业公司秉持着"重商主义"的理念，一直致力于扩大西方殖民贸易发展，以图赚取最大利润。这些来自西方的贸易挑战势必会影响国内贸易政策的调整。

---

① ［美］马士：《东印度公司对华贸易编年史》第一、二卷，第 550 页。
② 《上海县志》卷一四《外交志》，民国二十四年铅印本，第 1 页。
③ 鲜于浩、田永秀：《近代中法关系史稿》，西南交通大学出版社，2003，第 60 页。

表 2-4　1743—1820 年来广州的东印度公司船只数量一览表①

单位:艘

年代	数量	年代	数量	年代	数量	年代	数量	年代	数量	年代	数量
1743	2	1756	6	1769	17	1783	14	1796	25	1809	14
1744	4	1757	7	1770	13	1784	13	1797	18	1810	16
1745	4	1758	5	1771	18	1785	19	1798	16	1811	19
1746	6	1759	13	1772	13	1786	29	1799	15	1812	23
1747	14	1760	9	1773	14	1787	28	1800	20	1813	20
1748	4	1761	9	1775	5	1788	26	1801	26	1814	20
1749	4	1762	6	1776	8	1789	19	1802	17	1815	24
1750	7	1763	10	1777	12	1790	24	1803	18	1816	29
1751	5	1764	14	1778	7	1791	11	1804	21	1817	15
1752	5	1765	16	1779	16	1792	16	1805	17	1818	16
1753	9	1766	12	1780	12	1793	18	1806	19	1819	24
1754	8	1767	8	1781	11	1794	20	1807	14	1820	23
1755	5	1768	12	1782	5	1795	17	1808	15		

二、广州贸易体制的建立

　　明洪武初年，明朝政府在太仓黄渡设立市舶司，设置专职官员进行贸易管理，后因距离京师较近，经常受到"海夷"窥伺而罢设。明人沈德符在《万历野获编》记载："太祖初定天下，于直隶太仓州黄渡镇设市舶司，司有提举一人，副提举二人，其属吏目二人，驿丞一人。后以海夷狡诈无常，迫近京师，或行窥伺，遂罢不设。"②明成祖即位后，考虑"海外番国朝贡附带货物交易者，须有官专主之"，于永乐元年

---

① 根据［美］马士：《东印度公司对华贸易编年史》（第 741—775 页、第 387—404 页、第 628—641 页）所提供的资料统计而成。

② ［明］沈德符：《万历野获编》卷一二《吏部·海上市舶司》，清同治八年补修本，第 19 页。

（1403）八月，依洪武初制，于浙江、福建、广东设市舶提举司。① 嘉靖二年（1523），受宗设、宋素卿等"争贡仇杀"② 事件的影响，浙江、福建市舶司机构虽没有立即裁撤，但是相关管理和功用相应发生变化，直至嘉靖九年（1530）左右和万历八年（1580）先后被"罢革"。③ 明清易代，受到朝贡贸易衰落、私人贸易兴起和西方殖民贸易扩展的影响，清代贸易管理机构也在不断进行调整，包括设置东南四省海关管理海上贸易与征收进出口关税；设立牙行、宁波商总、广州十三行等机构管理中外贸易。乾隆二十二年（1757）的"限令一口通商"，即广州体制的建立，更被认为是清代实行闭关政策的开始，对于中外贸易发展，特别是中西经济贸易关系影响深远。④

清初广州十三行及珠江景色

① ［清］梁廷枏：《粤海关志》卷四《前代事实三》，清道光广东刻本，第18页。

② ［明］陈子龙等选辑《明经世文编》卷二四四《徐文贞公集》，第29页。

③ 陈支平、林东杰：《明代市舶司与提督市舶太监》，《东南学术》2019年第2期。

④ 李金明、廖大珂：《中国古代海外贸易史》，第473页。

"限令一口通商"政策的出台实际上是中西贸易观念和政策冲突的结果。对于处于商业资本快速扩展的西方各国而言，赚取高额利润是政府和商人共同的利益诉求，东印度公司等特许垄断商业公司的纷纷建立便是这一利润诉求的集中体现。对华贸易的高额利润也一直促使这些特许商业公司不断拓展对华贸易的地点、方式和内容。以英国东印度公司为例，"起初只是想为代理人建立海外商馆，为货物建立储运站"，之后"为了保护自己的海外商馆和堆栈，公司建造了若干堡垒"，甚至不惜利用战争占据领地，"使领地上的收入成为公司的一种财源"。[1] 对于中国而言，虽然"皇恩之下准允广州口岸有限度的贸易"，但是"出口商品都要受到严格管制"，"海防重于通商，是当时流行的看法"。[2] 乾隆二十四年（1759），"洪任辉案"是中西贸易观念、政策和矛盾的集中体现。

洪任辉，时任英国东印度公司广东商馆的通事。在乾隆二十年（1755）四月二十三日，受英国东印度公司委派，率船只赴浙江宁波"置买湖丝、茶叶等货"。据定海县知县庄纶渭查验，该船共有58名商梢，护船炮械14件，番银2万余两。洪任辉自称："洪仁，是红毛国人，商人叫喀利生，上年正月在本国出洋，于六月内到广东卖了货，闻得宁波交易公平，领了粤海关照要到宁买蚕丝、茶叶等物。"[3] 洪任辉这里特别提到"闻得宁波交易公平"一语，言外之意就是广州交易不公，这也是乾隆二十四年（1759），洪任辉北上要求开放浙江贸易，提出诉讼的主要理由。洪任辉列举当时广州贸易的五条弊端，请为裁止：

> 一、英船到粤停泊日久，货物不能出舱；二、港中多藏宵小，官置不问；三、华官授意商民，徧张揭帖，讪骂西人；四、海关胥吏诛

---

① 华中师范大学历史系印度史研究室编《马克思、恩格斯、列宁、斯大林论印度》，第29—30页。

② 李金明、廖大珂：《中国古代海外贸易史》，第266页。

③《喀尔吉善、周人骥折》，载《清代档案史料选编》第二册，上海书店出版社，2010，第408页。

求无厌，佯增税额，以供贪饕；五、中外隔绝，不能谒见。①

当时闽浙总督喀尔吉善、浙江巡抚周人骥以"红毛国商船久不到浙贸易，今慕化远来，自应加以体恤，以副我皇上柔远至意"②，征得正税银 3522 两，饭食火耗银 2127 两，除解支经费银 909 两外，共正耗税银 4741 两，解决洪任辉首次宁波交易。③ 不过，继洪任辉之后，五月二十九日，英国又派出通事梁汝钧的船队到达宁波，宣称"与前来的船通事洪仁同伙"。④ 之后，东印度公司派往宁波的商船越来越多，引起清廷的警惕。乾隆二十二年（1757）九月十六日，清政府颁发上谕企图通过更定税则来阻止商船北上，称"以夷并市宁波，日久又成一澳门，民风土俗之有关系者大，是以更定其税则，视粤稍重，俾洋商无所利而不来，意初不在增税也"。⑤ 十一月，再次颁布谕令，要求严禁洋商赴宁波交易，称"将来只许在广东收泊交易，不得再赴宁波。如或再来，必令原船返桌至广，不准入浙江海口"。⑥

乾隆二十四年（1759）五月三十日，洪任辉再次率夷商和舵手 20 名至宁波四礁洋面，"欲往宁波贸易"。根据清廷"不准入浙江海口"的规定，浙江定海镇总兵官罗英笏要求其"仍回广东贸易，不得在此停泊"。⑦ 虽然洪任辉在此后几次试图进入宁波口岸都被禁止，但是他并没有返回广东，而是继续北上，于六月二十四日抵达大沽炮台外海附近，

① ［清］唐才常：《觉颠冥斋内言》卷一《通塞塞通论》，清光绪二十四年长沙刻本，第 5 页。

② 《喀尔吉善、周人骥折》，载《清代档案史料选编》第二册，第 408 页。

③ 《周人骥折》，载《清代档案史料选编》第二册，第 420 页。

④ 《武进升折二》，载《清代档案史料选编》第二册，第 420 页。

⑤ ［清］梁廷枏：《夷氛闻记》卷一，中华书局，1959，第 2 页。

⑥ 《清实录·清高宗实录》卷五五〇，乾隆二十二年十一月戊戌，第 1023—1024 页。

⑦ 《浙江定海镇总兵官罗英笏奏嘆咭唎船已回广东折》，载《清代档案史料选编》第二册，第 698 页。

并声称"有负屈之事,特来呈诉"。① 清政府认为"事涉外夷,关系国体,务须彻底根究,以彰天朝宪典",立即解任了粤海关监督李永标,并要求给事中朝铨和福州将军新柱赴广东会审此案,要求"政法示众""秉公为之"。② 这就是著名的"洪任辉案"。案情会审的结果是"徽商汪圣仪与任辉交结,擅领其国大班银一万三百八十两,按交结外国互相买卖借贷财物例治罪。监督李永标家人七十三等苛勒有状,并拟罪如律,永标以失察革职,以诱唆之刘亚遍戮市。英商洪任辉上命押往澳门圈禁三年,满期交大班附舶押回"。③

"洪任辉案"之后,清政府不断收缩对外贸易,特别是与西方的贸易,对国内的出口货物也采取种种限制措施。乾隆帝认为"内地货物,尔等需要甚多,尔等外洋物件,天朝都是可有可无的,尔等安静守法,在此贸易,亦不驱逐,若不来贸易,亦不招徕,宁波地方是断不准再去,去必驱逐,亦属无益,倘不遵禁令,是自取咎戾"。④ 两广总督李侍尧也奏请实行《防范外夷规条》,包括禁止夷商在省住冬;夷人到粤,宜令寓居行商、管束稽查;禁借外夷资本并雇请汉人役使;禁外夷雇人传递信息积弊;夷船泊处,请酌拨营员弹压稽查。⑤《防范外夷规条》严格规范外商在广州的居住活动范围和方式,强化行商制度,使"限令广州一口贸易"的政策得到强化。之后,一些具体措施虽有局部调整,但是"一口通商"的政策并没有发生根本改变。如嘉庆十四年(1809)四月,两广总督百龄奏称从前议奏防范外夷规条"日久玩生,致滋弊窦",要求严守前议奏防范外夷规条,并奏请新增五条:外夷兵船应停泊外洋

---

① 《直隶总督方观承奏嘆咭唎商人来津投呈折》,载《清代档案史料选编》第二册,第 700 页。

② 《将李永标解任查办谕》,载《清代档案史料选编》第二册,第 700 页。

③ [清] 王之春:《国朝柔远记》卷五,光绪十七年广雅书刻本,第 17 页。

④ 中国第一历史档案馆:《朱批奏折·外交类》案卷号:036,转引自林健《洪任辉案——兼论乾隆时期的对外贸易政策》,载中国人民大学清史研究所编《清史研究集》第六辑,光明出版社,1988,第 276 页。

⑤ 《军机大臣等议复两广总督李侍尧奏访外夷规条》,载《清代档案史料选编》第二册,第 738—740 页。

以肃边防；各国夷商止准暂留司事之人经理货账，余饬以期归国，不许在澳停留；澳内华夷宜分别稽查；夷船引水人等宜责令澳门同知给发牌照；夷商买办人等宜责成地方官慎选承允，随时严察。① 道光十一年（1831）二月两广总督李鸿宾、粤海关监督中祥提出会同核议《防范夷人章程八条》，虽然提出"夷商雇请民人服役应稍""不得在粤住冬应变通旧章随时防范"，但是称"旧章无须更议，各条照旧申明晓谕"，基本延续之前《防范外夷规条》的内容，并且根据形势的变化，增益若干具体条规，"限令广州一口贸易"的政策并没有发生改变。② 道光十五年（1835）三月，时任两广总督卢坤、广东巡抚祁𡎖和粤海关监督彭年又再奏请"酌议增易防范夷人章程八条"，包括外夷护货兵船，不准驶入内洋，应严申禁令并责成舟师防堵；夷人偷运枪炮及私带番妇番梢人等至省，应责成行商一体稽查；夷船引水买办应由澳门同知给发牌照，不准私雇；夷馆雇用民人，应明限制；夷人在内河驶用船只，应别裁节并禁止不时闲游；夷人具禀事件，应一律由洋商转禀以肃政体；洋商承保夷船，应认派兼用以杜私弊；夷船在洋私卖税物，应责成水师查拏并咨沿海各省稽查。道光帝对《防范夷人章程八条》十分赞许，在朱批中称"所议俱妥，务须实力奉行，断不可不久又成且文也"。③ 这一政策一直持续到鸦片战争之前，因此"限令广州一口贸易"的贸易体制是考察近代以来中外经贸交流发展历史必须重视的一项制度。

第三节　中西文化的早期碰撞与交流

随着西方资本主义的崛起和东扩，中外之间的文化交流也展现出新

---

① ［清］卢坤、邓廷桢等：《广东海防汇览》卷三七《方略二十六·驭夷二》，清道光十八年刻本，第16—19页。

② ［清］梁廷枏：《粤海关志》卷二九《夷商四》，第19—27页。

③ ［清］卢坤、邓廷桢等：《广东海防汇览》卷三七《方略二十六·驭夷二》，第33—39页。

的特点，除了传统汉文化圈内国家之间继续交流与融合之外，中西之间的文化交往逐渐活跃。一方面，伴随着西方殖民贸易的不断东扩，西方传教士纷纷东来，充当了中西文化交流的重要桥梁和纽带，传教士在"西学东渐"和"东学西传"过程中扮演重要角色；另一方面，由于中西方经济贸易交流的日益频繁，中西方的物质文化交流频繁和"在地化"发展成为这一时期中外文化交流的主要特点之一。

一、传教士东来与中西文化的碰撞与互鉴

德国启蒙思想家莱布尼茨在对中西方文明进行比较研究之后，指出"在许多方面，他们与我们不分轩轾"，几乎处于"对等的较量"中。[①]开埠之前，中西文化交流在很长一段时期内处于"对等的较量"中。这一特征直接影响了中西文化交流的形式、内容和结果。目前学术界在讨论这一时期的中西文化交流时，已经明确指出"西学东渐"和"东学西传"的跨文化融合是这一时期中西文化交流的基本特征。在这一过程中，西方传教士扮演着重要角色，并呈现阶段性特征。[②]

从万历十年（1582）意大利籍耶稣会士利玛窦以传教名义抵达澳门，到崇祯十七年（1644）明朝覆灭，是开埠之前中西文化交流的勃兴阶段。实际上，利玛窦抵达中国之前，西方的耶稣会士和其他天主教教士就已经跟随着西方的商业贸易船只陆续东来，并试图到中国宣扬西方的宗教文化。耶稣会士圣方济各·沙勿略、巴勒莫、葛斯、克卢兹、毕雷、奥斯定、玛林、拉达以及方济会会士阿尔法洛、奥尔地兹等人都曾先后进入广东和福建做短暂停留传教，但是都没有实现预期的目标。直到1578年，对中国的传教事业充满热情的意大利人范礼安来到澳门，任职全印度及远东耶稣会布教视察员之后，天主教在中国的传播出现重大进展。范礼安出任新的教职之后，随即招募意大利人耶稣会士罗明坚和利玛窦

---

① 夏瑞春：《德国思想家论中国》，江苏人民出版社，1995，第1—9页。

② 林延清：《试论明清之际中西文化交流的分期、特点和历史作用》，《河南大学学报（社会科学版）》2001年第5期。

分别于 1579 年 7 月和 1582 年 8 月先后到澳门接任教职。尤其是利玛窦来华之后，于 1583 年 9 月 10 日，与罗明坚一起被允许进入广东肇庆开展传教活动。他们采用"补儒易佛"等适应儒家文化以及科学传教的策略，使得天主教在一定程度上被中国士大夫接纳，从此掀开了天主教在华传播的新篇章。① 清人程岱葊在《野语》卷八《语屑·天主教》中也明确指出了利玛窦来华对于天主教在华传播的重要性，称"天主，名耶稣，大西洋人，自古不通中国。万历辛巳，有大西洋之意大里（利）亚人利玛窦者，航海九万里，抵广东之香山澳，其教始染中土"。②

利玛窦像

正是利玛窦等人利用对中国传统文化和社会的理解及认识，采用"慢慢来"的策略③，通过著书立说、交谈而非布道的手段获得包括中国士大夫在内的部分中国人的逐渐认同。这一策略的成功对中西文化交流产生两方面的直接影响：一方面是利玛窦来华之后的中国天主教信奉者人数取得很大突破。根据日本学者石田干之助的研究，至崇祯九年（1636），信奉天主教的人数统计如下：明宗室人员 140 人、内宫人员 40

---

① 相关历史脉络可参阅 ［日］石田干之助：《中西文化之交流》，张宏英译，商务印书馆，1941，第 60—65 页。

② ［清］程岱葊：《野语》卷八《语屑·天主教》，清道光二十五年增修本，第 13 页。

③ 朱维铮主编《利玛窦中文著译集·导言》，复旦大学出版社，2001，第 20 页。

人、宫女 70—80 人、高官 14 人、进士 10 人、举人 11 人、一般士庶 38000 余人。① 另一方面，这一策略致使利玛窦等传教士非常重视著书立说，西方的天文学、数学、物理学、地理学、农学、医学等知识开始被较大规模地输入中国。在徐光启、李之藻等人的协助下，利玛窦等传教士不仅在中国刊印了《几何原本》《同文算指》《浑盖通宪图说》《乾坤体义》《远西奇器图说》《火攻挈要》《职方外纪》《西学凡》等一大批西方科学书籍，还输入了三棱镜、望远镜、西方火炮等一批"远西奇器"，绘制了《坤舆万国全图》，打开了认识和了解"西学"的窗口。随着"西学"传播的广度和深度不断扩展，对于中国社会进步的深刻影响也日益显现，这其中包括思想文化领域的新视野和新观念、近代科学的萌芽及其初步发展和传统闭关锁国政策的动摇。②

　　明清兴替之后，顺治、康熙时期（1644—1722），政府对天主教在华活动采取相对宽容的政策。特别是康熙三十一年（1692），康熙帝批准容教诏令之后，天主教在华传播有了较快的发展。欧洲天主教会向中国派遣传教士的人数显著增长，其中以耶稣会士最为突出。从康熙三十年（1691）的 29 人，增加到康熙四十年（1701）的 82 人。加上其他修会的人数，到康熙四十年（1701），在华西方传教士的人数已达 144 人。③ 这些传教士延续利玛窦等人的传教策略，使西方科学文化在华的传播又出现了一次高潮。康熙下令编绘的《皇舆全览图》是这一时期"西学东渐"，中西文化交流融合的典型成果。《清史稿·列传七十》记载了《皇舆全览图》的绘制过程：

　　　　康熙间，圣祖命制《皇舆全览图》，以天度定准望，一度当二百里，遣使如奉天，循行混同、鸭绿二江，至朝鲜分界处，测绘为图。以鸭绿、图们二江间未详晰，五十年，命乌喇总管穆克登偕按事部员

① ［日］石田干之助：《中西文化之交流》，第 68 页。
② 相关具体研究可参阅沈定平：《"伟大相遇"与"对等较量"——明清之际中西贸易和文化交流研究》，商务印书馆，2015，第 238—267 页。
③ 张先清：《康熙三十一年容教诏令初探》，《历史研究》2006 年第 5 期。

复往详察。国宗弟国栋亦以通历法直内廷。五十三年，命国栋等周历江以南诸行省，测北极高度及日景。五十八年，图成，为全图一，离合凡三十二帧，别为分省图，省各一帧。命蒋廷锡示群臣，谕曰："朕费三十余年心力，始得告成。山脉水道，俱与禹贡合。尔以此与九卿详阅，如有不合处，九卿有知者，举出奏明。"乃镌以铜版，藏内府。①

从这段话可以看出，《皇舆全览图》历时 30 余年制成，绘制的技术和规模都是历来未曾有过的。不过，《皇舆全览图》之所以成功，除了得到康熙帝的首肯和大力支持外，最重要的是这次地图的绘制由传教士主持，利用西方现代测绘技术，如经纬图法、梯形投影等先进方法，这些方法是当时世界上水平最高的地图制作方法。李约瑟在论及《皇舆全览图》时也给予了高度评价，认为该图"不但是亚洲当时所有地图中最好的一幅，而且比当时的所有欧洲地图都更好、更精准"。② 参加这次测绘的传教士有法国传教士白晋（J. Bouvet）、雷孝思（J. B. Regis）、杜德美（P. Jartoux）、山遥瞻（Guillaume Bonjour）、汤尚贤（Pierre Vincent de Tartre）、冯秉正（De Mailla）、德玛诺（R. Hinderer）、儒尔·法布利（Bonjour Fabri）等，此外还有葡萄牙的麦大成（J. F. Cardoso）和德意志的费隐（X. E. Fridelli）等，杜德美编绘了总图。《皇舆全览图》后来传入欧洲，使欧洲对于对中国版图的认识长期定格在这一时期，对中西社会都产生很大影响。③

从清朝雍正元年（1723）至鸦片战争前，中西文化交流虽然时有亮点，如戴进贤等人编撰《历象考成后编》，蒋友仁译介哥白尼"日心说"，宋君荣等人绘制《大清一统舆图》等，但其规模已经不可与之前相比。特别是在罗马教廷发出禁止中国教会祭祖尊孔的指令，"利玛窦规矩"被破坏之后，中国政府开始推行禁止天主教在华传教的政策。雍正元年

---

① 赵尔巽等：《清史稿·列传七十》，中华书局，1977，第 10185—10186 页。

② ［英］李约瑟：《中国科学技术史》第五卷，刘晓燕等译，科学出版社，2005，第 235 页。

③ 韩昭庆：《康熙〈皇舆全览图〉与西方对中国历史疆域认知的成见》，《清华大学学报（哲学社会科学版）》2015 年第 6 期。

（1723），福建福安天主教教案之后，闽浙总督觉罗满保奏称：

> 西洋人杂处内地，在各省起天主堂，邪教徧行，闻见渐淆，人心渐被煽惑，请将各省西洋人，除送京效力人员外，余俱安置澳门，其天主堂改为公廨，误入其教者，严行禁饬。①

雍正五年（1727），朝廷发布上谕：

> 中国有中国之教，西洋有西洋之教，彼西洋之教，不必行于中国，亦如中国之教，行于西洋？如苏努之子乌尔陈等愚昧不法之辈，背祖宗违朝廷，甘蹈刑戮而不恤，岂不怪乎！西洋天主化身之说尤为诞幻，天主既司令于冥冥之中，又何必托体于人世。若云奉天主之教者，即为天主后身，则服尧之服，诵尧之言者，皆尧之后身乎！此则悖理谬妄之甚者也。②

从此，中国进入百年禁教时期，之后乾隆、嘉庆、道光朝都屡有禁令颁布。③ 随着清政府禁教政策的实施和强化，在传教士推动下的中西文化交流亦受到影响，特别是对于"西学东渐"影响最大。徐宗泽认为，"18世纪耶稣会之取缔，会士不能继续到我中国承接文化事业，致始萌之科学不得尽量生发，此则为学术界上之一大打击也"。④ 尽管之后洋务派提出"西学为用"，但是与传教士推动的"西学东渐"是两个不同的方向。

当然，交流从来都是相互的，这些西方传教士在把西方科学文化输向中国的同时，来华的传教士们也把许多中国典籍翻译介绍到欧洲，并撰写大量有关中国历史、地理、哲学等方面的著作，形成所谓的"传教

① ［清］王之春：《国朝柔远记》卷三，清光绪十七年广雅书刻本，第15页。
② 《世宗宪皇帝上谕内阁》，清文渊阁《四库全书》本，第15页。
③ 相关历史脉络可参阅方豪：《中西交通史》（下），上海人民出版社，2015，第858—871页。
④ 徐宗泽：《明清间耶稣会士译著提要》，上海书店出版社，2010，第12页。

士汉学时期"。① 如意大利耶稣会士罗明坚，于1593年在罗马出版《百科精选》一书，收录《大学》的部分译文，第一次将儒家原典传播到欧洲。1626年，比利时传教士金尼阁将"五经"译成拉丁文，在杭州刻印，并传回欧洲。入清以后，意大利传教士殷铎泽和葡萄牙传教士郭纳爵将《大学》译成拉丁文，称之为《中国之智慧》。1672年，殷铎泽翻译了《中庸》，改名为《中国政治道德学》。1687年，比利时籍传教士柏应理翻译了《大学》《中庸》《论语》，定名为《中国哲学家孔夫子》，在巴黎出版。其后，传教士白晋、雷孝思先后译介了《易经》。法国传教士蒋友仁、孙璋、韩国英等人则先后将《书经》《诗经》《大学》《中庸》等中国经典译介到欧洲。

除了译介中国经典典籍之外，传教士还撰写了大量有关中国历史、地理等方面的著作。1585年，西班牙修道士胡安·冈萨雷斯·德·门多萨撰写的《中华大帝国史》是历史上最早的一部向欧洲介绍中国史地状况的著作。该书被译成7种文字，共发行了46版，《欧洲与中国》的作者赫德逊称"它的出版标志着一个时代的开始"。② 1615年，由意大利耶稣会士利玛窦撰写、比利时耶稣会士金尼阁增修的《基督教远征中国史》一书拉丁文版出版，利玛窦通过叙述耶稣会士在中国的传教历程，全面介绍了中国的经济发展、政治法律制度、风土人情等，引起了欧洲人对中国的极大兴趣，产生很大影响。之后，该书不仅拉丁文版一直再版，而且还被翻译为法文、意大利文、德文和英文。1642年，葡萄牙传教士曾德昭在马德里出版《中华帝国史》一书，对中国历史作了较为全面的阐述。1655年，意大利传教士卫匡国的《中国新图》在荷兰出版。此书详尽地介绍了中国15个省的地理、人口、经济等情况。其后，卫匡国又撰写了《中国上古史》一书，对中国上古时期的历史进行了阐述。1735年，法国耶稣会士杜赫德根据入华传教士发回的书简、札记、日记中的有关材料，编写成《中华帝国全志》一书，涉及中国政治、经济、

---

① 张西平：《传教士汉学研究·前言》，大象出版社，2005，第1—4页。
② ［英］赫德逊：《欧洲与中国》，王遵仲、李申、张毅译，何兆武校，中华书局，1995，第219页。

科学、文化等各个方面，是一部使欧洲人能够更好地研究和了解中国的百科全书。1777年，入华传教士冯秉正编撰的法文版《中国通史》（12卷）巨著在巴黎出版，该书为当时西方人研究中国提供了翔实的历史资料。

这些通过传教士向西方引介中国的论著，被称为"传教士汉学"。尽管这些论著存在着某些偏见和误读，但是作为西方汉学的奠基石，这些论著深刻地影响了欧洲思想史的发展，并对正在兴起的启蒙运动产生了重大影响。[①] 与此同时，中国的丝绸、瓷器、茶叶等工艺品也被大量销往欧洲，与传教士所传回的中国文化一起，在18世纪的欧洲掀起了一轮"中国热"。[②] 这种双向交流是这个时期中西文化关系的主要特点。

二、中西物质文化交流及"在地化"发展

随着中西经济贸易交流的日益频繁，欧洲各国也不断加强对中国的了解，并吸收中国传统物质文明的精华。与此同时，中国也开始接触西方资本主义物质文明。因此，中西方的物质文化交流日益频繁，并呈现"在地化"发展特点，这也是这一时期中西文化交流的主要特点之一。西方输入的资本主义物质文明主要是新式武器、钟表机械、建筑艺术等，中国输入西方的主要是丝绸、瓷器、茶叶等。其中，新式武器的输入、茶叶的输出及"在地化"发展对于中西方社会的影响最大。

西方新式武器的传入以佛郎机炮为起始，佛郎机炮最早被国人认知，可以追溯到明正德年间，葡萄牙为扩张商业殖民利益，在东南沿海地区进行侵扰时就使用过这一新式火炮。明人张燮在《东洋西考》中记载，正德十二年（1517），葡人皮列士驾"大舶突至广州澳口"时，以"进贡为名"携带的大炮就是这种新式大炮。书中称"铳声如雷"，葡人"恃火铳以自固"。[③] 虽然这种新式大炮被介绍到中国并非中国人的主动

① 张西平：《传教士汉学研究·前言》，第1—4页。
② 许明龙：《欧洲十八世纪中国热》，外语教学与研究出版社，2007。
③〔明〕张燮：《东西洋考》卷五《东洋列国考》，第93页。

行为，但是由于它的鲜明特点和优越性，很快就吸引了当时广大将士的注意。嘉靖八年（1529），都御史汪鋐奏称"先在广东亲见佛郎机铳，致远克敌，屡奏奇功，请如式制造"，兵部覆议"诏造三百，分发各地"；嘉靖十二年（1533）初，广东巡检何儒常"招降佛郎机国番人，因得其蜈蚣船铳等法"，升为上元主簿，并且"令于操江衙门监造"。① 明人王鸣鹤《登坛必究》辑录"神器莫过于佛郎机"一文中对于佛郎机大炮给予高度赞扬：

> 各样火器名色甚多，然类皆装药才放，放了复装药，又放未免迟滞，且连放铳热难为，三四放必炸。若佛郎机，则子炮在外，放子一个，又安在佛郎机空腹内一个，再放、连放四五子炮，亦不热，所以为好。只要各会放人随身带一小口袋，内带着安药子铳五六个，接连放之，又安架上，随手转放皆便，其声震响，所打无不破透。若鸟嘴铳虽好，安药铅子小，亦迟，即打着人，不系致命处，亦打不死也。②

因此，明朝政府很早就将引进、仿制和试造佛郎机炮作为改进传统武器的主要手段。嘉靖、万历年间，因为佛郎机炮技术的引进和发展，也成为中国历史上改进传统火器，创制新式火炮的繁荣时期。明朝政府结合传统的武器制造技术，在仿制佛郎机炮的基础上不断创新。茅元仪在《武备志》中记载："（佛郎机炮）其始出于西洋番国，中国得之，更为巧法。扩而大之，为发矿，乃大佛郎机也。约而精之，为铅锡铳，乃小佛郎机也。制虽不同，皆由此以生之耳。"③ 从嘉靖时期至明末，至少在西方佛郎机炮技术的基础上，创造出"铜、竹、木制发矿""电扫雷丸""无敌大将军""百子佛郎机""神飞炮"五种新类型的佛郎机式重火

---

① ［明］徐学聚：《国朝典汇》卷一五二《兵部十六》，明天启四年徐与参刻本，第16页。

② ［明］王鸣鹤辑《登坛必究》卷十五《军行卷》，明万历刻本，第17—18页。

③ ［清］嵇璜等：《钦定续文献通考》卷一三四《兵考》，清文渊阁《四库全书》本，第32页。

炮和"提心铳""流星炮""连珠佛郎机""八面神威炮"四种佛郎机式轻火炮。[1] 这些自制的大炮在技术参数方面都有很大的提升，黄一农即认为"汉人优越的冶铁和铸造传统，令其自制的红夷大炮得以在一二十年的混交过程中达到当代的技术巅峰"。[2] 清朝建立后，对于西方新式武器的研发、使用也十分重视。在清初平定地方叛乱的过程中，康熙帝对于西洋火炮十分倚重。康熙帝认为"兵部大军进剿，须用火器"，故康熙十三年（1674）命令比利时传教士南怀仁"铸造大炮，轻利以便涉"。[3] 于是，南怀仁铸成大炮数百尊，康熙帝"亲幸教场观验，不胜喜悦"，当即"卸御服貂裘，当众官员兵弁赐南怀仁"。[4] 康熙十六年（1677），上谕称："剿灭逆贼，平定湖南，俱赖安亲王练习宿将及精兵火器，俱不可阙。提督赵国祚、都督陈平并所属官兵，悉依安亲王所请。南怀仁所造火炮，著官兵照数送至江西，转运安亲王军前。"[5] 为便于南怀仁试制火炮，朝廷在任命其为钦天监监正管理天文历法的同时，还加封工部侍郎衔，负责西式武器的制造。[6] 不过，雍正之后，随着禁教令的不断出台，传教士作为西方新式武器技术在华传播的主要推动者之一，其在华活动受到约束。因此，西方新式火器技术在华传播也由于传教禁令的颁布而受阻。与此同时，西方在 19 世纪后，以蒸气机为动力、机床为主要工具的军火生产取得了前所未有的进步，而中国所制的火炮不仅停滞不前，而且有所倒退。[7]

茶叶在我国的种植历史悠久，其对外贸易历史至今已 1500 多年，最早可追溯至南北朝时期土耳其商人至我国西北边境以物易茶。[8] 欧洲人

① 王若昭：《明代对佛郎机炮的引进和发展》，《清华大学学报（哲学社会科学版）》1986 年第 1 期。

② 黄一农：《红夷大炮与皇太极创立的八旗汉军》，《历史研究》2004 年第 4 期。

③ ［清］刘锦藻编纂《清朝文献通考》卷一九四《兵十六》，第 6587 页。

④ ［法］樊国梁：《燕京开教略》中篇，1905 年救世堂刊印，第 35 页。

⑤ ［清］王先谦：《东华录》，清光绪十年长沙王氏刻本，第 13 页。

⑥ ［清］王士祯：《池北偶谈》卷二，齐鲁书社，2007，第 30 页。

⑦ 胡建中：《清代火炮》，《故宫博物院院刊》1986 年第 2 期。

⑧ 陈椽编著《茶叶贸易学》，中国科学技术大学出版社，1991，第 49 页。

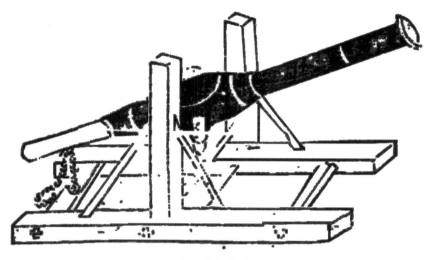

架式佛郎机炮

对于茶叶的认识最早来自传教士与旅行家的相关记述。1556 年，来华葡萄牙传教士克鲁兹返回葡萄牙后，便以葡萄牙文撰写了一部和茶叶有关的书籍，称"凡上等人家习以献茶敬客，此物略苦，呈红色，可以治病，为一种药草煎成之液汁"。① 1559 年，威尼斯作家拉摩晓撰写的《茶之摘记》《中国茶摘记》《旅行札记》，是欧洲最早述及茶叶的著作。1567年，俄国人彼得洛夫和雅里谢夫向本国介绍茶树，是俄国茶事记载的开端。之后，荷兰旅行家林楚登、意大利传教士利玛窦、瑞士博物学家巴亨、德国医生罗斯托克、苏格兰医学家肖特等人都在其游记或者论著中提及中国茶叶及其饮茶习惯等。② 随着茶叶的相关知识在欧洲的普及，饮茶之风逐渐兴起，英国人成为茶叶的最大消费群体。③ 英国伦敦的咖啡店均闻风增设茶饮料，皇后像咖啡店主人于 1658 年 9 月 30 日在《政

---

① ［美］威廉·乌克斯：《茶叶全书》（上），中国茶叶研究社译，香港心一堂有限公司，1949，第 15 页。

② 陈椽编著《茶叶通史》第二版，中国农业出版社，2008，第 166—168 页。

③ ［瑞典］罗伯特·贺曼逊：《伟大的中国探险：一个远东贸易的故事》，赵晓玫译，广东人民出版社，2006，第 97 页。

治报》上还刊登了一则茶饮广告，称"全体医生所证明之优良中国饮料——茶，现出售于伦敦皇家交易所旁之皇后像咖啡店"。① 之后，一些杂货店也开始兜售茶饮。1717 年，伦敦汤姆斯咖啡室改名为金狮，成为伦敦第一家专门茶室。② 随着茶叶价格的降低，茶叶的受众群体也越来越大，饮茶之风逐渐普及民间。据记载，在 1734 年一个典型的中产家庭的标准食谱中，每周将花费 7 便士购买茶叶和糖；在 1749 年一位零售店主的家庭预算中，每周将花费 4 先令购买茶叶和糖；这一时期，即便是最贫困的群体，如那些靠救济金生活的人，每天都会喝两次茶。因此，英国学者在其论著中使用"着迷"一词来形容当时英国人对茶叶的喜爱。③ 此外，英国还形成午后茶的习惯，并成为一种"时兴的礼仪"。至1830 年，利物浦、伯明翰、普林斯顿等地常常举行茶会，并逐渐流行于欧美国家。④ 因此，中国茶叶成为西方商人追求利润的主要商品之一。随着饮茶之风的兴起，茶饮逐渐与可可、咖啡成为欧洲三大主要饮品，与饮茶有关的诗歌、散文、绘画、雕刻、音乐、舞蹈等文化创作也成为西方文化的有机组成部分之一。⑤ 19 世纪中叶，研究中国的历史学家约翰·戴维斯评价茶叶对于英国社会的巨大影响时称"就对一个民族的行为习惯产生巨大革命性影响来说，没有任何一种事物能像茶叶那样在过去一百年里对英国人的影响那么大"。⑥ 当然，随着茶叶需求量的逐年增加，欧洲国家也试图"在地"发展茶业种植，但由于欧洲本土不适宜茶叶种植，英国便大力拓展印度、斯里兰卡等殖民地种植茶叶。1824 年，英军入侵缅甸期间发现野生茶树，便从中国取得茶子、茶苗在印度试种繁殖，并取得成功。至 1861 年，印度产茶达到 150 万磅，至 1876 年更

① ［美］威廉·乌克斯：《茶叶全书》（上），第 23 页。

② 同上书，第 26 页。

③ ［英］艾伦·麦克法兰、［英］艾丽丝·麦克法兰：《绿色黄金：茶叶帝国》，扈喜林译，周重林校，社会科学文献出版社，2016，第 93、103 页。

④ 陈椽编著《茶叶通史》第二版，第 301—310 页。

⑤ 同上书，第 372—382 页。

⑥ ［英］艾伦·麦克法兰、［英］艾丽丝·麦克法兰：《绿色黄金：茶叶帝国》，第123 页。

是达到 2700 万磅。[①] 中国茶叶的对外贸易份额由于印度茶、锡兰茶的竞争而不断萎缩。

　　总之，鸦片战争之前，中西方文化交流呈现出新的特点和趋势，交流中有冲突，冲突中也有融合。西方宗教文化和包括新式武器、钟表机械以及建筑艺术在内的资本主义物质文明源源不断地输往中国，而中国文化典籍和丝绸、瓷器、茶叶等商品也成为西方社会转型中不可缺失的要素，中西方文化的相互碰撞与交流互鉴都深刻地影响着双方社会的走向。不过，在这一发展过程中，也可以深刻体会到西方资本主义强势崛起给中国带来的挑战，鸦片战争的爆发实际上就是这种挑战的必然结果。

---

① 陈椽编著《茶叶贸易学》，第 24 页。

第三章
条约体系建立：晚清中外
经贸文化交流格局演变

康熙五十五年（1716）十月二十六日，康熙帝在面谕广州将军管源忠、闽浙总督满保和、两广总督杨琳时称："海外如西洋等国，千百年后，中国恐受其累。"① 此话虽是为了禁止商民与西洋人勾结而发出的感慨，但是百年之后的中国面临的境遇确如康熙帝所料。事实上，康熙帝所言并非危言耸听，明清之际的西方对于中国的挑战已让时人倍感压力，这种压力涉及政治、军事、经济、文化等各个领域。不过，也必须承认，当时的挑战相对于鸦片战争之后西方对中国的挑战，展现的更多是局部性而非全局性危机。正如费正清所言："直到一百年前（鸦片战争前），中国对于西方生活所产生的影响，远比西方对中国的影响更为巨大。"② 鸦片战争的爆发，带给中国的冲击触发了"一些具有深远影响的爆炸性事态"，特别是英、法、美三国相互支持与中国签订的一系列不平等条约，"构成了一个条约体系的开端"。③ 因此，民国学者黄鸿寿在论及鸦片战争及和约时称："鸦片战争之局幸终，而欧美订约之使纷至。"④ 这一条约体系对中国的政治、经济、社会和外交领域都产生了深远影响，引起中国社会的结构性变化。正因如此，李鸿章才发出如此感

---

① ［清］王先谦：《东华录》，清光绪十年长沙王氏刻本，第 9 页。
② ［美］费正清：《美国与中国》，孙瑞芹、陈译宪译，商务印书馆，1971，第 112 页。
③ ［美］徐中约：《中国近代史：1600—2000，中国的奋斗》，计秋枫译，世界图书出版公司，2008，第 152—153 页。
④ 黄鸿寿：《清史纪事本末》卷四四《鸦片之战争及和约》，上海书店，1986，第 297 页。

叹："地球东西南朔九万里之遥胥聚于中国，此三千余年一大变局也。"①
茅海建更是用"天朝的崩溃"② 来形容鸦片战争后的时局转变。晚清中
外经贸文化的交流也是在这一大变局之中进行的，以鸦片战争为标志，
传统的中外贸易体制被完全打破，中华文明遭遇空前危机，其主体性地
位不断被质疑，向外扩展的内在动力也大为减弱，"西学为用"的呼声
日益高涨。

第一节　从"朝贡关系"到"条约关系"：
　　　　条约贸易制度确立及其流变

　　正如前言，西方对传统朝贡贸易体制的挑战早在西方殖民者初踏中
国土地时就已经开始。明清以来，中国海外贸易政策的不断调整和规
范，实际上就是对这种挑战的回应。不过，这一传统体制被全面替代则
是在鸦片战争之后，正如费正清、邓嗣禹所言："随着 1842 年中英《南
京条约》的签订，这个体系（朝贡体系）走到了尽头。1842 年之后的整
整一个世纪，中国一直被束缚在以不平等条约为特征的国际体系中。这
个条约体系是由西方列强建立的，《南京条约》正是其开端。"③ 19 世纪
40 年代以来，中外经贸文化交流始终受制于这一新的条约制度安排，我
们习惯上称其为"不平等条约体系"。中外之间的交往在这一体系下也
由传统的"朝贡关系"转为"条约关系"。

---

① 《筹议制造轮船未可裁撤折（同治十一年五月十五日）》，载吴汝纶编《李文忠
　公奏稿》卷十九，清光绪三十二至三十四年金陵刻本，第 45 页。
② 茅海建：《天朝的崩溃：鸦片战争再研究》，生活·读书·新知三联书店，2017。
③ ［美］费正清、邓嗣禹：《冲击与回应：从历史文献看近代中国》，陈少卿译，民
　主与建设出版社，2019，第 3 页。

一、西方大规模军事入侵与不平等条约的签订

尽管晚清时期中外条约关系的确立涉及中外各方面因素，既有国人对国际交往规则的漠视与误读，也与国人根深蒂固的"天下观"相关，但是最重要的因素是西方列强的强权政治，每次都以战争或以战争胁迫的方式迫使清政府签订条约。鸦片战争的结局开启了西方列强建立的与传统体制不同的条约关系，又经过第二次鸦片战争，基本上确立了这一条约关系的基本内容。之后，又经过中法战争、中日甲午战争和八国联军侵华战争，条约关系内容被不断强化和巩固，涉及政治、经济、军事、文化等各个方面。正如毛泽东所言："一八四〇年英国的鸦片战争，一八五七年英法联军进攻北京，一八八四的中法战争，一八九四年的中日战争，一九〇〇年的八国联军进攻北京。在这些战争之后，中国就沦为各主要帝国主义国家共同宰割和互相争夺的半殖民地。"① 这种"共同宰割"和"互相争夺"的半殖民地局面就是通过晚清中外条约关系建立起来的。因此，李育民认为晚清中外条约关系是"传统国际法时代的产物""与主权国家之间正常的条约关系不同""主要反映了西方列强的强权政治及其暴力"。②

关于西方与中国的军事冲突，早在西方殖民者东来之初，他们为了达到自己的野心与需求，就以贸易和传道的旗号为自己的军事行为不断寻找理由。因此，鸦片战争之前中西短兵相接的事件时有发生。国人对于西方"船坚炮利"的军事印象，早在明末就已经形成，当时有"舟坚铳大""坚舟猛铳"等称呼。③ 随着西方资本主义工业经济的快速发展，"战争的制度化"成为当时"欧洲社会的内在需求"，"战争从偶然的和间或发生的事件

---

① 毛泽东：《中国革命与中国共产党》，载《毛泽东文选》，新华书店出版社，1948，第 11 页。

② 李育民：《晚清中外条约关系研究》，法律出版社，2018，第 39 页。

③ 庞乃明：《"坚船利炮"：一个明代已有的欧洲形象》，《史学月刊》2016 年第 2 期。

变得规模越来越大，也更加复杂"。① 因此，西方人对华进行大规模军事侵略的野心也日益膨胀并被不断付诸实施。正如马克思在《资本论》中所言：

> 开采美洲的白银，杀戮、奴役和活埋土人于矿山之中，着手占领和抢掠东印度，把非洲变成狩猎黑人的围场，这就是资本主义时代之晨霞。这些掠夺过程就构成了原始积累的主要元素。随着这些过程而起的，是欧洲各民族的商业战争，于是全地球就成了这种商业战争的战场。这个战争是由尼德兰脱离西班牙开始的，这个战争在英国反雅各宾派的战争中采取巨大的规模，而且到现在，在这样强盗式的征伐中，如对华的鸦片战争中，还在继续进行。②

鸦片战争的爆发实际上是西方殖民贸易拓殖发展的必然结果，本质是"商业战争性的海盗掠夺战争"。③ 对于西方人而言，他们想要发动战争的目的性非常强，与早期试图主动融入传统既有的贸易文化交往模式不同，他们的主要目的是"希望发展出一种依赖暴力征服、垄断控制生产中心和贸易路线的新模式"。④ 所以，晚清时期的中西关系展现出"战争—条约—战争—条约"这样一个恶性循环。从战争逻辑看，战争冲突规模不断升级，由鸦片战争的一国入侵到八国联军联合侵华；从条约文本看，条约条款所涉及的内容越来越广，中国政治、经济、军事与文化被全方位纳入西方人主导的条约体系中。根据田涛主编的《清朝条约全集》统计，从1842年签订中英《南京条约》开始，至1911年签订《各国禁烟条约》，西方各国与晚清政府签订的条约总共179个，其中英国

---

① ［意］卡洛·M.奇拉波主编《欧洲经济史·第三卷·工业革命》，吴良健、刘漠云译，商务印书馆，1988，第82页。

② ［德］卡尔·马克思、［德］弗里德里希·恩格斯：《马克思、恩格斯论中国》，解放社，1950，第180页。

③ 严中平主编《中国近代经济史（1840—1894）·前言》，人民出版社，2012，第19页。

④ ［美］万志英：《13～17世纪东亚的海上贸易世界》，载李庆新主编《海洋史研究》第十五辑，社会科学文献出版社，2020，第37—62页。

39 个、俄国 44 个、法国 20 个、德国 14 个、日本 19 个、美国 8 个、丹麦 8 个、葡萄牙 5 个、西班牙 3 个、秘鲁 3 个、意大利 2 个、荷兰 2 个、比利时 2 个、巴西 2 个、墨西哥 2 个、瑞典 2 个、奥匈帝国 1 个、刚果 1 个、韩国 1 个，其他国际条约 14 个。^① 从形式上看，涉及在整个条约关系中居于首位的各种条约或者和约，与经济事务有关的各种章程以及"条规""条款""附款""专条""专章""换文"等。^② 至 19 世纪 60 年代初，条约制度的潜在力量在中国日益显现并逐渐发挥其控制力。根据费正清的研究，西方人凭借这些条约至少在以下几个方面取得了突破性进展：外国人控制中国的对外贸易和汇兑，外国的土地出租者在贸易中心占有不动产；西方先进轮船与中国沿海和内河水域的舢板船展开竞争；获得免纳厘金税的过境通行证的西方商人成为中国商人的庇护人；严格限制中国课征西方贸易商品税。^③ 中法战争、中日战争和八国联军侵华战争之后所签订的各种条约，又使西方的控制力进一步渗透到更多领域。1895 年签订的中日《马关条约》第一款在论及朝鲜问题时，更是明确规定"向中国所修贡献典礼等，嗣后全行废绝"^④，这一规定标志着传统的朝贡贸易体制被条约体制完全取代。因此，随着这些条约的签订和实施，中外贸易关系，特别是中西贸易关系完全束缚于这一系列条约所建构的贸易制度安排。

1842 年中英《南京条约》签字仪式场景图

---

① 参见田涛主编《清朝条约全集》（黑龙江人民出版社，1999）一书。

② 李育民：《晚清中外条约关系研究》，法律出版社，2018，第 237—242 页。

③［美］费正清编《剑桥中国晚清史 1800—1911》上卷，中国社会科学院历史研究所编译室译，中国社会科学出版社，1985，第 285—286 页。

④ 田涛主编《清朝条约全集》，第 911 页。

二、条约贸易制度的确立及其流变

美国学者道格拉斯·诺斯和罗伯斯·托马斯在论及西方世界兴起的原因时认为"有效率的经济组织是经济增长的关键"，而一个有效率的经济组织"需要在制度上做出安排和确立所有权以便造成一种刺激"。① 中外贸易的发展也是如此。在 19 世纪之前，以中国为主导的朝贡贸易制度一直是亚洲内部、欧亚之间贸易发展的制度保障，欧洲人初到中国时，对原有的贸易运作机制也一直保持一种敬重态度。已有大量史料可以证明，欧洲人初来东方时，一直试图融入已经存续几百年的"亚洲秩序"和"朝贡贸易圈"。② 但是，到了 19 世纪，当欧洲人的力量已经十分强大时，便放弃了融入，决定"重新制定游戏规则"。③ 正如马克思在论及西方对华贸易时称："每当亚洲各国的什么地方对输入商品的实际需求与设想的需求——设想的需求大多是根据新市场的大小，人口的多寡，以及某些重要的口岸外货销售情况等表面资料推算出来的——不相符时，急于扩大贸易地域的商人们就极易于把自己的失望归咎于野蛮政府所设置的人为障碍，因此可以用强有力的方式清除这些障碍。"④ 因此，当英国人认识到自己处于不利的贸易地位时，便试图用鸦片走私来抵消这种劣势。在面对中国政府的鸦片禁令时，这些"惯于夸耀自己道德高尚的英国人"，却用"海盗式的借口向中国勒索军事赔款来弥补自己商业的入超"⑤，甚至不惜诉诸武力通过占领中国领土的方式，获取商业

---

① [美] 道格拉斯·诺斯、罗伯斯·托马斯：《西方世界的兴起》，厉以平、蔡磊译，华夏出版社，2009，第 4 页。

② [日] 滨下武志：《近代中国的国际契机：朝贡贸易体系与近代亚洲经济圈》，朱荫贵、欧阳菲、虞和平译，中国社会科学出版社，1999，第 10—12 页。

③ [美] 彭慕兰、史蒂夫·托皮克：《贸易打造的世界》，黄中宪译，陕西师范大学出版社，2008，第 12 页。

④ [德] 卡尔·马克思：《对华贸易》，载中共中央马克思恩格斯列宁斯大林著作编译局编《马克思恩格斯论中国》，人民出版社，1997，第 103—104 页。

⑤ 中国史学会主编《鸦片战争》第一册，新知出版社，1955，第 18 页。

据点。例如，1840 年 2 月 20 日英国外交大臣巴麦尊在致奉命与中国政府交涉的全权公使的函件中就非常直白地表达了这种强盗逻辑，称："海军司令与监督，对中国沿海许多岛屿中那些最适合于这个题目（既容易占领，又可作为女王陛下的对华贸易臣民在英国权力保护下安全居住的场所，并且在那里他们可以同中国沿海的主要口岸安然地进行通商）的岛屿，一旦决定后，远征军应立刻占领一些这类的岛屿。"① 从中外经贸关系史的角度分析，晚清时期条约关系的基本特征是西方试图以自己的贸易规则建构并确立在中国的贸易优势地位，主要体现在以下几个方面：

（一）通商口岸制度确立与贸易空间的扩张

西方人对中国市场的贸易需求，一直是西方拓殖东方世界的主要动力之一。不过，在鸦片战争爆发前的很长一段时期内，西方人主要关注对中国商品的需求，西方在对华的进出口贸易额方面，从中国进口的商品一直多于输出的商品。以英国为例，1760 年至 1833 年间，各类英商输出入中国的总值情况，除 1800 年至 1806 年从中国输出的商品量占据优势以外，其余时间均为入超。下图是 1760 年至 1833 年各类英商输出、输入中国总值的情况。

根据下图可以看出英国对中国商品的旺盛需求，因此，包括英国在内的西方商人、政府和特许公司，都试图垄断中国的商品专卖，扩大中国商品的采购市场，并企图突破广州贸易体制，胁迫清政府开放更多商埠以便于获得更多的贸易便利。乾隆二十四年（1759）发生的洪任辉事件即是如此。1793 年，马嘎尔尼出使中国也是把要求开放更多口岸以便于获得更有竞争力的进口商品作为主要目的，称："为了获得比较便宜的出口货，希望被要求准许到靠近商品产地的口岸贸易，从各个市场的竞争中采购。"② 1816 年 1 月，阿美士德使团来华也是被寄予厚望，英国外交大臣卡斯尔雷勋爵致特使阿美士德勋爵函时称："假如阁下在广州

---

① 姚贤镐：《中国近代对外贸易史资料（1840—1895）》第一册，科学出版社，2016，第 363 页。

② [美] 马士：《东印度公司对华贸易编年史》第一、二卷，第 533 页。

口岸之外，能为公司船只获得经常驶往北方某些口岸的准许，将被认为是在对华贸易中取得的一个真正的重要收获。"①

1760 年至 1833 年各类英商输出、输入中国总值柱状图② 单位：银两

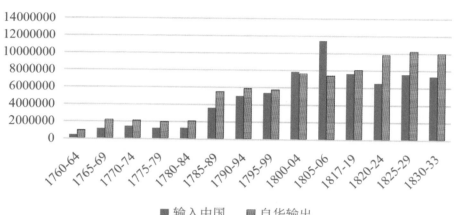

■ 输入中国　■ 自华输出

特别是 18 世纪 60 年代以来，工业革命在西方国家渐次展开，生产效率大幅提升，商品产量大规模增加。以英国的棉纺工业为例，由于多轴纺纱机、水利纺纱机、走锭精纺机以及蒸汽机技术的运用，棉纺工业"在大约 30 年的时间里从一个规模较小的行业发展到英国工业中最大的一个行业"。在 18 世纪 70 年代初期，"棉纺织业的净产值在国民收入中的占额不超过 50 万英镑"，但是到 18 世纪末，"棉纺织业对国民收入的贡献增加了 10 多倍"，至 19 世纪的前 10 年，其在国民年收入中的增量"超过了 18 世纪英国的毛纺工业和纺织工业"。③ 大规模的产品生产势必会带来一个很大的问题，即产品的消费市场问题。尽管在工业革命时代，整个欧洲的人口有很大增长，"大约从公元 1800 年的一亿八千七百

---

① ［美］马士：《东印度公司对华贸易编年史》第三卷，第 278 页。

② 根据严中平等编《中国近代经济史统计资料选辑》，科学出版社，2016，第 7—8 页，所提供资料进行绘制。

③ ［意］卡洛·M.奇拉波主编《欧洲经济史·第四卷·工业社会的兴起》，王铁生、袁广伟译，商务印书馆，1989，第 144 页。

万增加到公元 1850 年的二亿六千六百万人口"[1]，但是人口的增长远不及技术革命所带来的产品增量。这一巨变直接促使西方世界扩大对包括中国在内的国际贸易市场有更大需求，西方人除了关注中国商品的输入之外，也越来越关注西方工业品在中国市场有消费需求。正如英国制造商所期许的那样：中国市场是"如此广大"，以致"兰开夏所有供应一般衣料的工厂加在一起尚不足以满足中国一个省份的需求"[2]。因此，在鸦片战争之后签订的条约中，西方人都把开放通商口岸作为条约的主要内容之一，试图借机扩大在中国的商业贸易空间。从鸦片战争签订的《南京条约》规定广州、厦门、福州、宁波和上海五口开放开始，至清王朝结束，西方各国通过历次不平等条约迫使清政府向西方开放了 80 个沿海、沿江和沿边商埠。表 3-1 是晚清时期开放商埠一览表：

表 3-1　晚清时期开放商埠一览表

设埠时间	商埠名称	设埠时间	商埠名称	设埠时间	商埠名称	设埠时间	商埠名称	设埠时间	商埠名称
1843.7.27	广州	1863.10.1	台湾（台南）	1896.9.26	苏州	1906.1.10	吉林	1907.6.28	瑷珲
1843.11.1	厦门	1876.4.1	琼州	1896.10.1	沙市	1906.9.10	长春	1908.4.11	奉天
1843.11.17	上海	1877.4.1	宜昌	1897.1	河口	1906.9.10	周村	1908.5.28	昆明
1844.1.1	宁波	1877.4.1	芜湖	1897.1	思茅	不详	江孜	1908	香洲
1844.7.3	福州	1877.4.1	温州	1897.6.3	梧州	1906.9.10	铁岭	1908	公益埠
1852.4.4	伊犁	1877.4.2	北海	1897.6.4	三水	1906.9.10	新民屯	1909.7.1	三姓
1852.4.4	塔尔巴哈台	1881.4	肃州	1898.4.20	吴淞	1907.1.1	通江子	1909.11.2	龙井村

①［意］卡洛·M．奇拉波主编《欧洲经济史·第三卷·工业革命》，第 20 页。
② 姚贤镐：《中国近代对外贸易史资料（1840—1895）》第三册，第 1341 页。

近现代时期：中外经贸文化交流与发展

（续表）

设埠时间	商埠名称	设埠时间	商埠名称	设埠时间	商埠名称	设埠时间	商埠名称	设埠时间	商埠名称
1860.1.1	潮州	1881.4	吐鲁番	1899.3.22	江宁	1907.1.14	法库门	1909.11.2	局子街
1861.1.20	天津	1881.4	乌利雅苏台	1899.5.8	三都澳	1907.1.14	南宁	1909.11.2	头道沟
1861.4.3	牛庄	1881.4	哈密	1899.11.1	岳阳	1907.1.14	哈尔滨	1909.11.2	百草沟
1861.4.5	喀什噶尔	1881.4	乌鲁木齐	1901.12	秦皇岛	1907.1.14	满洲里	1910.1.1	珲春
1861.5.10	镇江	1881.4	古城	1902.5.1	鼓浪屿	1907.1.14	绥芬河	1910.1	宁古塔
1861.7.11	库伦	1887.4.2	拱北	1902.5.8	腾越	1907.3.1	安东	1910.1	海拉尔
1862.1.1	汉口	1889.6.1	龙州	1904.4.22	江门	1907.3	大东沟		
1862.1	九江	1889.8.24	蒙自	1904.7.1	长沙	1907.5.28	齐齐哈尔		
1862.1.16	芝罘	1891.3	重庆	1906.1.10	济南	1907.6.28	凤凰城		
1862.7.28	淡水	1894.5	亚东	1906.1.10	潍县	1907.6.28	辽阳		

　　虽然有些商埠在开埠之初并未立即达到西方人所期许的商业目标，如上海、宁波、福州和厦门四地在开埠之初，"进口洋货，除鸦片之外，即呈衰减之状，且历久未见起色"①，并未如西方所预期的那样，迅速进口大量的西方工业商品。1847年1月18日，英国驻福州领事若逊在论及英国在福州的贸易情况时就非常失望，称："关于英国或其他国家在

---

① 姚贤镐：《中国近代对外贸易史资料（1840—1895）》第一册，第511页。

这个港口进行贸易发展，目前还看不到任何有希望的前途。"[1] 1849 年 1 月 15 日，在致文翰的报告中，他再次表达了自己的失望之情："我再一次向你报告，我们曾经怀抱的使这个港口成为欧洲商船的常临之地和英国商人的驻足之点的希望，至今仍未实现。"[2] 宁波的情况也是如此，1846 年 1 月 10 日，英国驻宁波领事罗伯呐致德庇时的报告时称："宁波的对外贸易似乎是不会繁荣起来的。"[3] 1847 年 1 月 9 日，英国驻宁波领事索里旺致德庇时的报告也称："我很遗憾地向你报告，宁波的进出口贸易值比前一年减少了约三分之二。"[4] 1852 年，英国国会组织的对华贸易调查团成员米朱尔氏在呈给额尔金的说帖时也指出这种境遇："中国增开商埠，业已十年，公行制度及英国东印度公司之专利权，亦已先后取消，而中国所用英国制品之数量，较之荷兰、澳洲、加拿大、西印度各处所消纳者，尚不逮其半云。"[5] 其中的原因，中外学者都有不同讨论。但是随着越来越多的沿海、沿江和沿边商埠向西方世界开放，西方各国在中国的商业贸易空间不断向中国内地、边疆地区延展，西方工业制成品在中国的销售市场日益扩大，这是晚清时期中外经济贸易发展不争的事实。1891 年，清人薛福成在九月十四至十月初四的日记中记载了当年 23 个通商口岸的进出口货物价值情况，其中烟台、重庆、宜昌、镇江、宁波、温州、厦门、汕头、拱北、龙州、蒙自等 11 个商埠的洋货进口价值超过土货出口价值，其他口岸的洋货进口值虽然不及土货出口值，但是洋货进口量都是位居各口岸前列，上海、天津、九龙、广州和汉口的洋货进口量都在一千万两以上，上海的洋货进口值达到二千五百一十四万余两，天津为一千八百四十万九千余两，九龙为一千三百二十九万余两，广州为一千二百四十一万余两，汉口为一千一百七十万余

---

① 姚贤镐：《中国近代对外贸易史资料（1840—1895）》第一册，第 602 页。

② 同上书，第 607—608 页。

③ 同上书，第 619 页。

④ 同上书，第 607—620 页。

⑤ 同上书，第 512 页。

两。① 光绪《松江府续志》记载了上海开埠之后洋货大量涌入情况，称："上海番舶所聚，洋货充斥，民易炫惑。"② 光绪《南海乡土志》记载了广州商埠开放后土货和洋货的消长情况，称："自通商以来，洋货日盛，土货日绌。"③ 光绪《云南地志》记载云南蒙自、腾越和思茅开放后，洋货通过边境口岸大量进入的情况，称："蒙自、腾越、思茅入口洋货，日盛一日。若不设法振兴，以求抵御，将来缅越铁路一通，滇人生路绝矣。"④ 光绪二十四年（1898）七月二十六日，光绪帝在批奏刑部奏代递主事萧文昭条陈一折时亦称："自通商以来，洋货进口日多，漏卮巨万。"⑤ 不仅仅是商埠本地，内地城镇市场也不断受到洋货的冲击，"乃以各国通商，洋人起居物食，靡费倍蓰于我，海滨商富群相傲傲，而洋货输入内地，耳目一新，争先购置"。⑥ 如地处内陆腹地的陕西韩城，民国《韩城县续志》称："自外国通商以来，洋货畅销，利权外溢。"⑦ 尽管这一转变涉及诸多因素，但是大量商埠对西方开放无疑是重要的推动因素之一。

（二）条约关税制度建立与西方贸易制度霸权的确立

日本学者高柳松一郎在论及鸦片战争以来西方各国在华获得的诸多利权时，指出"与通商贸易以及称为将来中国中心问题之财政有密切关系者，则莫关税问题"，并明确指出近代中国关税权的束缚，主要表现在两个方面：一是课税权的限制，一是海关管理权的委任。⑧ 应该说，这也是考察近代条约贸易制度流变过程中必须给予高度重视的两个核心问题。

---

① 参见［清］薛福成：《出使日记续刻》清光绪二十四年刻本，卷五，第77—86页；卷六，第1—2页。

②［清］博润等纂修《松江府续志》卷五《疆域志五》，清光绪九年刊本，第15页。

③《南海乡土志》卷一五《商务》，清钞本，无页码。

④《云南地志上·物产五》，清光绪三十四年石印本，第6页。

⑤ 梁启超：《戊戌政变记》，岳麓书社，2011，第72页。

⑥ 姚贤镐：《中国近代对外贸易史资料（1840—1895）》第二册，第1094页。

⑦ 赵本荫等纂修《韩城县续志》卷三《文征录上》，民国十四年石印本，第20页。

⑧［日］高柳松一郎：《中国关税制度论》，李达译，文海出版社，1972，第9页。

关于课税权的限制，可以追溯至 1842 年中英《江宁条约》第十款，该款明确规定："英国商民居住通商之广州等五处，应纳进口、出口货税饷费，均宜秉公议定则例，由部颁发晓示，以便英商按例交纳。"① 这里的"秉公议定"多被认为是确立近代中国与西方"协定关税"的首次具文规定。尽管有学者认为条约使用的术语是"宜"而不是"必须"，这一条款仅能作为发端而非正式确立，② 但是在 1843 年签订的中英《五口通商章程税则》与这一"议定"规定密切相关。之后，美国、法国、意大利、瑞典和挪威又先后迫使清政府分别签订《五口通商章程》，对"议定"内容做出具体规定，主要涉及以下几个方面：

第一，各国税率一律按照享有"税则"最低优惠执行，不得有别。如与粤海关税则的实际征收加以比较，中英《五口通商章程税则》所规定的实征税率，无论出口税率还是进口税率都有大幅下降，并规定进口、出口货物"均按新定则例，五口一律纳税"。③ 中美《五口贸易章程》称："所纳出口、入口货物之税饷，俱照现定例册，不得多于各国。"④ 中法《五口通商章程》称："倘日后别国有得邀减省税饷之处，佛兰西人亦一体邀减。"⑤

第二，废除一切"规费"，并不得"别项规费"。中英《五口通商章程税则》仅规定"各项规费，丝毫不能增加"，但是中美《五口贸易章程》明确规定"一切规费，全行革除"，之后与法国、意大利、瑞典和挪威签订的《五口通商章程》都有相关规定。所谓"规费"，名义上为废除"陋规"，实际上意味着清政府丧失了对税则征收的处理权。

第三，议定的税则不能随意改变，若有变更，必须与各国"议允"，经同意后方可修订。中美《五口贸易章程》规定："倘中国日后欲将税

① 田涛主编《清朝条约全集》第一卷，第 57 页。

② 唐凌：《协定关税——一条束缚中国的巨大绳索》，《广西师范大学学报（哲学社会科学版）》1992 年第 3 期。

③ 田涛主编《清朝条约全集》第一卷，第 64 页。

④ 同上书，第 93 页。

⑤ 同上书，第 102 页。

则变更，须与合众国领事等官议允。"① 中法《五口通商章程》称："如将来改变则例，应与佛兰西会同议允后方可酌改。"② 1847 年，中瑞挪《五口通商章程》称："倘中国日后欲将税例变更，须与瑞典国、挪威国等领事等官议允。"③

第四，议定西方货物运往内地享有子口税特权。1842 年，中英《江宁条约》规定："英国货物，自在某港按例纳税后，即准由中国商人遍运天下，而路所经过税关不得加重税例，只可照估价则例若干，每两加税不过某分。"④ 1844 年的中美《五口贸易章程》第七款称："其进口货物由中国商人转贩内地者，经过各关均照旧例纳税，不得另有加增。"⑤

第五，议定部分商品实施免税制度。1843 年，中英《五口通商章程税则》中明确规定："进口洋米、洋麦、五谷等皆免税。"⑥ 1858 年，中英《中英通商章程善后条约》第二款议定的免税商品涉及金银、外国各等银钱、面、麦、砂谷、米面饼、熟肉、熟菜、牛奶酥、牛油、蜜饯、衣服、金银首饰、搀银器、香水、碱、炭、柴薪、蜡烛、烟丝烟叶、酒、家用杂物、船用杂物、行李、纸张、笔墨、毛毯、铁刀利器、自用药料、玻璃器皿等商品类别。⑦

应该说，鸦片战争及其之后签订的这一系列贸易通商章程，基本上确立了条约关税制度的核心议题——协定关税的基本原则和内容，是"嗣后各国立约通商典范"。⑧ 之后，中外商约交涉都是在这些条款的基础上进行增补和修订。如第二次鸦片战争之后签订的中英《天津条约》对修改税则的期限作出明确规定，称："日后彼此两国再欲重修，以十年为限，期满须于六个月之前先行知照，酌量更改。若彼此未曾先期声

① 田涛主编《清朝条约全集》第一卷，第 93 页。

② 同上书，第 102 页。

③ 同上书，第 115 页。

④ 同上书，第 57 页。

⑤ 同上书，第 95 页。

⑥ 同上书，第 64 页。

⑦ 同上书，第 207 页。

⑧ 王尔敏：《晚清商约外交》，中华书局，2009，第 39 页。

明更改，则税课仍照前章完纳，复俟十年再行更改；以后均照此限此式办理，永行弗替。"① 同时，对子口税的征收也有更具体的规定，不仅不得任意加增，而且规定"一次纳税，免各子口征收纷繁"，对于所征的具体额度也详细规定，称："所征若干，综算货价为率，每百两征银二两五钱。"② 1876 年，中英《烟台条约》再次对子口税征收一项进行增补，规定各关发给税单，由"总理衙门核定，划一款式"，且洋货运入内地，"不分华、洋商人，均可请领，并无参差"。③ 1869 年《中俄改订陆路通商章程》和 1881 年《中俄改订条约》则对中俄陆路贸易商品的免税问题作出具体规定。1869 年《中俄改订陆路通商章程》规定对俄国商人在中国所属设官之蒙古各处及该官所属之各盟贸易的商品"亦不纳税"。④ 1881 年《中俄改订条约》免税范围进一步扩大，"其蒙古各处及各盟设官与未设官之处，均照贸易，亦照旧不纳税"，并准俄民在伊犁、塔尔巴哈台、喀什噶尔、乌鲁木齐及关外之天山南北两路各城贸易，暂不纳税。⑤ 可以说，西方人正是利用"协定税则"的这一特权，以各种条约的形式逐渐把中西贸易纳入西方贸易制度体系之中。这种"强制性的贸易方式"，被认为是"构成当时中外关系的基础"。⑥ 关于这一点，时人及后来人一直有清晰的认识。1905 年 2 月 19 日《申报》报道称："所谓协定税则者，进口税与其他一切章程，须与他国商定也。"⑦ 1909年 6 月 10 日《申报》指出："我国与限于协议关税，以致不能增加税目，增高税率。"⑧《清朝续文献通考》卷三十三《征榷考五》在论及晚清以来所实行的"协定关税政策"时，也一针见血地指出这一政策的西方霸权逻辑："查一国之关税制度，凡二：一曰独定关税政策，一曰协议关

① 田涛主编《清朝条约全集》第一卷，第 201 页。
② 同上书，第 201 页。
③ 同上书，第 630 页。
④ 同上书，第 487 页。
⑤ 同上书，第 661 页。
⑥ 陈诗启：《中国近代海关史》，人民出版社，2002，第 8 页。
⑦《申报》1905 年 2 月 19 日第 2 版。
⑧《申报》1909 年 6 月 10 日第 5 版。

税政策。中义约内专言我之征税，不言彼之征税，于是彼以独定而可以自由，我以协议而不能增损。考诸西国无此成例，是为对待东方国之特别政策。"① 民国《同安县志》对于鸦片战争以来实行的"协定关税"本质及其影响也有精辟论述，认为"名为协定税则，直是协侮税则"②，称：

> 自道光中叶，外人托保护通商之名，行干涉税政之实。自定关税权遂为《江宁条约》所拘束，盖七十年于兹矣。查列邦税政大都寓有保护自己贸易主义，独我国税约授人以柄，乃协议而非国定，国际商业萎靡不振，有自来已。③

关于海关管理权的委任问题，可以追溯至上海小刀会起义期间，英、美、法驻沪领事夺取江海关夷税征收权。1853 年 9 月，上海小刀会占领上海，逮捕苏松太道兼江海关监督吴健彰，致使江海关管理事务陷入瘫痪。9 月 9 日，驻沪英国领事阿礼国以江海关无法保障外商利益为名，自行颁布《海关行政停顿期间船舶结关暂行章程》。1853 年 9 月 17 日，上海《北华捷报》全文刊登了这一章程内容，主要涉及六个方面的内容，兹引如下：

> 一、每艘船舶的收货人应向领事馆提交一份书面声明，说明所有接受进口货物运输的各方以及所有作为出口货物运输的各方。
> 二、每一进口商或运货人应以书面形式申报货物的数量和品名、包装件数以及影响关税的货物重量和价值。
> 三、若对这些细节的准确性产生疑问，应出示领事认为合适的任何文件或证明文件。
> 四、船舶收货人应提交货物、船舶上应付货物和关税的集体明细

---

① [清] 刘锦藻编纂《清朝续文献通考》卷三三《征榷考五》，第 7862 页。
② 林学增等：《同安县志》卷二一《外交》，民国十八年铅印本，第 1—2 页。
③ 同上书，卷十《赋税》，第 13 页。

表，与进口商和运货人在有关声明中所作的几项声明相对应，并加上吨位税。

五、进口商、运货人和收货人应缴税款应向本领事馆支付，或按照海关银号收受税款的办法交纳现银，或以各该当事人的票据付款。不过，所出票据限四十日内在上海向中国海关监督凭票付款。但此条需获得女王陛下的批准。

六、以上手续经领事确认满意后，受托人即可申请领取船舶证件及加盖领事印信的结关准单。在验证结关准单后，船舶方可自由离港。①

美国随即公布的章程与英国公布章程的内容基本一致。之后，法国也要求"一体均沾"，便形成英、法、美三国领事对海关夷税的代征。1854 年 6 月 29 日，英国领事阿礼国、美国领事马辉、法国代理领事伊担和苏松太道兼江海关监督吴健彰召开"议定海关机构中引用外籍人员及辅助机构的会议"，这是"中国海关机构中注入外国因素的探本溯源的一次会议"②，会议以会议纪要的方式就引入外籍人员任职税务管理委员会委员等事宜提出八项相关规定，这一规定基本确立了海关实行外籍税务监督制度的基本内容。1858 年 10 月，作为《天津条约》的附约，美、英、法又先后迫使清政府分别签订《中美通商章程善后条约》《中英通商章程善后条约》《中法通商章程善后条约》，各国条约的第十款均规定：

> 通商各口收税如何严防偷漏，自应由中国设法办理，条约业已载明。然现已议明各口划一办理，是由总理外国通商事宜大臣或随时亲诣巡历，或委员代办，任凭总理大臣邀请美国（英、法）人帮办税务并严查漏税，判定口界，派人指泊船只及分设浮标、号船、塔表、望

---

① 《北华捷报》1853 年 9 月 17 日第 2 版。

② ［英］莱特：《中国关税沿革史》，姚会翼译，商务印书馆，1963，第 115—119 页。

楼等事宜，毋庸美（英、法）官指荐干预。①

也正是根据这一条款内容，美、英、法三国取得了直接管理中国海关的特权，由之前的"外籍税务监督制度"演变成"外籍税务司管理制度"。1864年8月，总理衙门根据当时海关总税务司赫德呈报的《帮办税务章程》二十六条改订而成《通商各口募用外国人帮办税务章程》二十七条再次确定了这一事实逻辑，其中第三条明确规定：

> 各关所有外国人帮办税务事宜，均由总税务司募请调派，其薪水如何增减，其调往各口，以及应行撤退，均由总税务司做主。若某关税务司及各项帮办人内，如有办理不妥之人，即应由该关监督一面详报通商大臣及总理衙门，一面行文总税务司查办。②

至此，中国海关管理权"委任"外国人管理的"外籍税务司制度"完全确立。表3-2是1875—1910年任职晚清海关的外籍洋员人数情况：

表3-2　1875—1910年晚清海关洋员人数一览表③

单位：人

年代	内班洋员	外班洋员	海班洋员	船钞项下洋员	年代	内班洋员	外班洋员	海班洋员	船钞项下洋员
1875	125	203	19	66	1893	207	434	41	81
1876	125	214	23	75	1894	206	415	40	85
1877	140	251	21	87	1895	205	403	39	82

① 田涛主编《清朝条约全集》第一卷，第233、208、182页。

② ［清］颜世清：《约章成案汇览》乙篇卷二九上《章程·聘募门》，清光绪上海点石斋石印本，第2页。

③ 本表根据 China imperial maritime customs. Service list（1-33）（Shanghai：Statistical Department of the Inspectorate General，1875—1910）所提供资料统计而成，本表不包括1896年以来任职邮政系统的1030名洋员人数，特此说明。

年代	内班洋员	外班洋员	海班洋员	船钞项下洋员	年代	内班洋员	外班洋员	海班洋员	船钞项下洋员
1878	135	258	20	81	1896	213	427	42	89
1879	134	234	19	69	1897	220	476	43	92
1880	139	232	25	68	1898	245	484	42	94
1881	166	239	24	71	1899	276	519	42	94
1882	162	264	24	75	1900	281	549	43	96
1883	172	282	22	79	1901	279	551	46	98
1884	174	265	23	77	1902	290	595	44	94
1885	162	249	22	73	1903	293	616	48	93
1886	163	272	22	78	1904	207	682	50	93
1887	180	331	27	78	1905	334	718	55	95
1888	200	344	57	77	1906	343	754	54	98
1889	218	354	62	77	1907	363	779	51	105
1890	218	354	63	—	1908	364	823	51	113
1891	216	392	48	79	1909	363	840	55	113
1892	214	435	42	86	1910	360	852	49	108

通过这一系列章程和条约，西方人不断被"委任"拥有海关管理权的职务，以不断强化其在华贸易的优势地位。正如海关总税务司赫德所言："为使贸易按照条约规定的方式进行，以及让中国人按照条约规定强加于他们的贸易方向行动，若没有这样一种税务司制度维持，则贸易局面将变得更加混乱。"① 关于这一点，当时的西方商人和政界人士都十分清楚。1858 年 2 月 8 日，米杜斯在致英国驻华公使卜鲁斯的函电中

①［美］马士：《中华帝国对外关系史：一八三四——一八六〇冲突时期》第一卷，张汇文译，商务印书馆，1963，第 767 页。

称："力量、威信和作用，完全是由于外国政府所给的方便、协助和鼓舞的结果，这乃是对于一个健全政府的一项重要权能的篡夺。"① 因此，西方为力保各自国家在"委任"职务中占据优势，对于包括海关总税务司在内的海关职位展开激烈的争夺。1864 年 7 月 5 日，美国驻华公使蒲安臣在致函国务卿西华德时，特别希望其注意选拔优秀美国青年任职海关事宜，称："我希望你能亲自注意这个问题，并罗致品学兼优的青年，他们将与经过最严格的甄别考试后来到中国充任海关职员的剑桥和牛津毕业生相竞争。"② 英国、德国和俄国围绕着海关总税务司职位也开展了激烈地争夺。1895 年 5 月 8 日，伦敦办事处税务司金登干在致赫德的函电中明确指出，德国试图与英国争夺海关的主导权和海关总税务司之职，称："德国正在力图使自己成为局势的主宰，拟与俄、法一同控制海关，排挤现在的当局，包括您自己在内，安置他们本国人为联合管理人，从而获取一切特殊商业利益和铁路特权等等，完全挤掉英国的市场。德国驻北京公使正在费尽一切心机夺取这些。"③ 在 1897 年 11 月 7 日时任海关总税务司的英国人赫德致伦敦办事处税务司金登干的函电中可以窥见当时英国和俄国的争夺也十分激烈：

> 英国使馆对我说，柏卓安和他的人员在朝鲜国王签署任命阿列也夫的敕旨后，势必立刻撤离朝鲜。下一回就是争夺我的位子，争夺完了，"总税务司"就会成为过去的名词了！如果我年轻一点，我是不会收手的，但是六十三岁的人，老年人的病也会慢慢上身，不放手也没什么好处。我正向另外一个方向略施小计，如果成功，前途就会是另一个样子。我现在在等候事情的发展，暂时还不能对你说明。④

---

① ［美］马士：《中华帝国对外关系史：一八六一——一八九三年屈从时期》第二卷，第 28 页。

② China Maritime Customs，*Documents Illustrative of the Origin*，*Development*，*and Activities of the Chinese Customs Service*，Vol. Ⅶ，p.79.

③ 中国近代经济史资料丛刊编辑委员会主编《中国海关与中日战争》，中华书局，1983，第 167 页。

④ 同上书，第 25 页。

所以，有西方学者认为近代中国海关实际上就是西方列强在华的"影子帝国"。①

矗立在上海外滩的海关总税务司赫德像

　　总之，随着西方大规模军事入侵和一系列不平等条约的签订，以西方为中心的贸易规则和优势地位逐渐确立并日益巩固，贸易关系的"暴力强制性"② 日趋显著，以中国为中心的朝贡贸易体制则逐渐解体，直至废除。1894 年，中日签订的《马关条约》更是明确地以条约形式要求清政府完全废除朝鲜对清政府的"修贡典礼"之制。③ 中西贸易关系也因为这些不对等的贸易条款，即便是这些条款"字面平等，而运用决不平等"④，导致贸易格局发生重大变化。正如 1901 年 1 月时任中国海关总税务司的英国人赫德在《北美评论》发表的《中国及其对外贸易》一

① Robert Brickers，Brian in China：Community，Culture and Colonialism，1900—1949，
　（Manchester：Manchester University Press，1999）.pp.120-122.

② 严中平主编《中国近代经济史（1840—1894）》（一），人民出版社，2012，第 323 页。

③ 田涛主编《清朝条约全集》第二卷，第 911 页。

④ 王尔敏：《晚清商约外交》，第 325 页。

文中指出：

> 外国商人今天可以在中国做什么，可以不必再细说，也不必在这里列出统计表了。不过可以这样来形容，他们可以通过中国大约 30 个条约口岸中的任何一个口岸，把外国货物进口到中国，把中国土货出口到外国；进口或出口，根据 1860 年的货物价值，交纳值百抽五的海关税；他们可以把洋货运入内地，或把土货运出内地，只需额外交纳半税，作为子口税；在他们居住的条约口岸，他们是无需交纳任何地方税的，他们可以免税带进任何他们自己的个人用品或家用物品；他们到处都不受中国控制，而是被置于本国官员，也就是领事的管辖之下……商人可以任意与任何人贸易，和雇佣任何他认为合意的人；他们的行动是自由的，不受限制的。简言之，这就是外商在中国的地位。条约制定者保证了外商所要求的一切，而中国政府同意了这样的条约。①

从 1871 年至 1911 年进出口贸易净值变化情况，不难看出整个晚清时期中外贸易的基本发展态势。具体见表 3-3：

表 3-3　1871 年至 1911 年进出口贸易净值一览表②

单位：百万元

年份	出口	指数	进口	指数	出超（十）或入超（一）
1871 年至 1873 年	110	100	106	100	＋4
1881 年至 1883 年	108	98.2	126	118.9	－18
1891 年至 1893 年	167	151.8	219	206.6	－52
1901 年至 1903 年	311	282.7	473	446.2	－162
1909 年至 1911 年	570	518.2	702	662.3	－132

---

① ［英］赫德：《这些从秦国来——中国问题论集》，叶凤美译，天津古籍出版社，2005，第 49 页。

② 严中平等编《中国近代经济史统计资料选辑》，第 64 页。

由表 3-3 可以看出，晚清以来中国对外贸易优势地位逐渐被西方商品的大规模倾销瓦解，对外贸易由出超开始转变为入超。虽然这一改变是诸多因素综合作用产生的结果，但是这些不对等的贸易条约制度无疑成为转变这一贸易格局的助推器。以贸易商品而言，茶叶和鸦片的贸易变化情况最能反映出晚清以来清政府贸易殖民性的特征。

第二节　茶叶贸易：从"以茶制夷"到"洋茶制华"

茶叶作为商品外销到其他国家至少已有 1500 余年的历史。在传统陆路边境贸易和东西洋海外贸易中，茶叶都是中国对外输出的主要商品之一。从贸易路线来看，茶叶贸易自古以来就有海、陆两条贸易通道，分别输往不同国家和地区。至清代，茶叶贸易仍分为南北两路，南方由广州经海路输入西欧等地区，被称为"海运茶"；北方由恰克图经陆路贩运至俄国，被称为"商队茶"。在西方殖民主义的冲击下，无论是"海运茶"还是"商队茶"都被纳入西方建构的贸易秩序中，茶叶的属性则由"制夷"商品转变为"制华"商品。中西方在茶叶贸易中的地位变化，典型地反映出晚清时期中外经济贸易格局的转换。

一、海运茶：中国与欧美茶叶贸易

欧洲人来中国运载茶叶的最早记录是万历三十五年（1607），荷兰商船自爪哇来澳门运载绿茶。1609 年，荷兰东印度公司船舶首次抵达日本平户岛。1610 年，从中国运来的茶叶经由此岛转运至欧洲。[1] 英国人到远东开展茶叶贸易业务是由英属东印度公司于 1615 年开始的。不过，这一时期，欧洲的饮茶之风并没有兴起，茶叶价格昂贵，输入量不大，而

---

① ［美］威廉·乌克斯：《茶叶全书》（上），第 16—17 页。

且很多茶叶是从中国、东南亚各地、马德拉斯等地从事贸易活动的私人手中购得的。17 世纪中叶之后，饮茶之风在欧洲逐渐兴起，特别是进入 18 世纪后，茶叶消费在欧洲社会日益受到欢迎，再加上 17 世纪末期至 18 世纪初期长途海洋航行技术发展和贸易利润的大幅增加，这些因素都致使欧洲，特别是荷兰、英国等国家的贸易公司开始将茶叶贸易作为有利可图的贸易投资方式①，茶叶开始大规模地从中国直接输往欧洲。从茶叶进口角度考察，荷兰、英国等国家的贸易公司长期主导了这一商品的欧洲市场。特别是 1668 年，英国东印度公司在英国获得运茶入境的特权之后，就可以直接输送茶叶到英国。1678 年，直接运往英国的茶叶数量已经达到 4713 磅。② 进入 18 世纪之后，英国东印度公司的茶叶贸易总额逐渐超过荷兰、葡萄牙等国家组建的商业组织的总和。表3-4是1722 年至 1833 年英国东印度公司从中国进口的茶叶占总货值比重情况：

表 3-4　1722 年至 1833 年英国东印度公司从中国进口的茶叶占总货值比重一览表③

年份	总货值（两）	茶		占总货值比重（%）	年份	总货值（两）	茶		占总货值比重（%）
		数量（担）	货值（两）				数量（担）	货值（两）	
1722	211850	4500	119750	56	1780	2026043	61200	1125983	55
1723	271340	6900	182500	67	1785	2942069	103865	2564701	87
1730	469879	13583	374311	73	1790	4669811	159595	4103828	88
1733	294025	5459	141934	48	1795	3521171	112840	3126198	89
1736	121152	3307	87079	71	1799	4091892	157526	2545624	62
1740	186214	6646	132960	71.	1817	4411340	160692	4110924	93
1750	507102	21543	366231	72	1819	5786222	213882	5317488	92
1761	707000	30000	653000	92	1822	6154652	218327	5846014	95
1766	1587266	69531	1370818	86	1825	5913462	209780	5913462	100

① ［英］艾伦·麦克法兰、［英］艾丽丝·麦克法兰：《绿色黄金：茶叶帝国》，第 98 页。

② 冯国福：《中国茶与英国贸易沿革史》，《东方杂志》1913 年第 10 卷第 3 期。

③ 参见庄国土：《鸦片战争前100 年的广州中西贸易（上）》，《南洋问题研究》1995 年第 2 期。

年份	总货值（两）	茶		占总货值比重（%）	年份	总货值（两）	茶		占总货值比重（%）
		数量（担）	货值（两）				数量（担）	货值（两）	
1770	1413816	67128	1323849	94	1833	5521043	229270	5521043	100
1775	1045433	22574	498644	48					

　　由表 3-4 可知，18 世纪以来，茶叶成为当时英国东印度公司进口货物中占比最大的商品。除个别年份外，茶叶在英国东印度公司对华贸易总额中所占比重长期维持在 50％以上。不过，以英国东印度公司为首的西方商业特权公司虽然垄断了对欧洲的茶叶贸易输入，但是中国仍然占据着茶叶贸易的主导地位，从茶叶生产、加工以及销售等方面，中国一直都掌握着茶叶贸易市场的控制权。1877 年，洋务派代表人物之一盛宣怀对于茶叶贸易这一特点的认识也是非常清晰：

　　　　自中外互市以来，中国银钱流出外洋不少，惟赖出口土货借以稍补漏卮，土货之中向推丝茶为大宗，而茶叶则分红、绿两种，红茶在湖北之汉口行销，绿茶在江苏之上海出售。从前外洋不谙种茶之法，各国非向中国购食不可，彼时茶值甚昂，不论货之高低牵匀计算，每担可售五六十两至七八十两不等，是以茶叶税则亦不分别货色，定为每担抽税二两五钱，按值百抽五之例，原属相符。[1]

　　关于这一点，也可以从中外茶叶贸易的相关论述进行说明：第一，对于当时的国人而言，茶叶被认为是欧洲人必不可少的中国商品，同时也被当时的清政府当作处理与西方国家关系的工具性商品，甚至在清政府中出现了"以茶制夷"的观念。如乾隆帝在对英使马戛尔尼的敕谕中称："向来西洋各国及尔国夷商赴天朝贸易，悉于澳门互市，历久相沿已非一日，天朝物产丰盈，无所不有，原不借外夷货物，以通有无。特

---

① ［清］朱寿朋：《东华续录·光绪朝》卷一七二，清宣统元年上海集成图书公司本，第 15—16 页。

因天朝所产茶叶、瓷器、丝斤，为西洋各国及尔国必需之物，是以加恩体恤，在澳门开设洋行，俾得日用有资，并沾余润。"① 嘉庆帝在批奏时任军机大臣所呈递的有关夷商贸易的奏折时称："（西洋）呢羽、钟表等物，中华尽可不需，而茶叶、土丝在彼国断不可少。倘一经停止贸易，则其生计立穷。"② 魏源在《海国图志》中也明确表达过这种观念："中国以茶叶、湖丝驭外夷，而外夷以鸦片耗中国，此皆自古所未有。"③ 林则徐更是把茶叶作为"禁烟"的奖励手段之一，称："凡夷人名下缴出鸦片一箱者，酌赏茶叶五斤，以奖其恭顺畏法之心。而坚其改悔自新之念，如蒙恩准所需茶叶十余万斤，应由臣等捐办不敢开销，至夷人呈缴鸦片如此之多事属创见，自应派委文武大员将原箱解京验明，再行烧毁。"④ 虽然这种观念的背后有传统"朝贡"贸易意识的优越感存在，但是在批判这种自我优越感的同时，也必须意识到这一观念实际上折射了当时中西茶叶贸易中的一个基本事实逻辑，即中国可以并且也能够利用茶叶贸易来约束西方的事实。虽然西方对中国的茶叶需求量很大，贸易量也不断增加，但是中西茶叶贸易中一直是根据中国的贸易制度安排进行的，始终维持广州一口贸易格局。

第二，从西方人对茶叶市场的渴望和对中国茶叶贸易制度的挑战，也可以说明即便是西方商业特权公司垄断中西茶叶贸易输出市场，但是至少英国人在印度、锡兰试种茶叶成功之前，中国是世界茶叶市场唯一的集种植、生产于一体的供应商，在当时中西茶叶贸易中有着重要地位。如 1792 年，作为马戛尔尼来华使团的副使斯当东就认识到中国垄断茶叶来源会对英国有重要影响，并指出"茶叶已经成为英国人生活中的重要商品，在我们能够设法在其他地方用同等价钱购进同等数量和质量的茶叶之前，中国方面的茶叶来源无论如何必须加以维持"，而且特别

① ［清］王先谦：《东华续录·乾隆朝》卷一一八，清光绪十年长沙王氏刻本，第 6 页。

② ［清］梁廷枏：《粤海关志》卷二六《夷商一》，第 23 页。

③ ［清］魏源：《海国图志》卷二《筹海篇四·议款》，清光绪二年刻本，第 20 页。

④ ［清］林则徐：《林文忠公政书·使粤奏稿卷一》，清光绪三山林氏刻林文忠公遗集本，第 14 页。

强调"突然停止这种大量的消耗品而又无其他代替品，将会令广大人民发生很大困扰"。因此，斯当东认为"无论如何都有必要同北京王朝搭上关系，改善英国在华商人的处境"。① 从斯当东的论断中可知，中国在当时中西茶叶贸易中居于主导地位。不过，西方，尤其是英国的经销商和商人也越来越意识到"中国不应该独占这种世界上利润最为丰厚"的商品。1778 年，时任英国皇家学会会长的博物学家约瑟夫·班克斯爵士就派出植物猎人到世界各地寻找茶叶样本。② 1792 年，马戛尔尼使团在从杭州返回广州的途中，还专门"搜集了若干中国的茶叶样本和其他植物标本送到孟加拉"。③ 英国东印度公司更是一直致力于摆脱对中国茶叶的依赖，在印度试种茶叶的热情一直不减。1847 年 9 月 20 日，时任东印度公司总督的哈丁在致董事会的信中更是直白地表达了将茶叶移植印度的渴望：

> 我经过深思熟虑后，觉得我们如果种植这种（喜马拉雅）茶叶的话，很可能只要短短几年实践，就能为我们的国家开辟一座收益极其可观的金矿……我敢打包票，在并不遥远的将来，这种茶叶的产量不光可以满足印度市场可能出现的巨大需求，而且无论在数量还是在质量上都足以与中国茶叶在欧洲市场上竞争。有了它，英国就能在一定程度上摆脱那个外邦在这种生活必需品上的严密控制。④

长期以来，学者在讨论西方人对于茶叶及其市场的追求多从西方商人对茶叶资本市场渴望的角度进行分析。实际上，这也恰恰说明在当时的国际茶叶市场中，中国凭借世界唯一的茶叶供给地，在茶叶贸易中占据主导地位的事实。1848 年 5 月 17 日，东印度公司批准任职切尔西植

① ［英］斯当东：《英使谒见乾隆纪实》，叶笃义译，上海书店出版社，2005，第 10 页。
② ［英］艾伦·麦克法兰、［英］艾丽丝·麦克法兰：《绿色黄金：茶叶帝国》，第 126 页。
③ ［英］斯当东：《英使谒见乾隆纪实》，第 451 页。
④ ［美］萨拉·罗斯：《茶叶大盗：改变世界史的中国茶》，孟驰译，社会科学文献出版社，2015，第 49—50 页。

物园的罗伯特·福钧前往中国，并明确指出此行的目的就是"从最理想的地区获取公认最好的茶树树苗和种子"，并"运往加尔各答，以及最终运抵喜马拉雅山"。① 东印度公司为罗伯特·福钧的这次中国之行开出了每年500磅的薪水，并负责沿途所产生的一切费用。罗伯特·福钧这次中国之行持续了3年，先后考察了浙江、安徽、福建的茶区。1851年3月15日，罗伯特·福钧抵达加尔各答，先后运来从中国采集的茶种和茶株，仅沃德箱运抵达萨哈兰普尔植物园的茶株总数就不少于12838棵，处于萌芽状态的茶种就更是多到"不计其数"。② 罗伯特·福钧因此被称为"茶叶大盗"。罗伯特·福钧的这次中国之行对于之后中西茶叶贸易格局影响深远。美国学者萨拉·罗斯对此有一个形象的描述："当福钧已是白发苍苍时，印度出产的茶叶已经全面压倒了中国产品，中国茶叶在西方市场上失去了竞争力。"③

当然，中西茶叶贸易格局的转换，绝不仅仅是罗伯特·福钧的一次中国之行可以做到的。但是，罗伯特·福钧的中国之行，确实是西方殖民主义势力不断深入中国的一个缩影。因此，随着西方殖民扩张势力的不断东扩和大规模军事介入，他们不仅"偷走"了中国的茶叶种植技术，也在中国建构了可以由西方主导的茶叶贸易制度安排。因此，鸦片战争之后，从茶叶贸易数量分析，中国对欧洲的茶叶贸易虽仍呈不断扩大之势，但是这种增加"并非由于中国本身的生产、流通等条件的变革所致，而是在市场之扩大、价格之决定、贸易之结算、贸易之担当等各方面，皆受到外国市场之规制与主导"。④ 西方人凭借着在中国享有的一系列条约贸易特权，不断扩大在茶叶市场中的影响力。根据陈慈玉对这一时期中国茶叶输出特征的分析，至少表现在以下几个方面：（1）中国商人在茶叶流通中的地位逐渐被外国商人取代，致使茶叶贸易市场由卖方市场转为买方市场。西方商人凭借条约贸易特权，在贸易口岸纷纷设

---

① ［美］萨拉·罗斯：《茶叶大盗：改变世界史的中国茶》，第77页。

② 同上书，第27、278页。

③ 同上书，第27、319页。

④ 陈慈玉：《近代中国茶业发展》，中国人民大学出版社，2013，第2页。

罗伯特·福钧及家人

立洋行，并派遣买办到内地茶区进行直接收购，或者在茶区直接购买，或者建立自营的茶厂。这一变化彻底改变了广州一口通商时代中国行商控制茶叶市场的贸易格局。（2）随着更多接近茶区的口岸被开辟为通商口岸，广州作为茶叶主要输出港的地位也随之发生变化。在西方商人的大力推动下，上海、福州、汉口的茶叶贸易逐渐活跃起来。（3）中国茶叶贸易变化越来越受制于外国市场，包括茶叶价格在内的中国茶叶贸易的他律性越来越明显。[1] 1866年10月，时任闽浙总督的左宗棠上奏有关茶税事宜时，对这一点认识也非常清楚：

---

① 陈慈玉：《近代中国茶业发展》，中国人民大学出版社，2013，第319—321页。

闽省产茶多在荒僻之地，日久采植，菁华势必日歇，而行销又以外洋商贩为大宗。每年春间新茶初到省垣，洋商昂价收买，以广招徕，迨茶船拥至，则价值顿减，茶箱往往亏折资本。加以浙江、广东、九江、汉口各处洋商茶栈林立，轮船信息最速，何处便宜，即向何处售买，故闽茶必专恃洋商，而洋商不专恃闽茶。①

因此，1875 年以后，随着印度、锡兰、日本茶叶的国际竞争力不断增强，当中国茶叶市场被认为不符合其利益诉求时，中国茶叶贸易的衰落也就不可避免了。表 3-5 是 1869 年至 1912 年中国输往英国茶叶数量的变化情况：

表 3-5　1869 年至 1912 年中国输往英国茶叶数量一览表②

单位：担

年代	数量	年代	数量	年代	数量	年代	数量
1869	1012335	1880	1112874	1891	411284	1902	116317
1870	893351	1881	1043326	1892	361457	1903	155192
1871	1041868	1882	1015744	1893	367218	1904	367110
1872	1057260	1883	1009499	1894	307504	1905	356853
1873	984026	1884	961215	1895	250540	1906	91373
1874	1124315	1885	1011666	1896	219409	1907	99141
1875	1055903	1886	949537	1897	244480	1908	89719
1876	1032226	1887	793746	1898	200334	1909	103287
1877	1069437	1888	688215	1899	236021	1910	110748
1878	1059151	1889	603738	1900	135139	1911	116561
1879	986853	1890	433964	1901	135218	1912	95788

① ［清］左宗棠：《左文襄公全集》卷一九《奏稿》，清光绪刻本，第 61 页。

② 根据中国第二历史档案馆、中国海关总署办公厅编《中国旧海关史料》（京华出版社，2001）一书提供的贸易数据统计而成。

由表 3-5 可知，中国输往英国的茶叶数量不断萎缩，由 19 世纪 60 年代的 100 万担左右，至 20 世纪初已不足 10 万担，茶叶输出量萎缩了近 90％。不仅仅是英国，中国茶叶输入量在美国茶叶市场的占有率也不断萎缩。1860 年，在美国的茶叶总输入量中，中国茶叶占比 96.41％；至 1901 年，中国茶叶占比降至 41.99％。这一萎缩状态一直持续至民国时期，1937 年，中国茶叶只占 8.46％。[1] 与此同时，英国控制的印度茶、锡兰茶和日本茶全面占据国际茶叶贸易市场。表 3-6 是印度茶、锡兰茶和中国茶输入英国数量的变化情况：

表 3-6 中国茶和印度茶、锡兰茶输入英国数量一览表[2]

单位：磅

年代	中国茶输英总数	英属印度、锡兰茶输英总数	年代	中国茶输英总数	英属印度、锡兰茶输英总数
1876	149000000	25500200	1887	134000000	87167000
1877	156000000	29001700	1888	119500000	102364000
1878	152000000	36103500	1889	92500000	122399000
1879	142000000	35581500	1890	89900000	134975000
1880	153000000	39354000	1891	69742000	151175000
1881	164500000	45528000	1892	60214000	174785000
1882	159500000	49873000	1893	54580000	221770000
1883	146000000	56523000	1894	54372000	186628000
1884	148500000	62763000	1895	46470000	191548000
1885	139000000	65547000	1896	40859000	201388000
1886	143000000	72611000	1897	35000000	223000000

日本茶在国际市场的占有率也不断提升。1875 年至 1876 年的上海商务报告中记载："在美国，日本茶现占销量的一半，而十五年以前则

① 陈椽编著《茶叶通史》第二版，第 503 页。
② 彭泽益编《中国近代手工业史资料》第二卷，生活·读书·新知三联书店，1957，第 181 页。

完全为华茶所独占。①" 1892 年的厦门商务报告中也记载了中日茶叶在美国市场的消长情况："我们发现在过去十二年中，从厦门和台湾出口到美国的乌龙茶已经减少了大约 100 万磅，可是茶叶市场的竞争仍日益激烈。同一时期，日本茶叶的出口从 3500 万磅增长到 4600 万磅。"② 不仅仅是国际市场受挫，就连国内茶叶市场也受到排挤。如 1884 年，输入天津的日本茶 "较 1883 年投放销场之数，增有一倍"③；1890 年，输入天津的日本茶叶增加至 8000 余担，日本茶末也由 1010 担增加至 1300 余担。④

二、商队茶：中俄茶叶贸易

中俄之间的茶叶交往历史十分悠久。俄国历史学家特鲁谢维奇认为，早在 1616 年哥萨克丘缅涅茨使团出使中国时，在阿勒坦汗，丘缅涅茨成为第一个品尝到中国茶的俄国人。⑤ 1640 年，俄使瓦西里·斯达尔科夫从卡尔梅克汗廷返国，带回茶叶 200 袋奉献沙皇，被认为是中国茶叶入俄之始。⑥ 之后，茶叶作为中国商品被输往俄国的数量日渐增多。如 17 世纪 50 年代，厄鲁特人就运送包括茶叶在内的各种中国商品，并由俄国商人转运至莫斯科、阿尔汉格尔斯克等地区。⑦ 1653 年底，受费·伊·巴伊科夫的委派从托博尔斯克出发的先遣商队抵达北京，除运

① 姚贤镐：《中国近代对外贸易史资料（1840—1895）》第二册，第 1200 页。

② 同上。

③ 吴弘明编译《津海关贸易年报（1865—1946）》，天津社会科学院出版社，2006，第 133 页。

④ 同上书，第 159 页。

⑤ [俄] 特鲁谢维奇：《十九世纪前的俄中外交及贸易关系》，徐东辉、谭萍译，岳麓书社，2010，第 4 页。

⑥ 蔡鸿生：《"商队茶"考释》，《历史研究》1982 年第 6 期。关于这一点，学界有不同争议，如美国学者威廉·乌克斯认为，早在 1618 年，中国公使就曾携带数箱茶叶至莫斯科俄国朝廷（参见 [美] 威廉·乌克斯：《茶叶全书》（上），第 16 页）。

⑦ 孟宪章主编《中苏贸易史资料》，中国对外经济贸易出版社，1991，第 14 页。

回中国礼品之外，还购买了包括中国茶叶在内的各种中国商品。① 1654年 6 月 25 日，费·伊·巴伊科夫使团出使中国，在 1658 年回到莫斯科时，购买给俄国君主的货物中也包括茶叶等十几种中国商品。② 1684 年 11 月，一支由 90 只峰骆驼组成的布哈拉商队抵达伊尔库茨克，运送的各种中国货物中也包括茶叶。③ 此外，清政府也把茶叶作为赏赐品赠送给俄国来华的使团。如顺治十七年（1660）五月二十七日，清政府赏赐俄罗斯察罕汗阿列克谢·米哈伊洛维奇茶叶 5 竹篓，赏阿巴斯茶叶 1 竹篓。④

1689 年，中俄《尼布楚条约》签订后，俄国宫廷特别注意处理与中国的商务关系。1692 年，输入尼布楚的中国货物中，红、绿茶叶总计 300 箱；1694 年，达到 21 普特 14 俄磅；1697 年，达到 25 普特 5 箱；⑤ 1705 年，俄廷还特别命令商队由中国进口茶叶。⑥ 1728 年，《恰克图条约》签订后，中俄贸易在波折中快速发展，尽管出现过 3 次关闭恰克图贸易的事情，但恰克图贸易额仍不断增加，如 1755 年至 1762 年平均每年贸易额 1011129 卢布，1768 年至 1778 年平均每年贸易额 2300122 卢布，1780 年至 1785 年平均每年贸易额 6361612 卢布。1802 年至 1826 年，恰克图的贸易额更是由 820 万卢布猛增至 1230 万卢布，增加了 50.5%。⑦ 虽然茶叶贸易相对于棉纺织品和丝织品贸易要逊色很多，但是俄国居民对于茶叶的需求不断增加，特别是欧洲部分的俄国居民对于茶叶的需求急速扩大。因此，中俄茶叶贸易快速发展，茶叶在中国对俄国贸易中的地位和比重不断增加。1759 年至 1761 年，茶叶仅占恰克图从华进口贸易量的 3.4%，1775 年至 1781 年占 15.6%，1792 年占 22.4%，1802 年至

---

① 孟宪章主编《中苏贸易史资料》，中国对外经济贸易出版社，1991，第 17 页。

② 同上书，第 22 页。

③ 同上书，第 5 页。

④ 中国第一历史档案馆编《清代中俄关系档案史料选编》第一编，中华书局，1981，第 19 页。

⑤ 孟宪章主编《中苏贸易史资料》，第 57 页。

⑥ 同上书，第 49 页。

⑦ 米镇波：《清代中俄恰克图边境贸易》，南开大学出版社，2003，第 21、22 页。

1804 已经增至 44％。① 从 1800 年起，在恰克图的现货交易中，茶叶取代贸易中最为流通的棉纺织品"南京布"，足可以证明茶叶在恰克图贸易中的地位。② 根据柯尔萨克的记载，1801 年至 1810 年，恰克图茶叶贸易的年平均数量为 75076 普特，1811 年至 1820 年的年平均数量为 96145 普特，1821 年至 1830 年的年平均数量增至 143196 普特，1831 年至 1840 年达到 190228 普特，1841 年至 1850 年增至 270591 普特。③ 至 19 世纪中叶，中国茶叶已经占俄国经恰克图进口贸易商品额中的 95％。④ 不仅是恰克图，其他地区和口岸的茶叶贸易也都在增长。如位于新疆边界的塞米巴拉金斯克关卡，1825 年，已有 60 普特 22 分特的茶叶通过塞米巴拉金斯克关卡；到 1835 年，数量增加至 909 普特 51 分特。⑤ 从 19 世纪 50 年代上半期伊利和塔尔巴哈台向俄国的出口货物中也能看出，其贸易货物的 90％以上是茶叶。⑥

应该说，中俄茶叶贸易一直是中国传统对外贸易的重要组成部分之一。但是，在条约体系建构之前，包括茶叶贸易在内的中俄陆路贸易，更多体现的是一种中国支配下的"传统性"和"政治性"的贸易特征。⑦ 中国对于这一边境贸易的控制权和主导性常被清政府用来作为抑制或者解决边境危机的重要手段。1750 年，乾隆帝在批奏军机大臣的奏折中称："俄罗斯地虽富庶，而茶、布等物，必须仰给内地，且其每年贸易，获利甚厚，不能不求我通市，中国因得就所欲以控制之。"⑧ 直至道光朝，这一观念仍被认为是解决边境问题的方式之一，如魏源在《圣武记》中称："惟严禁茶叶、大黄出卡，以窘其生计，尽逐内地流夷，以

---

① ［俄］特鲁谢维奇：《十九世纪前的俄中外交及贸易关系》，第 155 页。

② 孟宪章主编《中苏贸易史资料》，第 161 页。

③ 同上书，第 171 页。

④ 同上书，第 172 页。

⑤ ［美］费正清编《剑桥中国晚清史》上卷，第 319 页。

⑥ 同上书，第 323 页。

⑦ 吴贺：《18—20 世纪中俄茶路兴衰的再思考》，《南开大学学报（哲学社会科学版）》2017 年第 2 期。

⑧ ［清］王先谦：《东华续录·乾隆朝》卷七二，第 19 页。

断其耳目，收抚各布鲁特以翦其羽翼，待其款关求贡，而后抚而用之，此制外之法也。"① 这些观点与"海运茶"早期的"以茶制英""以茶制夷"等认识如出一辙。

中俄边境口岸重镇恰克图

鸦片战争爆发后，俄国对于英国在华取得的贸易特权早有觊觎之心，并且担心在华的商业利益被英国损害。因此，俄国政府通过各种手段维持和扩大在华的贸易利益。首先，扩大陆路边境贸易，除恰克图口岸贸易之外，不断要求增设边境贸易口岸。1845 年，俄国政府派官员柳比莫夫考察西北边境的中俄贸易，认为中俄陆路边境应该"建立一条更安全地通往塔城和伊宁的道路，以这种或那种的贸易方式吸纳塔尔巴哈台以外的吉尔吉斯牧民成为俄罗斯的臣民"。② 1851 年，中俄签订《中俄伊犁塔尔巴哈台通商章程》，明确规定塔城和伊宁向俄国开放通商。其

---

① ［清］魏源：《圣武记》卷四《道光重定回疆记》，清道光刻本，第 57 页。
② 米镇波：《清代西北边境地区中俄贸易：从道光朝到宣统朝》，天津社会科学院出版社，2005，第 44 页。

次，开拓海上贸易通道。1858 年 5 月 13 日，俄国迫使清政府签订《天津条约》，其中第二条明确规定："此后除两国旱路于从前所定边疆通商外，今议准由海路之上海、宁波、福州、厦门、广州、台湾、琼州等七处海口通商。"① 俄国通过这一条约规定取得了海路贸易特权。最后，攫取贸易关税特权，享受"子口半税"和免税的特权。1858 年 5 月 13 日，俄国迫使清政府签订的《天津条约》第四条中规定"俄国商船均照外国与中华通商总例办理"，这一规定又使俄商获得享受包括免缴"子口半税"在内的一系列商税特权。1862 年，俄国又迫使清政府签订《中俄陆路通商章程》，使俄国商人获得陆路贸易的诸多特权，包括"边界贸易在百里内均不纳税"等贸易特权。② 1869 年，中俄签订《中俄改订陆路通商章程》，免税特权又扩展到"中国所属设官之蒙古各处及该官所属之各盟贸易"。③ 这些不对等的贸易条款内容对于鸦片战争之后的中俄茶叶贸易影响显著，主要表现在以下几个方面：

第一，凭借这些条约规定所享受的贸易特权，俄商逐渐取代传统中俄陆路茶叶贸易中的"西帮茶商"，获得了中俄茶叶贸易的主导权。因此，"西帮茶商"的生存问题成为当时清廷朝臣议论的重要问题之一。尽管"西帮茶商"的衰落受各种因素影响，但是从时人整理的《西商运茶案》中可以清楚地了解到当时"西帮茶商"受到俄商竞争的影响，贸易压力非常大。时任钦差阁爵都宪曾禀称：

> 窃查张家口茶叶一项，向为中国华商大利。自俄商请领三联执照运茶赴恰，概免沿途税厘，迨后并免天津复进口半税，各茶商势难与敌生意，俱形亏折，遂相率寄附俄商名下，因而俄商不费资本坐享厚利，把持盘剥，无所不至。④

---

① 田涛主编《清朝条约全集》第一卷，第 163 页。

② 同上书，第 316—320 页。

③ 同上书，第 478 页。

④ ［清］佚名辑《晚清洋务运动事类汇钞》卷下《西商运茶案》，清抄本，第 19 页。

特别是 1862 年《中俄陆路通商章程》的签订，对于"西帮茶商"的打击更为严重。1867 年，恭亲王等奏复山西商人的陈请中称："从前恰克图贸易之盛，由于俄人不能自入内地贩运，自陆路通商以后，俄人自行买茶，不必与华商在口外互换，因之利为所夺，兼且道途梗阻，货物渐稀。"① 至光绪初年，形势进一步恶化。1880 年 10 月 26 日，祭酒王先谦奏称："从前张家口有西帮茶商百余家，与俄商在恰克图易货，及俄商自运后，华商歇业，仅存二十余家。"② 可以说，在俄商取得中俄茶叶贸易主导权之前，"西帮茶商"不仅在茶叶贸易运输方面具有控制权，而且他们还深入浙、闽、两广、两湖的茶区，掌握着茶叶的种植、采摘、加工、运输等权利。当时著名的茶商"大玉川"在福建武夷山有茶山 5000 亩，茶场 7 座，每年都会把茶叶收来运至汉口的茶厂进行加工，之后运往中俄边境口岸。③ 这一贸易格局一直维持至 19 世纪 60 年代。1866 年的津海关贸易报告中称："迨至 1861 年，恰克图销场尽由晋商供货，彼等在湖北与湖南采办茶叶并就地打包，在伦敦茶叶市场通称为'湖北'及'湖南'，复由彼处悉取陆路以抵恰克图。"④ 不过，随着俄商利用贸易特权深入中国内地购买茶叶，特别是在取消了"子口半税"之后，俄国商人开始在一些产茶区开办茶叶加工工厂。1863 年，俄商在汉口建立砖茶工厂；至 1865 年，至少半数以上经由天津发往恰克图的砖茶，是"俄国人自己在湖北内地加工制造的"。⑤ 到 18 世纪 70 年代，俄商又在福州建立砖茶工厂。1871 年，福州的海关贸易统计中还没有涉及砖茶类目，但到 1872 年就已经记载有 727 担砖茶输出；至 1876 年，输出砖茶已经达到 53298 担。⑥ 1886 年，《伦敦和中国快报》在论及福州的

① [清] 宝鋆等纂辑《筹办夷务始末（同治朝）》，民国十八年故宫博物院刊印本，第 5600—5601 页。
② 王彦威辑《清季外交史料》卷二四，王希隐自排本，1932，第 14 页。
③ 李志强：《茶商万里行》，载中国人民政治协商会议张家口市委员会文史资料委员会编《张家口文史资料（第 31—32 辑）》，1997，第 162 页。
④ 吴弘明编译《津海关贸易年报（1865—1946）》，第 22 页。
⑤ 姚贤镐：《中国近代对外贸易史资料（1840—1895）》第二册，第 1300 页。
⑥ 同上书，第 1288 页。

茶叶贸易时，也提到由福州运销西伯利亚和中亚、西亚等地的砖茶制造和运输，"完全是由俄国洋行所经营"。① "西帮茶商"的贸易优势被不断削弱，俄商在生产、加工和流通环节的贸易优势越来越明显。1868 年，天津商务报告中记载了一名中国茶叶贸易商的陈述，可以很好地说明这一变化：

> 前几年在边境市场上的山西行庄大约有一百个，可是自从一八六三年俄国人自己在汉口开办企业以后，山西行庄的数目就缩减了六十或七十个⋯⋯目前在买卖城只剩下了四个老的山西行庄，并且他认为在这项贸易上中国人不能和俄国人竞争。②

第二，中俄茶叶贸易流通格局发生了重大变化。传统中俄茶叶贸易是通过陆路贸易的方式进行的，主要是以北京和恰克图为贸易中心，兼有东北、西北等地的陆路贸易。1872 年的商务报告中对于这一传统陆路贸易路线有详细记载：

> 在对海上贸易开始以前，这种极为发达、极为巨大的茶叶贸易，是由山西商人经营的。大部分的茶叶经由恰克图运往俄国市场。这种茶叶由汉水运往距汉口约三百五十英里的一个大市镇樊城，在樊城起岸后，装大车运往张家口。③

根据 1858 年中俄签订的《天津条约》第三条规定，俄国和中国之间，不仅可以通过陆路，而且还可以通过水路进行贸易，中俄茶叶贸易的海路贸易通道就此被打通，汉口、福州、九江、上海等江南茶区和沿海港口的茶叶将被直接运往俄国的敖德萨、巴统、海参崴等地进行贸易。1857 年 4 月 7 日，马克思在《纽约每日论坛》刊登的《俄国的对华

① 姚贤镐：《中国近代对外贸易史资料（1840—1895）》第二册，第 1316 页。
② 同上书，第 1300 页。
③ 同上书，第 1289 页。

近现代时期：中外经贸文化交流与发展

贸易》一文中也提到了俄国将会对中国开展海上贸易的这一野心，称：
"俄国的努力决不只限于发展这种内陆贸易。它占领黑龙江沿岸的地方——当今中国统治民族的故乡——已经有几年的时间了。它在这方面的努力，在上次战争期间曾受阻中断。但是，无疑它将来会恢复并大力推进这种努力，俄国占领了千岛群岛和与其毗邻的堪察加沿岸。它在这一带海面上已经拥有一支舰队，无疑它将来会利用可能出现的任何机会来谋求参与同中国的海上贸易。"① 通过陆路贸易口岸恰克图的茶叶贸易，也因为海上通商口岸的开辟，开始由海路运往天津，再转运到恰克图进行贸易。② 1866 年 3 月，一份俄国照会中就记载了这一变化趋势：

> 本国所用之茶，向均在恰陆路购买，近则多改由水路贩运。陆路商人专办茶货，包揽已久，惯于居奇，茶价逐日昂贵，人民啧有烦言。又因国之西界禁茶入口，而地面辽阔，难于稽查，偷漏滋多，是以本国通盘筹算。西界开禁，准其贩运，使舞弊者无从包揽。又将茶税定轻，使偷漏者不能获利，又将恰克图陆路茶税，较前更轻，水陆两路之茶，运至本国南京适中之地，其价均不甚悬殊。从兹本国商人，多改买水路茶货，因而恰克图通商之事，日就萧条，自然华商之卖茶者亦少。且两路之茶拥挤，市价较落，恰商利亦较轻，改业者更众。此系实在情形，并非照会内华商所称由试行通商章程所致也。使即就陆路通商章程言之，比各国水路章程限制已严，陆路比水路为难，而工夫更费，华商如欲陆路贸易繁盛，反增添限制。陆路日就废坏，均归水路贩运矣。现在恰克图俄商铺户与华商之在恰者，零落等耳。③

尽管这一照会的初衷是针对华商就陆路通商章程对中俄茶叶贸易影响的辩解，但是反映出的中俄茶叶贸易格局的变化，特别是水、陆贸易之间的消长的确是事实。表 3-7 是 1868 年至 1912 年华茶通过各条路线

① ［德］卡尔·马克思：《俄国的对华贸易》，载中共中央马克思恩格斯列宁斯大林编译局编译《马克思恩格斯选集》第一卷，人民出版社，2012，第 788 页。
② 郭蕴深：《中俄茶叶贸易初探》，《社会科学战线》1985 年第 2 期。
③ ［清］宝鋆等纂辑《筹办夷务始末（同治朝）》卷四十一，第 8—9 页。

输出俄国的统计情况：

表 3-7　1868 年至 1912 年华茶对俄贸易各路输出统计一览表①

单位：担

年代	敖德萨海路	由天津经哈克图陆路	俄属远东口岸	经樊城陆路	年代	敖德萨海路	由天津经哈克图陆路	俄属远东口岸	经樊城陆路
1868	—	13251	—	—	1891	189026	379902	67480	53788
1869	—	111888	—	—	1892	117255	367708	50855	35659
1870	—	833355	—	—	1893	164029	446600	73115	53541
1871	14880	100221	—	202184	1894	169209	500561	87518	76877
1872	35125	132907	—	148964	1895	206903	566680	143577	—
1873	33204	148028	—	192311	1896	195023	624810	96130	—
1874	32823	101717	3659	60246	1897	168759	528250	116520	—
1875	53099	197796	6053	147019	1898	213302	562572	120664	—
1876	38428	198563	7193	183363	1899	195449	537771	136653	—
1877	—	214229	4385	128520	1900	269230	72656	323390	—
1878	479	275400	5440	55148	1901	241653	146431	205650	—
1879	13648	400004	10964	92246	1902	206699	403648	272546	—
1880	41218	296869	19238	107636	1903	200392	246050	194364	—
1881	56257	294935	29472	127295	1904	94452	327184	25020	—
1882	79729	274600	32585	42182	1905	152242	395298	53059	—
1883	85418	290203	28857	34612	1906	259031	219856	46294	—
1884	88679	314605	45050	55394	1907	189002	190542	609167	—
1885	47969	345391	38955	164363	1908	154646	215674	594712	—
1886	90426	445148	63603	169680	1909	142921	249768	524610	—
1887	93467	444637	69272	174922	1910	194670	243813	535812	—
1888	132826	463325	79026	245433	1911	232119	120021	474710	—
1889	137486	360708	38300	59008	1912	134993	137488	567202	—
1890	174130	371052	40166	56843					

---

① 根据姚贤镐《中国近代对外贸易史资料（1840—1895）》（第 1283—1284 页）和中国第二历史档案馆、中国海关总署办公厅编《中国旧海关史料》（京华出版社，2001）二书中年度贸易报告提供的数据统计而成。

由表 3-7 可知，中俄茶叶海路贸易越来越重要，传统经过樊城运往张家口并转运至恰克图的陆路贸易虽然仍占有一定比例，但经由海路至天津再转运至恰克图的茶叶贸易量，以及直接通过海路运往欧洲和俄属远东地区口岸的茶叶贸易量增长迅速，并占据主要地位。1882 年至 1891 年"江汉关十年报告"在论及汉口的茶叶贸易时也明确记载了这一变化：

> 对俄茶叶贸易，已有大量增加，1891 年输出总额为 255703 担。经营这门交易的俄商洋行为阜昌和新泰洋行，过去经由樊城运至俄国、中亚、西亚的大批砖茶贸易，是由中国人经营的……现在与俄属土耳其斯坦进行的合法的砖茶贸易，首先是以汽船运至天津，在天津改为陆运。过去经由天津和蒙古运往俄国的茶叶，现在多半运往敖德萨。①

因此，对中俄茶叶贸易交易量进行分析可知，虽然晚清以降中国对俄国的茶叶输出持续增加，但是这种贸易量的增加并不能简单地认为是中国对俄茶叶贸易优势地位的增强。综合上述分析，结论恰恰相反，这一时期中国在中俄茶叶贸易中的主导权逐渐丧失，俄国利用殖民条约所享有的贸易特权致使其在茶叶生产、运输、交易等各环节的控制权不断增强。尤其是贸易路线的转变，反映了中俄对茶叶贸易控制权此消彼长的变化情况。因此，在考虑这一时期中国对俄国茶叶贸易数量增加时，必须考虑这一时期俄商利用贸易特权独营茶叶制造与输出的事实。②

第三节　鸦片贸易："走私"与"合法"之间

1858 年 9 月 20 日和 25 日，《纽约每日论坛报》以社论性质连载马克思《鸦片贸易史》一文，文中指出："这种（鸦片）贸易，无论就可以

① 姚贤镐：《中国近代对外贸易史资料（1840—1895）》第二册，第 1317 页。
② 陈慈玉：《近代中国茶业之发展》，中国人民大学出版社，2013，第 165—166 页。

说是构成其轴心的那些悲惨冲突而言，还是就其对东西方之间一切关系所发生的影响而言，在人类历史记录上都是绝无仅有的。"① 应该说，马克思对于鸦片贸易及其对中西关系影响的论断丝毫不差。纵观整个近代中外经济关系史，鸦片这一商品在这段历史中扮演的角色具有不可替代性，鸦片贸易的历史对于认识近代中国中外经济关系的基本特征及其意义至关重要，是"有关西方列强和中国人之间最为复杂的互动关系问题"。② 根据仲伟民的研究，鸦片贸易在中国历史可以分为 5 个阶段：18世纪以前，药品贸易阶段；18 世纪，鸦片作为毒品向中国渗透阶段；1800 年至 1841 年，鸦片非法贸易阶段；1842 年至 1858 年，五口通商贸易阶段；1858 年至 1905 年，合法贸易阶段。③ 这 5 个阶段的背后实际上涉及两个重大变化问题：一是鸦片属性由药品变成毒品；二是鸦片贸易由走私变为合法。这些转变与西方资本主义对包括中国在内的世界各地的扩张有很大关系，同时，也是晚清时期中外经济关系演变的核心原因之一。

一、从"药品"到"毒品"：西方对东方市场的拓展

关于鸦片的起源与在华的早期传播问题，龚缨晏在《鸦片的传播与对华鸦片贸易》一书中澄清了两个基本问题：第一，罂粟作为鸦片制成的原料植物，早在唐代就已被引入我国种植，起初主要是作为观赏花卉栽培。从 10 世纪起，罂粟壳的食用和药用价值被发现并逐渐使用。第二，纯粹意义上的"鸦片"，从元代时就已经传入中国，被译作"阿芙蓉"或"阿菲荣"，是当时阿拉伯—波斯语言"Afyun"的音译，最初是作为"药品"被引进来的。④ 早在明万历十七年（1589），明政府规定鸦

① [德] 卡尔·马克思：《鸦片贸易史》，载中共中央马克思恩格斯列宁斯大林编译局编译《马克思恩格斯选集》第一卷，第 803 页。

② [美] 史景迁：《中国纵横：一个汉学家的学术探索之旅》，夏俊霞译，上海远东出版社，2005，第 267 页。

③ 仲伟民：《茶叶与鸦片：十九世纪经济全球化中的中国》，生活·读书·新知三联书店，2010，第 100—139 页。

④ 龚缨晏：《鸦片的传播与对华鸦片贸易》，东方出版社，1999，第 1—118 页。

片"每十斤税银二钱";康熙二十三年（1684），鸦片被列入药材，"每斤征税银三分"。① 尽管一些西方人很早就为自己的行为辩解，但是鸦片在中国由一种"药品"转变为"毒品"，并成为一个棘手的社会问题，确实是与西方对东方世界的贸易拓展密不可分。一些学者认为中国人吸食鸦片的历史可以追溯至17世纪荷兰商人把鸦片引入中国之始。② 在鸦片从"药品"转变为"毒品"的过程中，有两个原因是不容忽视的：

第一，欧洲人让鸦片吸食技术发生重大变化，并将此技术传入中国，致使鸦片变成"成瘾性"很大的一种毒品，在中国广泛传播。早在西方人来到中国之前，中国人就已经认识到鸦片的药物价值及其"成瘾性"特点。如元代朱丹溪称："今人虚痨咳嗽，多用粟壳止劫，及湿热泄痢者，用之止涩，其治病之功虽急，杀人如剑，宜深戒之。"③ 明人李时珍在《本草纲目》中记载："阿芙蓉，前代罕闻，近方有用之，云是罂粟花之津液也。罂粟结青苞时，午后以大针刺其外面青皮，勿损里面硬皮，或三五处。次早津出，以竹刀刮，收入瓷器，阴干用之。故今市者，犹有苞片在内。"④ 明人徐伯龄称："海外诸国并西域产有一药，名合甫融，中国又名鸦片。状若没药，而深黄，柔韧，若牛胶焉。味辛，大热，有毒，主兴助阳事，壮精益元气。"⑤ 从当时的记载中不难看出食用鸦片主要用于治疗疾病，而且口感并不是很好，"酸""涩""苦"等词频繁被用来形容食用鸦片后的感官反应。

而鸦片的"成瘾性"特性超越药用价值，对社会造成毒害流行，始于烟草与鸦片的结合。正如龚缨晏所言："鸦片从药物转变成毒品，其关键的一步是由于鸦片食用方法的变化，即鸦片吸食方法的产生。而鸦片吸食方法的产生，是与地理大发现后欧洲人的东来分不开的。"⑥ 鸦片

① ［清］李圭：《鸦片事略》卷上，清光绪二十一年海宁州署刻本，第5页。
② ［美］肯尼思·F. 基普尔主编《剑桥世界人类疾病史》，张大庆主译，上海科技教育出版社，2007，第151页。
③ ［明］姚可成汇辑《食物本草》卷五《谷部》，第19页。
④ ［明］李时珍：《本草纲目》卷二三《谷之二》，文渊阁《四库全书》本，第25页。
⑤ ［明］徐伯龄：《蟫精隽》卷十，文渊阁《四库全书》本，第14—15页。
⑥ 龚缨晏：《鸦片的传播与对华鸦片贸易》，第84页。

与烟草混合吸食的方法最早发明于爪哇，于16世纪末17世纪初经荷兰人传入中国台湾及东南沿海一带。因此，这一吸食技术的转变，从某种意义上讲是资本主义东扩的结果。龚缨晏、王宏斌、包利威等学者都意识到这一问题，并对此发表了相关论述。① 这里特别强调的是，鸦片与烟草的结合之所以能够促使吸食鸦片烟在中国逐渐流行，最主要的原因是鸦片与烟草结合提升了吸食鸦片的感官感受，致使吸食鸦片者可以感受到精神上的愉悦，迅速扩大了鸦片吸食的受众群体。康熙六十一年（1722），黄叔璥在《台海使槎录》中记载了台湾居民吸食鸦片的情况，明确提到了鸦片与烟草相拌吸食后的感受，称："鸦片烟，用麻葛同鸦土切丝于铜铛内，煮成鸦片拌烟，另用竹筒实以棕丝，群聚吸之，索值数倍于常烟，专治此者，名开鸦片馆，吸一二次后，便刻不能离，暖气直注丹田，可竟夜不眠。"② 在朱景英的《海东札记》中也记载了乾隆年间台湾居民将鸦片与烟草一起吸食的场景：

> 鸦片产外洋咬嚼吧吕宋诸国，为渡海禁物，台地无赖人多和烟吸之，谓可助精神，彻宵不寐。凡吸必邀集多人，更番作食、铺席于坑、众偎坐席上，中燃一灯，以吸百余口至数百口，烟筒以竹为管，大约八九分，中实棕丝头发，两头用银镶首，侧开一孔如小指大，以黄泥掐成葫芦样，空其中，以火煨之，嵌入首间小孔上，置鸦片烟于葫芦首，烟止少许，吸之一口立尽，格格有声。③

由于鸦片吸食方式的变化，鸦片吸食群体不断扩大，其"成瘾性"的危害性也越来越大，鸦片由药用治病之物变成毒烟流害之物，"鸦片烟"逐渐替代"鸦片"一词在社会上开始流行。雍正七年（1729），福建

---

① 相关论述可参阅龚缨晏：《鸦片的传播与对华鸦片贸易》，第84—96页；王宏斌：《罂粟传入中国及其在古代的医药价值析论》，《广东社会科学》2009年第5期；［法］包利威：《鸦片在中国：1750—1950》，袁俊生译，中国画报出版社，2017，第11—26页。

② ［清］黄叔璥：《台海使槎录》卷二《习俗》，第29页。

③ ［清］朱景英：《海东札记》卷三《记气习》，清乾隆三十八年刊本，第5—6页。

巡抚刘世明就敏锐地观察到这种变化，他在奏折中称："鸦片原系药材必需，并非做就之鸦片烟……鸦片为医家需用之药品，可疗病，惟加入烟草始淫荡害人，为干犯例禁之物。"① 因此，雍正九年（1731），清政府颁布《惩办兴贩鸦片烟及开设烟馆条例》，明确指出严禁的是鸦片烟而非鸦片，称："凡兴贩鸦片烟，照收买违禁货物例，杖一百，枷号一月，再犯，发近边充军。私开鸦片烟馆引诱良家子弟者，照邪教惑众律，拟绞监候。"② 西方人对中国开展鸦片贸易始于17世纪③，恰与鸦片吸食技术改进时间相近，这决不仅仅是时间上的巧合。

吸食鸦片烟毒成瘾

第二，欧洲人让鸦片贸易形态和数量呈现重大变化。如果说西方人通过向中国输入鸦片吸食技术，刺激了中国人的消费欲望，那么以东印

①［清］陈其元：《庸闲斋笔记》卷八，清同治十三年刻本，第34—35页。

②［清］昆冈等编修《钦定大清会典事例》卷八二八《刑部》，清光绪石印本，第1页。

③［加］卜正民、［加］若林正编著《鸦片政权：中国、英国和日本，1839—1952年》，弘侠译，黄山书社，2009，第36页。

度公司为首的西方贸易垄断公司则以"私人贸易"的形式，通过控制鸦片生产和专卖政策，让鸦片贸易成功纳入西方殖民贸易体系中。马克思在《鸦片贸易史》一文中对于这一贸易形态的演变过程有过详细描述：

> 1773 年，堪与埃芒蒂耶之流、帕尔默之流以及其他世界闻名的毒品贩子并驾齐驱的沃森上校和惠勒副董事长，建议东印度公司同中国进行鸦片贸易。于是在澳门西南的一个海湾里下碇的船只上，建立起了鸦片堆栈。但是这种投机买卖最后失败了。1781 年，孟加拉省政府派了一艘满载鸦片的武装商船驶往中国；1794 年，东印度公司就派了一艘运载鸦片的大船停在黄埔——广州港的停泊处。看来，黄埔做堆栈比澳门更便利，因为黄埔被选定做堆栈后才过两年，中国政府就觉得有必要颁布法令，用杖责和枷号示众来震慑中国的鸦片走私者。大约在 1798 年，东印度公司不再是鸦片的直接出口商，而成了鸦片的生产者。在印度，实行了鸦片垄断，同时东印度公司伪善地禁止自己的船只经营这种毒品的买卖，而该公司发给同中国做买卖的私人船只的执照中却附有条件，规定这些船只如载运非东印度公司生产的鸦片要受处罚。①

1836 年 2 月 5 日，时任英国驻华商务监督罗宾臣爵士在致外交大臣巴麦尊的函电中，对于英国在整个鸦片贸易链中的角色有着清楚的认识，在论及如何阻止英国船只从事鸦片贸易时，就明确指出："一个更可靠的办法是禁止在英属印度种植罂粟和制造鸦片。"② 1839 年 11 月 2 日，拉本德、斯密斯、克劳复在致巴麦尊的信函中对此也有明确记载：

> 我们知道，在东印度公司辖境之内，鸦片的种植是一项严格的专利事业，能产生大量的财政收入。鸦片烟是由印度政府在市场上公开售卖的。鸦片的目的地明确周知，甚至东印度公司在 1837 年时竟公开

---

① ［德］卡尔·马克思：《鸦片贸易史》，载中共中央马克思恩格斯列宁斯大林编译局编译《马克思恩格斯选集》第一卷，第 803—804 页。

② 胡滨译《英国档案有关鸦片战争资料选译》上册，中华书局，1993，第 111 页。

通告，拨出大量款项，给予该季转运鸦片到中国去的船只，作为额外利润。①

东印度公司正是凭借这一贸易垄断方式，牢牢控制了对华的鸦片贸易，其鸦片供需的变化都会直接影响对华鸦片销售价格的涨落。1855 年 10 月 22 日，麦都思在《关于鸦片问题的报告》中对于鸦片供需与售价之间的相关性认识也非常清晰：

> 1799 年初进行这种贸易的时候，每箱鸦片售价似乎不超过 425 卢布。1800 年，公司稍稍减少了供应，价格几乎就上涨了一倍。1802 年公司又缩减了一些供应，价格差不多涨到 1000 卢布。他们继续缩减供应量，1803 年就涨到 1300 卢布，1805 年几乎涨到 2000 卢布。随后，他们增加了供应，1808 年价格就落到 1500 卢布。嗣后他们使供应保持稳定，价格好几年就停留在 2000 卢布左右。1822 年他们减少供应，价格就涨到 4000 卢布。②

因此，"东印度公司一手扶植、北京中央政府抵制无效的鸦片贸易规模日益增大"③。马士曾对鸦片战争前鸦片对华输入量做过统计，1800 年至 1811 年，年均输入量是 4016 箱；1811 年至 1821 年，年均输入量是 4494 箱；1821 年至 1828 年，年均输入量增至 9708 箱；1828 年至 1835 年，年均输入量增加 1 倍，达到 18712 箱；1835 年至 1839 年，年均输入量增加到 35445 箱。④ 鸦片也成为英属印度政府的主要财政收入之一。1773 年至 1774 年，英属印度政府的鸦片收入折合银两是 77894 两；1800 年至 1804 年，鸦片收入达到 1242254 两；1815 年至 1819 年，鸦片收入

① 严中平译《英国鸦片贩子策划鸦片战争的幕后活动》，载庄建平主编《近代史资料文库》第四卷，上海书店出版社，2009，第 100 页。
② 姚贤镐：《中国近代对外贸易史资料（1840—1895）》第一册，第 320 页。
③ ［德］卡尔·马克思：《鸦片贸易史》，载中共中央马克思恩格斯列宁斯大林著作编译局编译《马克思恩格斯选集》第一卷，第 805 页。
④ ［美］马士：《中华帝国对外关系史》第一卷，第 238—239 页。

近现代时期：中外经贸文化交流与发展

又增长 1 倍，达到 2351003 两；1835 年至 1839 年，鸦片收入达到 5196690 两。① 马克思也曾一针见血地指出这种贸易形态的实质，称："英国政府在印度的财政，实际上不仅要依靠对中国的鸦片贸易，而且还要依靠这种贸易的不合法性。如果中国政府使鸦片贸易合法化，同时允许在中国种植罂粟，英印政府的国库会遭到严重灾难。英国政府公开宣传毒品的自由贸易，暗中却保持自己对毒品生产的垄断。"② 与此同时，购买大量鸦片势必会影响中国的收支平衡。虽然林满红认为中国茶叶、生丝贸易在世界市场的萧条和世界金银减产才是导致 19 世纪中国白银外流的根本要素，但是鸦片贸易加剧中国白银外流也是不容忽视的事实。③ 根据李伯祥等人的分析，19 世纪 30 年代，中国因为鸦片走私贸易，平均每年流向外国的白银约有 600 万两。④ 1837 年 2 月 21 日，英国海军上校义律在致巴麦尊子爵的函电中也提到了白银与鸦片之间的密切联系，称："这部分贸易（鸦片贸易）的重要性，决不可仅用它在进口货单上所表示的巨大数量来估计。更重要的是，由于各种情况，广州现银的动向已几乎完全取决于在海上交付的鸦片。"⑤ 1839 年 11 月 2 日，拉本德、史密斯、克劳复在致巴麦尊的信函中也表明英国政府对此心知肚明，称："鸦片贸易加上对华输入金属品、制造品，构成英印对华贸易的手段，方便了茶叶和生丝的买进，并且平衡了贸易收支。"在过去两年中，为弥补因鸦片贸易所导致的贸易逆差问题，"从中国运至加尔各答和孟买的金银便值 300 万金镑"。⑥ 因此，围绕鸦片贸易的"禁"与

---

① 严中平等编《中国近代经济史统计资料选辑》，第 24 页。

② ［德］卡尔·马克思：《鸦片贸易史》，载中共中央马克思恩格斯列宁斯大林编译局《马克思恩格斯选集》第一卷，第 807—808 页。

③ 林满红：《银线：19 世纪的世界与中国》，江苏人民出版社，2011，第 61—107 页。

④ 李伯祥、蔡永贵、鲍正廷：《关于十九世纪三十年代鸦片进口和白银外流的数量》，《历史研究》1980 年第 5 期。

⑤ 胡滨译《英国档案有关鸦片战争资料选译》上册，第 187 页。

⑥ 严中平译《英国鸦片贩子策划鸦片战争的幕后活动》，载庄建平主编《近代史资料文库》第四卷，第 101 页。

"驰"和"走私"与"合法"问题便成为 18 世纪以来中国与西方各国政府之间越来越棘手的问题。

二、从"走私" 到"合法"：西方在华贸易霸权的确立

关于鸦片贸易的性质从"走私"转变为"合法"的争议，对于中西社会而言存在不同意义，必须联系中西社会的"名"与"实"的区别。对于中国而言，自从雍正九年（1731）颁布《惩办兴贩鸦片烟及开设烟馆条例》开始，鸦片贸易在中国就都是非法的，政府试图出台一系列禁令来严禁鸦片贩卖和交易，这一政策一直延续至 1858 年 11 月中英通商税则谈判中英国提出"鸦片贸易合法化"，并在之后迫使清政府签订的《通商章程善后条约》中得以确定。对于西方而言，鸦片贸易从一开始就被西方政府鼓励，尽管后来英国东印度公司基于清政府的鸦片禁令，要求其所属商船遵循清政府禁令，但是实际上仍通过控制"供应链的印度端"，来维持鸦片生产专卖政策，"严格生产监督，维持垄断价格以及强化质量控制"，[①]"负责运输的私营商人需要拥有东印度公司颁发的执照许可"。[②] 这一体制致使鸦片贸易以走私贸易之名来实现英属东印度公司鸦片贸易垄断之实。因此，从一开始，西方对华进行鸦片输出就是受到官方支持或者默认的一种贸易行为。所谓鸦片贸易合法化问题，本质上是西方迫使中国政府承认西方在中国的鸦片贸易利益和诉求，合法化的背后反映了晚清时期西方在华贸易特权的建构问题。正如卜正民和若林正所言："鸦片把东亚各国，尤其是清帝国，推进到以不平等条约和炮舰政策为特征的'近代'社会。它给外国列强提供了必要的资金，使他们的殖民扩张政策得以实行。"[③]

---

① [美] 威廉·伯恩斯坦：《伟大的贸易——贸易如何塑造世界》，郝楠译，中信出版社，2021，第 342 页。

② [美] 费正清：《中国沿海的贸易与外交：通商口岸的开埠（1842—1854 年）》（上），第 86 页。

③ [加] 卜正民、[加] 若林正：《鸦片政权：中国、英国和日本，1839—1952 年》，第 1 页。

（一）鸦片"走私"： 西方在华贸易势力扩张

关于鸦片战争前的鸦片"走私"贸易问题，已经有诸多学者关注过。[①] 魏源在《海国图志》中从禁烟的角度对于这一问题有过概述，称："鸦片之入中国，亦自康熙始，初准以药材上税。乾隆三十年前岁不过二百箱，及嘉庆元年因嗜者日众，禁其入口。嘉庆末年，每年私鬻至三千余箱，始则囤积澳门，继则移于黄埔。道光初，奉旨查禁。"[②] 这里提到3个时间节点：乾隆三十年（1765）、嘉庆元年（1796）和嘉庆末年、道光初年（1820 年左右）。鸦片大量输入中国是在18世纪末之后。至19世纪20年代，鸦片走私数量开始大规模增加。关于具体的贸易数字，吴义雄曾专门对鸦片战争前不同文献中关于鸦片贸易量的记载和统计进行过辨析，并根据《广州纪事报》和《广州周报》上所刊载的鸦片销售记录整理了一份1821年至1839年对华鸦片贸易情况一览表，见表3-8：

表 3-8　1821 年至 1839 年对华鸦片贸易情况一览表[③]

贸易年度	孟加拉鸦片（箱）	麻洼鸦片（箱）	土耳其鸦片（箱）	合计（箱）	价值（元）
1821 年至 1822 年	2910	1718	462	5090	8753500
1822 年至 1823 年	1822	4000	40	5862	8030930
1823 年至 1824 年	2910	4172	270	7352	8785100
1824 年至 1825 年	2665	6000	100	8765	7629625
1825 年至 1826 年	3442	6179	550	10171	8158205
1826 年至 1827 年	3661	6308	56	10025	9640045
1827 年至 1828 年	5114	4361	1000	10475	11162141

---

① 相关研究可参阅［美］马士：《中华帝国对外关系史》第一卷，第 194—240 页；龚缨晏：《鸦片的传播与对华鸦片贸易》，东方出版社，1999；苏良智：《中国毒品史》，上海人民出版社，1997，第 45—71 页。

②［清］魏源：《海国图志》卷二《筹海篇四·议款》，光绪二年刻本，第 20 页。

③ 参见吴义雄：《鸦片战争前的鸦片贸易再研究》，《近代史研究》2002 年第 2 期。

贸易年度	孟加拉鸦片（箱）	麻洼鸦片（箱）	土耳其鸦片（箱）	合计（箱）	价值（元）
1828 年至 1829 年	5961	7171	1256	14388	13458787
1829 年至 1830 年	7143	6853	700	14700	12545057
1830 年至 1831 年	6660	12100	1671	20431	14026285
1831 年至 1832 年	5960	8265	402	14627	11723890
1832 年至 1833 年	8290	15404	380	24073.5	15618429
1833 年至 1834 年	9535	11715	963	22213	14675890
1834 年至 1835 年	7767	8749	743	17259	10085910
1835 年至 1836 年	11992	14208	911（担）	27111	17904248
1836 年至 1837 年	8075.5	13431	743	24249	16236166
1837 年至 1838 年	7203.5	14509	743	24455	12387536
1838 年至 1839 年	7637.8	7611.5	743	17992	9590070

　　资料说明：根据吴义雄的研究，本数据主要是根据《广州纪事报》和《广州周报》上所载的鸦片在华销售量进行统计，而非输入量，其中土耳其的鸦片贸易数量是根据马士《东印度公司对华贸易编年史》中译本第四卷及第五卷所提供的贸易数量和《广州纪事报》与《广州周报》所提供的鸦片贸易总价计算而来，特此说明！

　　尽管表 3-8 中的数据不涉及 1820 年之前的数据，但是这些数据可以较为精确地反映鸦片战争之前，鸦片贸易在华销售量呈现快速增长的基本事实。无论是从贸易量还是贸易值来看，在短短 20 余年内，对华的鸦片贸易走私量呈现层递式增长，大约增长了 4 倍，贸易值也增长了近 1 倍。根据清人梁廷枏的记载，至道光十二年（1832），"中国每年出口之茶叶有七千余万磅，与鸦片贸易可以相抵"。[①] 1834 年 2 月，《中国丛报》上有一段描述详细记载了当时中国鸦片"走私"贸易的猖獗以及基本情况：

---

① ［清］梁廷枏：《夷氛闻记》卷一，清刻本，第 10 页。

中国大量消费鸦片，已使得鸦片贸易成为很重要的一宗生意。以往几年每年卖给中国人的鸦片约值1400万元，而需要还在增加中。这种贸易系由停泊于伶仃洋面的船只来进行，鸦片即储存此处，由货主开具取票单给买主，买主总是先付现款，然后取货。这种贸易一向是中国当局所厌恶的，并且曾颁布过很多无效的禁令。从印度运来的鸦片，每箱600元至700元；从土耳其来的，每担620元至680元。①

虽然《中国丛报》把鸦片贸易的增长简单归结为中国人的消费需求所致的说法值得商榷，但是从相关描述中仍很容易判断出当时鸦片"走私"贸易的猖獗程度。对于西方而言，尽管当时鸦片商也面临着一些包括政治家、商人、传教士、道德家及慈善家在内的反对贩卖鸦片的群体②，但是鸦片始终是包括英国在内的西方国家都不愿舍弃的贸易商品。特别是随着英国对鸦片贸易的垄断，鸦片更是成为维系英国—印度—中国三角贸易的"钥匙"③。对于中国而言，鸦片泛滥致使政府处于道义和经济上的不利地位。特别是鸦片贸易致使银圆流失的问题，尽管目前学界仍有争论，但有一点事实是不容忽视的，当时的中国政府和官员普遍存在一种观念就是鸦片的大量输入导致了大量白银外流并认为当时中国在中西贸易中的不利地位都是由于鸦片输入所造成的。如道光十一年（1831），冯赞勋奏称："查烟土一项，死相售卖，每年纹银出洋，不下数百万，是以内地有用之财而易外洋害人之物，其流毒无穷，其竭财亦无尽。"④ 道光十六年（1836），许乃济奏称："夷商向携洋银至中国购货，沿海各省民用，颇资其利，近则夷商有私售鸦片烟价值，无庸挟赍洋

① 姚贤镐：《中国近代对外贸易史资料（1840—1895）》第一册，第330—331页。

② 吴义雄：《基督教道德与商业利益的较量——1830年来华传教士与英商关于鸦片贸易的辩论》，《学术研究》2005年第12期；［英］梅森：《19世纪西方对鸦片贸易的评论》，《国外中国近代史研究》第12辑，中国社会科学出版社，1989，第238—250页。

③ 苏良智：《中国毒品史》，第58—63页。

④ 王先谦：《东华续录·道光朝》卷二三，清光绪十年长沙王氏刻本，第12页。

银，遂有出而无入矣。"① 道光十七年（1837），御史朱成烈奏称："近来钱价日贱，自系纹银不足所致，推原其故，固由于风俗奢侈，耗于内地，而洋烟一物，贻害有盛，耗银尤多。"② 道光十八年（1838），狄昕奏称鸦片由上海转贩苏州及临境之安徽、山东、浙江等地方各县，"大县每日计银五六百两，小县每日计银三四百两不等，兼之别项兴贩，每年去银不下千万，其波及邻省者，尚不在此数。"③ 道光十八年（1838），黄爵滋奏称："外洋来烟渐多，另有趸船载烟，不进虎门海口，停泊零丁洋中之老万山、大屿山等处。粤省奸商，勾通海兵弁，用扒龙、快蟹等船运银出洋，运烟入口。故自道光三年至十一年，岁漏银一千七八百万两；自十一年至十四年，岁漏银二千余万两；自十四年至今，渐漏至三千万两之多。此外，福建、江浙、山东、天津各海口，合之亦数千万两。以中国有用之财，填海外无穷之壑，易此害人之物，渐成病国之忧。"④ 可见，至鸦片战争之前，基于各自利益的诉求，有关鸦片贸易合法化的讨论日益成为中西双方关注的焦点问题。

（二）鸦片贸易合法化：西方贸易霸权的确立

鸦片贸易合法化的提出可以追溯至鸦片战争前后，特别是鸦片战争之后，鸦片贸易合法化问题更是成为英国政府对华贸易政策的既定方针。早在《南京条约》签订前，1841 年 2 月 26 日，英国外交大臣巴麦尊就对侵华英军总司令乔治·懿律和谈判代表义律下达了训令，要求"努力协同中国的官员做一些安排，使鸦片贸易在中国合法化"，声称：

> 女王陛下政府已经开始关注同中国鸦片贸易的事情。我必须通知你努力协同中国的官员做一些安排，使鸦片贸易在中国合法化。同中

---

① ［清］文庆等纂辑《筹办夷务始末·道光朝》卷一，民国十九年故宫博物院影印清内府抄本，第 2 页。

② ［清］昆冈等编修《钦定大清会典事例》卷六三〇《兵部》，第 7 页。

③ 蒋廷黻编《筹办夷务始末补遗·道光朝》第四册，北京大学出版社，1988，第945—946 页。

④ ［清］文庆等纂辑《筹办夷务始末·道光朝》卷二，第 5 页。

浩浩荡荡的英国鸦片船

国全权大使谈论这件事时，你要告诉他们，允许鸦片在中国合法化不是你向中国政府提出的要求，并且也不要让中国的全权大使认为这是女王陛下政府在使用强迫手段。应指出，如果鸦片贸易停留在这个阶段，中英两国保持永久友好理解的关系是不可能的。事实证明，中国官方没有能力禁止中国海域的鸦片贸易，因为对于买卖者而言，这种诱惑远远大于被发现的恐惧和所受的惩罚。道理同样明显的是，禁止鸦片运往中国超出了英国政府的权利。因为即使英国不允许管辖区内的任何一个地方不生产鸦片，其他国家也会大量生产鸦片，那些喜欢冒险的英国人或其他民族的人也会把鸦片运往中国。中国目前的法律规定鸦片贸易不合法，不合法的贸易常会伴随着操作者和制止者双方的暴力冲突。中国的船只和走私者之间的小型战争一定会导致中英两国不友好的尴尬的争论，会引起中英两国人民的敌视情绪。因此，中英两国的友好关系应附以稳定的因素：如果中国政府下定决心在适当对鸦片征税的基础上使鸦片贸易合法化，这将会使走私者不再受到努力引进商品不交税的诱惑。用这种方式，中国政府会得到可观的收入，现在用以贿赂海关官员的钱将以关税的形式归属国家。①

　　虽然鸦片战争之后签订的《南京条约》中只涉及鸦片赔款的问题，并没有直接加入有关鸦片贸易合法化的条款，但是鸦片赔款本身就是变相迫使清政府承认其走私贸易的合法性。《南京条约》签订后，英国政府和官员游说甚至诱骗中国政府及官员，要求鸦片贸易合法化的热情丝毫未减。在这些英国官员中，既有英国首相巴麦尊，又有历任英国外交大臣阿伯丁、曼兹伯利、克勒拉得恩等人；既有历任英国驻华公使、商务监督璞鼎查、德庇时、包令，又有英国驻广州、厦门和上海的领事官李泰国、阿礼国、沙利文等人。1843 年 1 月 4 日，外交大臣阿伯丁伯爵在致时任英国驻华全权代表璞鼎查的函电中明确要求璞鼎查"力请中国政府承认鸦片销售合法化"，称："应尽力诱致该政府准许这种贸易，甚或他们只把它限于广州一口。"② 1854 年 2 月 13 日，外交大臣克勒拉德恩伯爵致函时任英国驻华全权代表包令博士，在论及修约问题时要求包令"实行鸦片贸易的合法化"是"极应该向中国政府力行要求"③ 的主要内容之一。特别是历任英国驻华全权代表更是把鸦片贸易合法化作为在华主要任务之一。根据王宏斌对英国议会文件的梳理，时任英国驻华全权代表璞鼎查先后于 1842 年 8 月 27 日、1843 年 1 月 22 日、1843 年 6 月 30 日、1843 年 7 月 8 日、1843 年 10 月 30 日向钦差大臣耆英呈递了 5 份关于鸦片贸易合法化的备忘录。后任的德庇时则于 1844 年 6 月 22 日、1844 年 7 月 13 日、1844 年 8 月 23 日、1845 年 4 月 26 日、1846 年 2 月 25 日、1847 年 4 月 29 日、1847 年 5 月 11 日先后 7 次给钦差大臣耆英写

① "Viscount Palmerston to Rear-Admiral Elliot and Gaptain Elliot" (February 26，1841)，Sessions Opium War and Opium Trade 1840-1885，British Parliamentary Papers（Ireland：Irish Universty Press，）. p. 279.

②《阿伯丁伯爵致亨利·璞鼎查爵士函》，载［美］马士：《中华帝国对外关系史》第一卷，第 762—763 页。

③《克勒拉德恩伯爵致包令博士函》，载［美］马士：《中华帝国对外关系史》第一卷，第 767 页。

信讨论鸦片贸易合法化问题。① 由于这些英国政府和官员的利益诱骗和战争胁迫，1856 年 10 月中旬，上海地方政府同"洋官洋商"签订了一个有关鸦片抽捐的协议，鸦片贸易的合法地位最终确立。② 之后，包括英国在内的西方各国又通过一系列条约不断强化鸦片贸易合法化的制度安排。1858 年，英、美、法三国分别与清政府签订《通商章程善后条约：海关税则》，尽管措辞稍有区别，但是都明确规定准许鸦片进口，洋商可以在各通商口岸进行鸦片交易，并议定每 100 斤纳税银 30 两的税率制度安排。以下引述《中英通商章程善后条约：海关税则》中相关论述说明：

> 洋药准其进口，议定每百斤纳税银三十两。唯该商止准在口销卖，一经离口，即属中国货物，只准华商运入内地，外国商人不得护送。即《天津条约》第九条所载英民持照前往内地通商，并二十八条所载内地关税之例，与洋药无涉。其如何征税，听中国办理，嗣后修改税则，仍不得按照别货定税。③

1876 年的中英《烟台条约》和 1885 年的中英《烟台条约续增专条》又把鸦片进口纳入洋关稽查范围，实行税厘并征制度，并允许鸦片进入海关关栈。1876 年，中英《烟台条约》中称："洋药一宗，威大臣议请本国，准为另定办法，与他项洋货有别。令英商于贩运洋药入口时，由新关派人稽查，封存栈房或趸船。俟售卖时，洋商照则完税，并令买客一并在新关输纳厘税，以免偷漏。其应抽收厘税若干，由各省察勘情形酌办。"④ 1885 年，中英《烟台条约续增专条》进一步完善《烟台条约》的相关条款，再次确定"洋药运入中国者，应由海关验明，封存海关准设具有保结之栈房，或封存具有保结之趸船内，必俟按照每百斤箱向海

---

① 王宏斌：《从英国议会文件看英国外交官关于鸦片贸易合法化的密谋活动》，《世界历史》2010 年第 3 期。

② 于醒民：《第一个鸦片贸易合法化协议》，《史学月刊》1985 年第 4 期。

③ 田涛主编《清朝条约全集》第一卷，第 207 页。

④ 同上书，第 630 页。

关完纳征税三十两并纳厘金不过八十两之后，方许搬出"；在专条第五条还规定"在行销洋药地方开拆者，如有应税捐等项，或当时所征，或日后所设，或由明收，或由暗取，均不得较土烟所纳税捐等项格外加增，亦不得别立课税"；并且在专条第七条明令规定"英国有立废新章之权"。[①] 这一系列规定，表面上是规范鸦片贸易的制度性安排，但实际上这一规定间接将鸦片贸易税收及其管理制度纳入西方人控制的海关体系中。[②] 1887年海关贸易报告对此有明确记载："1887年与外国人管理的海关有关的头等重要事件，就是2月1日起对鸦片实行了税厘并征的制度，并准许进入海关关栈。这个办法可以称之为直接履行《烟台条约》的一个最后行动。"[③] 清人李奎在《鸦片事略》一书中论及这一条约内容时也意识到是西方人的"阴狡之谋"：

> 今并此厘金亦列入专条，一则曰："不得较土烟税捐格外加增，不得别立税课"；一则曰："运送洋药前往内地，仍不免其输纳税捐，无论何时，英有废弃专条之权，仍照津约办理。"据此，则权自我操之厘金，不换约亦不得有毫厘之加。其与土烟并论者，盖深知我重征土烟，一时难办，以此愚我，而遂其阴狡之谋。[④]

就这样，鸦片以洋药之名名正言顺地输入中国。这一政策一直持续到1907年《中英禁烟条约》的签订为止。该条约以清政府削减国内罂粟的产量为条件，涉及六款禁烟内容：一、印度鸦片以51000箱为定额，按年递减5100箱，从1908年起10年减尽；二、双方禁止香港烟膏输入中国；三、租界实行禁烟；四、禁止吗啡进口；五、重征洋药税厘，每100斤进口鸦片征税厘金200两。[⑤] 1911年，《中英禁烟条件》又规定：

---

① 田涛主编《清朝条约全集》第一卷，第765页。

② 陈诗启对此亦有专门讨论，可参阅陈诗启：《中国近代海关史》，人民出版社，2002，第251—255页。

③ 姚贤镐：《中国近代对外贸易史资料（1840—1895）》第二册，第851页。

④［清］李奎：《鸦片事略》卷下，清光绪二十一年海宁州署刻本，第38页。

⑤ 苏智良：《中国毒品史》，第212页。

"英国政府允如不到七年能有确实凭据，凡土药概行绝种，则印度出口运华之烟，亦同时停止。"① 至此，西方人强加给中国的鸦片贸易合法化的制度安排才被废除。

特别需要指出的是，鸦片贸易合法化问题涉及中西方诸多利益关系，这一制度性安排也是诸多要素共同作用的结果。如就中国而言，中央政府与地方政府、中国官吏与外国进口商之间的利益纠葛都迫使清政府试图考虑通过鸦片贸易合法化的目的来实现利益最大化。如道光十六年（1836）七月二十七日，两广总督邓廷桢等在奏复太常寺卿许乃济弛鸦片之禁的奏折中的一段论述就代表当时清廷一些人的看法：

> 臣等细核原奏，胪陈时弊，均属实在情形。所请弛禁变通办理，仍循旧制征税，系为因时制宜起见，似应请旨准照原奏。嗣后如有外夷贸易带有鸦片，准令该夷商人入关报税，仍照乾隆以前海关则例定额征收，并同别项呢羽等货，一体交与洋行。只准以货易货，不得用银私售，由此实力遵行，遵年可免中国千万余金之漏卮，洵属清源截留之急务。②

因此，合法化、弛禁、征税等解禁问题早在鸦片战争前已经在清政府内部进行过讨论。③ 西方人也正是利用清政府这一矛盾心理，不断诱使清政府弛禁鸦片贸易，以实现鸦片贸易合法化。1836 年 7 月 27 日，驻澳海军上校义律在致英国外交部的信中，对此有清晰的认识：

> 鸦片贸易的开始和继续存在，是依靠清朝官员们的衷心默许。如果没有他们的经常赞助，鸦片贸易是不可能产生任何效果……伶仃洋贸易只要悄悄进行，过去总是得到广东省高级官员们的赞助。虽然他们对于把该贸易扩大到附近省份海岸自然抱着不友好的态度，但是为

---

① 田涛主编《清朝条约全集》第三卷，第 1761 页。

② 马模贞主编《中国禁毒史资料》（上），天津人民出版社，1998，第 52 页。

③ 相关研究可参阅〔日〕井上裕正：《清代鸦片政策史研究》，钱杭译，西藏人民出版社，2011，第 125—166 页。

了避免朝廷对他们自己在此地的事务进行查问，他们仍倾向于抑制人们对该问题向朝廷提出控告。①

1846 年 2 月 25 日，商务监督德庇时在香港致信钦差大臣耆英时，即企图以此说服清廷应允"鸦片贸易合法化"，称：

> 我多次向阁下强调过，在官员默许下鸦片违法贸易是数不清的罪恶的渊源。如果该贸易合法化，所有的外国货船将汇集在五个通商口岸，在领事的控制下，他们将付出吨位费，中国征收的鸦片税银大约可以达到 200 万元。目前这一收益落到了贪官污吏手中，货船在海岸附近徘徊，走私者在岸边构建聚集地。这是被公开默许的，我不能干预。但是如果鸦片贸易合法化，我可以确保对所有货船的正当控制。所有的商品可以用来交换鸦片，银锭就不会再流失到国外，相互友善的理解会永远保持下去。②

很显然，鸦片贸易及其鸦片贸易合法化问题并非简单的贸易问题，涉及中西双方诸多利益关系，既有中西之间国力的较量问题，又涉及中西方各自国内诸多的利益纠葛；既是一个国际问题，又是一个地方性问题。对于西方人而言，所谓的"鸦片贸易合法化"问题实质上就是迫使清政府承认被官员一直鼓励和默许的"走私"行为，并在制度上给予确立和安排；对于中国而言，所谓"鸦片贸易合法化"问题，就是承认西方对华鸦片贸易的法律正当性，并以"税收"的形式给予认可。因此，不同学者在讨论相关问题时，基于不同视角可能存在不同观点，但是有一点是确定无疑的，鸦片贸易无论是基于哪一视角都不能回避的一个基本事实就是与西方殖民主义的东扩密切相关。鸦片贸易作为西方殖民主义霸权在中国的集中体现，从鸦片贸易合法化的历史中可以窥视中国在

① 胡滨编译《英国档案有关鸦片战争资料选译》上册，第 124—125 页。
②《德庇时爵士致钦差大臣耆英函（1846 年 2 月 25 日）》，转引自王宏斌：《从英国议会文件看英国外交官关于鸦片贸易合法化的密谋活动》，《世界历史》2010 年第 3 期。

19世纪后期中西经济交流中的被动境遇，而西方作为规则制定者，一直试图主导并最终取得中西经贸关系的主导权。

第四节　危机中孕育机遇：中外文化交流中的危机意识

伴随着西方资本主义的强势崛起，西方以强势文明的姿态，利用军事、经济、政治和文化优势在世界范围内进行霸权文化输送。晚清时期的中外文化交流就是在这一西方殖民主义大规模东扩的特殊背景下展开的。中国文化在中外文化交流中的主动性日益减弱，中国传统的文化优势和优越感被西方殖民主义的霸权文化不断消解殆尽。因此，西方每次对华战争都是对中国文化优越感的一次冲击。无论是林则徐、魏源等人的"师夷长技以制夷"，还是洋务派人士的"师夷长技以自强"；无论是维新派人士的"立宪救国"，还是资产阶级革命派的"民主共和"，这一时期的中外文化交流具有较强的政治危机意识和殖民主义文化特质。从交流方式来看，中西文化交流中除了正常的文化交往之外，西方还通过战争、政治讹诈等形式谋取文化资源，甚至是一些赤裸裸地掠夺，如西方人对圆明园和敦煌文化的劫掠。从交流内容来看，除正常的中外文化交流内容之外，一些畸形文化一度成为这一时期中西文化开展正常交往的重要障碍，如鸦片文化和殖民文化。从交流群体来看，传教士、外交官、知识分子等群体在这一时期的中外文化交流中，特别是在中华文明海外传播过程中扮演重要角色。

一、中国对"西学"的引入及其自救意识

鸦片战争以前，中国对于西方文化的认识长期属于"华夷"秩序之列。因此，从中国视角去观察15或16世纪以来的中外文化交流，特别是中西文化交流，中国主动接受西方文化的意识并不强。在相当长的一

段时期内，中国人对于西方文化的关注主要局限于"探阅夷情"① 的层面。即便是鸦片战争后最初的几年，中国对于西方的观察和认识仍局限于"夷情叵测"层面。正如费正清所言："尽管'夷务专家'已注意到与西方打交道的问题，但还不足以引起他们真正地去理解对方。"② 不过，纵观晚清整个历史时期，虽然国人对于西方的认知仍存在诸多问题，但是有一点是不容置疑的，"中国人渐渐知道自己的不足了"，并试图用"西学之用"来解决"中国之体"的问题。

特别是随着西方对中国的政治、经济、军事和文化压迫的不断加剧，中国人对于西学的认知态度和接受的内在驱动力开始增强，以洋务派、维新派和革命派为主体的中国知识群体和政治精英都主动参与到西学译介和传播过程中，以期解决西方殖民主义带来的中国之困问题。魏源在论及编撰《海国图志》一书时就明确指出："以夷攻夷而作，为以夷款夷而作，为师夷长技以制夷而作。"③ 1863 年，冯桂芬在《上海设立同文馆议》中认为通商二十年来西方多能读经史，对于我国朝章、国政、吏治和民情"言之历历"，而我官员和绅士对于西方认识有此能力者"绝无其人"，指出读书明理之人应该"通习西语西文"，这是大势所趋。④ 1866 年，奕䜣称"各国换约以来，洋人往来中国，于各省一切情形日臻熟悉，而外国情形，中国未能周知，于办理交涉事件，终虞隔膜"，于是奏请政府派员前往各国"探其利弊，以期稍识端倪，藉资筹计"。⑤ 梁启超在 1897 年《论译书》中更是直言不讳地指出中国衰败的问题在于"不知敌之强"和"不知敌之强之所以强"，并疾呼解决弊病关键有二："其一使天下学子，自幼咸习西文；其二取西人有用之书，悉译成华字。"⑥ 正是在这些人士的推动下，西方文化被大规模翻译介绍

① 徐松巍：《危机意识与"探阅夷情"》，《光明日报》1999 年 2 月 5 日第 7 版。
② ［美］费正清：《中国沿海的贸易与外交：通商口岸的开埠：1842—1854 年》（上），第 255 页。
③ 魏源：《魏源集》上册，中华书局，1976，第 208 页。
④ 黎难秋主编《中国科学翻译史料》，中国科学技术大学出版社，1996，第 400 页。
⑤ 同上书，第 37 页。
⑥ 同上书，第 318 页。

到中国，专门的翻译机构也先后建立起来。例如，1862 年，总理衙门认为"以外国交涉事件必先识其情性"，奏请设立专门学习外国语文字学馆，要求广东、上海各督抚等选派通解外国语言文字之人来京学习。①之后，京师同文馆成立，除英文馆外，后续又增设法文馆、俄文馆和德文馆。至 1885 年，仅同文馆翻译的书籍就有十数种，包括《万国公法》《格物》《测算》《法国律例》《化学指南》诸书。② 各地也纷纷建立学习西学的学堂。据 1888 年 7 月 12 日台湾巡抚刘铭传呈递的《在台湾建造学习西学的学堂》折子可知，当时天津、上海、福建和广东都设有专门学习西学的学堂，致使"风气日开，人才蔚起"。③ 1889 年 8 月 12 日，吉林将军长顺等奏请在珲春添设俄文书院。1896 年 9 月，礼部复议整顿各省书院，明确要求书院课程的设定除了传统经说、讲义、训诂和史学之外，要增设洋务、条约、税则掌故之学，测量、图绘舆地之学，格致制造算学和各国语言文字的译学。④ 1895 年，康有为在《公车上书》中奏称欧洲之所以骤强，与西方轮船、铁路技术关系很大，而电线、显微镜、电话机、传声筒、留声筒、氢气球、电气灯、农务机器等物，"虽小技奇器，而皆与民生国计相关"，提出应该要求令各州县"咸设考工院，译外国制造之书"。⑤

此外，一些奖励性的西学政策也先后被提出。例如，1902 年，张之洞、刘坤一疏议要想采取各国之经验，必须多译国外政术学术之书，并提出"译书三法"：一、应令各省访求译刻，译多者准请奖；二、明谕各省举贡生员翻译外国有用之书，并给予实官或者虚衔奖励；三、饬令出使大臣，访求该国新出最精最要之书，聘募翻译官。⑥ 1903 年，都察院兵科给事中徐士佳奏请在乡会试中增设洋文中额。⑦ 这些政策的提出

---

① 黎难秋主编《中国科学翻译史料》，中国科学技术大学出版社，1996，第 36 页。
② 同上书，第 57 页。
③ 同上书，第 58 页。
④ 同上书，第 66 页。
⑤ 同上书，第 63 页。
⑥ 同上书，第 104 页。
⑦ 同上书，第 106 页。

和实施有力地促进了西学在中国的传播和发展。中国人对于"西学"的认识也在不断深化，从器物到制度，再到文化层面，西学的内容不断扩展。1922 年，梁启超在《五十年中国进化概论》一文中对这一变化过程有过精辟论述：

> 近五十年来，中国人渐渐知道自己的不足了……第一期，先从器物上感觉不足。这种感觉，从鸦片战争后渐渐发动，到同治年间借了外国兵来平内乱，于是曾国藩、李鸿章一班人，很觉得外国的船坚炮利，确是我们所不及。对于这方面的事项，觉得有舍己从人的必要，于是福建船政学堂、上海制造局等等渐次设立起来……第二期，是从制度上感觉不足。自从和日本打了一个败仗下来，国内有心人，真像睡梦中着了一个霹雳。因想到，堂堂中国为什么衰败到这田地，都为的是政制不良，所以拿"变法维新"做一面大旗，在社会上开始运动，那急先锋就是康有为、梁启超一班人……第三期，便是从文化根本上感觉不足……觉得社会文化是整套的，要拿旧心理运用新制度，决计不可能，渐渐要求全人格的觉悟。恰值欧洲大战告终，全世界思潮都添许多活气。新近回国的留学生，又很出了几位人物，鼓起勇气做全部解放的运动。所以，最近两三年间，算是划出一个新时期来。[1]

因此，"汉译西学"在这一时期真正形成"规模"，"成千上万的出版物实实在在构成了'西学东渐'的奇观"。[2] 根据张晓编著的《近代汉译西学书目提要》一书所提供的明末至 1919 年出版的 5179 种汉译西学出版时间也可窥见这一时期"西学东渐"的规模较以前有倍增趋势。除去916 种著作具体出版时间不详之外，1840 年鸦片战争前，被翻译的西学著作总计只有 411 种；1840 年至 1894 年，出版的西学著作有 855 种，数量较鸦片战争前翻了一倍；1894 年至 1911 年，"汉译西学"热度不减，

① 梁启超：《梁启超全集》，北京出版社，1999，第 4030 页。
② 夏晓红：《"西学东渐"的如实记录》，载张晓编著《近代汉译西学书目提要（明末至 1919）》，北京大学出版社，2012，第 1 页。

被翻译的西学著作达到 2342 种，而且这一时期的西学著作主要是由中国人翻译。表 3-9 是根据张晓编著的《近代汉译西学书目提要》一书所提供书目统计的明末至 1919 年汉译西学出版数量情况：

表 3-9　明末至 1919 年汉译西学出版情况一览表

单位：种

类目	出版时间				
	1840 年之前	1840 年至 1894 年	1895 年至 1911 年	1912 年至 1919 年	不详
哲学	9	1	49	11	14
心理学	2	1	14	4	5
宗教	198	328	68	38	31
社会科学总论	3	12	41	4	16
政治、法律	13	16	373	90	103
军事	6	52	69	29	68
经济	2	16	95	34	22
文化、教育、体育	5	12	133	43	77
语言、文字	8	22	51	23	10
文学	1	6	538	231	39
艺术	3	3	3	3	4
历史	7	34	213	21	65
传记、考古、礼俗	3	5	56	21	21
地理	27	41	110	9	86
自然科学总论	6	20	29	2	18
数理科学和化学	29	96	182	13	54
天文历法	68	21	11	3	10
测绘学、地球物理、气象学、地质学、矿物学、自然地理学	2	26	34	1	21
生物科学	3	14	43	12	33
医药卫生	5	46	65	43	67
农业科学	1	11	103	10	70
工业技术	4	67	54	10	76
综合性图书	6	5	8	—	6
合计	411	855	2342	655	916

不仅在数量上呈现阶段性特征，从表3-9所记载汉译的内容分析，这一时期汉译西学的内容也呈现出显著的阶段变化。这种阶段性特征也是与晚清以降西方人对中国的威胁加剧以及国人的危机意识增强密切相关。鸦片战争至甲午战争期间，在遭遇西方的"坚船利炮"之后，时人"技不如人"的危机意识越来越强。无论是林则徐、魏源等人提出的"师夷长技以制夷"，还是张之洞提出的"中学为体，西学为用"，都是这一意识的衍生。原本对"师夷"颇有微词的彭玉麟亲临中法战争之后，也发出这样的感叹：

> 西夷挟其坚船利炮，驿骚海上，而我不能制，其死命者徒以器械
> 不及其坚利耳，然则欲求制胜之道，自非师其所长，去找所短不可。
> 左宗棠请增拓船炮大厂，李鸿章请创武备学，诚为深谋远虑。①

这一危机意识促使清政府试图引进和模仿西方以船炮为代表的军事技术。因此，这一时期被译介的西方著作中，除了宗教文化等内容之外，数理科学、化学、工业技术、医药卫生、军事技术等自然科学领域的内容也日益受到重视，社会科学方面的内容则相对较少被介绍。甲午战争之后，惨败的事实致使中国危机意识跃升至"亡国灭种"② 的层面，时人对于西方的认识更为深入。所谓西方优势已不仅拘囿于技术本身，政治、经济、文化和教育优势被不断提出，国人化解危机的方案也由技术层面发展到政治上的维新和革命等层面。1896 年 1 月 23 日，御史陈其璋奏请整顿同文馆，认为"于天文、算学、语言文字之外，择西学中之最要者，添设门类"。③ 光绪二十二年（1896）五月，时任刑部左侍郎李端棻在"请推广学校折"中的论述也颇具代表性，认为之前的一些译馆多关注"西语西文"，对于"治国之道，富强之原，一切要书，多未

---

① ［清］俞樾编《彭刚直公奏稿》卷四，清光绪十七年刊本，第 9—10 页。

② 王宪明：《本来·外来·未来——中外文化交流与中国思想文化的现代转型》，人民出版社，2018，第 159—183 页。

③ 黎难秋主编《中国科学翻译史料》，第 65 页。

肄及"，指出制造局、同文馆等近年来虽然已经译出百余种西学，但是所译图书"详于艺术而略于政事"，至于当时社会急需的问题，如学校、农政、商务、铁路、邮政诸事"尽无译本"。[1] 1898 年，时任山东道监察御史杨深秀称："吾自交涉以来，同光以前，中外议臣，亦未尝不言变法，而都其所见，率皆在筑炮台、购兵舰、买枪炮、练洋操而已，尚未知讲求学校也。甲午军兴之后，渐知泰西所以富强，在于有学，于是议臣始言学。"[2] 因此，甲午战争之后，除了宗教文化、自然科学等领域的内容被继续译介之外，社会科学内容迅速增多，涉及政治、法律、文学、经济、文化教育等领域，并占据译介西学主要内容。

二、西方对中国文化的输入及其标签化

交流从来都不是单向的，尽管在这一时期的中西文化交流中，中国处于"文化入超"[3] 的地位，但是中华文明的海外输出和传播一直没有间断过。例如，被誉为"汉学西传"先驱的辜鸿铭，翻译中国传统儒家经典《论语》《中庸》等论著传播海外，成为国人中"儒经英译的先驱，对汉学西传产生了深刻而久远的影响"，"打破了中国儒家经典只有外国传教士和汉学家翻译介绍的局面"。[4] 一些中国传统文化传到西方之后，依然展现出强大的影响力。例如，1864 年后，茶饮和茶馆在欧洲大行其道，成为一项文化传统。但是，这一时期的中华文明也遭遇了被西方人"标签化"的事实，特别是西方一些政客试图诋毁和污蔑中国文化，将

---

① 黎难秋主编《中国科学翻译史料》，第 69、71 页。

② 同上书，第 72 页。

③ 朱学勤、王丽娜：《中国与欧洲文化交流志》，上海人民出版社，1998，第 2 页。

④ 张静等：《五千年中外文化交流史》第三卷，世界知识出版社，2002，第 241、245 页。关于辜鸿铭向西方输入"东方文化"的情况，高令印、高秀华在《辜鸿铭与中西文化》（福建人民出版社，2008，第 368—407 页）一书中曾指出，主要表现在以下三个方面：一是以极大的精力把中国的儒家经典翻译成西文出版；二是用西文撰写了大量论著，在西方广为流传；三是以东方文化为武器，批判西方物质文明。

其称为劣等民族的集体记忆。这一标签致使西方对中国文化的输入和认识呈现出鲜明的殖民主义时代烙印。

（一）西方殖民主义势力东扩

西方的传教士、外交官在这一时期的中国文化输入中扮演重要角色。这一时期西方了解中国的一些主要报刊，如《察世俗每月统纪传》《皇家亚细亚文汇报》《中国丛报》《字林西报》等都是由外国传教士直接创办的。从19世纪40年代至19世纪90年代，传教士在华创办的中外文刊物就有170种。其中，外文报刊都是以在华外籍人士为阅读对象，向西方人介绍有关中国的历史、地理、社会文化、经济物产以及政治、军事等方面的内容。① 除了这些报刊之外，一些传教士还大量翻译中国文化典籍。如英国传教士理雅各先后翻译《论语》《大学》《中庸》《孟子》《春秋》《礼记》《书经》《庄子》等中国古代经典著作，迄今为止仍被西方学术界视为中国经典的标准译本。麦都思、郭士立、巴拉第、丁韪良、林乐知、李提摩太、卜舫济等兼任传教士的汉学家都为西方社会认识和了解中华文明作出了贡献。根据法国学者考狄编写的《西人论中国书目》一书可知，这一时期有关中国研究的很多论著都是一些在华的传教士和外交官撰写的，涉及5部分内容：第一，有关狭义的中国，诸如中国地理、自然史、历史著作、宗教、科学、艺术、语言、文学、风俗、道德礼仪等；第二，关于外国人在中国，包括对外国人开放的港口、西方人在华旅行等；第三，有关外国人与中国人的关系，涉及与列强缔结的条约文献等；第四，有关中国人在外国，如国外移民和对待苦力问题；第五，有关中国的藩属国，如琉球群岛和朝鲜的研究。② 王国强先生曾对《中国评论》上的"学界消息"进行研究，认为这一栏目所报道的书籍"几乎囊括了19世纪最后30年间，西方国家东方学界，尤其是汉学界关于中国研究的所有著作"。在其报道的507种书籍中，除

---

① 张静等：《五千年中外文化交流史》第三卷，第366页。

② ［法］考狄编《西人论中国书目（第一版）·序》第一册，中华书局，2017，第24页。

第三章 条约体系建立：晚清中外经贸文化交流格局演变

121

86 种与汉学无关外，其他 421 种都是汉学研究类的著作，其中，英文 312 种、法文 70 种、德文 25 种、中文 12 种、荷兰文 2 种，涉及语言文学 82 种、历史 36 种、自然史 23 种、对外关系 23 种、地理 17 种、宗教 17 种、政府 13 种、风俗习惯 13 种、总论 12 种、商贸 10 种、科学艺术 9 种、朝鲜 9 种、开放口岸 6 种、司法 5 种，其他若干种。[1] 这些书籍的主要完成者多为在远东地区从事传教、外交等工作的汉学家。因此，这些汉学书籍有很多是在欧洲和远东的条约口岸或者侨居地同时出版发行，并形成被后来学者称之为"侨居地汉学"的文化景观，这也是这一时期中外文化交流中殖民主义时代烙印的标志之一。[2]

（二）"黄祸论"兴起与西方对中国文化的"标签化"

西方对中国文化"标签化"的历史可以追溯至 16 世纪中国进入欧洲视野。根据德国学者海因茨·哥尔维策尔的研究，当时的西方人至少分为两派：一派对中国的政治组织和精神世界表示"好感、钦佩和醉心"。如波罗德、克鲁兹、伏西乌斯、莱布尼兹、沃尔夫、伏尔泰等，一直到重农学派，对于包括中国在内的远东世界经常致以"热烈和友好的评价"；另一派以"轻蔑和否定的口吻"谈论包括中国在内的远东世界。这一派从 18 世纪中叶以来，势力和影响力不断壮大。如孟德斯鸠、卢梭、沃尔内以及 19 世纪的自由主义者都热衷于讨论中国的东方式专制，"冥顽不灵、千篇一律的清一色和不自由"。[3] 若以西方对中国形象的历史逻辑来看这一"标签化"过程，大致可分为"大汗的大陆""大中华帝国""孔夫子帝国""停滞帝国""专制的帝国"和"野蛮的帝国"。[4] 19 世纪 90 年代以来，"黄祸论"的提出及泛滥实际上就是西方世界对包

---

① 王国强：《网洋撷英：数字资源与汉学研究》，江西高校出版社，2020，第 174—176 页。

② 相关研究可参阅王国强：《"侨居地汉学"与十九世纪末英国汉学之发展——以〈中国评论〉为中心的讨论》，《清史研究》2007 年第 4 期。

③［德］海因茨·哥尔维策尔：《黄祸论》，高年生译，商务印书馆，1964，第 31—33 页。

④ 王寅生编订《西方的中国形象》，团结出版社，2015。

括中国在内的远东地区社会和文化否定性认识的某种延续及"标签化"的结果。目前学术界对"黄祸论"的讨论和研究，至少在以下两个方面可以集中体现这一时期中西文化交流中的西方文化霸权逻辑。

第一，"黄祸论"试图通过虚构种族优越论来制造"白人至上"的优越感，为西方殖民中国寻找文化基因。如美国人斯陶特早在1862年就撰写了一本小册子鼓吹高加索人种优越论，认为"高加索人种（包括各种类型）被赋予了超越其他人种的最高尚的心灵和最美丽的身体"，认为"中国人、日本人、马来人和蒙古人的每一个阶层"势必会使其"国家退化"，提出"种族的不纯是衰退的一个原因"等观点。① 英国人皮尔逊在1893年发表的《民族生活与民族性》一书中更是大篇幅地论述有色人种，特别是中国人的"可怕"，指出"如果黑色和黄色的带子侵占的话，欧洲和其他各地的高等种族所遇到的危险将不在于圣彼得堡或伦敦可能会成为北京的属国，而在于英国人、俄国人和其他民族的扩张将被阻止，这些民族的性格将发生深刻的变化，因为他们不得不适应一种停滞的社会状况"。② 德皇威廉二世在臭名昭著的《黄祸图》上题词"欧洲各民族！联合起来保卫你们的信仰和你们的家园"③，更是直白地进行种族优越论宣誓。因此，列夫·托尔斯泰在评论《黄祸图》时对德皇进行讽刺，称"他那种粗鄙的、异端的、爱国主义的观点"已经"落后于时代一千八百年"。④ 国人对于这种"白人至上"的种族主义论调也早有警惕，并给予严厉批判。1905年，徐维荣在《黄祸》一文中就非常明确地指出西方炮制这种"种族优越论"陷阱：

> 若今泰西各报盛赞之黄祸，自表面观之，固我黄种人之荣誉也，以白人而畏我黄人，则我黄人于世界所占之地位若何，闻者能无色飞眉舞乎！试为一再思之，中有莫大险境存焉。彼白人岂不知我黄种人

---

① 吕浦、张振鹍等编译《"黄祸论"历史资料选辑》，中国社会科学出版社，1979，第7—21页。

② 同上书，第95—96页。

③ 同上书，第139页。

④ 同上书，第128页。

之不足为患，反急急于倡言黄祸者，盖其毒计也。夫黄种之国，中国为最大，黄种之人，中国为最众。观中国之现象，可豫决黄祸能否？试问今日中国之现象如何？日萎靡不振甚于昔日，内而政治废弛，而土地被削，所有国内铁道、矿物之权多让于外人，丝、茶、棉、麻输出之货，日少一日。风气未开，恶习先染，国力疲软，朝不保暮，自顾不及，则彼西人复何患黄祸之作也哉！①

孙中山更是从道德、政治和经济三个角度对"黄祸论"进行了严厉批判，认为"这种论调似乎很动听，然而一加考察，就会发现，不论从任何观点去衡量，它都是站不住脚的"。② 时人还从人种学角度提出解决方案：与白种人通婚达到"合种"目的或联合黄种人（日本人）对付"白祸"。③ 这一回应足见"黄祸论"对当时中国社会的影响也是非常明显的。

第二，"黄祸论"在"种族优越论"的基础之上，对中国文明做出否定性评价和认识，贴上"野蛮""停滞"和"固化"的标签。如 1876 年 11 月 18 日，美国人德梅隆答询美联邦参众两院有关中国移民的联合特别委员会时指出，中国的历史是"一部时间久的发霉的历史"，"沉迷在自满和旧传统之中"，已经"定型化了，固定化了，发展到了顶点"，"进步已经中止"。④ 中国人身上所展现的一些民族文化特点更是被西方人描绘成具有对其文明构成威胁的妖魔特质。例如，时任中国海关总税务司的英国人赫德于 1900 年 11 月在《双周评论》上发表论及"黄祸"的文章中称："这个'黄祸'是什么呢？中国人是一个有才智、有教养的民族，冷静、勤劳，有自己的文明，无论语言、思想和感情，各方面都是中国式的……它的每一个成员身上都激荡着一种中国人的感情。"

---

① 徐维荣：《黄祸》，《志学报》1905 年第 1 期。

② 相关研究可参阅罗福惠：《孙中山先生怎样对待"黄祸"论？》，《华中师范大学学报（人文社会科学版）》2001 年第 2 期。

③ 罗福惠：《非常的东西文化碰撞：近代中国人对"黄祸论"及人种学的回应》，北京大学出版社，2018，第 244 页。

④ 吕浦、张振鹍等编译《"黄祸论"历史资料选辑》，第 52—53 页。

赫德认为中国人的这一特质必将使中国人"重新恢复昔日的生活，排除同外国的交往、一切外来的干涉和侵略"，并且认为中国最终势必会威胁到西方，届时"'黄祸'就再也不能等闲视之了"。① 因此，为了避免这种情况，赫德认为直接进行武力干预和精神干预都是无济于事的，最佳途径就是保持现状并给予清王朝支持。实际上，所谓"黄祸论"，一方面是通过确立自己进步的历史观念来把中国文明"标签化"为落后的、愚昧的停滞文明；另一方面又通过各种方式遏制中国、阻碍中国向西方学习，并虚构出一种"中国威胁论"的文明冲突论调。

三、暴力与战争：中外文化交流的特殊形态

何芳川在论及中外文化交流的形态时指出，"文化交流的特殊形态：暴力与战争，恰恰容易发生在两大特定的不均衡时期"。② 晚清时期的中外文化交流是处于西方殖民主义强势进入东方文明的不均衡时期。因此，伴随暴力与战争的文化掠夺也是这一时期文化交流的特殊形态。自1840 年鸦片战争以来，伴随着西方殖民主义的历次军事战争，中国的历史文化遗产遭到严重的劫掠。如第二次鸦片战争期间，英法联军对圆明园进行的"强盗式"掠夺。英国的随军牧师格赫曾对他们的贪婪进行了自供式的描述："在法军的营帐内，却可以买到许多镶嵌珠宝、装潢华丽的表和一份很多量的金银。有兵士们的帐篷和环绕的地上，都充满着绸缎和刺绣品，仿佛一篇锦绣世界似的。"③ 时任英国远征军司令格兰特在其日记中赤裸裸地描述自己劫掠的圆明园珍贵文物：

> 我买到几块美丽的宝石，还有一个最精美的碧玉项圈，上面还镶着红宝石；看上面粘贴着的签纸，我们知道，这是一位著名的鞑靼酋

---

① ［英］赫德：《这些从秦国来——中国问题论文集》，第 32—33 页。
② 何芳川主编《中外文化交流史》上卷，国际文化出版公司，2016，第 17 页。
③ ［英］格赫、赫里思：《强盗的自供》，载侯仁之等《名家眼中的圆明园》，文化艺术出版社，2007，第 128 页。

长贡呈给清帝的。我仅仅花五十块钱就买到了，好像没有人喜欢这件装饰品似的。我还买了一块天蓝色的宝石，雕镂得很是精致。奖品委员会得了一个美丽的金瓶，清帝用来将玫瑰香水倾注在他那柔荑般的手上的；他们却很慨然地送给我了。另外还有两个美丽的大瓷瓶，乃是少校普罗宾交来的，样式非常好看，我请求他和奖品委员会，允许我将这两个瓷瓶送给女皇，他们很爽快地就答应了。①

不仅自己，格兰特亲自下令英国每个军团的军官轮流去圆明园抢掠，英国陆军军官赫利斯这样记载此事："他（格兰特）非常仁慈地发出一道命令，让每个军团的一半军官在第二天上午可以去圆明园抢掠，但是这批人必须在中午回来，以便其余的一半军官在下午去抢。"② 圆明园保存着数量巨大的艺术珍品，正如德国人蒙特尔西所言："要把天朝皇帝几个世纪搜集在园内的所有珍品描述出来，可能要写好几本书。"③ 英法联军合谋把圆明园洗劫一空，并付之一炬。1861 年 11 月 25 日，维克多·雨果在致巴特雷上尉的一封信中对于英法联军的"强盗"行为给予严厉批判：

　　一天，两个强盗走进了圆明园，一个抢掠，一个放火。可以说，胜利是偷盗者的胜利，两个胜利者一起彻底毁灭了圆明园。人们仿佛又看到了因将帕特农拆运回英国而臭名远扬的额尔金的名字。

　　当初在帕特农所发生的事情又在圆明园重演了，而且这次干得更凶、更彻底，以至于片瓦不留。我们所有教堂的所有珍品加起来也抵不上这座神奇无比、光彩夺目的东方博物馆。那里不仅有艺术珍品，而且还有数不胜数的金银财宝。多么伟大的功绩！多么丰硕的意外横财！这两个胜利者一个装满了口袋，另一个装满了钱柜。然后勾肩搭

---

① 欧阳采薇译《西书中关于圆明园的纪事》，载中国圆明园学会筹委会主编《圆明园》第一集，中国建筑工业出版社，1981，第172—173 页。

②［英］格赫、赫里思：《强盗的自供》，载侯仁之等：《名家眼中的圆明园》，第136 页。

③ 张恩荫、杨来运：《西方人眼中的圆明园》，对外经济贸易大学出版，2000，第76 页。

背，眉开眼笑地回到了欧洲，这就是两个强盗的故事。①

战争结束之后，圆明园的文物、艺术品更是堂而皇之地在欧洲各大拍卖行进行拍卖，仅仅巴黎德鲁欧拍卖行，从1862年至1870年间就举办了115次有关圆明园文物的拍卖会。② 实际上，不仅仅是圆明园，英法联军所到之处，对所有认为有价值的文化遗产均进行了劫掠。如英国人从两广总督府等处掠走2万余件档案。英军戈登等人在江苏常州抢去了大批太平天国文书，包括洪秀全的诏谕等。

八国联军入侵中国期间，先后洗劫了皇史宬、紫禁城、颐和园等地，对这些地方的文物进行大肆劫掠。如皇史宬内所存34颗虎纽银印全部遗失，历代皇帝的满、蒙、汉实录、圣训丢失51函，计235卷。③ 翰林院所藏《永乐大典》以及经、史、子、集四部珍本图书共4.6万余册，也在八国联军入侵中国时被劫掠、焚毁一空。④ 沙俄则趁八国联军侵华之机，劫走清黑龙江将军衙门等处档案1.7万多卷。⑤ 1900年发现于敦煌藏经洞的唐文献的流失，更是赤裸裸地反映了这一时期西方各国对中国文化的掠夺，该处发现的敦煌文献总数有5万余件，近3/4的敦煌文献流散到世界12个国家，仅圣彼得堡就存有1.5万件。⑥ 据联合国教科文组织的不完全统计，在全球47个国家的文博机构中收藏着包括档案在内的中国历史文化遗产不下百万件，这上百万件的文化遗产大部分都是战争时期通过战利品掠夺或者战争讹诈的方式获得的。可以说以英帝国

① 张恩荫、杨来运：《西方人眼中的圆明园》，第2—3页。

② 曹宇明、徐忠良主编《圆明园流散文物考录》法国卷I，上海远东出版社，2015，第6页。

③ 庄建平主编《国耻事典》，成都出版社，1992，第299页。

④ 黄镇伟：《中国圣贤论读书明志》，云南人民出版社，1997，第66页。

⑤ 孙成德：《化蛹成蝶的追求：档案文化建设的理论与实践》，辽宁人民出版社，2011，第208页。

⑥ 葛荷英：《档案鉴定：理论与方法》，中国档案出版社，2002，第20页。关于敦煌文献的流散问题可参阅王冀青：《国宝流散：藏经洞纪事》，甘肃教育出版社，2007。

为代表的欧洲诸国，当时几乎都是诉诸武力从世界后进国家通过强夺性手段收集博物馆资料。① 中国也未免其祸，如大英博物馆藏有乾隆《鸳锦云章》玉书册页、"万寿山清漪园"印玺和"武功十全之宝"印玺，英国维多利亚和阿尔伯特博物馆藏有《皇朝礼仪图式》、"缠枝牡丹金宝地锦"、铜胎掐丝珐琅、玉器等艺术瑰宝，这些文物都是第二次鸦片战争期间被洗劫的圆明园文物。② 法国枫丹白露中国馆收藏文物 1000 余件，展出的 320 件，全部都是 1860 年从圆明园劫夺的，包括商周青铜器，明清官窑瓷器（宣德青花莲花大碗，康熙、雍正和乾隆三朝的五彩以及粉彩瓶、罐、花盆等），明代景泰蓝薰炉、尊、觚、吊灯，各种玉雕、盔甲、丝绣等物以及成对的大象牙、大犀角，乾隆《御制八年征耄年之宝记》碧玉册和缂丝无量寿佛大立轴，乾隆年间造大金塔、小金塔、金曼达和各种各样的翡翠、玛瑙、珊瑚、水晶、文竹、黄杨木、象牙器、雕漆等工艺品。③ 美国大都会艺术博物馆也收藏有很多从中国劫掠的艺术珍品。光绪十九年（1893）五月初七，梁启超在参观大都会艺术博物馆时，对于该馆所藏中国器物之多颇为惊讶，认为这些器物一半是来自第二次鸦片战争时期从圆明园劫掠的文物，一半是八国联军侵华时美军从北京皇宫掠夺来的，称"所最令余不能忘者，则内藏吾中国宫内器物最多是也。大率得自圆明园之役者半，得自义和团之役者半"。④

日本也利用战争之机，对中国进行多次强盗式的掠夺。早在清光绪九年（1883），日本陆军参谋部间谍酒匈景信就潜入吉林集安，掠得《好太王碑》拓片。⑤ 甲午战争期间，日本宫中顾问官兼帝国博物馆总长九

① ［日］柴田敏隆：《收集的道德观念》，载南开大学历史系编《博物馆学参考资料》下，1986，第 47 页。

② 赵浩扬：《流散英国的圆明园文物考述》，载曹宇明、徐忠良主编《圆明园流散文物考录》英国卷 I，第 8—14 页。

③ 史树青：《法国枫丹白露中国馆中的圆明园遗物》，载中国圆明园学会筹备委员会编《圆明园》2，中国建筑工业出版社，1983，第 156 页。

④ 梁启超：《梁启超游记·新大陆游记》，东方出版社，2012，第 286 页。

⑤ 刘兆伟、许金龙、赵为：《日本侵华对文教的摧残与掠夺：纪念抗日战争胜利六十周年》，辽宁大学出版社，2005，第 76 页。

鬼隆一专门给日本政府和陆海军将领写了一封《战时清国宝物搜集方法》的信，指出要趁战争之机搜集中国文物，认为战时便于获取平时无法得到的名品，便于以极其低廉的价格获得名品和便于搬运较为沉重之物品。① 1900 年 8 月，八国联军侵占北京，仅日本联队长栗屋大佐，除银元宝、银块外，还掠走文徵明绘画 1 卷，明代铜质香炉 1 个，玉器 10 件，以及香炉、手箱等物件。② 1906 年至 1908 年期间，日本海军又将辽宁旅顺中华唐鸿胪井刻石作为"战利品"献给日本天皇，至今仍藏在日本皇宫。③

第三章　条约体系建立：晚清中外经贸文化交流格局演变

---

① 巴兆祥：《中国地方志流播日本研究》，上海人民出版社，2008，第 281 页。
② 刘兆伟、许金龙、赵为：《日本侵华对文教的摧残与掠夺：纪念抗日战争胜利六十周年》，第 78 页。
③ 丁宗皓主编《中国东北角之文化抗战：1895—1945》，辽宁人民出版社，2015，第 256 页。

第四章
自省与自救：民国时期中外经贸文化交流

　　1912 年 1 月 1 日，南京临时政府成立，标志着中华民国正式建立。孙中山在《临时大总统宣言书》中宣告临时政府对外方针时称："满清时代辱国之举措，与排外之心理，务一洗而去之，持平和主义，与我友邦益增睦谊，将使中国见重于国际社会，且将使世界渐趋于大同。"① 不过，孙中山这一理想主义的主张随即在帝国主义的联合干涉下破灭。② 即使成立了南京临时政府，西方在华所享有的利益特权也没有因此而减弱。相反，西方列强利用中国政局的不稳定性，不断扩大在华的经济贸易特权，纷纷寻找自己的代理人，企图攫取更大的利益。鸦片战争以来，西方人所确立的经贸特权，也并没有随着清政权的覆亡而削弱。1919 年 10 月 10 日，孙中山在《中国实业当如何发展》的演讲时对这一现状也有清晰认识，称："吾国今日之困难，莫不知为实业不振，商战失败。二三十年以来，外货之入口超于土货之出口，每年常在二万万以上，此为中国之最大漏卮。"③ 因此，这一时期的对外贸易发展呈现两方面特征：一方面，由于严重受制于外国列强在华特权，各国列强利用一切时机极力维持和扩大在华权益，压缩中国对外贸易空间；另一方面，中国社会也在不断自省，并采取一系列自救措施努力拓展中国对外贸易

---

① 孙中山：《临时大总统宣言书》，载赖骏楠编《宪制道路与中国命运：中国近代宪法文献选编：1840—1949》上，中央编译出版社，2017，第 353 页。

② 相关研究可参阅李新主编《中华民国史（1894—1912）》第一卷下，中华书局，2011，第 826—830 页。

③ 孙中山：《中国实业当如何发展》，载中山大学历史系孙中山研究室等合编《孙中山全集》第五卷，中华书局，1985，第 133 页。

发展空间。

这一时期的中外文化交流经过晚清社会的政权嬗变之后仍持续发展，呈现出以下三个方面特点：第一，延续了"西学东渐""中学西传"这一晚清以来中西文化交流的基本格局，而且由于当时国内外环境使然，"西学东渐"仍占据主导地位，最集中的体现就是新文化运动以及后来的马克思主义在华传播；不过，这一时期的西学不再停留于简单输入，而是被有意识地进行改造和创新，并成为中华文明对外传播的一部分。关于这一点，受西方政治思潮影响的孙中山政治学说在东南亚的广泛传播和现代小说（如鲁迅的小说）在西方的流行即是典型的例子；第二，这一时期，中国古典文明的现代意义虽然在国内受到质疑和批判，但是在西方社会却受到广泛关注。中国传统的儒家经典、古典诗歌、明清小说在这一时期仍被大量译介到西方。《诗经》《论语》《孙子兵法》《红楼梦》《三国演义》《水浒传》《西游记》等作品先后被译介为多种语言，供欧洲诸国读者阅读研究；第三，中国共产党创造的一些革命思想、文学、音乐等的传播与交流互鉴，是这一时期中外文化交流的一个特色。

第一节　民国政府对外贸易政策及其演变

对外贸易政策是政府根据本国的政治经济利益和发展目标而制定的在一定时期内进出口贸易活动的准则，"是一国政府在其社会经济发展战略的总目标下，运用经济、法律和行政手段，对对外贸易活动进行有组织的管理和调节的行为"，"集中体现为一国在一定时期内对进出口贸易所实行的法律、规章、条例及措施等"。① 民国时期的对外贸易政策先后经历了北洋军阀统治时期和南京国民政府统治时期，呈现出两个基本特征：一方面是继续受制于晚清时期西方列强强加给中国的条约贸易制

① 尤璞、占丽：《国际贸易理论与实务》，上海财经大学出版社，2018，第35页。

度特权；另一方面是政府根据社会形势的不断变化，试图通过出台一系列新的贸易自救措施来解决晚清以来中国在对外贸易发展中的不利地位。

一、北洋军阀时期对外贸易政策及其变化

1912 年 1 月 1 日，南京临时政府成立之后，以孙中山为代表的资产阶级革命派力促出台一系列发展资本主义政治、经济、军事和文化教育的措施，希望在短时间内实现革命宏愿。不过，错综复杂的中国政局使得新生的南京临时政府很快遭遇前所未有的挑战。3 月 10 日，袁世凯在北京宣誓就任临时大总统。4 月 1 日，孙中山正式解除临时总统之职。4 月 5 日，南京临时参议院决议临时政府迁往北京，中华民国开始进入北洋军阀政府统治时期。不过，民主共和的观念已经渐入人心，特别是孙中山在被迫辞去临时大总统职务后，民众更是高举"实业救国"的大旗。1912 年 4 月 1 日，孙中山解职后在南京同盟会会员饯别会上明确指出"今日满清退位，中华民国成立，民族、民权两主义俱达到。唯有民生主义尚未着手，今后吾人所当致力的即在此事"。[①] 据不完全统计，在孙中山被迫辞去临时大总统职务之后大半年内，多次到湖北、福建、广东等地视察并发表演说和谈话，其中涉及民生主义内容的讲话达到 38 次之多，占到全部演说和谈话的 1/3 以上。[②]

因此，北洋政府成立之后，政府也必须回应振兴民生经济、发展对外贸易的社会诉求。1912 年 11 月，工商部在北京召开全国临时工商会议，邀请全国实业家及专业学者参加，会议要求除工商总长延请的嘉宾外，各省实业司、劝业道遣派该署行政官各 1 人；各省工商团体选派工

---

① 孙中山：《在南京同盟会会员饯别会的演说》，载张磊主编《孙中山文粹》，广东人民出版社，2009，第 182 页。

② 中国社会科学院近代史研究所编《中华民国史（1912—1916）》第二卷上，中华书局，2011，第 125 页。

商业者各 2 至 4 人；各驻外领事或各埠华侨商会选派侨商各 2 人参加会议。① 会议最终有特邀代表 24 人、各省代表 152 人、参会嘉宾 24 人，总计 200 人参会。会议历时 1 个月，总计讨论 74 个议案，其中，否决 9 个议案，17 个议案未表决，会议最后讨论通过《推行度量衡新制案》《商会法案》《设立工商访问局案》《筹设出口货物检验检查局案》《奖励出口茶叶公司实行茶叶保育政策案》《维持国货案》《筹设国内外商品陈列所案》等 31 个议决案和《统一地方实业行政机关案》《请速订商法案》《整理税制案》《维持出口货案》等 17 个参决案。② 议员李涵清在《维持出口货案》中更是大声疾呼"中国商业失败，出口、进口货价悉听洋商，行市亟应维持商权"。③ 1914 年 3 月 15 日，上海成立全国商业联合会，并召开第一次会议，代表有 200 余人，"规模极其宏大，组织也整齐，较之国会几有过之"。各商会提案 100 余件，包括金融、银行、币制、税则、公债、交通、商法及单行法、改良土货、另组银行、修正公司律及推广保息条例等内容。④ 至 1925 年，全国商业联合会先后在汉口、济南等地召开了五届全国大会。1925 年 4 月 20 日，全国商业联合会在济南召开第五届大会，30 个省区共计 150 人参会，规模盛大。⑤ 这些会议讨论的议案或者议题虽然没有法律效力，但是会议聚集了来自全国各地的行业精英一同讨论相关问题并达成共识，本身就反映了当时社会各界对于振兴实业、发展商贸的热盼。时人对于这些会议的召开也抱有很大期望。1924 年，王友梧在《国货月报》上刊发的《我所望于全国实业大会及全国商业联合会者》一文中提出，希望相关会议聚焦促进关税会议；改良丝茶及其他产品品质；发展外国市场；振兴海外航业；设立出口货物检查机关；设立永久研究机关；取缔奸商等问题，以解决对

① 《临时工商会议章程》，载赵秉钧《中华民国二年一月工商会议报告录》，工商部，1913，第 4 页。

② 赵秉钧：《中华民国二年一月工商会议报告录》，第 4—10 页。

③ 同上书，第 103 页。

④ 《全国商业联合会成立始末记》，《云南实业杂志》1913 年第 2 卷第 3 期。

⑤ 仲岳：《全国商业联合会第五届开幕》，《工商新闻》1925 年 5 月 9 日第 6 版。

外贸易之日益减退之虞。[1] 北京农商总长张謇在国务会议上发表实业政见时，也呼吁两院协助农商部废除"国内之恶税"，促进国际贸易，他认为：

> 至国际贸易，全视关税为之损益，各国通例，出口货多无税。吾国则不然，若丝、若茶、若棉、若其他土货有国际竞争者，莫不有税，是抑制输出也。抑制输出，是为自敝政策。惟关税有条约之关系，尚待协商，若厘金、常关，为国内之恶税，抱持不舍，则百业日以消沉，倏忽数年，而国民生计斫丧无余矣。故本部亦亟以此事提请国务院，谋所以提倡保护工商业之道，仍望两院助成之。[2]

张謇在就任农商总长向部员宣布农林、工商政策时称："权人民漏卮之数，则增加熟货输出者，今兹未能也，当亟求低减输入者千之一、百之一。"[3] 这一时期虽然政权更迭不断，国内外经济形势变化不定，但是北洋政府还是采取一系列措施推动对外贸易发展。

第一，设立专门对外贸易管理机构，负责商贸发展。1912 年 1 月 31 日，《临时政府公告》宣告成立实业部，管理农工、商矿、渔林、牧猎及度量衡事务，各省都督府皆设立实业司。1912 年 4 月 5 日，参议院通过《各部官制通则》，将实业部分为农林和工商二部，并于工商部下设商务司，专门管理通商贸易。1913 年，农林和工商两部合并为农商部，下设三司一局，对外贸易事项归工商司职掌。1914 年 7 月 10 日，修订农商部官制后，农商部直隶于大总统，对外贸易事项仍归工商司职掌。[4]

---

① 王友梧：《我所望于全国实业大会及全国商业联合会者》，《国货月报（上海）》1924 年第 1 卷第 6 期。

② 江苏省商业厅、中国第二历史档案馆编《中华民国商业档案资料汇编（1912—1928）》第一卷上册，中国商业出版社，1991，第 16 页。

③ 同上书，第 2 页。

④ 邱远猷、张希坡：《中华民国开国法制史：辛亥革命法律制度研究》，首都师范大学出版社，1997，第 572—573 页；江苏省商业厅、中国第二历史档案馆编《中华民国商业档案资料汇编（1912—1928）》第一卷上册，第 1—36 页。

1912 年全国临时工商会议开会场景

工商部及农商部的负责人主要由政府先后聘请工商界的知名人士担任，名单如下：陈其美（1912 年 3 月至同年 6 月）、王正廷（1912 年 6 月至同年 7 月）、刘揆一（1912 年 8 月至 1913 年 7 月）、向瑞琨（1913 年 7 月至同年 9 月）先后担任工商部总长，张謇（1913 年 9 月至 1915 年 4 月）、周自齐（1915 年 4 月至 1916 年 6 月）、金邦平（1916 年 4 月至同年 6 月）、章宗祥（1916 年 6 月）、张国淦（1916 年 6 月至同年 7 月；1917 年 7 月至同年 12 月；1922 年 6 月至同年 8 月）、谷钟秀（1916 年 7 月至 1917 年 6 月）、李盛铎（1917 年 6 月至 7 月）、田文烈（1917 年 12 月至 1920 年 2 月）、江天铎（1920 年 2 月至同年 8 月）、王乃斌（1920 年 8 月至 1921 年 12 月；1924 年 10 月至同年 11 月）、齐耀珊（1921 年 12 月至 1922 年 6 月）、卢信（1922 年 8 月至同年 9 月）、高龄霜（1922 年 9 月至同年 11 月；1924 年 9 月至同年 10 月）、李根源（1922 年 11 月至 1923 年 9 月）、袁乃宽（1923 年 9 月至 1924 年 1 月）、颜惠庆（1924 年 1 月至同

年 8 月）、杨庶堪（1924 年 11 月至 1925 年 5 月）、莫德惠（1925 年 5 月至 1925 年 12 月）、寇遐（1925 年 12 月至 1926 年 3 月）、杨文恺（1926 年 3 月至同年 5 月）等 24 人先后担任农商部总长。[①]

　　第二，出台一系列促进生产、振兴实业的举措，以求从根本上解决国际贸易的困局。时人讨论当时贸易困局的救济之策，很多人都认为振兴实业是补救贸易不足的关键。如资耀华于 1925 年在《东方杂志》上刊发的《中国国际贸易之现状及其救济方案》一文中认为贸易困局的救济之策是必须"谋经济政策及经济组织之发展"，而经济政策和经济组织发展的关键是"农工业之联带的发展"，并且引用 1920 年至 1922 年输入商品数额，指出属于原料品及天然产物者不过米、金属、棉花、海产物、麦粉、烟草、石炭等，占总输入额的 4 成而已，其他 6 成全属工业品，是"我国每年贸易上最大漏卮"，"出口农业品之全额亦不足与之相抵"，主张振兴实业以补贸易之"最大漏卮"。[②] 可以说，"振兴实业"是当时很多工商界人士的主要诉求，也被北洋政府确定为经济总方针之一。北洋政府农商部成立后，曾专门电令各省都督调查实业发展情况，并成立实业公司，专管实业调查和发展实业计划。[③] 1912 年 11 月 1 日，全国实业大会在北京召开，工商总长刘揆一亲临会议，大会围绕开展全国博览会及征集物品赴美国巴拿马参加万国博览会，保护中国海外商业，设立国民储蓄银行及实业银行，设立中央钢铁厂等议题重点会商。[④] 之后，农商部又多次组织召开全国实业大会，讨论振兴实业问题。1924 年 9 月 1 日，在农商部召开的全国实业会议上，来自全国各省实业界共计 135 人参加，围绕着发展实业相关问题所提议案就有 200 余个，议案内容涉及要求关税平等、实行裁厘、统一税则、取消各种货物捐税以及

① 江苏省商业厅、中国第二历史档案馆编《中华民国商业档案资料汇编（1912—1918）》第一卷上册，第 36—37 页。

② 资耀华：《中国国际贸易之现状及其救济方案》，《东方杂志》1925 年第 22 卷第 17 号。

③ 中国历史档案馆馆藏北洋政府农商部档案，载中国社会科学院近代史研究所编《中华民国史，（1912—1916）》第二卷上，第 335 页。

④《申报》1912 年 10 月 24 日第 2 版。

振兴交通、设立实业基金等内容。① 北洋政府为了鼓励和规范实业发展，还颁布了一系列有关实业发展的法规。根据施泽臣编纂的《新编实业法令》记载，截至 1924 年，北洋政府先后颁布的有关各类实业法令就有235 个，包括一般实业界所公用的《商会法》《商业注册规则》《商标法》《公司注册规则》《公司条例》《公司保息条例》《工商同业工会规则施行办法》《奖励工艺品暂行章程》《商品陈列所章程》《全国国货展览会条例》《印花税法》《特种营业执照税条例》等 115 个法令和按照营业种类划分的专门法令《国有荒地承垦条例》《棉业处规则》《糖业试验场章程》《财政部订定银行工会章程》《航业奖励条例》《电气事业取缔条例》《全国研究公卖局暂行章程》《矿业条例》《矿业条例施行细则》《矿业注册条例》《盐税条例》《茶叶试验场章程》《公海渔业奖励条例》等 120 个条例、规则和章程。②

　　第三，进行税则修订，争取关税自主，以便摆脱不利的贸易税率环境。自鸦片战争后，中国关税制度被西方在华强推的"协定关税"束缚。这一税则致使中国的进口贸易长期维持在一个低税率的水平，特别是由于物价的不断上涨，实征税率并未达到"值百抽五"。这一税制一直被认为是造成中外贸易不平衡发展的关键要素之一。因此，长期以来，修订税则、争取关税自主的呼声此起彼伏。1912 年 3 月，南京临时政府沪督陈其美咨文内务部长，声称："拟将长江下游一带场馆，由本都督代为遴员办理，查明进出口货物，切实整顿，然后再议推及全国，并收回税司代办，各口自办，以期划一"。③ 北洋政府成立后，修订税则和实现关税自主问题一直是当时社会聚焦的重要议题之一。1912 年，正值与英国税约"十年之限"到期，外交部于 8 月 8 日通告各国驻京公使，声明修改税约。1913 年，财政部又咨催外交部再次向各国驻京使节重申修约，称"洋货之现行进口税则，现已满期，本部于去年八月八日，已

① 段大成、党荣庆：《赴农商部实业会议报告书》，《劝农浅说（西安）》1924 年第
　　32 期。
② 施泽臣编《新编实业法令》，中华书局，1924，第 1—292 页.
③《中华民国史档案资料汇编》第二辑，江苏人民出版社，1979，第 369 页。

照会公使，又蒙各国允许在案，今民国政府已蒙各友邦承认，将来华洋商业，必便发达，故此项税则，必须修改，于本国税源商况，两有利益"。[1] 第一次世界大战爆发后，列强之间的利益平衡被打破，在华利益也涉及再分割问题，协约国以中国对德奥宣战断交为前提，同意中国修改关税税则的提议。1917 年 12 月 25 日，北洋政府颁布《国定关税条例》，涉及 8 条具体内容，其中第一条就规定"凡外国货物运进中国各通商口岸，应按本条例所定税率征收进口税"。不过，该条也明确指出"以条约协定者，从其协定"。第二条规定关税的税率以"从价定之"，"惟依从量件数等为便宜者，得使用从量税则"。第三条规定课税的价格，要"参照海关向来估价法定之"。第四条明确进口外国货物的税率，"奢侈品课税值百之三十至百之百、无益品课税值百之二十至百之三十、资用品值百之十至百之二十、必要品课税值百之五至百之十"。第七条规定"外国货物已完进口正税，如果转由华商转入内地销售，得以海关向章，征收子口税"。[2] 这一税则虽然以"本条例自公布后得由财政部税务处酌定施行细则及施行日期"，并无下文，但是被认为是"自 1843 年以来中国政府第一次颁行的自主税则"。[3] 之后，北洋政府先后 4 次在国际会议上，向西方列强提议修改税则、收回税权等问题。1918 年 1 月，经过多次交涉，英、美、法、日等 13 国代表组成的修改税则委员会在上海召开会议，提出将中国关税提高到"切实值百抽五"的水平。1919 年，在巴黎和会上，北洋政府的中国代表团向和会提交包括关税自主在内的七项《希望条件说帖》。在 1921 年 11 月召开的华盛顿会议上，北洋政府的中国代表顾维钧在会上发表《对于中国关税问题之宣言》，提出《以关税自由权归中国》的议案。1925 年 10 月 26 日，13 个国家参加在北京

---

[1]《外交部修改税则之提议》，《时报》1913 年 10 月 21 日第 6 版。

[2]《国定关税条例（教令第二十八号）》，《东方杂志》1918 年第 15 卷第 2 期。

[3] 商务部国际贸易经济合作研究院编《中国对外贸易史》（中），中国商务出版社，2016，第 122—123 页。

召开的关税特别会议，中国代表王正廷提出关税自主提案。① 虽然这几次会议中有关修改税则的合理主张都被西方列强以各种借口搪塞而大打折扣，1925 年召开的关税特别会议最终也不了了之。但是北洋政府的相关主张和议案，特别是 1925 年 11 月 19 日在北京关税特别会议上通过的《关于关税自主之条文》决议案，为之后"国民党政府最终实现关税自主打下了基础"。②

第四，提倡国货生产，推动出口贸易，以求改变进出口贸易不平衡格局。1911 年，林淮琛在《东方杂志》上刊发的《振兴工商业意见书》中指出"而今者举国之人，收回利权、劝用国货之风潮，且日益澎湃"。③ 北洋政府成立后，以提倡国货为手段收回利权的呼声更是日益高涨，以提倡国货为诉求的商业组织和商业联合体也纷纷成立。如 1911 年，由绸缎丝业、农业与蚕业八公所发起并组成中华国货维持会。④ 政府倡建的商会组织也在全国各地普遍建立。笔者曾以天津商会为例，讨论过这些商会组织的生产自救问题，其中，最集中的表现就是针对外国大规模商品倾销而兴起的旨在发展生产、推销国货和抵制洋货的国货运动，如倡建国货研究机构，开展商情调查；改善国货品质，提高国货声誉；鼓励兴办实业，提倡国货生产；开展抵制洋货运动等。⑤ 北洋政府也先后出台一系列举措，旨在提升国货品质和市场竞争力。1915 年 3 月，农商部颁令："凡日用品向（由）外国供给，而本国所能仿制者，此

① 关于这 4 次会议的相关关税问题的详细讨论可参阅［英］莱特：《中国关税沿革史》，姚曾廙译，生活·读书·新知三联书店，1958，第 417—578 页；林仁川《北洋军阀时期财政与关税自主》，《中国社会经济史研究》1993 年第 3 期；虞宝棠：《国民政府与民国经济》，华东师范大学出版社，1998，第 44—46 页；刘克祥、吴太昌主编《中国近代经济史：1927—1937》中册，人民出版社，2010，第 1394—1404 页。

② 王建朗：《中国废除不平等条约的历史考察》，《历史研究》1997 年第 5 期。

③ 林淮琛：《振兴工商业意见书》，《东方杂志》1911 年第 8 卷第 8 期。

④《中华国货维持会缘起》，《时报》1911 年 12 月 25 日，第 9 版。

⑤ 佳宏伟：《区域社会与口岸贸易——以天津为中心（1867—1931）》，天津古籍出版社，2010，第 150—166 页。

类工厂，尤应特别保护，并给予奖励，已有各厂货物之可用者，设法扩充其销（售市）场，拟就教育用品、军用品、交通用品等，以公家力量，宪订购塴，以重国货。"[1] 与此同时，政府还专门颁布了《农商部奖章规则》《奖励工艺品暂行章程》《暂行工艺品奖励章程实施细则》[2]，鼓励国货生产和品质改良。

农商部颁发的一等奖奖章图式

据记载，1913 年，农商部给予褒奖的工艺品有京兆溥利呢革公司的制服呢料、江苏南京缎业商会的斜纹伏光锦缎和真玄青库缎以及浙江悦昌文记的玄青纯素宁绸、玄青文明库缎、玄青纯素实地纱、黑色风眼缎、黑色纯素青绉、墨色哔叽纱等来自 10 个省的 33 种商品。1914 年，农商部给予褒奖的工艺品有江苏精益眼镜公司的眼镜、京兆安迪生公司的保险卡簧表链、直隶大启皮厂的硝制猪皮等 6 种商品。1915 年，农商

① 沈家五编《张謇农商总长任期经济资料选编》，南京大学出版社，1996，第 273 页。
② 施泽臣编《新编实业法令》，中华书局，1924，第 5 页。

部给予褒奖的工艺品有广东南洋兄弟烟草公司的烟卷、京师工艺厂画艺社的蓝色印纸、江苏美华利制造厂的时钟等9种商品。1916年，农商部给予褒奖的工艺品有宝华楼安迪生公司的宝华蓝各种制品、山东余则陈的麦缠制帽、江苏宋敬业的石笔等31种商品。1918年，农商部给予褒奖的工艺品有上海中华兴记皂厂的水肥皂、同益黏土公司的坛瓷等16种商品。1919年，农商部给予褒奖的工艺品有永和实业公司的牙粉、东华皮棍厂的轧花机用皮辊、中华工业公司的各种花边带等18种商品。1920年，农商部给予褒奖的工艺品有上海锦丰丝纶染织厂的五彩丝光棉绒线、永丰福制革工厂的制革、大昌隆工厂的铜丝罗底等18种商品。1921年，农商部给予褒奖的工艺品有振兴席厂的软席龙、广明染织无限公司的提花爱国布和普通花布等20种商品。1922年，农商部给予褒奖的工艺品有上海统益纺织公司的洋式线辘、锦华制造锡纸厂的锡纸、汉口东桐扎花机器皮辊厂的扎花皮辊等12种商品。1923年，农商部给予褒奖的工艺品有中国根泰合资有限公司的美味和合粉、吴葆元的味精等7种商品。① 与此同时，北洋政府推动举办商品展销会，先后颁布《商品陈列所章程》《改定商品陈列所章程》《农商部拟具商品陈列所征品规则》《全国国货展览会条例》，推动国内展会的开展。② 1923年公布的《全国国货展览会条例》明确指出全国展览会以"促进国货改良，发展全国工商业为宗旨"。③ 同时，北洋政府力推中国商品参加国外博览会、展览会，扩大国货产品的影响力。1913年12月21日，为筹备参加巴拿马博览会，北洋政府专门成立筹备巴拿马赛会事务局，颁布《筹备巴拿马赛会章程》，事务局直隶于工商总长，并通电各省都督和民政长官接洽筹备事宜。事务局次长伍廷芳在事务局成立仪式上称："中国筹备出品赴赛，亟应多多输出土产，从此扩张海外销路，以抵制欧货之输入，此为

①《中华民国商业档案资料汇编（1912—1928）》第一卷下册，第685—698页。
② 施泽臣编《新编实业法令》，第6页。
③《政府公报》1923年第2553期。

吾人最须注意之点。"① 事务局局长陈琪拟定筹备赴美赛会的 10 条办法，其中第三条要求务必"调查各省特产，组织各项出品研究会，借图扩张海外销场"；第四条要求"网罗全国大宗输出品，组织各项出品同盟会，以杜此后自相倾陷，销额递减之陋习"。② 1913 年 3 月 20 日召开日本大正博览会，农商部协同外交部积极参加，租赁博览会展地，汇集全国物产 8000 余件，包括陶瓷器、美术工艺品、丝织物、棉毛织物、皮毛制作、玻璃制造、饮食品、古今书画等类别。其中，大宗出口品有苏杭的染织品，江西景德镇、江苏宜兴、山东博山的陶瓷器，直隶、河南、山东、甘肃的毛毡以及湖北织布局的棉麻织物。③ 为参加 1926 年的美国费城博览会，农商部在上海专门设立驻沪赛品管理处，负责"中国赴赛人及赛品在上海集合时一切事务"④，并核准公布《农商部驻沪赛品管理处规则》。

二、南京国民政府时期对外贸易政策及其变化

1928 年 4 月，国民党举行"二次北伐"。6 月，国民党进驻北京。北洋军阀的统治宣告结束，南京国民政府取代北洋军阀政府，开始其统治时期。这一时期的中国对外贸易整体环境和形势并没有发生根本性好转，数十年来对外贸易大势并没有因为政权变更发生质的变化，原因如下：一是对外贸易大权，大都仍操于外人之手；二是进出口贸易不平衡的局面仍没有发生变化，进口货物多为制造品，出口货物多为原料品，进口货值远超出口货值，贸易入超的格局依然没有发生变化；三是日本对华侵略战争的爆发，让中国对外贸易形势急剧恶化。因此，南京国民政府的对外贸易政策主要是因应中外局势变化所进行的一系列自救措施。

---

① 江苏省商业厅、中国第二历史档案馆编《中华民国商业档案资料汇编（1912—1928）》第一卷下册，第 897 页。

② 同上书，第 905 页。

③ 同上书，第 919 页。

④ 同上书，第 925 页。

第一，不断调整对外贸易管理机构，试图通过加强对外贸易管理，清理制度障碍。不过，南京国民政府成立之初，贸易机构设置主要侧重于商贸信息调查研究。1928 年，工商部要求整顿原来的北平经济讨论处，在此基础上成立工商部工商访问局，称"关于国际贸易之情形暨工商农产之状况以及全国重大经济问题均需详加调查，特别研究"。① 同年 11 月 29 日，南京国民政府专门颁布《工商部工商访问局暂行组织规程》，明确规定"工商部为征集及宣达国内外之工商业消息以供企业家之参考及增进国际贸易起见，特设工商访问局"②，下设事务处和编纂处，负责具体事宜。工商部工商访问局成立后，创办《工商半月刊》等商事杂志，编纂《工商丛刊》《北平零售物价指数》《中国物产地图》等商业刊物和商事调查报告。1929 年，农矿、工商二部合并为实业部，并于 1931 年 3 月 26 日颁布《实业部驻外商务专员章程》，设商务专员分驻我国驻外使领馆驻在地或重要商埠，并要承担 7 项主要任务：关于驻在国区域内工商业与本国工商业有关系者之调查报告事项；关于驻在国区域内之华商及华工调查报告事项；关于国产宣传及驻在国区域内工商业出版物征求事项；关于驻在国金融、交通及税则调查事项；实业部交办事项；国内外工商业者请托调查事项；其他关系各项实业事项。③ 由此可知，工商部工商访问局侧重于国内商情调查，实业部驻外商务专员则关注国外商情调查。1930 年 4 月 10 日，工商部颁布《商品检验暂行条例》涉及 23 条内容④，并成立隶属实业部的商品检验局，对于国货出口，施以严格检验，防止劣质商品的混入，以确保国货的信用，推动对外贸易出口商品的发展。⑤ 1931 年 7 月 20 日，实业部颁布《实业部国际贸易局组织条例》，明确指出"实业部为调查中外商情，促进对外贸易，

①《省政府准国民政府工商部函知设立工商访问局请搜集材料令建设厅遵照》，《湖北省政府公报》1928 年第 24 期。

②《工商部工商访问局暂行组织规程》，《工商公报》1928 年第 1 卷第 7 期。

③《实业部驻外商务专员章程》，《实业公报》1931 年第 12 期。

④《工商部商品检验暂行条例》，《公安旬刊》1930 年第 1 卷第 30 期。

⑤ 何家驹：《商品检验局的内容和我的杂感》，《实业部天津商品检验局季刊》1932 年第 2 卷第 2 期。

以发展国民经济，特设国际贸易局"，国际贸易局下辖总务、指导、统计及编纂四处。指导处负责海外直接贸易之指导事项；输出物品之指导改良及奖励事项；中外商人旅行考察之指导事项；国际贸易团体之保护监督事项；海上航运及海上保险之提倡指导事项；国际博览会及国内展览会之征品参加事项；进出口商纳税之指导事项；预防外货在华之倾销事项；其他事项。统计处负责各国对华贸易之商情调查及统计编制事项；对外贸易之调查及统计编制事项；各地出口业之调查及统计编制事项；中外商情金融及物价指数之调查及统计编制事项；关于贸易统计资料之收集事项。编纂处承担关于国际贸易出版物之编译事项；关于国家贸易论文之征集及审计事项；关于国际贸易年鉴之编辑事项；其他关于国际贸易刊物之编审。① 可见，这一阶段的贸易机构调整主要是以商情调查为主，因此周亮才在论及这一阶段贸易机构调整和贸易法令时，认为"仅是消极调查，未能与国内之对外贸易组织作积极联系，以推进贸易"。②

1937 年 7 月 7 日，卢沟桥事变爆发。之后，日本开启全面侵华战争。日军通过采取封锁海口等手段，试图阻断我国军需物资的供应，摧毁我国对外贸易市场。国内报刊杂志和商界人士都呼吁政府针对战时状态进行对外贸易调整和管制。1937 年 11 月 12 日，上海《大公报》发表《战时贸易的调整工作》社论，罗列世界各国战时贸易统制政策，指出战时必须统筹国内国外贸易，以便增强抗战力量。国民政府应根据战争需要，把贸易机构管理和调整纳入到战时状态之中。③ 1937 年 10 月 29 日，军事委员会基于"调整农村经济，保育实业生产，维持国际市场，使物尽其利，货畅其流，长期抗战资源无忧"，颁布《农产、工矿、贸易调整委员会组织纲要》，于军事委员会内设立 3 个调整委员会：农产调整委员会、工矿调整委员会和贸易调整委员会，并且专门制定《贸易调整委员会实施办法》，包括总则、基金、运输、兵险和附则，总计 8 条。

①《实业部国际贸易局组织条例》，《国民政府公报》1931 年第 827 号。
② 周亮才编《贸易法令章则汇编》，福建省贸易特种股份有限公司，1941，第 1 页。
③《战时贸易的调整工作》，《大公报（上海）》1937 年 11 月 12 日第 1 版。

《贸易调整委员会实施办法》明确规定贸易调整委员会的主要职责是调整贸易，维持出口事业。[①] 1938 年初，根据战事需要，对外贸易再次调整战时行政机构。同年 2 月 16 日，将贸易调整委员会调整为隶属于财政部，定名为贸易委员会，并将国际贸易局并入，贸易委员会下设秘书处、业务处、财务处和调查处，并公布《财政部贸易委员会组织规程》，明确指出设立贸易委员会的目的是促进对外贸易、增加输出。具体职责主要是指导协助国营及民营对外贸易公司或行号；自行营运或设立公司经营对外贸易；调整国货运销等。[②] 1940 年 6 月 1 日，按照新修订的《修正财政部贸易委员会组织规程》，贸易委员会下设机构又进行调整和增加，变为 7 处，下辖总务处、财务处、进口贸易处、出口贸易处、技术处、外汇处和储运处。贸易委员会的职责也做了细化，更为具体，包括进出口贸易之管制事项、国营对外贸易之促进考核事项、商营对外贸易之调整协助事项、出口外汇之管理事项、对外借款购料易货偿债之筹划查核清算事项、其他物资供求之调节事项。此外，为办理进出口业务的需要，还提出设立富华贸易公司、复兴商业公司和中国茶叶公司，并要求贸易委员会在国内外重要地点设立办事处，其自行设立的贸易公司在国内外设立分公司。[③] 1941 年，行政院又审议通过了《贸易部组织法》，专设贸易部管理对外贸易，并筹设总务、财务、情报、通商、易货五司。[④] 各省结合中央政府机构调整情况和战时各省的实际需求，也进行贸易机构的设置与调整。如，广西于 1935 年 12 月 1 日设立出入口贸易处，对进出口贸易实施局部管制；1938 年 4 月 1 日，该机构归并广西省银行。1938 年 1 月 6 日，四川成立四川省贸易局。1938 年 5 月 6 日，浙江成立浙江省进出口公司；1940 年 1 月 1 日，又成立浙江省省营贸易处。1938 年 7 月 1 日，云南省管理成立贸易委员会；1939 年 4 月 1 日，改名为云南省进出口贸易委员会。1938 年 4 月 1 日，湖南成立湖南

---

bar

①《贸易调整委员会实施办法》，《会务旬报》1937 年第 50 期。

②《财政部贸易委员会组织规程》，《经济动员》1938 年第 7 期。

③《修正财政部贸易委员会组织规程》，《经济汇报》1940 年第 2 卷第 1—2 期。

④《贸易部组织法 立院审查完竣》，《大公报（桂林）》1941 年 6 月 7 日第 2 版。

省物产贸易管理委员会；1939 年 4 月 1 日，改名为湖南省贸易局。1939 年 1 月 1 日，江西省成立战时贸易部。1939 年 3 月 16 日，福建成立福建省贸易公司。1940 年 3 月 16 日，广东省成立广东省战时贸易管理处。1941 年 4 月 25 日，行政院审议通过了《非常时期省营贸易办法》四条，明确规定：平价购销与政府管制消费抑平物价分别办理，不得混为一谈；省营贸易公司应照章收购物资，关于平定物价可设立平价购销或组织合作社办法；管理进出口货物不应超出中央法令范围，更不能借端收费；对于管制事宜，中外商人应平等待遇，不得厚此薄彼。同年 5 月 18 日，行政院又公布了《非常时期省营贸易监理规则》十五条，要求各省遵照执行。①

1945 年 8 月 10 日，日本宣布无条件投降。9 月 2 日，日本正式签订投降书。战后中国各行各业都面临着重建与调整问题，对外贸易政策也引起了政府内部和商界的广泛讨论，争论焦点主要聚焦于两个问题：一个是战后是实行自由贸易还是实行保护贸易的问题，即进口贸易是否统制，对外汇兑是否管理等问题；另一个是如何促进战后输出贸易的问题。② 之后，国民政府有关贸易机构的调整和设置也基本上围绕着解决以上两个问题展开。1946 年 3 月 1 日，国民政府颁布《进出口贸易暂行办法》，施行输入许可制度，将进口货物分为自由进口、许可进口和禁止进口，并在最高经济委员会下设立输入设计临时委员会，委员会成员由最高经济委员会委员长、经济部部长、财政部部长、交通部部长、军政部部长、粮食部部长和善后救济总署署长组成，负责拟定进口物品计划，核定供应来源等事宜。③ 1946 年 11 月 17 日，行政院最高经济委员会修正《进出口贸易暂行办法》，要求在行政院最高经济委员会之下成立输入临时管理委员会，委员会由最高经济委员会委员长、最高经济委员会秘书长、财政部部长、经济部部长、交通部部长、国防部部长、粮食部部长、中央银行总裁、资源委员会委员长和善后救济总署署长组

① 周亮才编《贸易法令章则汇编》，第 5 页。
② 宋则行：《综论战后对外贸易政策》，《财政评论》1944 年第 11 卷第 1 期。
③《进出口贸易暂行办法》，《中央日报（重庆）》1946 年 2 月 26 日第 2 版。

成，负责实施输入许可制度及联系有关机构，并于广州、厦门、天津等地设立办事处。[①] 1947 年 2 月 7 日，又成立输出推广委员会，发布《输出推广委员会组织规程》，设置丝及丝织品，棉织品、针织品及棉花、刺绣、花边、头发网，桐油，茶叶，蛋及蛋品，绵羊毛、小羊毛及毛毯，山羊皮及牛皮，皮毛，植物产品，动物产品，草帽边，药材及樟脑，猪鬃，矿产，大豆，杂货等 17 个贸易小组，并在天津、青岛、广州、汉口、重庆、沈阳、台北等地设立办事处，组织聘请咨询委员会。[②] 1947 年 11 月 17 日，行政院修正通过《进出口贸易办法》，统筹管理输出输入业务。行政院宣布废除《输出推广委员会组织规程》，设置输出入管理委员会，由财政部部长、经济部部长、资源委员会委员长、中央银行总裁和其他行政院指派人员组成，下辖秘书处、输出推广处、输入限额分配处、非限额输入审核处、输入签证处等机构。[③] 1948 年 12 月 15 日，根据行政院公布的《管理进出口贸易办法》，又在输出入委员会下增置诉愿委员会，负责进出口商有关输出入之诉愿事宜。[④] 另外，于 1943 年 10 月 13 日设立的资源委员会国外贸易事务所的职责也进行进一步调整。1947 年 4 月 26 日，行政院修正了 1943 年 10 月 13 日通过的《资源委员会国外贸易事务所组织规程》，公布《修正资源委员会国外贸易事务所组织规程》。较之原规程，新修订的规程更为具体，明确了国外贸易事务所的职责，包括负责委销产品的推销、保管、包装整理、驳运装船、报关保险、产品市场调查等事宜，并提出可在国内外适当地点设立分所和办事处，必要时可将分所和办事处改成办事处的贸易组。[⑤]

①《民国经济史：银行周报三十周纪念刊》，银行学会，1948，第 638—640 页；《输入临时管理委员会穗、厦、津分设办事处》，《前线日报》1946 年 12 月 29 日第 5 版。

②《输出推广委员会昨正式宣告成立，并决定十七个贸易小组会召集人》，《征信所报》1947 年第 277 期；《输出推广委员会设各地办事处》，《金融周刊》1947 年第 8 卷第 12 期。

③《输出入管理委员会介绍》，《机联》1948 年第 225 期。

④《管理进出口贸易办法》，《工商法规》1948 年第 59 期。

⑤《修正资源委员会国外贸易事务所组织规程》，《资源委员会公报》1947 年第 12 卷第 5 期。

第二，关税自主的进一步努力与贸易税则的不断调整。国民政府定都南京后，于 1927 年 7 月 20 日发布公告，宣称实行关税自主外交策略，"不平等之关税条约，尤与国家之主权相妨，非迅速实行关税自主，不足以挤进国际之平等"①，随即又颁布《国定进口关税暂行条例（八条）》《裁撤国内通过税条例（八条）》和《出厂税条例（十六条）》，并设立隶属于国民政府财政部的国定税则委员会，负责拟定进口税则事项、修正现行出口税则事项、筹备互惠协定事项。② 这些条例所涉及的诸多内容都是事关中国是否可以摆脱外国关税束缚的重要问题，对于实现关税自主具有重要意义。不过，条例颁布后不久，国民政府"以裁撤国内通过税等事实困难"，令广东、广西两省先于 1927 年 9 月 1 日实行，最后又以军事未定，"讫不果办"。③ 此时，中国与西方签订的不平等条约期限先后届满。表 4-1 是中国与各国所订商约届满年份表：

表 4-1　中国与各国所订商约届满年份表④

届满年份	条约名称	声明修改期限
1926 年 8 月 7 日	中法越南通商章程	期满前六个月声明
1926 年 10 月 20 日	中日通商行船条约	期满后须于六个月之内知照
1926 年 10 月 27 日	中比北京条约	期满时先期六个月备文知照中国
1927 年 5 月 10 日	中西天津条约	期满后须于六个月之内知照
1928 年 4 月 20 日	中英修订藏印通商章程	期满六个月内知照
1928 年 4 月 28 日	中葡通商条约	期满后须于六个月之前先行知照
1928 年 6 月	中意北京条约	期满后六个月内知照
1928 年 6 月	中丹天津条约	期满后六个月内声明
1928 年 7 月 3 日	中美五口通商章程	声明期限未规定
1929 年 8 月 25 日	中法五口通商章程	声明期限未规定

---

① 《中国恢复关税主权之经过》下编，外交部编纂委员会，1929，第 81 页。

② 同上书，第 81—87 页。

③ 同上书，第 89 页。

④ 参见江苏省商业厅、中国第二历史档案馆编《中华民国商业档案资料汇编（1912—1928）》第一卷下册，第 1038—1039 页。

届满年份	条约名称	声明修改期限
1930 年 8 月 23 日	中英滇缅界务商务条款	批准六,倘两国俱愿略早修改亦可年后进行修改
1930 年 10 月 24 日	中英天津条约	期满六个月内先行知照
1931 年 3 月 20 日	中瑞广州条约	声明期限未规定
1931 年 3 月 20 日	中挪广州条约	声明期限未规定
1932 年 10 月 25 日	中法天津条约	声明期限未规定
1933 年 7 月 28 日	中英通商行船条约	期满后须于六个月之前先行知照
1934 年 1 月 13 日	中美通商行船条约	期限未满前两国均可请将现约所载之税则各款修改
1935 年 11 月 28 日	中法越南条约	期满前六个月声明

因此，国民政府利用条约届满时机，一方面对内宣布关税自主，于适当时机付诸实施；一方面对届满期已到的不平等条约签订国提出废约、修约的要求，试图通过修约或者废约的方式解决不平等税则问题。1927 年 12 月 3 日，国民政府拟定《旧约已废新约未定临时待遇办法》七条。1928 年 6 月 15 日，外交部在发布关于重订新条约的宣言时称："中华民国与各国间条约之已届满期者，当然废除，另订新约；其尚未期满者，国民政府应立即以正当之手续解除而重订之；其旧约业已期满而新约尚未订定者，应由国民政府另订适当临时办法，处理一切。"① 之后，国民政府先后与美国、挪威、荷兰、瑞典、英国、法国、日本分别签订了《整理中美两国关税关系之条约》（1928 年 7 月 25 日）、《中挪关税条约》（1928 年 11 月 12 日）、《中荷关税条约》（1928 年 12 月 19 日 ）、《中瑞关税条约》（1928 年 12 月 20 日）、《中英关税条约》（1928 年 12 月 20 日）、《中法关税条约》（1928 年 12 月 22 日）、《中日关税协定》（1930 年 5 月 6 日）；与德国、比利时、意大利、丹麦、葡萄牙、西班牙分别签订《中德条约》（1928 年 8 月 17 日）、《中比条约》（1928 年 11 月 22 日）、《中意条约》（1928 年 11 月 27 日）、《中丹条约》（1928 年 12 月 12 日）、

①《中国恢复关税主权之经过》下编，第 92 页。

《中葡条约》(1928 年 12 月 19 日)、《中西条约》(1928 年 12 月 19 日)。①
各条约内容虽在措辞方面有差异，但都先后声明取消在中国的关税特
权，承认中国有完全的关税自主权。国民政府根据关税自主的原则，也
多次对进出口税则进行修订。1928 年 12 月 7 日，国民政府公布《中华
民国海关进口税则》，分为 12 类，规定 718 项商品税则，税则以多寡、
品质及品价而定，每种货品或以长度，或以重量，或以价目为单位，财
政部通令各海关于 1929 年 2 月 1 日实行，各国进口的商品若有不按规则
纳税，一律禁止。② 之后，国民政府又多次对进口税则进行修订。1930
年 12 月 29 日，国民政府又公布新修订的《中华民国海关进口税则》，其
税目分为 16 类，647 目商品。1933 年 5 月 22 日和 1934 年 6 月 30 日又先
后对海关进口税则进行修订。③ 虽然这些税则修订，特别是前两次税则
修订受制于旧税制制约和西方列强的反对，仍带有协定性质，有"过渡
税则"之称，正如叶松年所言："虽有国定之名，已失自主之实。"④ 但
是，相较之前，每次修订都会力争将进口的商品税率向更为公平、更有
利于我国税率的原则调整，特别是 1933 年 5 月 22 日颁布的新修订税则
对各类货物的进口税率进行了修改。表 4-2 是 1926 年至 1936 年根据需
要分类的各类货物进口税率税准变化情况：

表 4-2　1926 年至 1936 年根据需要分类的各类货物进口税率税准情况表⑤

单位：%

年份	粮食	生产材料	必需品	生产工具	交通工具	奢侈品	杂类	总计
1926	＊	3.2	4.8	5.6	5.1	4.9	4.7	4.1
1927	＊	3	4.7	5.3	5	4.9	4.8	3.9

---

① 《中国恢复关税主权之经过》下编，第 92—129 页。

② 《中华民国海关进口税税则》，上海通商海关总税务司署造册处，1928，第 1—60
　页。

③ 《民国十九年中华民国海关进口税税则》，《行政院公报》1931 年第 217 期；《中华民
　国海关进口税税则：自民国二十二年五月起施行》，总税务司署统计科，1933；《修
　正海关进口税税则》，《国民政府公报（南京 1927）》1934 年第 1477 期。

④ 叶松年：《中国近代海关税则史》，上海三联书店，1991，第 306 页。

⑤ 参见郑有揆《中国近代对外经济关系研究》，上海社会科学院出版社，1991，第 75 页。

年份	粮食	生产材料	必需品	生产工具	交通工具	奢侈品	杂类	总计
1928	*	3.2	4.8	5.4	5	4.9	4.8	4.3
1929	*	5.5	12.9	10.6	12.6	16	12.9	10.9
1930	*	6.1	15.2	11.1	12.2	19	16.4	12
1931	0.2	8.1	22.3	11	11.5	26	18.6	16.3
1932	*	9.4	24.4	12	14.3	32.4	18.7	16.7
1933	0.1	11.7	37.5	13.2	13.6	34.3	25.4	23.1
1934	27.6	14.7	47.4	15.7	15.3	32.4	20.7	31.2
1935	26.3	14	47.5	16	15.3	39.5	15.9	32.1
1936	26.3	13.7	48.9	16.9	12.8	38.1	18.1	31.4

资料说明：* 表示不到 0.05％；必需品包括日常生活、工业品和其他必需品。

由表 4-2 可以看出，虽然各类货物的进口税率的税准变化不同，政府是否充分利用税率变化来促进进口贸易发展仍有探讨空间。但是，对以上各类货物的进口税率的税准变化进行分析可知，自 1929 年关税自主以来，进口税率增加无疑是确定的，关税自主性不断增强也是事实。关于出口税率，国民政府也基于有利于出口贸易发展的原则进行了 3 次修订，不过与进口商品税准的增加不同，出口税则的调整主要是以降低税率的原则进行。1931 年 5 月 7 日，国民政府发布《修正海关出口税则》，包括 6 类 270 种品目，从量税多为 5％，从价税多为 7.5％，出口免税品达 30 余项；[1] 1934 年 6 月 8 日，财政部公布《修正海关出口税则》，其中税目没有变化，出口税率降低的商品有 35 项，新增免税商品 44 项。[2] 1935 年 6 月 25 日，财政部再次修订并公布新的海关出口税则，其中，经免税者 88 种，经减税者 90 种，减免的出口税达到 300 万元左右。[3]

抗日战争时期，贸易税则的调整多为应战时之需而进行的一些临时性调整。如，1939 年，财政部为鼓励土货外销，推广出口贸易，除之前

① 《海关出口税则：附出口税则修正案比较表》，《国际贸易导报》1931 年第 2 卷第 6 期。

② 《修正海关出口税则》，《国民政府公报（南京 1927）》1934 年第 1458 期。

③ 《修正海关出口税则明令颁布》，《矿业周报》1935 年第 341 期。

的应结外汇的桐油、茶叶等13种商品免征出口税之外，又在当时施行的出口税则中选择手工业品、渔业产品、农产品等34种商品免征出口税。① 1939年7月2日，财政部公布《非常时期禁止进口物品办法》，洋烟、洋酒、海产、丝货、化妆品、装饰品、玩具、乐器等18种商品一律禁止进口。② 1939年9月12日，行政院讨论通过《进口减免办法》，规定所有《非常时期禁止进口物品办法》未禁运的物品，其进口税一律照现行税率1/3征收。③ 1940年，财政部又通令各地海关，根据当时已经实行的转口税则、增订转口免税品目等内容，汇编为《土货转口免税品目表》，于1941年1月1日施行。④ 此外，政府贸易管理部门还出台一系列战时进出口贸易管制措施，虽然不涉及具体税率，但是会涉及战时进出口物资相关规定。根据《中国战时经济法规汇编》的内容进行分析，涉及进口贸易的法规有《非常时期禁止进口物品办法》《非常时期禁止进口物品领用进口特许证办法》《领用禁止进口物品特许证之范围及程序》；涉及出口贸易的法规有《出口货物限制报运转口明细表》《限制报运转口货物指定限制报运转口区域表》《报运限制转口物品补充规定》《收购禁运物品报关验放办法》；涉及一般贸易的法规有《禁运资敌物品条例》《查禁敌货条例》《查禁敌货条例施行办法》；涉及特产贸易的法规有《全国茶叶收购运销办法纲要》《修正全国猪鬃统销办法》；等等。⑤ 1942年5月11日，国民政府颁布《战时管理进出口物品条例》，又将准许出口物资分为3种：结汇出口物品；先经特许，方准结汇出口物品；先经专营机关特许，方准结汇出口物资。⑥

抗战胜利后，1945年9月，国民政府颁布《紧急复员期内关税稽征

---

①《土货三十四种免征出口税》，《银行周报》1939年第23卷第25期。

②《非常时期禁止进口物品办法》，《中央银行月报》1939年第8卷第7期。

③《行政院昨日例会通过进口减税办法》，《中央日报（重庆）》1939年9月13日第2版。

④《财部汇编土货转口免税品目表》，《金融周报》1940年第9卷第4期。

⑤ 盛慕杰、沈雷春、陈禾章编《中国战时经济法规汇编》，世界书局，1940，第15—17页。

⑥《战时管理进出口物品条例》，《中农月刊》1942年第3卷第5期。

办法》，除米、汽油、柴油等暂准进口的物品继续免税外，废除1939年《进口减免办法》规定的"进口税一律照现行税率三分之一征收"的条款，并根据1934年《国定关税税则》恢复进出口关税。[1] 1946年3月1日，行政院最高经济委员会公布《修正进出口贸易暂行办法》。该办法规定除单列商品外，凡一切货品均得自由出口，但是出口商应将指定银行签证的结购出口外汇证明书送呈海关验讫，方准报关出口，其价值低于25美金，或其他相等币值，且非作商业上之用者，得免验上项证明书。[2] 1946年8月，为实现出口贸易正常发展，国防最高委员会法制、经济、财政专门委员会讨论通过对外贸易及关税立法原则草案，并于立法院正式通过修改海关进出口税则之立法草案。该草案规定7个征税原则：海陆空关税税则，应不分畛域，一致规定；进口税则采用固定税率，但对于有互惠协定之国家，将采用特种税率，其详则均以法律定之；凡国内尚未能制造之工业、农业设备、机器仪器、工具等之进口，得免进口税；凡有关国防民生之必需品，得征较轻之进口税；凡与应行保护各幼稚工业出口品有竞争性之进口物品，应征较重之进口税；凡奢侈品应采取寓禁于征之进口税；凡出口货物之应奖励输出者，一律免征或减征出口税。[3] 不过，之后随着《联合国关税与贸易总协定》的签订以及协定所规定"关税减让"内容的实施，让这一草案的实施力度大打折扣。根据相关协议，中国给予《联合国关税与贸易总协定》缔约国的减让关税总计有188项税则号列，占到进口税则号列的27.98%，减让税率5%至40%，其中美国凭借该特权享受的减税优惠最大。[4] 1948年8月2日施行的《修正海关进口税则》实际上也是国民政府为适应关税减让作出的政策调整，税则实施复式税则，即国定税率和协定税率并存。因此，叶松年认为1948年的税则的财政作用明显，但是税则的自主性不

---

[1] 齐海鹏、孙文学、张军：《中国财政史》，东北财经大学出版社，2015，第393页。

[2]《修正进出口贸易暂行办法》，《银行周报》1946年第30卷第47期。

[3] 大珽：《对外贸易的逆态与立法院修改进出口关税税则》，《经济导报（北京）》1946年第1期。

[4] 叶松年：《中国近代海关税则史》，第362—377页。

第四章　自省与自救：民国时期中外经贸文化交流

153

足也较为突出，直到 1951 年 5 月 16 日颁布实施《中华人民共和国进出口税则》，真正自主的国定税则才正式出现。①

显然，无论是北洋军阀统治时期，还是南京国民政府统治时期，时人对于中外经贸问题的认识，应该说越来越切中时弊。政府在应对和解决贸易发展中存在问题的自我反省能力也在不断提升，无论是机构设置，还是贸易商品生产、流通、销售等环节的应对措施也越来越具有针对性。不过，在认识到这一时期政府自省和自救意识不断提升的同时，也必须认识到以西方为中心的条约贸易制度在这一时期依然具有持续影响力，政府在处理这些条约体系内容时又经常表现出很大的妥协性和矛盾性。如 1912 年 1 月 5 日，伍廷芳奉孙中山之命通告各国的《对外宣言》，虽然强调南京临时政府与"各国政府人民之交际"追求"平等之睦谊"，但是宣言却声称对于革命以前，清政府与各国缔结的条约、所借的外债及承认的赔款、让与各国或各国个人的种种权利等内容都"照旧尊重之"。② 1924 年 1 月，《国民党党纲》制定的 7 条对外政策中，尽管提出"一切不平等条约，如外人租借地、领事裁判权、外人管理关税权以及外人在中国境内行使一切政治的权利，侵害中国主权者，皆当取消，重订双方平等互尊主权之条约"等自主对外政策，但在第 4 条又指出"中国所借外债当在使中国政治上、实业上不受损失之范围内，保证并偿还之"。③ 1943 年的改订新约运动也是如此，虽然签订了《中美关于取消美国在华治外法权及处理有关问题之条约》《中英关于取消英国在华治外法权及其有关特权条约》等新约，但是"并没有解决中外间一切遗留问题，没有能消除中外关系所有不平等状态"。④ 这些妥协致使政府的诸多自救措施与政策在实践中大打折扣，以修订税则为主要内容的废除不平等税率运动亦是如此，西方各国享有的很多特权并没有完全废止，特别是税则的修订过程依然无法摆脱外力的掣肘。例如，1929 年通

① 叶松年：《中国近代海关税则史》，第 383 页。

② 孙中山：《对外宣言》，载《孙中山全集》第二卷，第 10 页。

③《国民政府行政文件集》第 2 辑《外交》，1929，第 1 页。

④ 唐培吉主编《中国近现代对外关系史》，高等教育出版社，1994，第 321 页。

过的税则是在英、美、日3国联合提案的基础上形成的；1931年的税则则受到《中日关税协定》的约束；1933年的税则执行迎合英美抵制日本的政策；1934年的税则则是执行对日妥协的政策。[①] 这些不平等税率直至新中国成立后才被彻底废除。因此，民国时期对外贸易与国民政府表现出来的"外强中干"的特点是一致的，表面上似乎正从混乱的社会秩序中走出来，一系列贸易自救措施也日渐发挥作用，一些阶段性贸易增长也时有出现。但是，从整体上分析，在这一时期的中外贸易变化与发展过程中，中国的贸易地位仍然延续了晚清以来的贸易劣势地位，西方的支配性和主导性地位依然没有发生根本改变，最大的变化体现在西方各国在华势力的消长问题。根据表4-3，1909年至1947年进口贸易价值中各国、各地区所占比重变化情况即可说明：

表4-3　1909年至1947年进口贸易价值中各国、
各地区所占比重一览表[②]

单位：％

年代	国家及地区							
	中国香港	日本及中国台湾	美国	英国	德国	法国	俄国及苏联	其他
1909年至1911年	33.9	16	7.1	16.5	4.2	0.6	3.5	18.7
1919年至1921年	22.4	29	18	14	0.7	0.7	1.4	14
1929年至1931年	16.1	23	19	8.6	5.4	1.4	1.5	24.4
1933年	3.6	9.9	22	11.3	7.9	1.8	1.6	42
1934年	2.9	13	26	12	9	2.2	0.8	34.4
1935年	2.2	16	19	10.6	11.2	1.4	0.8	39.3
1936年	1.9	17	20	11.7	15.9	1.9	0.1	32.3
1947年	1.8	1.7	50	6.9	＊	1.2	0.3	38

资料说明：＊表示不到0.05％。

---

① 叶松年：《中国近代海关税则史》，第355页。
② 参见严中平等编《中国近代经济史统计资料选辑》，第70—71页。

第二节　中国共产党对中外经贸关系的认识及其实践

　　1920 年 1 月 1 日，李大钊在《新青年》第 7 卷第 2 号上发表的《由经济上解释中国近代思想变动的原因》一文中就已经明确认识到当时中国在对外经贸关系中所面临的困境，指出由于受到"西洋各国和近邻日本的二重压迫"，致使"关税权为条约所束缚，适成一种'反保护制'"。这一制度导致"外来的货物和出口的原料，课税极轻，而内地的货物反不能自由转移，这里一厘，那里一卡，几乎步步都是关税。于是，国内产出的原料品以极低的税输出国外，而在国外制成的精制品以极低的税输入国内"。① 应该说，这一论断精准地指出当时中外经贸关系的基本特征及问题所在。因此，中国共产党成立之后，就根据当时中外经贸关系的困局，提出了一系列追求经济贸易自主和突破贸易压迫的措施并付诸实践，试图从根本上改变自鸦片战争以来所形成的对中国十分不利的对外贸易秩序和格局，为新中国成立后制定与实施独立自主的对外贸易政策积累宝贵经验。

一、建党初期中国共产党对中外贸易困局的认识及其解决

　　1921 年 7 月，中国共产党成立之后，就意识到当时中外经贸关系的畸形发展，党中央和一些共产党领导人通过发表时局宣言、撰写文章等方式寻求并提出解决问题的方法，号召并主张实行关税自主和进行收回海关主权的斗争。1922 年 6 月，中共中央发布第一次时局宣言《中国共产党对于时局的主张》，罗列了十一条反帝反封建斗争纲领，其中第一

---

① 李大钊：《由经济上解释中国近代思想变动的原因》，载《李大钊史学论集》，河北人民出版社，1984，第 62 页。

条就涉及贸易关税问题，提出"改正协定关税制，取消列强在华各种治外特权，清偿铁路借款，完全收回管理权"。① 同年 7 月，中国共产党通过的《中国共产党第二次全国代表大会宣言》在论及帝国主义列强对中国的侵略时又指出："关税也不是自主的，是由外国帝国主义者协定和管理的。这样，不但便于他们的资本输入和原料的吸收，而且是中国经济生活的神经系已落在帝国主义的巨掌之中了。"② 蔡和森、陈独秀、振宇、魏琴、恽代英、邓中夏、张太雷等共产党人先后在《向导》《人民周刊》《前锋》等刊物上发表多篇文章讨论关税自主和贸易自主的问题。如 1923 年，中共中央委员会机关报《向导》杂志先后发表了振宇的《关税主权与外人代管》、蔡和森的《为收回海关主权事告全国国民》和陈独秀的《关税主权与资产阶级》3 篇文章，讨论关税主权及其收回问题。振宇在《关税主权与外人代管》一文中引用《申报》上的一则短评抨击西方窃取中国关税主权，实行外籍税务代管制度的本质。③ 蔡和森在《为收回海关主权事告全国国民》一文中对于当时广州政府及孙中山提出收回粤海关主权一事给予高度赞许，认为是与"外国帝国主义斗争的第一步"。④ 陈独秀在《关税主权与资产阶级》一文中认为西方帝国主义列强干涉海关收税权"能够致中国人的死命"，"使全中国永远不能抬头"。这种协定关税制度直接导致了两个严重后果：一是"外国货物得以最低廉的海关税和子口税畅销全国，资本薄弱的本国货物又加以厘金之盘剥，哪里还有和外货竞争的余地"；二是"本国工业所需的原料（如棉花等），不但不能禁出口，并且不能自由加抽重税阻其出口，在求过于供的原则下，本国工业遂不得以高价的原料加重成本"。⑤ 1923 年12 月 25 日，中共中央专门发布中央通告第十三号文件，要求各区执行委员和各地同志务必努力进行两项重要工作，其中之一就是收回海关主

①《中国共产党对于时局的主张》，《先驱》1922 年第 9 号。
②《中国共产党第二次全国代表大会宣言》，载李忠杰、段东升主编《中国共产党第二次全国代表大会档案文献选编》，中共党史出版社，2014，第 4 页。
③ 振宇：《关税主权与外人代管》，《向导》1923 年第 16 期。
④ 蔡和森：《为收回海关主权事告全国国民》，《向导》1923 年第 48 期。
⑤ 陈独秀：《关税主权与资产阶级》，《向导》1923 年第 50 期。

权问题，认为协定关税制是"国际帝国主义者置我死命的最毒政策"。这一政策致使"不得列强之许可，不能自由增加进口税，以遏外货之输入；不得列强之许可，不能自由增加出口税，以遏原料之输出"。对于当时广东海关的收权斗争，文件要求"各地方同志们应立即尽力之所能，设法联络各团体，以地方公团名义，散放传单，通电全国，游行示威，发起抵货"。一方面要"声援广东政府并督促其根本地收回海关全部主权，勿仅仅争在关余"；另一方面"主张收回全国海关主权，废除协定关税制，以排斥英货美货为武器，若军阀有表同情者，虽与之合作亦所不惜"。① 1924 年 11 月 19 日，中共中央发布《中国共产党对于时局之主张》，其中第一条明确提出废除一切不平等条约，最重要的是"收回海关，改协定关税制为国定关税制"，认为这是"全民族对外的经济解放之唯一关键"。② 1925 年 6 月 17 日，瞿秋白在中共中央委员会机关报《向导》杂志上刊发《帝国主义之五卅屠杀与中国的国民革命》一文，指出收回海关及盐政管理权是"最正当和最彻底的主张"。③ 针对"五卅运动"后北京段祺瑞政府所倡导的关税特别会议一事，陈独秀在1925 年 9 月 25 日出版的《向导》杂志上专门刊发《我们对于关税问题的意见》一文，倡导中国人民要力争关税主权，实现税则自主和管理自主，对于此次特别会议上不承认中国关税自主的国家，要"加以罢工排货的长期抵制"；对于只图加税不力争关税自主的中国政府，"立即请他下野"。④ 1926 年 7 月 12 日，在中共中央执行扩大会议上发布的《中国共产党对于时局的主张》中再次强调收回海关主权和改协定税制为国定

①《中央通告第十三号国民党改组及收回海关主权问题》1923 年 12 月 25 日，载中共中央文献研究室、中央档案馆编《建党以来重要文献选编》第一册，中央文献出版社，2011，第 384—385 页。

②《中国共产党对于时局之主张》1924 年 11 月 19 日，载中共中央文献研究室、中央档案馆编《建党以来重要文献选编（1921—1949）》第二册，第 168 页。

③ 瞿秋白：《帝国主义之五卅屠杀与中国的国民革命》1925 年 6 月 17 日，载中共中央文献研究室、中央档案馆编《建党以来重要文献选编（1921—1949）》第二册，第 390 页。

④ 陈独秀：《我们对于关税问题的意见》，1925 年第 131 期。

税制是各阶级民众组成联合战线共同斗争的目标之一。①

　　除了政策性号召与宣示之外，这一时期中国共产党的经贸自主斗争还表现在组织和动员人民参加各种收回关税利权的游行、罢工等活动，积极争取收回海关管理权。正是在中国共产党的大力推动之下，广州争取摊拨关余的斗争高涨。1923 年 12 月 12 日，蔡和森在《向导》上专门刊文驳斥针对当时有关争取摊拨关余斗争的种种谣言，认为这些谣言"虽然各不相同，然其被英美宣传政策所蒙蔽，而忘记收回关税主权的大目标，都是一样的"。② 1925 年 10 月 25 日，针对段祺瑞政府不顾全国人民反对，与英、法、美等国召开所谓特别关税会议的举动，李大钊领导下的共青团北方区委、学生联合会等 200 多个团体在天安门召开关税自主运动大会；26 日，李大钊和中共北方区委又组织领导北京各学校、各团体 5 万多人，举行游行示威，反对关税会议。③ 1926 年，针对粤海关税务司蓄意破坏省港大罢工事宜，中国共产党广东区委机关报《人民周刊》连续登载《为海关事件告广东民众》④《对粤海关税务司贝尔宣言》⑤ 和中共广东区委负责人之一张太雷撰写的《抗议粤海关停止验货起卸》⑥《海关问题发生后之各方面》⑦ 等文章声讨粤海关税务司贝勒自行封仓，断绝广东对外交通、停止广东商业的行为，号召："一致团结起来打倒帝国主义者破坏罢工的阴谋！撤换税务司贝勒并争回海关管理权！努力于国民会议运动，以求达到不平等条约之废除！"⑧ 这一事件又

---

①《中国共产党对于时局的主张》（1926 年 7 月 12 日），载中共中央文献研究室、中央档案馆编《建党以来重要文献选编（1921—1949）》第三册，第 261 页。

② 蔡和森：《为收回海关主权事告全国国民》，《向导》1923 年第 48 期。

③ 沙健孙主编《中国共产党通史》第二卷，湖南教育出版社，1996，第 285 页；中共中央党史资料征集委员会征集研究室编《党的创立和第一次国内革命战争时期》，中共党史资料出版社，1989，第 259 页。

④《为海关事件告广东民众》，《人民周刊》1926 年第 4 期。

⑤《对粤海关税务司贝尔宣言》，《人民周刊》1926 年第 4 期。

⑥ 张太雷：《抗议粤海关停止验货起卸》，《人民周刊》1926 年第 3 期。

⑦ 张太雷：《海关问题发生后之各方面》，《人民周刊》1926 年第 4 期。

⑧《为海关事件告广东民众》，《人民周刊》1926 年第 4 期。

推动了全国性的反对海关特权的浪潮。1926年9月7日，广州国民政府不顾各国反对，自行颁布《出产运销暂行内地税征税条例》，决定征收附加税，迈出关税自主的第一步①，这一条例的颁布与这一时期中国共产党推动的收回利权斗争运动密不可分。

关税自主运动示威游行

二、局部执政时期中国共产党追求贸易自主的努力与实践

大革命失败后，中国共产党独立进行革命探索，开辟了农村包围城市、武装夺取政权的道路。以1927年11月毛泽东率领工农革命军在湘赣边界的茶陵县成立茶陵县工农兵政府为标志，中国共产党开始了局部执政的历史时期，与全国范围内执政的国民党政权形成对峙局面。② 这一阶段中国共产党追求贸易自主的努力与实践主要表现在两个方面：一方面是继续推动和声援中国关税自主政策和收回利权斗争；另一方面是把对外贸易纳入局部政权的建设与实践中，积极探索并初步形成中国共

① 陈诗启：《中国近代海关史》，人民出版社，2002，第594—599页。
② 关于中国共产党局部执政的讨论可参阅李君如：《中国共产党执政规律新认识》，载《李君如著作集》第10册，上海人民出版社，2019，第19—29页。

产党独立自主的对外贸易开放政策。

（一）继续推动和声援关税自主和收回利权斗争。大革命失败后，中国共产党并没有因为国民革命结束而停止收回关税利权的斗争，一方面继续声讨西方列强在中国取得的贸易关税特权；另一方面，对于当时国民党政府统治下的利权进一步受损的现状给予大力批判。1927 年 4 月 27 日至 5 月 9 日召开的中国共产党第五次全国代表大会发表《中国共产党中央委员会对政局宣言》中明确指出"中国共产党将继续绝不妥协地反对帝国主义的斗争，力争废除一切不平等的条约，收回租界，取消治外法权，实行关税自主，解放中国"。[①] 1929 年 2 月 8 日和 5 月 15 日，中共中央又先后发布了第三十号和第三十七号通告，再次明确关税自主的必要性，认为国民政府推行"国定税则"和"裁撤厘金"的措施并没有彻底实现关税自主，更多是形式大于内容。1929 年 2 月 8 日的第三十号通告《目前政治形势的分析与党的主要路线》指出"现在关税表面上虽是相当地改善了，但一查七级等差税率的协定内容，便知纱布、面粉等征收的税率都是很低，仍然无法阻止外货的输入，且仍然妨碍中国轻工业的发展，使中国商品仍然很少战胜外货的可能（加以中国工业资本缺乏，机器陈旧的原因），所以这一积极的条件并没有多大改善"。[②] 5 月 15 日的第三十七号《中共中央对国际二月八日训令的决议》认为西方列强"所号召承认的关税自主与修改条约也都是形式上公认中国某种主权，实际上则是加紧中国一层束缚，使中国更深入殖民地化的（更为帝国主义所奴隶所统治的）过程"。[③] 该决议所附的《共产国际执行委员会与中国共产党书》也明确指出这一认识逻辑，称："只就一九二九年二

① 《中国共产党中央委员会对政局宣言》，载中共中央文献研究室、中央档案馆编《建党以来重要文献选编（1921—1949）》第四册，第 339 页。

② 《目前政治形势的分析与党的主要路线》（1929 年 2 月 8 日），载中共中央文献研究室、中央档案馆编《建党以来重要文献选编（1921—1949）》第六册，第 40 页。

③ 《中共中央对国际二月八日训令的决议》（1929 年 5 月 15 日），载中共中央文献研究室、中央档案馆编《建党以来重要文献选编（1921—1949）》第六册，第 185 页。

月一号南京政府所公布的关税细则看来，就可以知道南京政府不能够得着比这更大形式上的权利，帝国主义所承认的关税自主非常微弱。这种的关税税则仅只能相当地提高南京政府的收入，而不能适合于民族工业发展的需要。"① 因此，1930 年 1 月 11 日，中共中央政治局在讨论国民党改组派的任务时，对于国民党政府的关税自主政策作出"完全破产"的判断。② 1931 年 1 月，中共六届四中全会第一号中央通告再次指出国民党政府采纳取消派和改组派的建议，"一切裁厘政策、增加关税、收回租界与取消领事裁判权运动，都是同样的欺骗"。③ 1946 年 11 月 4 日，蒋介石与美国签订《中美友好通商航海条约》。该条约规定美国商品在中国的征税、销售、分配或使用，享有不低于现在的待遇或将来给予美国"国民、法人、团体及商务之待遇"，美国"任何种植物、出产物或制造品之输入"以及运往美国任何物品的输出，"不得加以任何禁止或限制"。这一条约明确了美货即等于中国货，中国关税完全被剥夺了采取保护政策的权利。④ 当时中国共产党主办的报刊《人民日报》《解放日报》连续刊发一系列社论、报道痛批蒋美商约，揭露蒋美商约对中国经济贸易自主权的损害。1946 年 11 月 26 日，《人民日报》转引《解放日报》社论开始至 1948 年 5 月 8 日止，连续刊发《蒋美商约出卖的是什么

---

① 《共产国际执行委员会与中国共产党书》，载中共中央文献研究室、中央档案馆编《建党以来重要文献选编（1921—1949）》第六册，第 199 页。

② 《中共中央接受共产国际一九二九年十月二十六日指示信的决议——关于论国民党改组派和中国共产党的任务》（1930 年 1 月 11 日中央政治局会议通过），载中共中央文献研究室、中央档案馆编《建党以来重要文献选编（1921—1949）》第七册，第 15 页。需要特别指出的是，这一判断从当时国民政府所进行的国定税则的修订内容看，当时的关税政策确实没有摆脱列强的掣肘。相关讨论可参阅叶松年：《中国近代海关税则史》，第 302 页；陈诗启：《中国近代海关史》，第 780—782 页。

③ 《目前政治形势及党的中心任务（1931 年 1 月）》，载中共中央文献研究室、中央档案馆编《建党以来重要文献选编（1921—1949）》第八册，第 34 页。

④ 《评蒋美商约》，载中共中央文献研究室、中央档案馆编《建党以来重要文献选编（1921—1949）》第二十三册，第 568—569 页。

权益?》①《蒋美商约与二十一条》②《三十条沉重的锁链，蒋美商约介绍》③《不平等与独惠的蒋美商约》④ 等 21 篇报道对蒋美商约进行批判。1947 年 6 月 12 日，《人民日报》以"蒋美商约签定，美货入口激增，一个月超过去年全年一倍半"为题，引用美新闻处报道的贸易数字证明条约内容对中国对外贸易的消极影响，指出蒋美卖国条约签订后，美货对华倾销激增，"今年二月份一个月之输入额即达十一亿五千三百万美元，超过去年全年输入总额四亿六千六百万美元之一倍半（按蒋美商约系于去年十一月签订）。如以一年计算，今年美货输入总额将达一百四十亿美元，比之一九三八年之美货输入总额三千四百七十万美元，则增加四百倍以上"。⑤

为推动关税自主和收回利权斗争的顺利开展，中国共产党还在海关系统内建立了自己的组织。1936 年 6 月，共产主义青年团江海关支部成立。同年 9 月，又成立中国共产党江海关支部。之后至上海解放的 10 多年中，先后有 11 个组织系统的 78 名党团员在上海关区内工作并开展一系列争取权益的活动。⑥ 1938 年，在王尧山同志的直接领导下，上海海关职员还发起了"护关运动"，抗议日英非法签订的《中国海关协定》和日本无理劫持海关税款的行为。⑦ 1938 年 5 月 10 日，中共机关报《新华日报》还专门发表了《上海海关华员罢工事件》的社论声援上海海关关员"反对敌伪劫持关税"的护关运动，指出"必须进一步粉碎日寇劫

① 适安：《蒋美商约出卖的是什么权益?》，《人民日报》1947 年 2 月 14 日第 4 版。

② 漠野：《蒋美商约与二十一条》，《人民日报》1947 年 2 月 18 日第 3 版。

③ 燕凌：《三十条沉重的锁链，蒋美商约介绍》，《人民日报》1947 年 2 月 23 日第 2 版。

④ 杜波：《不平等与独惠的蒋美商约》，《人民日报》1947 年 2 月 26 日第 3 版。

⑤《蒋美商约签定后美货入口激增 一个月超过去年全年一倍半》，《人民日报》1947 年 6 月 12 日第 1 版。

⑥《上海海关志》编委会编《上海海关志》，上海社会科学院出版社，1997，第 536—541 页。

⑦ 王兆勋、佘崇一：《护关运动后上海和华南海关职工的抗日救亡运动》，载中国海关学会编《海关职工革命斗争史文集》，中国展望出版社，1990，第 120 页。

夺我国关权的暴行，尤其在上海的关员、邮工已奋起孤军作战的现在，我们是一刻也不容许迟疑"，社论认为"日寇对中国海关志在必得，自然要用尽各种办法以求贯彻"，声称"要收回我们的海关，只有以武力驱逐日寇出中国，才有可能"，并提出要以实际行动配合上海海关关员的英勇斗争，"加紧扩大华北与江南一带的游击战争"，"削弱沦陷区敌人的力量，号召该区域同胞拒购日货，拒将原料经由上海、天津出口，积极布置沦陷地区与内地的贸易路线"，"使日寇占领后的海关，变成死寂状态，使日寇奸计，无由得成"。① 粤海关内部系统也建立了自己的组织，领导粤海关职工开展争权、维权等各项活动。针对日英排除中国签订《中国海关协定》的侵权行为，粤海关共产党人朱人秀等迅速组织广大职工开展募捐活动，支援前线抵御外侮斗争。新中国成立前夕，中国共产党与国民党、外籍税务司围绕海关展开了最后较量。在中国共产党的领导下，粤海关开展了职工储备应变粮、保全海关税款、守护海关历史档案等护关护产活动，确保粤海关权益不被侵蚀，实现平稳过渡。②

（二）中国共产党独立自主对外贸易政策的探索及初步形成。自中国共产党建立政权之后，包括对外贸易在内的商业贸易问题一直被认为是关系政权存亡的重要问题。1931 年 11 月，中华苏维埃第一次全国代表大会通过了《中华苏维埃共和国关于经济政策的决定》。该决定明确指出与非苏维埃区域的贸易必须要由苏维埃政府实行监督，以确保苏维埃区域商品的供给问题。③ 之后，包括毛泽东、张闻天在内的苏区领导人都在不同场合讨论过发展苏区对外贸易对于巩固苏维埃政权的重要性问题。1933 年 4 月 22 日，张闻天在《论苏维埃经济发展的前途》一文中指出"苏维埃政府不但不禁止贸易的自由，而且鼓励商品的流通"，"苏维埃政府特别鼓励对外贸易的发展，来打破敌人对于我们的经济封

---

①《上海海关华员罢工事件》，载《新华日报社论》第五集，新华日报馆，1938，第
　　28—30 页。

② 唐俊：《近代粤海关职工斗争的发展历程（1917—1949）》，《海关与经贸研究》
　　2020 年第 6 期。

③《中华苏维埃共和国关于经济政策的决定》，载中共中央文献研究室、中央档案
　　馆编《建党以来重要文献选编（1921—1949）》第八册，第 717 页。

锁"，"要尽量利用苏区内外的商人，给他们以特别的好处去输出苏区的生产品，与输入白区的日常必需品"。① 1934 年 1 月 24 至 25 日，毛泽东在第二次全国苏维埃代表大会上的报告中指出"苏维埃有计划的组织对外贸易，并且直接经营若干项必要商品的流通，如食盐与布匹的输入，粮食与钨砂的输出，以及粮食在苏区内部的调剂等，现在是异常需要的了"，并认为"打破敌人的经济封锁，发展苏区的对外贸易，以苏区多余的生产品（谷米、钨砂、木材、烟、纸等）与白区的工业品（食盐、布匹、洋油等）实行交换，是发展国民经济的枢纽"。② 这里虽然指的主要是苏区与非苏区之间的贸易关系，但是足以说明新生的苏维埃政权已经认识到贸易对于巩固政权的重要性。虽然苏维埃政府与外国的直接贸易较少，但是当时苏维埃政府针对对外贸易关系的不平等性问题，已经自主提出若干对外贸易的主张和基本原则。1932 年 6 月 23 日，中央苏区反帝总同盟第一次代表大会通过《反帝斗争纲领》就明确苏维埃政府的对外经济贸易底线就是苏维埃政府对于贸易管理、商品税收必须掌握有自主决定权，指出"必须将帝国主义掌握的海关、盐税，收归苏维埃国家管理征收，一切税率由苏维埃政府自己决定"。③ 1936 年 7 月 15 日，毛泽东在与美国记者斯诺谈话时指出"如果中国真正赢得了独立，外国人在中国的合法贸易利益将会有比过去更多的机会"，"中国将同友好国家商订互助、互利和互相同意的条约"。④

　　抗日战争时期，国民政府治下的对外贸易被动格局并没有发生根本性变化。1939 年 12 月，毛泽东在《中国革命与中国共产党》一文中论

① 张闻天：《论苏维埃经济发展的前途》，载中共中央文献研究室、中央档案馆编《建党以来重要文献选编（1921—1949）》第十册，第 172 页。
② 毛泽东：《在第二次全国苏维埃代表大会上的报告》，载中共中央文献研究室、中央档案馆编《建党以来重要文献选编（1921—1949）》第十一册，第 110、122 页。
③《反帝斗争纲领》，载中共中央文献研究室、中央档案馆编《建党以来重要文献选编（1921—1949）》第九册，第 332 页。
④《毛泽东关于外交问题同美国记者斯诺的谈话》，载中共中央文献研究室、中央档案馆编《建党以来重要文献选编（1921—1949）》第十三册，第 179 页。

及帝国主义的殖民侵略时就明确指出近代以来中国贸易困局问题在当时并没有根本解决，指出"帝国主义列强根据不平等条约，控制了中国一切重要的通商口岸，并把许多通商口岸划出一部分土地作为他们直接管理的租界。他们控制了中国的海关和对外贸易，控制了中国的交通事业（海上的、陆上的、内河的和空中的）。因此，他们便能够大量地推销他们的商品，把中国变成他们的工业品的市场，同时又使中国的农业生产服从于帝国主义的需要"。① 因此，正如前言，中国共产党高度重视收回利权的斗争。

不过，随着日本大举入侵中国，为了有效抵制日本的侵略，中国共产党在根据地及时调整包括商业贸易在内的一系列经济政策，对外贸易问题也被纳入对日战争的斗争策略中。1938 年 9 月，晋察冀边区政府在其主办的《边政导报》上刊发《我们的贸易政策》一文，非常明确地指出"在'抗日战争高于一切''一切为了抗日'的总原则下，我们的贸易政策要成为粉碎敌人对我们的经济阴谋的武器之一"，并宣称我们的贸易政策是"对外贸易采统制主义"，"对内贸易采自由主义"。② 1940 年 3 月 23 日，中共中央书记处发布《关于对敌人经济斗争的指示》，认为包括倾销日货、收买土货在内的经济侵略是日本"灭华极重要方法之一"，指出"对于日货的输入与推销和对于土货的输出采取放任政策是不对的"，"对日货采取禁绝入口对土货禁绝出口的政策同样是不妥当的"，要求各抗日根据地必须"以抗战的利益为贸易政策的出发点"。③ 1940 年 5 月 5 日，中共中央书记处在对山东分局财政工作的指示中指出建立海外贸易，要根据自己实际需要，主动地、系统地、多方面地进行，原则易于流动而受到保证，"现在游击区域须在统一计划下，给以

---

① 毛泽东：《中国革命与中国共产党》，载《毛泽东选集》第二卷，人民出版社，1991，第 628—629 页。

②《我们的贸易政策》，载魏宏运编《抗日战争时期晋察冀边区财政经济史资料选编（工商合作编）》，南开大学出版社，1984，第 356 页。

③《中共中央书记处发布关于对敌人经济斗争的指示》，载中共中央文献研究室、中央档案馆编《建党以来重要文献选编（1921—1949）》第十七册，第 253 页。

相当建立的余地"。① 1940 年 9 月 25 日，彭德怀在中共北方局干部会议上报告敌后抗日根据地的财政经济建设时，明确指出"敌后贸易政策是与敌封锁及其'以战养战'计划作斗争的重要武器。要打破敌之封锁，破坏敌之'以战养战'毒计与发展我根据地内之自足经济，没有正确的贸易政策，是不可能的"。② 1941 年 5 月出版的《共产党人》杂志刊发时任中央财政经济委员会第一副主任李富春撰写的《对抗日根据地财政经济政策的意见》一文也特别指出"在全国，特别处在敌后的抗日根据地，应当有一套有系统的具体办法对付敌人，实行经济的反封锁，实行对外贸易的统一与对内贸易自由的原则，以便抵制敌人的倾销与封锁"。③ 1942 年 2 月 15 日，刘少奇在中共中央华中局第一次扩大会议上发表《华中各根据地今后的任务》讲话中指出"在较巩固的根据地中，实行对外贸易的一定的统制，以抵制敌之统制，进出口货一律应在政府贸易局领取护照，相当限制输入、输出"。④

为贯彻反对日本走私和倾销的方针，各根据地也采取了一系列针对性的举措进行反制。特别是针对日本"以战养战"的方针，中国共产党提出抵制日货、禁止日货入境的号召，并在各个根据地加以实施。1938年 8 月 17 日，晋察冀边区行政委员会颁布《统制对外贸易执行方案》，规定"除特许商品之外，绝对禁止日货入境，如有私运入境，一经查出，货物没收，人以汉奸论罪"。⑤ 1939 年 6 月 10 日，陕甘宁边区发布的《陕甘宁边区政府禁止仇货取缔伪币条例》第二条就明文规定"凡敌

① 《中共中央书记处发布关于对敌人经济斗争的指示》，载中共中央文献研究室、中央档案馆编《建党以来重要文献选编（1921—1949）》第十七册，第 328 页。

② 彭德怀：《敌后抗日根据地的财政经济建设》，载中共山西省委党史研究室编《文献选编（抗日战争时期二）》，山西人民出版社，1986，第 217 页。

③ 李富春：《对抗日根据地财政经济政策的意见》，载中共中央文献研究室、中央档案馆编《建党以来重要文献选编（1921—1949）》第十八册，第 271—272 页。

④ 刘少奇：《华中各根据地今后的任务》，载中共中央文献研究室、中央档案馆编《建党以来重要文献选编（1921—1949）》第十九册，第 120 页。

⑤ 《统制对外贸易执行方案》，载魏宏运编《抗日战争时期晋察冀边区财政经济史资料选编（工商合作编）》，第 355 页。

国出产之一切商品，无论其以敌国商标或冒充友邦及中共商标者，不得买卖之"。① 1944 年 4 月 21 日，晋察冀边区通过《晋察冀边区关于变更出入口贸易办法的决定》。该决定详细规定了处理违禁走私问题的方法，要求"不以禁止出口的东西资敌"。② 根据仝群旺的研究，各根据地所采取的反制措施至少涉及三个方面：第一，成立专门防止日货走私的组织机构。如华中抗日根据地成立货检处、税务局、贸易局、工商管理局、货物管理局等机构，冀鲁豫抗日根据地成立贸易局、税贸局、工商管理局、税务稽征局、税务局、冀鲁豫边区税务总局等机构；第二，制定防止日寇倾销日货的法规，如颁布《晋察冀边区管理对外贸易暂行条例》《冀中区管理对外贸易暂行条例》《太行区出入口贸易统制暂行办法》等法规；第三，出台配套缉私奖励措施，如 1941 年颁布的《晋察冀边区查获日货私货及漏税案件奖励办法》等。③

苏维埃时期和抗日根据地时期，对外贸易问题主要出现在友邻区贸易、赤白区贸易和日伪区贸易，对外贸易问题表现出国内贸易流通特征。解放战争时期，中国共产党的目标主要是由局部执政向全国执政过渡，在构建即将成立的新中国各项制度的过程中，中国共产党确立了国家统制的对外贸易体制、全方位的开放贸易格局，以及对中国有利的对外贸易原则。因此，在这一转变过程中，对外贸易政策的探讨和制定主要是以国际贸易流通为基本特征，独立自主的对外贸易开放政策也是在这一时期开始进行探索尝试。在 1945 年 4 月 24 日召开的中国共产党第七次全国代表大会上，毛泽东作了《论联合政府》的政治报告，该报告全方位地论述了抗日战争取得胜利后中国共产党的基本主张。在论及中国共产党的外交政策时，毛泽东明确指出在彻底打倒日本侵略者之后，"同各国建立并巩固邦交，解决一切相互关系问题，例如配合作战、和

① 《陕甘宁边区政府禁止仇货取缔伪币条例》，载陕西省档案局编《陕甘宁边区法律法规汇编》，三秦出版社，2010，第 247 页。

② 《晋察冀边区关于变更出入口贸易办法的决定》，载魏宏运编《抗日战争时期晋察冀边区财政经济史资料选编（工商合作编）》，第 370 页。

③ 仝群旺：《抵货运动与国货运动中的中国共产党》，《广东社会科学》2016 年第 1 期。

平会议、通商、投资等等"。① 1946 年 5 月 3 日，中共中央在《关于解放区外交方针的指示》中也指出在确保自身利益不受损失的前提下，"我们应采取和美国以及英、法各国实行通商及经济合作的方针"。② 1948 年 9 月 25 日，中共中央针对英国驻华大使馆提议贸易谈判一事，表示"赞成与英国进行商业往来"，称"如其（英国）确有通商诚意或兼谈侨务问题，则之光可允其将所提议报告华北政府，并可考虑约其进入华北解放区与华北政府直接商谈"。③ 1949 年 2 月 16 日，中共中央专门发布《关于对外贸易的决定》，指出"我们应该立即开始进行新中国的对外贸易。目前我们与世界上任何外国尚未建立正式的外交关系，在未建立这种外交关系以前的对外贸易，自然只是一种临时性质的贸易关系。但这种临时性质的贸易关系，在对我有利及严格保持我国家主权独立并由政府严格管制等原则的条件下，是可以而且应该允许的"④，并专门明确这一时期我们对外贸易的基本方针：

> 我们对外贸易的基本方针，应该是凡苏联及东欧各新民主国家所需要的货物，我们当尽量向苏联及新民主国家出口，凡是苏联及新民主国家能供给我们的货物，我们当尽量从苏联及新民主国家进口，只有苏联及新民主国家不需要及不能供给的货物，我们才向各资本主义国家出口或进口。⑤

① 毛泽东：《论联合政府》，载《毛泽东选集》第三卷，第 1085 页。

② 《中共中央关于解放区外交方针的指示》，载中共中央文献研究室、中央档案馆编《建党以来重要文献选编（1921—1949）》第二十三册，第 243—244 页。

③ 《中共中央关于与英方商谈贸易问题给方方等的指示》，载中共中央文献研究室、中央档案馆编《建党以来重要文献选编（1921—1949）》第二十五册，第 507 页。

④ 《中共中央关于对外贸易的决定》，载中共中央文献研究室、中央档案馆编《建党以来重要文献选编（1921—1949）》第二十六册，第 133 页。

⑤ 《中共中央关于对外贸易基本方针的指示》，载中共中央文献研究室、中央档案馆编《建党以来重要文献选编（1921—1949）》第二十六册，第 137 页。

在 1949 年 3 月 13 日召开的中共七届二中全会上，任弼时指出"海关和对外贸易，是保护国内工商业发展及利益的，海关的关税和外贸收入，是国家积累资金的重要渠道"。① 1949 年 4 月 24 日，刘少奇在天津市干部会议上，论及天津市的工作如何开展时指出"必须切实地组织好对外贸易，这是至关重要的工作，是人民的最大利益之一"，"要争取出口"，"对外贸易的管理、统制、税收、海关等工作，都应加以改善"。② 各解放区政权根据中共中央的指示精神和各自特点，针对性地出台了一系列对外贸易举措。如东北解放区大力拓展对苏联的贸易联系，中共东北局于 1946 年 1 月建立了东北解放区对外贸易的执行机构——东北贸易总公司。同年 7 月，又创办了第一个代表东北解放区外贸部门专门进行对苏贸易活动的东兴公司，并在哈尔滨、满洲里、绥芬河、图们设有口岸办事处，负责交接进出口货物。之后，又于 1946 年 12 月 21 日、1948 年 2 月 1 日、1949 年 2 月 28 日先后同苏联方面签订 3 个"贸易协定"。③ 1947 年 10 月 20 日，中国东北行政委员会又同朝鲜签订《中国东北物资通过北朝鲜协定书》。④ 这些贸易协定根据形势变化灵活地采取不同策略，通过以货易货的方式推动东北解放区与苏联、朝鲜的贸易种类和规模不断扩大。表 4-4 是 1947 年至 1949 年东北解放区输入输出货值情况一览表：

---

① 任弼时：《在中共七届二中全会上的发言》，载中共中央文献研究室、中央档案馆编：《建党以来重要文献选编（1921—1949）》第二十六册，第 184 页。

② 刘少奇：《在天津市干部会上的讲话》，载中共中央文献研究室、中央档案馆编《建党以来重要文献选编（1921—1949）》第二十六册，第 310—311 页。

③ 宁文晓、程舒伟：《解放战争时期东北解放区对苏贸易研究》，《社会科学战线》2019 年第 10 期。

④ 东北解放区财政经济史编写组编《东北解放区财政经济史资料选编》第三辑，黑龙江人民出版社，1988，第 373 页。

表 4-4 1947 年至 1949 年东北解放区输入输出货值情况一览表①

年份	地区	输出总额		输入总额	
		金额（东北币亿元）	百分比（%）	金额（东北币亿元）	百分比（%）
1947 年	对苏	48.714	97.3	48.714	97.3
	对朝鲜	1.351	2.7	1.351	2.7
	总计	50.065	100	50.065	2.7
1948 年	对苏	105.597	92.97	111.13	94.43
	对朝鲜	6.897	6.07	5.454	4.64
	海外	0.901	0.8	0.901	0.77
	国统区	0.185	0.16	0.185	0.16
	总计	113.58	100	117.68	100
1949 年	对苏	67.554	93.15	14.72	81.13
	对朝鲜	2.378	3.28	0.834	4.6
	海外	2.59	3.57	2.59	14.27
	总计	72.522	100	18.145	100

　　虽然 1947 年至 1949 年东北解放区的对外贸易并非一帆风顺，仍存在着一些问题和缺点，如在贸易合同的制定与执行方面、货物质量监管与运输等方面依然存在不足，但是东北解放区对外贸易的发展和重要性是不言而喻的。这三年的对外贸易，特别是对苏贸易有力地支援了解放战争，并对东北工商业发展具有促进作用，对于新中国成立后的贸易政策也有直接影响。②

① 参见孟宪章主编《中苏贸易史资料》，中国对外经济贸易出版社，1991，第 540 页。
② 《三年输出工作总结》《三年来对外贸易输入工作情况及其具体情况》，载"东北解放区财政经济史"编写组《东北解放区财政经济史资料选编》第三辑，第 314—346 页。

第四章　自省与自救：民国时期中外经贸文化交流

除东北解放区外，华北各解放区也先后出台一系列涉及对外贸易的政策和措施。1948 年 12 月 15 日，山东省政府公布《山东解放区进出口贸易管理暂行办法》（四章十六条）、《山东解放区征收进出口税暂行条例》（十七条）和《山东解放区进出口货物税目税率表》，提出"保护进出口贸易，以发展生产，支援战争"[①] 为目标。1949 年 3 月，华北人民政府专门召开金融贸易会议，并成立华北对外贸易管理局。华北人民政府先后出台《华北区对外贸易管理暂行办法》《华北区进出口货物税暂行办法》《华北区区外汇兑暂行办法》《华北区区外汇兑暂行办法实施细则》《华北区外汇管理暂行办法》《华北区外汇管理暂行办法施行细则》《华北区战时船舶管理暂行办法》《报关纳税检查暂行办法》等一系列有关对外贸易的管理办法、实施细则或者暂行办法。[②] 这些办法、细则的制定都是贯彻中央指示精神，确保对外贸易独立自主性的重要举措。尽管这些办法、细则遭到当时部分外国商行的质疑，如《纽约前锋论坛报》驻远东记者史迪禄就撰文质疑这些政策[③]，但是这些质疑恰恰说明了中国共产党"以我为主、对我有利"的贸易原则。以 1949 年 3 月 15 日公布的《华北区对外贸易管理暂行办法》为例，该办法共计有五章二十六条，包括总则五条、进出口商七条、出口贸易六条、进口贸易五条和附则三条。[④] 根据时任华北人民政府副主席薄一波呈送的该办法的制定过程，整个管理办法虽然借鉴旧贸易制度并征求天津中国银行经理庄景菘、输管会副处长张润生、津海关常务税务司卞景荪等人的意见，但也明确指出"海关中有很多东西尚需沿用，有许多东西必须逐渐改造，但不应操之过急。在起草这些草案中，我们得到两条经验：（一）政策

---

① 华商报社编《解放区贸易须知》，华商报社资料室，1949；《山东解放区进出口贸易管理暂行办法》《山东解放区征收进出口税暂行条例》，《经济导报》1949 年第110 期。

② 华北对外贸易管理局编《华北对外贸易法令汇编》第一集，新华书店印行，出版年代不详，第 1—51 页。

③《美先锋论坛报记者看中共对外贸易》，《大公报（上海）》1949 年 5 月 12 日第 1 版。

④ 华北对外贸易管理局编《华北对外贸易法令汇编》第一集，第 1—4 页。

必须由我掌握，由我拿主意。（二）技术和经验则应尽量参考他们的意见”。① 这些管理方式和方法的改变对华北地区的对外贸易发展很快起到立竿见影的效果。1949 年 4 月，华北经由天津进行对外贸易的数字，输入总值为人民券 657,204,517 元，输出总值为人民券 630,763,301 元，入超不过两千万元左右。5 月，对外贸易已有显著的发展，输入总值为人民券 1,341,072,293 元，较 4 月增加了一倍以上；输出总值为人民券 1,887,700,950元，较 4 月增加了两倍以上，而且由入超变为出超。② 此外，1949 年 8 月 15 日，粤东潮梅解放区公布了《粤东潮梅解放区对外贸易管理暂行办法》，包括 9 条内容，其中，第一条明确指出制定本办法的目的是“调整进出口贸易，平衡国际收支，保护本解放区人民利益”；第三条规定本解放区对外贸易以物物交换为原则。③

总而言之，中国共产党自成立之时便投入摆脱鸦片战争以来西方列强强加给中国的一系列不平等贸易条款，中国共产党不仅四处疾呼呐喊，声援全国各地收回利权斗争活动，还身体力行，在苏维埃地区、抗日根据地和解放区不断探索独立自主的对外贸易政策。1950 年 1 月 27 日，政务院第十七次政务会议通过《关于关税政策和海关工作的决定》，标志着旧的贸易时代在中国彻底结束。这一决定明确了中国在关税政策方面的独立主权及管理海关事业的自主权，“海关税则，必需保护国家生产，必需保护国内生产品与外国商品的竞争”，“中央人民政府海关总署，必须是统一集中的和独立自主的国家机关，海关总署负责对各种货物及货币的输入输出执行实际的监督管理，征收关税，与走私进行斗争，以此来保护我国不受资本主义国家的经济侵略”，“所有和海关无直

---

① 《中央对华北局关于对外贸易管理暂行办法的报告的批示》，载中央档案馆编《中共中央文件选集（1949 年）》第十八册，中共中央党校出版社，1992，第 168 页。

② 懦君：《进展中的华北对外贸易》，《大公报（香港）》1949 年 7 月 28 日第 6 版。

③ 《粤东潮梅解放区对外贸易管理暂行办法》，《大公报（香港）》1949 年 9 月 11 日第 5 版。

陕甘宁边区进出口货物税条例①

---

① 图片来源：王金昌、张晓东：《陕甘宁边区经济典藏》，人民出版社，2017，第36页。

接关系的职务，如管理港口、疏浚河道、建筑助航设备、巡卫国境海岸等工作，均应由海关移交给其他有关机关"。① 一位署名为 MF 的人曾于1949 年 4 月 12 日、4 月 13 日在香港发行的《大公报》上连载《论新旧中国的对外贸易政策》的文章。文章认为中国共产党的新贸易政策与国民政府的贸易政策最大的不同在于目标不同，中国共产党新的贸易政策目标在于发展工商业，繁荣经济，改善人民生活，实施"为人民生活的政策"，而国民政府的贸易政策则缺乏一贯性和执行力，成为"吸吮人民血汗的政策"。②

第三节 "拿来"与"送去"：中外文化交流中的自我"扬弃"

　　民国时期的中外文化交流经过晚清社会的嬗变之后，无论是规模、广度还是深度都较之前有更为长足的发展。特别是国内此起彼伏的文化运动，如五四新文化运动、中国文化建设运动、中国社会史大论战以及抗战文化建国运动等，都成为或大或小的文化潮流，影响到这一时期的中外文化交流。外国文化，特别是西方文化对这一时期中国的影响几乎表现在各个领域。中华文明海外交流的动力和趋势也在不断增强。但是，这一时期的中外文化交流中有两个基本面向并没有发生根本性改变：一是外国文化，特别是西方文化在中国"救急图存"的功用价值依然是时人在接受、传播和研究西方文化的主要诉求；二是外国人，特别是西方人对于中国文化的认识仍然没有从根本上摆脱"标签化"的文化霸权语境。正如 1943 年钱穆在论及近百年来东西文化交流时所称："近

------

①《中央人民政府政务院发布关于关税政策和海关工作的决定》，《人民日报》1950
　年 3 月 8 日第 1 版。
② MF：《论新旧中国的对外贸易政策（上、下）》，《大公报（香港）》1949 年 4 月
　12 日第 5 版、1949 年 4 月 13 日第 5 版。

百年来，中华人士虽多醉心西化，远渡重洋，虚心从学者，接踵相继，前后无虑千万数，然以正值吾族衰颓之际，而骤观彼邦隆盛之象，以救急图存，迫不暇择之心理，而杂以急功近利，羡富慕强之私念。因此，其对于西方文化之观感与了解，乃仍不能脱净三百年来商业、军事上习俗相沿之气味。而欧美学者之对于中国，亦不免以一时贫富强弱之相形见绌，而未能虚心探讨中华传统文化之优美。此在双方同为至可悼惜之事。"① 不过，纵观民国时期整个中外文化交流过程，历经战争磨难的中外社会，特别是中西社会也在相互审视各自的文化品性，一些有识之士在中外文化的相互交流中，也展示出对各自文化的一种自我"扬弃"。

一、中外文化交流专门机构广泛建立

民国时期，一大批具有官方和民间性质的中外文化交流专门机构广泛建立，有力地推动了这一时期中外文化交流不断深入，并且更有针对性、计划性和目的性。具体来讲，主要涉及三个方面：

（一）政府机构文化交流职能部门的建立。1912 年，南京临时政府成立，孙中山在就任临时大总统时发布《中华民国临时大总统宣言书》，称："满清时代辱国之举措，与排外之心理，务一洗而去之；持平和主义，与我友邦益增睦谊，将使中国见重于国际社会，且将使世界渐趋于大同。"② 这一主张基本上反映了以孙中山为首的革命派对于中外文明和平相处的美好愿景。不过，之后不久，革命成果便被北洋军阀集团窃取。北洋军阀政府实施"尊孔复古"的文化政策，在袁世凯就任临时大总统后，先后颁布《整饬伦常令》《通令尊崇孔圣文》《祭孔令》等复古文化政令。因此，相较于当时自下而上以西方"民主"和"科学"为旗帜的新文化运动，政府在推动中外文化交流方面态度相对消极，相关机构设置也并未建立起来。

南京国民政府成立之后，对于国际宣传工作的重要性日益有深刻认

---

① 钱穆：《东西文化学社缘起》，《旅行杂志》1943 年第 17 卷第 7 期。
②《中华民国临时大总统宣言书》，《民国报》1912 年第 4 期。

识。特别是济南惨案发生之后，国民政府意识到国际宣传工作对于国际社会认识这一事件至关重要。因此，1928 年 5 月 13 日，日本发动济南惨案后不久，国民党上海党部便邀请在上海研究国际问题及与国际新闻界有关系的人士一同组织国际宣传委员会，以便将济南惨案的真相充分传达至世界各国。① 5 月 15 日，国民党中央宣传部派罗家伦到上海落实筹设国际宣传委员会事宜。② 1929 年 6 月 6 日，国民党中央宣传部召开全国宣传会议第五次会议，专门讨论国际宣传方案，提出了 18 个国际宣传方案，如组织中央国际宣传委员会，为本党国际宣传设计与领导之机关；于法、德、日、美、英等国，分设海外国际宣传委员会；于国内重要口岸分设地方国际宣传委员会；将总理遗教及本党历年重要文件译成各国文字；摄制各种国际宣传片，运往欧美各地映演；设立西文报纸及创办西文杂志；设立国际电报通讯社；中央及上海、广州、天津、北平、汉口等地的党报增设西文报；南京及上海、广州、天津、北平、汉口等处党办之电讯社，应增发外国文字稿件；严厉取缔外国在华设立的反动报纸；中央须尽量供给国际宣传材料给海外各级党部；中央须建设能直达海外的无线电台等具体建议。③ 这些议案，包括建立对外宣传机构在内的很多内容都在法案提出后陆续付诸实施。

　　1935 年 12 月 12 日，国民党宣传部下属的国际宣传处正式成立，负责指导、调查国内外国际宣传工作，编译宣传品及联络国家文化、新闻团体等事务。这一机构先后隶属于国民党中央宣传部和国民政府军事委员会等不同部门，但是其扮演的国际对外宣传角色没有发生变化，机构本身也不断完善，特别是移驻重庆后，其内部组织和业务范围都进一步扩大，下设英文编撰科、外事科、对敌科、摄影科、广播科、总务科及秘书室、新闻检查室、资料室和日本研究室。此外，国际宣传处还在国内外多地设有办事处，如在上海、香港设立支部，昆明设办事处；在美国纽约、华盛顿、旧金山、芝加哥、洛杉矶和英国伦敦、法国巴黎、加

①《上海党声》1928 年第 2 期。

②《国际宣传委员会组织》，《时报》1928 年 5 月 18 日第 5 版。

③《规定国际宣传方案》，《大公报（天津）》1929 年 6 月 10 日第 3 版。

拿大蒙特利尔、澳大利亚悉尼和墨尔本、墨西哥墨西哥城、印度新德里和加尔各答设办事处。①

1939 年 1 月 27 日，国民党五届五中全会通过《改进国际宣传实施方案》，提出国际宣传应由中央宣传部领导，要求中央宣传部、中央海外部、外交部、军事委员会政治部和军令部合组国际宣传委员会，通盘筹划国际宣传事宜。② 1941 年后，国际宣传处改为中央国际宣传委员会，继续承担国际宣传的职责。作为官方机构的国际宣传委员会对于这一时期中外社会相互认识，特别是针对二战时期日本侵略中国这一事件发挥了积极的对外宣传作用。国际宣传委员会下设英文编撰科，该机构不仅编译了大量有关中国政治、经济、军事形势等内容供西方了解，而且翻译和编译国外论著供国内社会了解和认识。如中央宣传部国际宣传处先后编译了裴斐的《远东和平的先决条件》《未来的美日战争》《日本觊觎中的东亚共荣圈》《美日两国海军实力之比较》《美国的海军》《世界各国的石油资源》，以及威尔基等人的《民族平等论》、阿朋德等人的《如何处置战败后的日本》等论著。

战后，国民政府的对外宣传工作并没有停止。1947 年 9 月 6 日，行政院新闻局专门拟定改善国际宣传办法，并呈请行政院核实实施，提出加强各部会首长与外籍记者的联系；吸收外籍记者迁移至南京；密约外国著名作家来华写作；组织记者视察团来华等具体措施。不过，这一办法的主要目的不在于向世界宣扬中国文化，而是力求塑造国民政府的正面现象。因此该办法明确指出宣传重点应该是围绕民主政策、整治吏治、重要改革和揭发所谓共产党的"阴谋"。③

---

① 《国际宣传处——一个很特殊的机构》，载沈剑虹《半生忧患：沈剑虹回忆录》，联经出版公司，1989，第 74—82 页；［日］井上久士文：《南京大屠杀与中国国民党国际宣传处》，芦鹏译，载朱成山主编《日本侵华史研究 2017》第 4 卷，南京出版社，2017，第 128—135 页。

② 中国第二历史档案馆编《中华民国史档案资料汇编·第五辑·第二编·政治》，江苏古籍出版社，1998，第 3 页。

③ 中国第二历史档案馆编《中华民国史档案资料汇编·第五辑·第三编·文化》，第 12—18 页。

这一时期，与文化发展密切相关的教育部门也设有不同机构，共同推动中外文化交流。如1932年成立直接隶属于教育部的国立编译馆，也积极从事西洋名著的编译和中国文化的译介工作。至1947年，编译馆先后编译《近代欧洲政治社会史》等50余部反映西方文化的哲学、历史、文艺、社会科学和自然科学的作品；同时，翻译中国历史文化名著，如《史记》《资治通鉴》以及有关中国的文化史、哲学史、建筑史、陶瓷史、工艺史、音乐史、戏剧史等作品，有计划地向西方社会宣扬中国文化。①1947年，国民政府修改《教育部组织法》，于教育部内专门增设国际教育文化事业处，负责国际文化团体合作事宜；国际间交换教授及学生事宜；国外研究及考察事宜；国外留学生选派及指导工作事宜；国际出版品交换事宜；其他国际文化教育事宜。② 外务和立法部门也协助签订中外文化交流协定，推进中外之间的文化交流。1946年3月27日，国民政府在里约热内卢签订《中巴文化专约》。该条约规定：缔约双方应尽力将两国国际文化关系，建立于巩固基础之上，并为此密切合作，以求于科学、技术、文艺及其他文化方面积极之交换。③ 1947年11月10日，国民政府外交部部长王世杰和美国驻华大使司徒雷登共同签订《中美文化协定》，即《美国在华教育基金协定》，用以"美国公民在中国境内进行各种教育活动"和"中国公民在美国学术机关进行学习、研究"。④

（二）一批旨在推动中外文化交流合作的专门学术文化组织和机构也纷纷建立，对于促进这一时期中外文化交流起到了很大作用。例如，1919年，熊希龄、梁启超、蔡元培等人为沟通中西文化，倡导国民外交，在北京发起组织中国国际联盟同志会。1929年，该会会所迁移至南

① （中华民国）教育部教育年鉴编纂委员会编《第二次中国教育年鉴》三，商务印书馆，1948，第43页。

② （中华民国）教育部教育年鉴编纂委员会编《第二次中国教育年鉴》一，第13页；汪通祺：《战后两年来的中外文化交流》，《中华教育界》1948年复刊2第5期。

③ 《立法院批准中巴文化专约》，《申报》1946年9月26日第6版。

④ 《中美文化协定签字》，《中央日报》1947年11月11日第2版；李盛平主编《中国现代史词典》，中国国际广播出版社，1987，第622页。

京。1945 年，旧金山会议后，联合国组织成立，该会改为联合国中国同志会。该会宣称以"拥护世界和平组织，保障国际正义，推动国民外交，促进国际合作"为宗旨，出版《世界政治》半月刊和英文刊物 *China Forum*，举办国际座谈会及广播讲演活动，编印联合国丛书及举行联合国文物展览会，设立大学讲座及其他国际文化合作事宜。①

1931 年 4 月 5 日，亚洲文化协会于南京成立。该协会以"信仰三民主义；发扬亚洲文化；努力民族解放；组织民族国际；打倒帝国主义；完成世界大同"为宗旨，强调由中印联合到全亚洲联合，以宣扬亚洲文化和发展亚洲文化为己任。总会设在南京，国内先后设立武汉分会、上海分会、台湾分会，国外先后设立韩国分会、日本分会、菲律宾分会、马来半岛分会、印度分会、安南分会等。协会由执行委员会、常务委员会和主席委员组成，下设调查部、训练部、组织部、秘书处、总务部、宣传部（下设大同书报社和《亚洲文化月刊》）和外务部 7 个部门。该协会先后制定《亚洲文化协会章程》《亚洲文化协会执行委员会办事细则》《亚洲各压迫民族革命同志招待条例》等规章推动亚洲文化协会的工作。②

1935 年 4 月 14 日，为加强中外文化沟通，对外宣扬中国文化，对内介绍有益于中国的各国文化，经国民党上海党部批准，上海成立了中外文化协会。根据 1936 年 4 月通过的《中外文化协会章程》规定，中外文化协会的总会设在上海，中外各地有会员者即可设立分会，先后设立中法、中德、中英、中日、中美、中坎、中奥、中意、中匈、中比、中南、中俄、中荷、中印 14 个委员会，中波、中尼 2 个筹备委员会。来自国内外的一批文化名人担任董事，高博士（法）、爱士拉（英）、安献达（美）、兰纳（匈牙利）、高乐满（捷克）、鲁丁白（德国）、山本（日本）、奥克美来（奥国）、亚比尼（意大利）等担任外国董事，孙科（名誉董事长）、褚民谊（董事长）、张寿镛、瓮之龙、赵晋卿、吕超、王云五、

---

① （中华民国）教育部教育年鉴编纂委员会编《第二次中国教育年鉴》三，第 70 页。

② 《半年来之亚洲文化协会》，亚洲文化协会，1931，第 5—11 页。

吴凯声、褚辅城、王昆仑、童行白、陆高谊、舒新城担任中国董事。该章程还明确中外文化协会的主要职责和主要从事的事业：设中外语文学校为沟通文化之初步；设中外文化学院，准大学研究院及专修科程度分甲、乙两组，一为养成中国人才对外宣扬文化，一为指导外国学者研究中国学术；设图书馆、博物馆，搜集中外有关文化之书籍与物品陈列展览；设出版部，编译并发行各种有关文化之书籍及报章；设招待部，招待中外人士游历或留学，予以各种便利；设介绍部，介绍有关文化之职业及交易，如交换教师学生及流通古物书籍等；开演讲会，请中外名人临时演说或定期讲学；开交谊会，为会员及其亲友娱乐游戏联络感情；组织考察团分赴各国各地调查文化事业。①

　　虽然中外文化协会成立之后，一度被认为"缺少实际工作，未免空洞"，但是其所推崇的"中外文化各有利弊，应协调融合"的旨趣，却为"一般人所同意"。② 1937年，中外文化协会还创办了《中外文化》杂志。从《中外文化》杂志刊载的会务信息来看，协会通过召开年会、董事会、交谊会、茶话会和座谈会，创办《中外文化》杂志，发展中外会员，建立分支机构，举办各类文化演讲等活动促进中外文化相互交流和认识。

　　1938年3月27日，文艺界人士在武汉成立中华全国文艺界抗敌协会，积极推动抗战文艺海外宣传运动，加强战时中外文化交流，特别是加深包括西方文艺界人士在内的西方社会各界对日本法西斯在华侵略罪行以及国内抗战文化运动的认识。在协会成立之时，协会发布的《中华全国文艺界抗敌协会宣言》中就明确指出："对国内，我们必须喊出民族的危机，宣布日本的侵略罪状，造成民族严肃的抗战情绪生活，以求持久地抵抗，争取最后胜利。对世界，我们必须揭露日本的野心与暴行，引起人类的正义感，以共同制裁侵略者。"③ 协会先后多次致函伦敦

①《中外文化协会章程》，中外文化协会，1935。

② 上海市通志馆年鉴委员会编《上海市年鉴1936》（下），中华书局，1936，第647页。

③ 文天行、王大明、廖全京编《中华全国文艺界抗敌协会资料汇编》，四川省社会科学院出版社，1983，第12页。

国际作家保障文化自由协会、全世界反法西斯侵略战争的作家、苏联文艺界，在函电中直接揭露和痛斥日本法西斯在中国的暴行。

1939 年 2 月 2 日，协会理事会决议组织国际文艺宣传委员会，王礼锡、戈宝权、徐仲年、胡风为筹备委员，由王礼锡召集会议。① 同年 4 月 18 日，常务理事会推定王礼锡为国际文艺宣传委员会主任委员，大力推动中国与世界反法西斯文艺战线的联系。② 协会先后与苏联塔斯社社长罗果夫先生、苏联对外文化协会驻华代表郭瓦涅夫先生商谈中国抗战文艺在苏联各报章杂志刊载事宜，翻译中国抗战文艺作品交塔斯社转苏联各报章杂志刊载，并在当时著名的《国际文学》杂志筹备中国抗战文艺专号。欧美方面，协会也积极推动抗日文艺宣传工作，先后在英国、美国、匈牙利等地出版发行《中国抗战小说选》《中国抗战诗选》《中国抗战文艺选集》等。③ 与此同时，除了在会刊《抗战文艺》上积极翻译抗战文艺作品外，总会还与香港分会合作创办了英文杂志《中国作家》。该杂志在欧美文艺界引起高度关注，美国的《辩证》《小说》《今日中国杂志》《活时代》《新方向》以及苏联的《国际文学》等杂志都大量转载《中国作家》上的文章。④ 为加强与国外作家的联系，协会还特别组织联谊会，请李青崖、冯乃超、初大告、戈宝权、徐迟为联谊会委员，杨刚、肖乾为驻美英联络员。⑤ 应该说，中华全国文艺界抗敌协会成立及其所推动抗战文艺海外宣传运动是战时中外文化交流的一大特色。

1940 年 2 月 20 日，于右任等人在重庆发起成立东方文化协会，中、缅、泰各国政界、文化界众多名人参加，提出并推动通过交换出版物和文化代表团互访，"借以培植东方各民族间之文化密切关系"。⑥

1940 年 11 月 19 日，针对中西文化交流多聚焦于提倡学习西学，但

---

① 文天行、王大明、廖全京编《中华全国文艺界抗敌协会资料汇编》，四川省社会科学院出版社，1983，第 117—118 页。

② 同上书，第 126 页。

③ 同上书，第 45—46 页。

④ 同上书，第 147—148 页。

⑤ 同上书，第 260 页。

⑥《东方文化协会成立》，《中国商报》1940 年 12 月 30 日第 1 版。

向世界介绍我国文化者却寥寥无几的情况，华西大学文学院院长在罗忠恕在成都组织成立东西文化学社。东西文化学社制定的《东西文化学社简章》明确指出，学社以"联络国内外学者，以客观的批判精神，检讨中西文化之价值，并直接交换思想，共同努力文化之交融及新文化之建设"为宗旨，并提出8项措施力推东西文化交流目标的实现，包括创办刊物，定名为《东西文化》；成立东西文化研究所；设立图书馆；在国外宣传东方文化之精神，并提倡在国外大学设立中国文化及东方学术之学科；提倡在国内外大学重视、研究文化学科；设立编辑所，互译东西名著，编辑文化丛书；与各国学术机构交换出版物；举办文化问题之公开讲演及讨论。

　　罗忠恕提出的中外大学学术合作倡议，也受到国外大学及众多知名学者的高度肯定。来自英国、法国、美国、意大利、荷兰、德国、印度等国的大学或者学术研究机构，以及爱因斯坦、普朗克、泰戈尔、杜里舒、克罗奇、代文德、白希和、林则、穆瑞、怀德海、杜威、罗素、史汀、斯坦因、罗班、李文斯登、巴克尔等知名学者先后致函罗氏，并给予高度赞赏。此外，23名剑桥大学教授集体致函中国各大学及学者讨论中英大学学术合作事宜；17名牛津大学教授也专门集体致函中国各大学与学者讨论高等教育、哲学教育与人生理想的研究事宜；38名来自中央大学、齐鲁大学、金陵女子大学、金陵大学、华西协和大学的中国学者积极响应英国牛津、剑桥两大学的公函。①

　　1946年4月14日，中国国际教育科学文化协会正式成立。该协会以促进国际教育文化合作，协助我国教育科学文化发展为宗旨。协会成立后，先后筹备组织小规模国际图书馆，搜集、陈列各国各级学校教科书；出版国际教育科学文化资料，并与外国学术机构交换资料；成立国际社会科学院；协助教授与学生赴外考察留学事宜；与联合国文教组织

————————

① 罗忠恕辑《中国与国外大学学术合作之建议及东西文化学社之缘起》，蓉新印刷
　工业合作社，1941，第1—29页。

保持密切联系。①

　　除社会各界自发组织成立的机构外，国与国之间的文化交流机构也不断涌现。1933 年 5 月 12 日，中德文化协会成立；1933 年 6 月 8 日，中波文化协会成立；1933 年 10 月 11 日，中英文化协会成立；1934 年 4 月 15 日，中南（南洋）文化协会成立；1935 年 10 月 25 日，中苏文化协会成立；1939 年 2 月 23 日，中美文化协会成立；1939 年 3 月 26 日，中法比瑞文化协会成立；1940 年 7 月 28 日，中日文化协会成立；1942 年 4 月 19 日，中意文化协会成立；1948 年 12 月 6 日，中奥文化协会成立。这些国家之间的文化交流机构对于促进国与国之间的文化交流发挥了重要作用。如，1935 年 10 月 25 日成立的中苏文化协会以"研究及宣扬中苏文化，并促进两国国民之友谊"为宗旨，先后在全国各地成立上海分会、成都分会、兰州分会、湖南分会、桂林分会、重庆分会、新疆分会、云南分会、香港分会、贵州分会等机构。中苏文化协会承担当时中苏两国文化交流的主要工作，如介绍苏联学者来华讲学；介绍中国学者赴苏联讲学；举行关于中苏文化的讲演及展览会；出版有关中苏文化的刊物；举办促进中苏人士友谊的集会；赞助国内人士赴苏联留学或考察游历事宜；赞助苏联人士来华留学或考察游历事宜；设立图书馆，搜集有关中苏文化的书籍及刊物；等等。② 中苏文化协会成立后，先后出版中苏文化协会文学丛书、文艺丛书、社会科学丛书和中苏文化协会研究委员会研究丛书，对于促进中苏文化的研究和宣扬发挥了重要作用。

　　国内的学术团体也纷纷把加强中外学术文化交流作为工作重点之一。例如，1932 年 9 月 1 日成立的中国政治学会，于次年 1 月 31 日专门成立国际问题研究会，以加强中外国际问题交流，并招待了很多在华的国外组织和学者。1935 年 5 月 8 日，国际问题研究会组织成立中英、中法、中俄、中日委员会，陈立廷为中英委员会主席，齐云青为中法委员

①（中华民国）教育部教育年鉴编纂委员会编《第二次中国教育年鉴》（三），第 71 页。

②《中苏文化协会会章》，《中苏文化杂志》1936 年第 1 卷第 1 期；真之：《介绍中苏文化协会》，《世界知识》1936 年第 4 卷第 1 期。

中苏文化协会成立大会

会主席，陈蔗青为中德委员会主席，黄开平为中俄委员会主席，朱义农为中日委员会主席。[1] 1935 年 8 月 7 日，国际问题研究会发起组织海外经济考察团。[2] 另外，中国国民外交协会、中国天主教文化协进会、中国劳动协会、中印学会等学术团体也都一直致力于推进中外文化交流。[3]

（三）积极参与国际多边文化合作组织与机构，有力推动中外文化交流。1922 年 8 月 1 日，在日内瓦成立的国联世界文化合作会，下设世界文化合作执行委员会、国联秘书处文化合作股、世界文化合作院、教育电影国际学院、各国世界文化合作协会等机构，积极推动世界各国的

---

①《国际问题研究会组英法德俄日各委会》，《申报》1935 年 5 月 9 日第 10 版。

②《国际问题研究会发起组海外经济考察团》，《新闻报》1935 年 8 月 9 日第 10 版。

③（中华民国）教育部教育年鉴编纂委员会编《第二次中国教育年鉴》（三），第 71 页。

文化交流。1930年，国联世界文化合作会第十三次代表大会上，吴稚晖被聘为国联世界文化合作会会员，蔡子民和胡适担任中国与世界文化合作会通讯员。从第十三次代表大会开始，中国连续参加四次代表大会，林语堂、陈和铣、胡天石等人先后代表吴稚晖出席大会。1932年，李石曾在日内瓦组织成立世界文化合作会中国代表团办事处，并成立中国国际图书馆，图书馆馆藏中文书籍20万册，西文书籍1万册。[①]

正是在国联世界文化合作会的推动下，中西教育文化交流不断繁盛。1931年，应中国政府邀请，国联世界文化合作会派瑞士日内瓦大学地质学教授M. Parejas、英国诺丁汉大学英国文学教授Mr. Davy、广州中山大学地理学教授M. Credner等3人到中央大学任教授；又特派教育专家、柏林大学教授、普鲁士原教育部长M. Carl Becker，语言学教授、波兰教育部司长M. Falski，法兰西学院教授M. Langevin、伦敦大学教授M. Tawney等4人赴华考察中国教育问题。1932年，在国联世界文化合作会的协助下，中国派中央大学教育学院院长程其保、浙江大学工学院院长李熙谋、北京大学教授杨廉、教育部高等教育司长郭有守和有德国耶纳大学、海德尔堡大学留学经历的历家祥等5人赴欧洲考察教育。1933年春，由蔡元培、吴稚晖、李石曾等人发起成立世界文化合作中国协会，秘书处设在上海，负责有关中国学术机构的海外活动、中国与世界文化合作事宜和筹设民众艺术博物馆。[②]

1945年11月16日，以"促进各国间教育科学与文化之合作，以推动对于正义法治及人权与基本自由之普遍的尊重"为宗旨的联合国教育、科学、文化组织成立。1947年8月28日，联合国教育、科学、文化组织（以下简称"联教组织"）专门召开中国委员会会议，选出中国委员会执行委员10人，并设立自然科学委员会、社会科学哲学及人文科学委员会、教育委员会、大众传播委员会、图书及博物院委员会、艺术

① 陈和铣：《参加国联世界文化合作会第十四次会议之经过》，世界编译馆，1933，第1—14页。

② 郭子雄：《中国与世界文化合作》，《中国国际联盟同志会月刊》1936年第1卷第2期。

国联世界文化合作会中国国际图书馆

及文学委员会等 6 个专门委员会,并通过《联合国教育、科学、文化组织中国委员会组织规程》,明确中国委员会应履行四项主要职责:办理国内教育、科学、文化团体与联教组织的联络事宜;建议政府有关联教组织工作计划的推行事项;办理政府及联教组织委托事项;担任本国出席联教组织大会代表团及教育部有关联教组织事业的顾问事宜。① 同年9月,联教组织在中国召开联合国教育、科学、文化组织远东区基本教育研究会议,澳大利亚、缅甸、印度、马来亚联邦、尼泊尔、新西兰、越南、泰国、新加坡等国家和地区参加,并通过基本教育研究会议决议案。②

---

① (中华民国) 教育部教育年鉴编纂委员会编《第二次中国教育年鉴》(三),第
　　110 页;《联合国教育、科学、文化组织中国委员会筹备委员会组织规程》(1947
　　年 3 月 14 日,高字第 14655 号部令),《教育部公报》1947 年第 19 卷第 4 期。
② (中华民国) 教育部教育年鉴编纂委员会编《第二次中国教育年鉴》(三),第
　　105 页。

二、 留学生、 海外华侨对中外文化的引进与输出

民国时期中外文化交流，就交流主体而言，较之前变化最大的是传教士和外交官在中西文化互动中的重要性逐渐减弱。与此同时，留学生和海外华侨作为中西文化交流的重要纽带，对于中西文化的相互认知和交流所发挥的作用越来越大，这是民国时期中外文化交流的一大特点。

（一） 留学生与中外文化交流

留学教育最早可以追溯至 1847 年容闳等人赴美留学事件。不过这一事件在当时属于个案。出洋留学由个案转变为有组织的政府行为，则要追溯至 1854 年容闳于耶鲁大学毕业回国后向清廷提出的留学教育计划。容闳在其计划中称：

> 政府宜选派颖秀青年，送之出洋留学，以为国家储蓄人才。派遣之法，初次可先定一百二十名学额以试行之。此百二十人中，又分为四批，按年递派，每年派送三十人。留学期限，定为十五年，学生年龄，须以十二岁至十四岁为度，视第一批、第二批学生出洋留学，着有成就，则以后即永定为例，每年派出此数，派出时并须以汉文教习同往，庶幼年学生在美，仍可兼习汉文。至学生在外国膳宿入学等事，当另设留学生监督二人以管理之，此项留学经费，可于上海关税项下，提拨数成以充之。①

这一计划于 1871 年得到清廷批准，并命令曾国藩、李鸿章具体执行该计划。曾国藩、李鸿章据此拟定《挑选幼童前赴泰西肄业章程》，规定在 4 年内，每年选派 30 名幼童赴美学习。之后，中国学生或公费被选派或自费赴美国、欧洲和日本留学的人数逐年增加。根据梅贻琦、程其

---

① ［清］容闳：《西学东渐记》徐凤石、恽铁樵等译，钟书河导读、标点，生活·读书·新知三联书店，2011，第 77 页。

保的统计，截止 1911 年，总计有 604 人赴美国留学；[1] 留学欧洲的人数
也逐年增多，以下几组数字可以窥见清末留学欧洲人数的大致情况：
1909 年、1910 年留学德国的公费生和自费生分别有 77 人和 75 人，1910
年留学英国的公费生有 123 人，1910 年留法学生的人数有 48 人。[2] 留学
日本的人数更多，至清末为止，每年赴日本留学的人数都在 3000 人以
上。其中，1906 年赴日本留学的人数有 7283 人，1907 年有 6797 人，
1908 年有 5216 人，1909 年有 5266 人，1910 年有 3979 人，1911 年有
3328 人。[3]

　　辛亥革命之后，国民政府的留学教育政策虽然因为时局变化呈现出
"钟摆现象"[4]，但是总体而言，仍是延续之前的鼓励出国留学政策。特
别是在新旧制度更替的大变革时期，中国社会对于西方资本主义政治、
经济、军事和文化的需求显得更为急迫。正如时人所言："今共和初立，
欲造成新社会新国民，更非留学莫济，而尤以民气民智先进之国为
宜。"[5] 因此，一些出国留学组织和团体纷纷建立。如 1912 年，吴稚晖、
张溥泉、张静江、褚民谊、齐竺山、李石曾等人发起留法俭学会，以
"节俭费用为推广习学之方法，以劳动朴素养成勤俭之性质"为宗旨，
在北京设立北京预备学校，在上海成立上海法文社，组织学生赴法国巴
黎大学、巴黎博物院、巴黎工艺院以及乡间农业实习学校留学。[6] 此后，
留法女子俭学会、留法居家俭学会、留英俭学会先后成立。

<hr />

① 梅贻琦、程其保：《百年来中国留美学生调查录（1854—1953）》，载陈学恂、田
　　正平编《中国近代教育资料汇编·留学教育》，上海教育出版社，2007，第
　　712—714 页。

② 刘真主编《留学教育：中国留学教育史料》第 2 册，台湾地区编译馆，1980，第
　　611—650 页。

③ ［日］二见刚史、［日］佐藤尚子：《中国人日本留学史关系统计》，载陈学恂、田
　　正平编《中国近代教育资料汇编·留学教育》，第 714—715 页。

④ 关于民国时期留学政策的详细论述可参阅黄新宪：《中国留学教育的历史反思》，
　　四川教育出版社，1991，第 176—197 页；元青等：《中国留学通史》民国卷，广
　　东教育出版社，2010，第 1—316 页。

⑤ 世界社编《旅欧教育运动》，旅欧杂志社，1916，第 50 页。

⑥ 同上，第 50—62 页。

　　国民政府教育主管部门也出台一系列规章、条例和办法，加强对留学事务的管理。例如，北洋军阀政府时期颁布关于留学美国的《经理美洲留学生事务暂行规定》（1914 年 8 月 12 日）和《管理留美学生事务规程》（1916 年 3 月 12 日）；留学欧洲的有《经理欧洲留学生事务暂行规定》（1913 年 8 月 20 日）、《管理留欧学生事务规程》（1915 年 8 月 26 日）和《呈大总统拟定留欧学生监督处简章并遴员请予简派文兵指令》（1919 年 3 月 31 日）；留学日本的有《管理留日学生事务规程》（1914 年 12 月 24 日）、《留日官自费生奖励章程》（1918 年 11 月 4 日）、《日本对华文化事业补助留学生学费分配方法》（1924 年 3 月 6 日）、《驻日留学事务处组织大纲》（1925 年 3 月 24 日）、《管理留日学生事务规程》（1925 年 3 月 24 日）。南京国民政府成立后，也先后出台一系列留学管理规则，如《修正发给留学证书规程》（1929 年 2 月 15 日）、《陆海空军留学条例》（1929 年 4 月 4 日）、《自费留学外国航空学校毕业人员登记及录用规则》（1931 年 6 月 18 日）、《国外留学规程》（1933 年 4 月 29 日）、《选派留学生暂行办法大纲》（1933 年）、《取缔私送军事留学员生办法》（1935 年 3 月 8 日）、《抗战期内国外留学生救济办法》（1938 年 6 月）、《抗战期间回国留学生登记办法》（1939 年 1 月 31 日）、《派遣国外公费学生管理办法》（1943 年 7 月 19 日）、《国外留学自费生派遣办法》（1943 年 11 月 8 日）、《国外留学规则》（1947 年 4 月 28 日）等。

　　可以说，民国时期留学教育包括五四时期的留法热、20 世纪 20 年代的留苏热、30 年代的留日热和抗日胜利后的留美热等四次出国热潮。[1] 即便是抗日战争时期，政府出国留学政策虽然有所收紧，但出国留学人员仍然络绎不绝。1938 年 6 月 16 日，《申报（香港）》以"国难中留学人数仍众"为题进行报道，称"我勤恳志士并不因战事而稍减其求进之心"，出国求学之人仍"甚为踊跃"。[2] 虽然这些留学人员在不同时期前往不同国家，其留学目的和成就各有差异，但是纵观整个民国时

---

① 王奇生：《留学与救国：抗战时期海外学人群像》，广西师范大学出版社，1995，第 2—16 页。

②《国难中留学人数仍众》，《申报（香港）》1938 年 6 月 16 日第 4 版。

期，这些留学生的留学范围涉及各个学科领域，对于西学认识的深度和广度较之前都有很大提升。表 4-5 是 1929 年 8 月至 1942 年 7 月各年度出国留学学生各科人数一览表。

表 4-5　1929 年 8 月至 1942 年 7 月各年度出国留学学生各科人数一览表①

单位：人

时间	文	法	商	教育	理	工	农	医	其他	总计
1929—1930 年	266	568	75	62	129	66	104	249	138	1657
1930—1931 年	166	307	56	43	77	49	109	165	58	1030
1931—1932 年	57	108	45	11	64	17	60	79	9	450
1932—1933 年	98	179	40	25	49	35	53	76	21	576
1933—1934 年	78	151	45	27	55	40	83	139	3	621
1934—1935 年	99	234	52	43	116	72	79	164	—	859
1935—1936 年	117	246	73	70	135	113	104	174	1	1033
1936—1937 年	108	227	64	64	97	119	127	183	13	1002
1937—1938 年	20	61	33	24	46	107	41	34	—	366
1938—1939 年	2	7	1	3	18	34	7	20	—	92
1939—1940 年	1	9	1	9	20	13	4	8	—	65
1940—1941 年	8	10	7	7	8	25	10	11	—	86
1941—1942 年	3	11	4	2	8	19	6	4	—	57
合计	1023	2118	496	390	822	709	787	1306	243	7894

留学生涉及文、法、商、教育、理、工、农、医等各学科，基本上囊括了西方教育各学科领域。这些留学人员利用留学身份，积极参与到社会与文化的变革之中，对于中外文化交流发挥了独特作用：一方面，留学生利用留学学习机会，广泛接触和学习西方社会主流思潮和先进文化，积极将其引介到中国，对国内"西学东传"起到积极作用；另一方面，留学生在异国他乡介绍、研究和传播中国文化的尝试和努力从未间断，成为这一时期"中学西传"的重要媒介，是这一时期"中西文化交流中值得注意的一种文化现象"。②

① 参见《历年度出国留学生》，《统计月报》1943 年第 66 期。
② 元青：《留学生与中国文化的海外传播：以 20 世纪上半期为中心的考察》，南开大学出版社，2014，第 1 页。

近现代时期：中外经贸文化交流与发展

北京留法俭学会预备学校第三班学生合影

第一，留美学生与中美文化交流。据梅贻琦、程其保统计，1912 年到 1949 年，留学美国的中国学生人数总计有 12866 人。[1] 这些留美学生在中美科技和人文领域的交流方面发挥了积极作用。对此，有学者认为民国时期留美学生对推动科学技术在中国传播和发展的贡献主要表现在两个方面：一是把美国先进的科学成果、科学发现、科学知识引介到中国；一是利用自己所学知识回国开展科学研究和创新，推进现代科学在中国落地生根。[2] 在这一过程中，中国科学社（以下简称"科学社"）的建立和发展是这一时期中美科技交流发展的缩影。1914 年 6 月 10 日，由留学美国康奈尔大学的胡明复、赵元任、秉志、章元善、过探先、金

---

① 梅贻琦、程其保：《百年来中国留美学生调查录（1854—1953）》，载陈学恂、田正平编《中国近代教育资料汇编·留学教育》，第 712—714 页。

② 元青：《民国时期的留美学生与中美文化交流》，《南开大学学报（哲学社会科学版）》2000 年第 5 期。

邦正、任鸿隽、杨杏佛等 9 人创议成立科学社。该社创立之初就以"科学救国"为己任，立志"提倡科学、鼓吹实业、审定名词和传播知识"，先后创办《科学》和《科学画报》杂志，将西方先进的科学技术知识和机制引入中国，参与并促进近代科学技术体系在中国的发生和发展，被认为是"近代中国延续时间最长、规模最大、影响最为广泛的综合性学术社团"。① 该社团的创立、发展和壮大主要与留美学生直接相关。根据张剑研究，科学社早期社员主要来自留美学生，1915 年 10 月 30 日统计的 115 名科学社社员中，基本上均为留美学生。1917 年 9 月，统计该社社员 279 人，其中 156 人为留美学生。之后，虽然社员来源逐渐多元化，但是留美学生仍占有很大比重。② 科学社的理事会成员，自成立以来更是长期由具有留美背景的人员组成。1915 年至 1953 年，科学社总计有当选理事和候补理事 87 名，其中有留学美国经历的 58 人，约占全部理事成员的 67%。表 4-6 是 1915 年至 1953 年中国科学社理事会成员留学美国人员情况：

表 4-6　1915 年至 1953 年中国科学社理事会成员留学美国人员一览表③

姓名	留学学校	姓名	留学学校	姓名	留学学校
任鸿隽	康奈尔大学、哥伦比亚大学	王伯秋	哈佛大学	曾昭抡	麻省理工学院
胡明复	康奈尔大学、哈佛大学	秦汾	哈佛大学	章元善	康奈尔大学
赵元任	康奈尔大学、哈佛大学	胡先骕	加利福尼亚大学	吴学周	加州理工学院

① 何品、王良镭编《中国科学社档案资料整理与研究董理事会会议记录》，上海科学技术出版社，2017，第 1 页。
② 张剑：《赛先生在中国——中国科学社研究》，上海科学技术出版社，2018，第 609—616 页。
③ 根据张剑《赛先生在中国——中国科学社研究》第 656—671 页所提供的资料统计而成。

姓名	留学学校	姓名	留学学校	姓名	留学学校
秉志	康奈尔大学	叶企孙	芝加哥大学、哈佛大学	姜立夫	加利福尼亚大学、哈佛大学
周仁	康奈尔大学	高君珊	哥伦比亚大学、密歇根大学	吴宪	麻省理工学院、哈佛大学
竺可桢	伊利诺伊大学、哈佛大学	杨孝述	康奈尔大学	袁翰青	伊利诺伊大学
钱天鹤	康奈尔大学	伍连德	约翰斯·霍普金斯大学	庄长恭	芝加哥大学
邹秉文	康奈尔大学	丁绪宝	芝加哥大学	赵曾珏	哈佛大学
唐钺	康奈尔大学、哈佛大学	胡适	康奈尔大学、哥伦比亚大学	徐善祥	耶鲁大学、哥伦比亚大学
孙洪芬	科罗拉多矿业学院、芝加哥大学、宾夕法尼亚大学	吴有训	芝加哥大学	程孝刚	普渡大学
孙昌克	科罗拉多矿业学院	钱崇澍	伊利诺伊大学、芝加哥大学、哈佛大学	林伯遵	芝加哥大学
过探先	威斯康星大学、康奈尔大学	卢于道	芝加哥大学	吴沈钇	密歇根大学
杨铨	康奈尔大学、哈佛大学	顾毓琇	麻省理工学院	吴墨耕	密歇根大学
裴维裕	麻省理工学院	王家楫	宾夕法尼亚大学	蔡宾牟	密歇根大学、哈佛大学
金邦正	康奈尔大学	萨本栋	斯坦福大学、伍斯特理工学院	程瀛章	普渡大学、芝加哥大学
李垕身	康奈尔大学	茅以升	康奈尔大学、卡内基理工学院	徐韦曼	芝加哥大学
郑宗海	哥伦比亚大学	张洪沅	加州理工学院	王恒守	哈佛大学

姓名	留学学校	姓名	留学学校	姓名	留学学校
胡刚复	哈佛大学	沈宗瀚	佐治亚州大学、康奈尔大学	杨树勋	哥伦比亚大学、芝加哥大学
王琎	理海大学、明尼苏达大学	蔡翘	加利福尼亚大学、印第安纳大学、哥伦比亚大学、芝加哥大学		
张准	麻省理工学院	郭任远	加利福尼亚大学		

　　留美学生对于中美人文社科交流也发挥着重要作用。许多留美学生在美国受过严格训练之后，把在美国学习和接触到的学科理论与方法积极引介到中国，涉及哲学、史学、社会学、教育学、经济学、文学艺术等各领域。例如，留美学者胡适引介美国杜威实用主义哲学、何炳松引介鲁滨孙"新史学"、孙本文引介西方社会学理论、洪深引介西方戏剧理论等都对中国文化各领域产生深远影响。[1] 周文玖以史学为例，曾专门讨论留美学生与中美史学交流问题，认为留美学生在现代史学建设方面"具有开创性意义"。民国时期史学界有影响力的学者，如蒋廷黻、雷海宗、何炳松、洪业、陈衡哲、陈翰笙、陆懋德、李济、张星煨、张荫麟、杨生茂、王钟翰等人都有留美学习经历。他们在史学理论与方法、西洋史、中西交通史、考古学、美国史等研究领域引进和实践美国史学研究成果与理论方面各有千秋，并各自形成独树一帜的学术风格。[2]

　　一些毕业后留在美国的留美学生则对中国文化在美国的传播和发展作出了积极贡献。这些留美学生中，有些人在毕业后担任美国大学中文课程教职，例如，1918 年毕业于哥伦比亚大学的李绍昌，于 1922 年担任夏威夷大学中文课程教授，并在夏威夷大学创立东方研究系。先后留学哈佛大学的赵元任和梅光迪则分别于 1922 年和 1924 年在哈佛大学开设中文课程。梅光迪任职哈佛大学期间，还协助成立中文图书馆，极大地推动了哈佛大学的中国文化研究。留学芝加哥大学的陈受颐于 1928 年

①　元青：《民国时期的留美学生与中美文化交流》，《南开大学学报（哲学社会科学版）》2000 年第 5 期。

②　周文玖：《民国时期中外史学交流》，河南人民出版社，2019，第 29—48 页。

第四章　自省与自救：民国时期中外经贸文化交流

在芝加哥大学开设中文课程。[①] 有些留美学生则是通过翻译中国文化经典，向西方直接介绍中国文化。例如，赴美国威斯康星大学和哥伦比亚大学留学的王际真翻译的《红楼梦》于 1929 年在美国出版，是"20 世纪 60 年代以前，英语世界主要流通的《红楼梦》译本"。[②] 曾经留学哈佛大学的林语堂则节译《论语》《中庸》《大学》《礼记》《孟子》部分篇章和《史记·孔子世家》，于 1938 年以书名《孔子的智慧》出版。[③]

此外，还有很多留学生以中国哲学、社会、政治、法律、教育、经济等问题为研究对象进行中国问题研究[④]，并在美国出版相关研究书籍。例如，郭秉文于 1915 年出版《中国教育制度沿革史》；黄汉樑于 1918 年出版《中国的地租》；李秉华于 1921 年出版《中国经济史：以农业为重点》；徐声金于 1922 年出版《中国家族制度》；李绍昌于 1926 年出版《中国文化的发展》；李济于 1928 年出版《从人类看中国人的起源》；孙念礼于 1932 年出版《班昭传》；梅贻宝于 1929 年和 1934 年先后出版《墨子的伦理和政治著作》《墨子：被人遗忘的孔子的对手》；林耀华、王际真于 1944 年分别出版《金翼：中国家族制度的社会学研究》《中国传统故事》；林语堂于 1935 年、1936 年、1947 年先后出版《吾国吾民》《中国新闻舆论史》《苏东坡传》；冯友兰于 1948 年出版《中国哲学简史》等等。[⑤] 这些留美学生的译著、论著对美国认识中国社会文化作出积极贡献，有力地促进了中美文化交流。

第二，留欧学生与中欧文化交流。赴欧留学最早可以追溯至光绪元年（1875），沈葆桢派遣福州船政局学生随法国人日意格赴法学习。辛亥

---

① 顾钧、陶欣尤编《20 世纪中国古代文化经典在美国的传播编年》，大象出版社，2017，第 28—31、36 页。

② 同上书，第 40 页。

③ 同上书，第 54—55 页。

④ 相关研究可参阅元青等：《民国时期留美生的中国问题研究——以留美生博士论文为中心的考察》，南开大学出版社，2017；芩红、周棉主编《留学生与中外文化交流》，南京大学出版社，2018，第 163—189 页。

⑤ 顾钧、陶欣尤编《20 世纪中国古代文化经典在美国的传播编年》，第 19、24、26、27、28、34、37、39、48、65、67、69 页。

革命之后，持续不断地派遣留欧学生，自 1913 年至 1917 年，仅公费留学欧洲的学生每年分别有 242 人、218 人、184 人、182 人和 173 人。[1]之后，赴英、法、德、俄等欧洲国家留学的人数不断增多。其留学人数虽不及美国和日本，但是随着五四运动时期的勤工俭学赴法热和 20 世纪 20 年代的留苏热，致使留欧人数成倍增加。1919 年至 1920 年，仅赴法的勤工俭学学生人数总计超过 1600 人。[2] 南京国民政府成立后，虽然留学人员受时局影响变化较大，但是仍有大批学生赴欧洲各国留学。1929 年至 1946 年，国民政府相关部门向欧洲各国派出的公费留学生人数总计约为 2698 人。其中，英国 881 人，法国 775 人，德国 722 人，比利时 194 人，其他欧洲国家 126 人。[3]

这些留欧学生对中欧文化交流起到了重要作用。例如，留英学生把英国先进的自然科学和人文社会科学理论、方法和技术引进到中国，有力推动了中国近代科学和文化的现代转型。据秦宝琦统计，1955 年、1957 年和 1980 年三次增选中国科学院学部委员，总计 469 人，具有留学经历的有 389 人，其中留英 72 人，占到具有留学经历的学部委员的 18.5%。陶孟和、徐志摩、傅斯年、金岳霖、许地山、老舍、朱光潜、钱锺书、向达、费孝通、杨宪益、萧乾等对近代人文社会科学领域作出突出贡献的学者，也都是具有留学英国的经历。[4] 同时，留英学生也利用留学机会积极传播中国文化。其中，以留学爱丁堡大学的辜鸿铭在向西方宣扬中国传统文化所作出的贡献最大。他先后将儒家经典《论语》《中庸》和《大学》翻译成英文，为中国传统文化在海外的传播作出重要贡献。1915 年，他出版英文著作《中国人的精神》，更是被译成德、法、日等多国语言，甚至在西方兴起"辜鸿铭热"。丹麦文评家勃兰兑斯在 1917 年撰写的《辜鸿铭论》一文中称"比之通常欧洲人士所仅识得

① 刘真主编《留学教育：中国留学教育史料》第 5 册，第 2626 页。
② 北京大学国际政治系编《中国现代史统计资料选编》，河南人民出版社，1985，第 75—84 页。
③ 沈福伟：《中国与欧洲文明》，山西教育出版社，2018，第 395 页。
④ 秦宝琦：《五千年中外文化交流史》第四卷，福建人民出版社，2000，第 296、300—301 页。

之多半作家，辜氏值得更大的注意而不可同日而语"①，这一称赞足见辜鸿铭在当时西方社会的影响力。

除留英学生外，留法学生对于推动中法文化交流也起到了重要作用。例如，1916 年 3 月 29 日成立于巴黎的华法教育会就是在旅法留学生的直接推动下成立的。华法教育会以"发展中法两国之交通，尤重以法国科学与精神之教育，图中国道德、智识、经济之发展"为宗旨。在《华法教育会大纲》中，明确指出华法教育会联合包括留法学生在内的中法友人主要发挥以下作用：一、哲理与精神之部分，以传达法国新教育为务，如编辑刊印中法书籍与报章。二、科学与教育部分，联络中法学者诸团体，在中国创设学问机构，介绍更多中国留学生来法，助法人游学于中国，组织留法之工人教育。三、经济社会之部分，为发展中法两国经济之关系，与助进华工教育之组织，以法兰西、（中华）民国之平等公道诸谊为标准。② 因此，华法教育会从一开始就与之前的俭学会和勤工俭学会扮演的角色不同。华法教育会不仅承担组织留学事宜，还是"两国文化事业之总机关"③。大量勤工俭学赴法学习学生，更是怀揣理想与信仰，对于中法文化交流贡献良多：一方面，他们利用劳动与学习之余，通过建立并积极参与诸如中华印字局、《旅欧杂志》、中国文化讲习班、游艺会和华工讲演团等文化机构和组织，在法国积极传播和宣扬中华优秀文化④；另一方面，他们把在法国学习到的社会思想、知识和文化源源不断地输送到中国。其中，对中国社会影响最为深远的莫过于集中于留法勤工俭学学生会、工学世界社和劳动学会的一批留法青年学生群体，他们成为中国早期马克思主义传播者中最重要的群体之一。留法学生从法国向中国直接输入社会主义一直是马克思主义在中国早期传播的主要路径之一。他们不仅在法国创办《少年》《赤光》等刊物，

---

① ［丹麦］勃兰兑斯：《辜鸿铭论》，载辜鸿铭《辜鸿铭文集》（下），黄兴涛等译，海南出版社，1996，第 609 页。

② 世界社编《旅欧教育运动》，旅欧杂志社，1916，第 113—118 页。

③ 蔡元培：《华法教育会通告（一）》（1921 年 1 月 12 日），载高平叔编《蔡元培教育论著选》，人民教育出版社，2011，第 334 页。

④ 李喜所：《近代留学生与中外文化》，天津教育出版社，2006，第 356 页。

并在国内外发行，与当时流行的无政府主义、国家主义政治思潮进行论战；同时，还在国内刊物上发表文章，积极宣传马克思主义，如蔡和森刊发在《新青年》第9卷第4号的《马克思学说与中国无产阶级》，强调马克思主义学说的精髓在于综合"革命说"和"进化说"，指出唯物史观、资本论和阶级战争是马克思主义学说的三个出发点，对于当时国内形形色色的各类主义，如无政府主义、工团主义、基尔特社会主义和修正各派的社会主义进行批判。[①] 李季刊发在《新青年》第8卷第6号的《社会主义与中国》一文则针对当时新顽固派提出的社会主义不适合中国的论调进行批判，指出"社会主义是救我们中国的良药""新顽固派所说资本主义不发达，不能实现社会主义"的观点是"荒谬绝伦，大错特错"。[②]

在论及马克思主义在中国的传播这一方面，留俄（苏）学生对此也作出重要贡献，马克思主义在中国的传播也是这一时期中俄（苏）文化交流的主要内容之一。特别是十月革命之后，一大批先进知识分子纷纷将目光投向苏俄，并奔赴苏俄学习考察，积极把马克思列宁主义引介到中国。以早期传播马克思主义的主要阵地《新青年》杂志为例，该杂志刊登有许多赴苏俄学习的青年所撰写的宣扬马克思主义的文章。例如，蒋光慈于1921年赴莫斯科东方大学学习，先后发表了《经济形势与社会关系之变迁》《唯物史观对于人类社会理事发展的解释》《无产阶级革命与文化》等文；彭述之于1921年赴莫斯科东方大学学习，发表了《谁是中国国民革命之领导者》；瞿秋白于1921年作为北京《晨报》特约记者赴莫斯科学习，先后发表了《世界社会运动中共产主义派之发展史》《自由世界与必然世界》《列宁主义概论》《列宁主义与杜洛茨基主义》等文。这一时期在中苏文化交流中扮演重要角色的中苏文化协会，也是由曾经在俄国东方大学留学的张西曼等留苏学生成立的，其协会成员大多具有留学苏俄的经历，如中苏文化协会成立大会上选出的第一届21名理事和候补理事中，王陆一、于国桢、何汉文、西门宗华等人留学于莫斯

① 蔡和森：《马克思学说与中国无产阶级》，《新青年》1921年第9卷第4期。

② 李季：《社会主义与中国》，《新青年》1921年第8卷第6号。

科中山大学，张西曼留学于俄国东方大学。

　　第三，留日学生与中日文化交流。近代留日学生最早可以追溯至光绪二十二年（1896），清政府派遣唐宝锷、朱忠光、胡宗瀛等 13 人赴日本留学。之后，随着 19 世纪末 20 世纪初中国政治、经济和思想文化的急剧变化，以"求学救国"为诉求的青年学子纷纷东渡日本，留日学生人数不断增加。日本学者实藤惠秀根据 1940 年 10 月兴亚院编写的《日本留学中华民国人名调》进行整理分析，指出 1901 年至 1939 年仅在日本完成学业的中国留学生就有 11966 人，若加上短期学习和中途退学返国的人数，赴日留学的人数更多，至少有 5 万人以上。① 如此众多的留日学生，对于中国社会影响巨大，以下有两组数字足以证明这些留日学生的影响力。辛亥革命之后，南京临时政府内阁人员中，共有 18 名总长、次长，其中有 9 人具有留日背景。② 中国共产党成立之前，上海、北京、湖南、湖北、广东、山东、巴黎、东京等地共产党早期组织的主要发起人和参加者共 59 人，其中有 13 人曾经留学日本。③ 可以说，留日学生群体一直是民国时期政治、经济、军事和文化领域不容忽视的社会力量之一，在中日文化交流中扮演着重要角色。特别是留学生借助日本渠道，大力引进和吸收包括社会主义学说在内的西方文化，是这一时期中日文化交流的主要趋向。表 4-7 是根据谭汝谦先生整理的 1660 年至 1978 年中译日文书籍数量绘制的中译日文书籍数量变化情况一览表：

---

① ［日］实藤惠秀：《中国人留学日本史》，谭汝谦、林启彦译，生活·读书·新知三联书店，1983，第 112—115、119 页。

② 王奇生：《中国留学生的历史轨迹（1872—1949）》，湖北教育出版社，1992，第 206 页。

③ 李里峰：《中共中央领导层中的留学生群体分析（1921—1949）》，《徐州师范大学学报（哲学社会科学版）》2005 年第 6 期。

表 4-7　1660 年至 1978 年中译日文书籍数量变化情况一览表①

单位：种

时间	总类	哲学	宗教	自然科学	应用科学	社会科学	中国史地	世界史地	语文	美术
1660 年至 1867 年	0	0	0	0	2	0	0	0	2	0
1868 年至 1895 年	1	0	1	0	2	1	0	2	1	0
1896 年至 1911 年	8	32	6	83	89	366	63	175	133	3
1912 年至 1937 年	20	62	19	249	243	660	86	75	312	33
1938 年至 1945 年	2	3	1	23	18	42	8	9	32	2
1946 年至 1978 年	34	15	95	227	1051	459	51	122	535	163

　　由表 4-7 可知，尽管不同类型的书籍翻译数量变化有所差异，但是从整个变化趋势分析，甲午战争之后，中译日文书籍的数量增长加快。1896 年至 1911 年间，中译日文图书总计 958 种，平均每年 63.86 种。1912 年至 1937 年间，中译日文图书的数量出现一个高峰，翻译日文图书总计达到 1759 种，平均每年 70.36 种。其中，有关现代西方社会文化的社会科学、世界史地、应用科学类图书数量最多。② 这些图书的翻译工作基本上都是由留日学生完成的。实际上，进入 20 世纪之后，随着留日学生数量的迅速增加，他们已经成为中译日文图书事业的绝对主力。一些译书团体也在这些留日学生的推动下纷纷建立，如译书汇编社、湖南编译社、教科书译辑社、会文学社、国学社、东新译社、闽学会等。留日学生李达、萨蒙武、周宪文、阮有秋、周佛海、夏丏尊、高希圣、陈瓒、施复亮等人翻译大量有关马克思主义和社会主义学说的重要日文

① 参见谭汝谦：《近代中日文化关系研究》，香港日本研究所，1988，第 109 页。
② 同上书，第 109 页。

著作，也有力地推动了马克思主义和社会主义在中国的传播。[①] 鲁迅、周作人、田汉、张资平、夏丏尊、郭沫若、钱稻孙、傅仲清、徐祖正、郁达夫等人翻译大量日本文学作品，他们借助日本文学形态把西方的浪漫主义、写实主义、新感觉主义、普罗文学与普罗革命的理论引进到中国，这些译著对于推动国内的文学革命发挥了重要作用。[②] 另外，科技、美术、宗教、音乐、戏剧等领域的书籍也被这些留日学生广泛译介到中国，对于促进近代中日文化全方位交流有重要意义。

（二）华侨与中外文化交流

中国向海外移民的历史悠久，最早的记载可以追溯至汉代。历史上先后有"汉人""唐人""华民""华工""华人"等不同称呼。"华侨"这一概念产生于晚清时期，20 世纪初至 1955 年，"华侨"被用于称呼海外中国人，泛指在海外定居的有中国血统并在一定程度上保持中国文化的人。[③] 民国时期，分布在世界各地的华侨具体人数，目前并没有精确的统计，但有不少学者提出了自己的看法，可以从中窥见当时的移民人数。例如，据曹树基估计，1840 年至 1949 年间，中国外迁移民的总数在 1500 万人左右[④]；朱国宏认为，1911 年前后，全球的华侨人口在 600 万人左右，1949 年前后增加到 1100 万人左右[⑤]；涂开舆于 20 世纪 30 年代称当时分布在世界各地的华侨人数应当在 1000 万人以上，约占本国人口的 2.5％[⑥]；梁盛志在《华侨之世界的分布》一文中认为，1934 年华侨总数约 832 万人，其中 94％分布在亚洲。[⑦] 这些估算数量多少不一，有

① 谭汝谦：《近代中日文化关系研究》，第 130 页。

② 严绍璗、［日］中西进主编《中日文化交流史大系·文学卷》，浙江人民出版社，1997，第 7 页。

③ 庄国土：《华侨华人与中国的关系》，广东高等教育出版社，2001，第 20 页。

④ 曹树基：《中国移民史》第 6 卷，福建人民出版社，1997，第 531 页。

⑤ 朱国宏：《中国的海外移民：一项国际迁移的历史研究》，复旦大学出版社，1994，第 255 页。

⑥ 涂开舆：《华侨》，商务印书馆，1934，第 70 页。

⑦ 梁盛志：《华侨之世界的分布》，《侨声》1942 年第 4 卷第 5 期。

些差异较大，但是从这些数字可知民国时期移居海外的中国人一直持续不断地增加。这些分布在全球各地的华侨利用其双重身份的特征，在中国与侨居国之间的文化交流中发挥了独特作用，是民国时期中外文化交流的重要桥梁之一。

第一，华侨与中国文化的海外传播。伴随着这些移居海外侨民的足迹，中国文化也被带到世界各个角落，中国的政治制度、生产技术、风俗习惯、文学艺术等被带到华侨所在的侨居国，有力推动了中国文化在海外的影响力。这些侨民在侨居地积极融入在地文化的同时，也通过弘扬中国文化的方式维系异地生活的家国情怀。因此，分布在世界各地的侨民都会建立各种文化机构，一方面通过这些文化机构来加强侨民之间的文化凝聚力；另一方面借助这些文化机构推动中国文化在侨居地的发展和传播。根据菲律宾出版的《华侨周报》调查，截至1932年，菲律宾华侨在菲律宾各地建立的文化机构有48家，包括《华侨商报》《新闻日报》《公理报》《华侨周报》《新中国报》《民情日报》等6家报馆；中华印书馆、佑苏印务局、东南印书局、南昌印务馆、泰盛、华洋公司、隆信印书馆、民生印务馆、东祥信、东兴印馆、南盛、晨曦印务公司、华商印务馆、宿务中山印务馆等14家印刷所；三元书社、光汉、前进书局、神州书局、义利昌、博文斋、中华书局、平民书局、异文斋、华文斋、端文斋、精华斋、翰墨轩、瑞生公司、新华书局、益隆书局等16家书店；音乐研究社、通俗教育社、新戏研究社、中华青年会、游泳池、中华嘤鸣社、青年德育社、丽泽社等8家文艺研究社，以及远东戏院、华星戏院、华侨第三小学图书馆、华侨中学理科试验室等。① 不仅仅是菲律宾，世界各地华侨的聚集地都建立有相关文化机构。表4-8是《侨务月报》所载的截至1933年12月底，世界各主要华侨聚集地建立的文化机构情况：

---

①《菲律宾华侨文化机关调查表》，《华侨周报》1932年第19期。

表 4-8 1933 年 12 月海外各地华侨文化机构统计表①

单位：个

文化机构	巴黎	芝加哥	纽约	马拿瓜	古巴	马尼拉	檀香山	元山	南斐洲	新加坡	吉隆坡	槟榔屿	霹雳	泗水	巨港	北婆罗洲	巴东	占碑	南洋荷属邦加岛槟港	烈港	勿里洋	明古伦
电影场	—	—	—	—	4	—	—	—	—	—	—	—	—	6	2	3	4	2	1	2	2	1
图书馆	—	—	—	2	1	—	—	—	—	—	—	1	4	—	—	2	—	—	—	—	1	—
阅书报社	1	—	10	1	—	—	—	1	—	1	—	—	—	4	2	7	2	—	—	3	2	—
理科试验室	—	—	—	—	1	—	—	—	—	—	—	—	—	—	—	—	—	—	—	—	—	
文艺研究社	—	—	—	—	6	—	—	—	—	—	—	—	—	—	—	—	—	—	—	—	—	
公共体育场	—	—	—	—	—	—	2	1	—	—	—	—	—	—	—	—	—	—	—	—	—	
游泳池	—	—	—	—	1	—	—	—	—	—	—	—	—	—	2	—	—	—	—	—	—	
剧场	—	—	—	1	—	—	—	—	—	—	—	—	—	—	2	—	—	—	—	—	—	
公共宣讲厅	—	—	—	—	2	—	2	—	—	—	—	—	—	—	—	—	—	—	—	—	—	
博物馆	—	—	—	—	—	—	—	—	—	—	—	—	—	—	—	—	1	—	—	—	—	
国货陈列馆	—	—	—	—	—	—	—	—	—	—	—	—	—	—	—	—	—	1	—	—	—	
动植园	—	—	—	—	—	—	—	—	—	—	—	—	—	1	1	—	—	—	—	—	—	
国技研究所	—	—	—	—	3	—	1	1	—	—	—	—	—	—	—	—	1	—	—	—	—	
无线电台	—	—	—	—	—	1	—	—	—	—	—	—	—	—	—	—	—	—	—	—	—	
美术研究社	—	1	—	—	—	—	—	—	—	—	—	—	—	—	—	—	—	—	—	—	—	
俱乐部	—	—	—	—	—	—	—	—	—	—	1	—	—	—	—	—	—	—	—	—	—	
体育会	—	—	—	—	—	—	—	—	—	1	—	—	—	—	—	—	—	—	—	—	—	
电影制片公司	—	—	—	—	—	—	1	—	—	—	—	—	—	—	—	—	—	—	—	—	—	

① 参见：《海外华侨文化机关统计表》，《侨务月报》1934 年第 1 卷第 4 期。

这些分布在各地的文化机构，推动着中国文化不断融入侨居国社会，并呈现出独具特色的在地文化特点。例如，来自闽粤地区的大批侨民把闽粤方言带到东南亚地区，这些方言被借用到东南亚各国语言中。在印度尼西亚和马来亚语词典中，收录的汉语借词多达 511 个，其中闽南方言借词至少有 456 个。东南亚的越南语、泰语和菲律宾的他加禄语中也吸收大量闽南语、粤语等方言词汇。[①] 中国宗教及信俗文化也随着这些华侨群体在各国发扬光大，并与当地宗教有机融合。例如妈祖文化，根据台湾学者张珣整理的《东南亚妈祖铭刻萃编》可知，马来西亚、印度尼西亚、新加坡、泰国等地分布有大量的妈祖庙宇。据该书记载，1949 年前印度尼西亚建有 12 座、马来西亚建有 31 座、新加坡建有 41 座、泰国建有 11 座，其中，有一些庙宇是民国时期新建的，如印度尼西亚丹戎槟榔小坡天后宫，建于 1916 年；马来西亚的柔佛州哥打丁宜天后宫和吉隆坡天后宫分别建于 1917 年、1934 年；泰国于 1913 年建立拉廊福德祠，并于 1914 年、1937 年分别建立两座普吉天后宫。[②] 除建立妈祖庙宇外，有些地方还将妈祖信俗与本地宗教信俗有机融合，如在东爪哇泗水福安宫，除了主祀妈祖，陪祀关圣帝君、福德正神等中国神灵外，还在二堂主神堂供奉当地居民信奉的印度教女神难近母。[③] 不仅在东南亚，在日本、法国、挪威、丹麦等地，以及美国的旧金山、夏威夷、纽约、芝加哥、关岛等华侨较多居住的地方亦有妈祖庙宇。

中国饮食文化也被华侨广泛传播到世界各地。以美国为例，据 1946 年刊行的《华侨年报》统计，当时华侨开的中国餐馆遍布美国各大城市，其中纽约 315 家，旧金山 147 家，芝加哥 142 家，洛杉矶 117 家，

① 周一良主编《中外文化交流史》，河南人民出版社，1987，第 459、497—499 页；钱平桃、陈显泗主编《东南亚历史舞台上的华人与华侨》，山西教育出版社，2001，第 18—190 页。

②《中国澳门及东南亚四国妈祖碑铭》，载妈祖文献整理与研究丛刊编纂委员会编《妈祖文献整理与研究丛刊》第 2 辑第 14 卷，海峡文艺出版社，2017，第 520—552 页。

③ 吴智刚：《21 世纪海上丝绸之路与妈祖文化》，广东旅游出版社，2017，第 121 页。

华盛顿 82 家，西雅图 62 家，波士顿 61 家，费城 51 家，波特兰 41 家，奥克兰、底特律各 41 家，全美共计有 1101 家，规模和数量都是空前的。① 此外，虽然分布在世界各地的唐人街，特别是分布在欧美地区的唐人街一直被西方人以歧视性的心态和语言加以扭曲，但是唐人街中的人、物、景所展现出的中国文化符号更是成为华侨在地维系和传播中国文化的一种文化象征，是中华文化在海外的衍生和发展，成为华侨侨居地社会多元文化不可缺失的组成部分之一。

第二，侨乡文化，中外文化融合的结晶。19 世纪中叶以后，随着海外移民结构以及海外移民中血缘、地缘和业缘关系纽带不断加强，居住在海外的华侨群体与其移出地的家乡联系日益紧密。他们不仅通过书信、侨刊通讯、探亲等方式与家乡进行联络，还通过汇款、投资和慈善事业，使侨居地与移出地之间形成强大的社会网络。在这些复杂的网络要素的综合作用下，海外文化元素由华侨、归侨源源不断地传入移出地，并在移出地形成特殊的侨乡文化，成为近代以来中外文化交流的有机组成部分。②

受到海外文化元素影响的侨乡文化表现在经济、语言、习俗等各个方面，其中保持海外与家乡之间"从乡缘亲情到经济实利的长期互动"③的侨批是最能体现侨乡文化的物品。因为这种钱、信、物兼具的连接方式对于侨乡社会的生活方式和习俗风尚会产生直接作用力。滨下武志在论及侨批的意义时，认为侨批具有社会、文化和经济三层作用：可以提高侨乡家人的生活水平，体现了家族与宗族内部的来往；侨批促进了包括语言、传统等地方文化跨区域交流；侨批对商贸与金融网络的发展有

① 徐海荣主编《中国饮食史》卷六，杭州出版社，2014，第 260 页。

② 关于侨乡文化形成机制问题可参阅郑德华《近现代岭南侨乡文化与中华文化的一体多元》，载王俊义主编《炎黄文化研究》第 9 辑，大象出版社，2009，第 48—57 页。

③ 周大鸣编《侨乡·宗族·围龙屋：梅州南口侨乡村的田野考察》，知识产权出版社，2012，第 123 页。

20 世纪 40 年代旧金山唐人街

积极作用。^① 根据周大鸣的考察，侨批至少有以下三个方面的显著影响：外来新事物被不断带进家乡；侨汇催生并带动一批新职业、新行业的发展；侨汇提升侨眷的生活品质和风尚。^② 由目前发现的近 19 万件侨批档

①福建省档案馆编《福建侨批档案文献汇编》第一辑《序二》，国家图书馆出版社，2017，第 1 页。

②周大鸣编《侨乡·宗族·围龙屋：梅州南口侨乡村的田野考察》，第 126—127 页。

案可以得知，侨批侨汇在华侨与家乡的联系中普遍出现。

另外，在语言、习俗、饮食、建筑等方面，都可以看到侨居国文化的输入与影响。例如，在潮汕方言中，有很多源自于南洋的外来词，都是由华侨作为中介传到潮汕地区的，如"吗担"（逮捕，借自马来语matamata）；"亚铅"，铁丝，借自马来语 ayaw；"五脚砌"指骑楼下的人行道，借自马来语 kaki－lima，潮州话亦有此意，称 gokaki；"舒甲"指合意、喜欢，借自马来语 suka；"罗的"指一种儿童小圆粒饼干，借自马来语 roti；"咕哩"指苦力、伙计、店员，借自马来语中对店员的称呼kuli。① 饮食文化受外来文化的影响也非常大，如潮籍海外华侨将泰国菜、马来菜、香港菜以及粤菜的制法及原料引入潮汕，形成独具一格的菜系——潮州菜。在民间日常生活中，来自东南亚的饮食习惯如用番薯、玉米做零食，用沙爹酱、鱼露做调料的饮食习惯也早已经根植于民间。②

此外，最早产生于印度、流行于南洋的骑楼建筑，通过华侨于 19 世纪末、20 世纪初开始，从东南亚向闽、粤、台、琼等地区扩散和传播。据林琳、许学强的研究，这一传播路径大致由广州、海口和台湾三个中心向周围扩散。③ 大量闽、粤、台、琼华侨返乡后，将西方的式样、技术有选择地植入各自家乡房屋的建筑中，形成以顶部女儿墙、楼部和廊部为基础的三段式骑楼格局。

三、革命的心声：中国共产党革命文化的阐扬与传播

1940 年 1 月，毛泽东在陕甘宁边区文化界救亡协会第一次代表大会上，在论及新民主主义文化的民族性时，特别强调中外文化交流的重要性，认为应该"同一切别的民族的社会主义文化和新民主主义文化相联

---

① 蒋宝德、李鑫生编《中国地域文化》（下），山东美术出版社，1997，第 3723 页。

② 李玉茹、黄晓坚：《潮汕侨乡文化概论》，《八桂侨刊》2017 年第 1 期。

③ 林琳、许学强：《广东及周边地区骑楼发展的时空过程及动力机制》，《人文地理》 2004 年第 1 期。

合，建立互相吸收和互相发展的关系，共同形成世界的新文化"，强调"中国应该大量吸收外国的进步文化，作为自己文化食粮的原料"，"这不但是当前的社会主义文化和新民主主义文化，还有外国的古代文化，例如各资本主义国家启蒙时代的文化，凡属我们今天用得着的东西，都应该吸收"。① 时任中宣部部长张闻天也在这次会上作了《抗战以来中华民族的新文化运动与今后任务》的报告，并专门用一节的内容讨论"中华民族的新文化与外来文化"问题，明确指出"中国文化是世界文化的一部分，它历来不断影响外来文化，也受外来文化的影响"，并提出"中华民族的新文化绝不应该闭关自守，相反，它应该吸取外来文化的优良成果，而成为世界文化中优秀的一部分"。② 可以说，中国共产党自成立之后，一直高度重视文化交流问题，积极推动包括马克思主义在内的中外先进思想文化的交流与发展，具体做法如下：

第一，大力推进马克思、恩格斯、列宁等经典论著的翻译与出版。马克思主义学说被引介到中国的历史可以追溯至 19 世纪末 20 世纪初，传入途径主要有三条，分别为欧洲、日本和苏俄。当然这三种途径的意义略有差异，"欧洲途径，仅是拉开了马克思主义在中国传播的序幕，日本途径是马克思主义在中国传播的发展，俄苏途径使马克思主义在中国的传播初具规模"③，这是学界的共识。不过，直至五四运动爆发，介绍、研究和宣传马克思主义这一事业才成为社会潮流。李达、陈望道、张闻天等共产党人在《每周评论》、《新青年》、《觉悟》、《晨报》副刊、《民国日报》副刊等报刊上开始大量译介马克思和恩格斯相关论著的部分章节内容。

中国共产党成立之后，马克思、恩格斯、列宁等经典论著的翻译与出版更是受到高度关注。1933 年，中央苏区成立马克思主义研究总会，

由张闻天负责，下设编译部，作为研究总会的编辑出版和翻译机构。①
1938 年，中共中央军委组建了军委编译处，由军委总参谋长叶剑英领导，曾涌泉任编译处负责人，翻译人员有曾涌泉、何思敬、曹汀、焦敏之等人，专门负责组织翻译出版马克思、恩格斯等人的军事著作和苏联的军事著述。1938 年 5 月，延安成立的马列学院下设立编译部和材料部，张闻天兼任院长和编译部主任，集中当时延安主要的翻译人才，如何锡麟、柯柏年、王实味、景林、王学文、张仲实、赵非克、陈絜、成仿吾、艾思奇、徐冰、吴黎平、王思华、何思敬、曹汀等。② 1942 年 9 月，毛泽东指示时任中宣部代部长的凯丰："整风完后，中央须设一个大的编译部，把军委编译局并入，有二三十人工作，大批翻译马、恩、列、斯及苏联书籍，如再有力，则翻译英、法、德古典书籍。"③ 1943 年 5 月 27 日，中共中央颁布《中共中央关于一九四三年翻译工作的决定》，由凯丰、博古、洛甫、杨尚昆、师哲、许之桢、赵毅等人组成翻译校阅委员会，提升和加强经典论著的翻译质量，《决定》称：

> 翻译工作尤其是马列主义古典著作的翻译工作，是党的重要任务之一。延安过去一般翻译工作的质量，极端不能令人满意。为提高高级干部理论学习，许多马恩列斯的著作必须重新校阅。为此特指定凯丰、博古、洛甫、杨尚昆、师哲、许之桢、赵毅敏等同志组织一翻译校阅委员会，由凯丰同志负责组织这一工作的进行。④

① 严帆：《中央革命根据地编审出版机构考述》，载宋原放主编《中国出版史料（现代部分）》第一卷下，山东教育出版社，2001，第 311 页。

② 奚洁人、余源培主编《二十世纪中国社会科学》马克思主义卷，上海人民出版社，2005，第 488—489 页；叶再生：《中国近代现代出版通史》第 3 卷，华文出版社，2002，第 830 页。

③ 毛泽东：《致何凯丰》（1942 年 9 月 15 日），载延安文艺丛书编委会编《延安文艺丛书·文艺理论卷》，湖南人民出版社，1984，第 67 页。

④《中共中央关于一九四三年翻译工作的决定》（1943 年 5 月 27 日），载中央档案馆编《中共中央文件选集》第 14 册，中共中央党校出版社，1992，第 42 页。

中国共产党领导并成立的出版社和书局在不同时期更是承担大量编译工作，如人民出版社（1921）、上海书店（1923）、上海华兴书局（1929）、北方人民出版社（1931）、新华书店（1937）、延安解放社（1938）以及生活·读书·新知三联书店等。正是在这些出版社和编译机构的努力下，一大批马克思、恩格斯、列宁等经典论著被先后翻译出版。据不完全统计，20世纪初至1949年新中国成立前夕，翻译出版的马列著作有近530种。①如1921年9月成立的人民出版社，由时任党中央宣传局主任的李达亲自主持，计划出版"马克思全书"15种和"列宁全书"14种，尽管由于形势所迫，最后并未如计划所期，但还是翻译出版了《共产党宣言》《工钱劳动与资本》《马克思资本论入门》等论著。② 1931年，北方人民出版社成立，先后编译出版《马克思主义的基础》《国家与革命》《左派幼稚病》《论反对派》等论著。③ 1938年至1942年，解放社以"马克思恩格斯丛书"的名义，先后出版了10种（计划出版12种）马克思、恩格斯编写的重要著作，包括《社会主义从空想到科学的发展》（吴黎平译）、《共产党宣言》（成仿吾等译）、《政治经济学论丛》（王学文等译）、《马恩通信选集》（柯柏年译）、《哥达纲领批判》（何思敏等译）、《法兰西内战》（张闻天等译）、《〈资本论〉提纲》（何锡麟等译）、《拿破仑第三政变记》（吴黎平等译）和《法兰西阶级斗争》（柯柏年译）等。④ 1939年，八路军军政杂志社出版"抗日战争丛书"中，包括《马克思列宁主义论战争与军队》《恩格斯军事论文选集》（焦敏之译）、《新德意志帝国建设之际

① 宋书声：《马列著作翻译工作纪事》，载中共中央马克思恩格斯列宁斯大林著作编译局马恩室编《马克思恩格斯著作在中国的传播》，人民出版社，1983，第178页。
② 胡永钦、狄睿勤、袁延恒：《马克思恩格斯著作在中国传播的历史概述》，载中共中央马克思恩格斯列宁斯大林著作编译局马恩室编《马克思恩格斯著作在中国的传播》，第261—262页。
③ 宇斧：《忆北方人民出版社对马克思主义著作的出版传播之略况——为马克思逝世百年祭而忆写》，载中共中央马克思恩格斯列宁斯大林著作编译局马恩室编《马克思恩格斯著作在中国的传播》，第82—87页。
④ 潘世伟、徐党哉主编《世界社会主义研究年鉴（2013）》，上海人民出版社，2014，第491页。

的暴力与经济》（曹汀译）、《1870—1871 普法战争》（曹汀译）等多种马克思主义著作。①

抗日战争之后，国统区和解放区的马列经典翻译出版事业继续发展，国统区的中国共产党地下党员在全国重要城市建立进步书店出版传播马列主义著作；解放社、新华书店等出版发行机构在解放区则继续开展大规模编译或者再版马列主义著作。1949 年 8 月 18 日，上海《大公报》以"华北出版事业跃进"为题给予报道，称："从平津解放到七月底止，解放社和新华书店在华北地区新出和重出的书籍，一共有三百一十多种，八百万册，其中出版和新修的占四分之一。"这些书很多都是有关马克思、恩格斯、列宁等经典论著编译，如《社会发展简史》《政治经济学》《共产党宣言》《社会主义从空想到科学的发展》《帝国主义是资本主义的最高阶段》《国家与革命》《共产主义运动中左派幼稚病》等 12 种"干部必读"书籍。②

第二，积极促进革命文艺理论的引介与输出，推动世界无产阶级革命文艺的交流发展。1940 年，毛泽东在《新民主主义论》中，在论及新民主主义文化时指出："在'五四'以后，中国产生了完全崭新的新文化生力军，这就是中国共产党人所领导的共产主义的文化思想，即共产主义的宇宙观和社会革命论""这支生力军在社会科学领域和文学艺术领域中，不论在哲学方面，在经济学方面，在政治学方面，在军事学方面，在历史学方面，在文学方面，在艺术方面（又不论是戏剧，是电影，是音乐，是雕刻，是绘画），都有了极大的发展。"③ 这一论断高度概括了五四运动之后，中国共产党领导下的无产阶级革命文化的发展成就。在这一发展过程中，加强全世界无产阶级革命文化的交流与互鉴也一直是中国共产党力推的工作之一。

1930 年 3 月 2 日，在中国共产党的直接推动和领导下，在上海成立

---

① 马祖毅等：《中国翻译通史（现当代部分）》第 1 卷，湖北教育出版社，2006，第 26 页。

②《华北出版事业跃进》，《大公报（上海）》1949 年 8 月 18 日第 1 版。

③ 毛泽东：《新民主主义论》，载《毛泽东选集》第二卷，第 697 页。

了中国左翼作家联盟（以下简称"左联"）。左联成立之时，就明确指出："我们的理论要指出运动之正确的方向，并使之发展，常常提出中心的问题而加以解决，加紧具体的作品批评，同时不要忘记学术的研究，加强对过去艺术的批评工作，介绍国际无产阶级艺术的成果，而建设艺术理论。"① 左联还设立了专门机构——国际文化研究会，并下设欧美文化研究会、日本文化研究会、苏联文化研究会和殖民地及弱小民族文化研究会。国际文化研究会成立后，第一次确定的研究主题就是"各国文化的现状及其与经济及政治的关系"。② 1930 年 11 月，在苏联哈尔柯夫召开的第二次国际革命作家大会上，左联加入"国际革命作家联盟"，积极参与到国际革命作家联盟活动中。1932 年 3 月 9 日，左联秘书处召开扩大会议，通过了《关于左联改组的决议》，明确把国际文化研究会改设为国际联络委员会，规定其主要任务包括五个：作为世界革命文学杂志的通信员，介绍国内文艺运动状况；推荐国内值得翻译的作品，并翻译介绍于国际；指导翻译国际革命普罗文学作品及文艺理论书籍论文；介绍国际革命文学状况；讨论翻译问题。会上通过的《各委员会的工作方针》指出国际联络委员会最紧要的工作就是加强国际革命文化交流，主要有向国际报告中国文艺运动及斗争情况，并且以通信形式报告目前日本帝国主义和国民党对于中国民众的屠杀以及民众反帝反国民党的斗争情况等内容；翻译值得翻译的普罗革命作品；编订介绍翻译的普罗革命作品的书目，并统计已经译出的此种作品。③

正是在左联和左翼作家们的推动之下，我国与世界革命文学，特别是与世界新兴阶级文学运动的联系十分密切。据有关资料记载，左联时期，仅翻译的文艺理论书籍就有 139 种，这在中国翻译史上是从未出现

---

① 《左翼作家联盟成立了》，《大众文艺》1930 年第 2 卷第 4 期。

② 《国内文艺消息：左翼作家联盟消息》，《萌芽月刊》1930 年第 1 卷第 5 期。

③ 《关于左联改组的决议》（1932 年 3 月 9 日），载上海文艺出版社编辑《中国现代文艺资料丛刊（第 5 辑）："左联"成立五十周年纪念特辑》，新文艺出版社，1980，第 20—21 页。

过的。[①]　左联翻译出版的外国文学书籍约有 700 种，占 1919 年至 1949 年全国翻译总量的 40％。[②]　鲁迅、瞿秋白、茅盾、冯雪峰、周扬、夏衍、柔石、曹靖华等左联成员对翻译传播马克思主义文艺理论和苏联文学贡献最大。如鲁迅先后翻译介绍了卢那卡尔斯基、普列汉诺夫等人的理论著作；瞿秋白编译出版了《马克思主义论文集》《现实》等论著；冯雪峰翻译了普列汉诺夫的《艺术与生活》、卢那卡尔斯基的《艺术之社会基础》以及《新俄罗斯无产阶级文学》《科学的艺术论》《社会的作家论》《文学评论》等论著。除大量地翻译苏联作家的作品外，左联还译介了西欧各国著名作家的作品。例如，莫泊桑、巴尔扎克、都德、纪德、大仲马、雨果、巴比塞、夏绿蒂·勃朗特、哈代、裴多菲、密茨凯维支、辛克莱、杰克·伦敦、马克·吐温、席勒、雷马克等作家的作品先后被翻译介绍给中国读者。[③]　除译介作品外，鲁迅、郭沫若、茅盾等中国左翼作家还和世界各国的革命作家建立了友好的联系，如与苏联的高尔基、法捷耶夫、绥拉菲摩维奇，法国的罗曼·罗兰、巴比塞、古久利，英国的萧伯纳，德国的布莱希特、路特维奇棱、珂罗维支、基希，美国的史沫特莱、斯特朗、斯诺、伊罗生，日本的小林多喜二、秋田雨雀、尾崎秀实，新西兰的艾黎等都有一定的交谊。[④]　可以说，左联的译介活动是这一时期中外文化交流重要组成部分之一。1936 年，左联解散后，以左联这一组织名义的世界革命文化交流活动宣告结束，但是左联成员的活动行为并没有结束。之后，原左联人员先后成立了中国文艺家协会、中华全国文艺界抗敌协会等组织。这些人高举文艺旗帜，积极投入到全民族救国运动之中，把中国现代文学纳入到世界反法西斯文学的洪流中。

　　延安时期，中国共产党组织各种团体开展丰富多彩的涉外文化交流

---

① 刘献彪：《左联译介活动》，载林煌天主编《中国翻译辞典》，湖北教育出版社，1997，第 995 页。

② 程小莹：《白纸红字》，上海人民出版社，2019，第 139 页。

③ 刘献彪：《左联译介活动》，载林煌天主编《中国翻译辞典》，第 995—996 页。

④ 孔海珠：《左翼·上海：1934—1936》，上海文艺出版社，2003，第 145 页。

活动，也十分重视与外来文化团体及文艺家的交流往来。任职于鲁迅艺术学校的周扬更是力倡继承外来的优秀文化遗产，提出："中国新文艺为完成它的历史任务，今天还必须更好地继续向世界文学学习……向莎士比亚、拜伦、雪莱，向惠特曼，向一切伟大的作家学习。"① 茅盾、周立波、艾青、丁玲、贺敬之等人创作的文学、诗歌和戏剧作品都大量借鉴外国文学的创作手法，受到广泛欢迎。与此同时，勃特兰、史沫特莱、斯诺夫妇、鲍汉姆、卡尔森、艾黎、希伯、艾金生、卡尔曼、斯坦因、爱泼斯坦、福尔曼、武道、夏南汉、普金科、斯特朗等一大批外国作家、记者纷纷来到延安进行考察。特别是 1944 年中外记者考察团访问延安，延安文艺界专门集会招待中外记者，吴玉章、周扬、范文澜、丁玲、艾青、柯仲平、周立波、吴伯箫、陈家康等数十人出席，向记者团介绍延安文艺情况，并回答了记者的提问，更是扩大了延安文艺的国际影响力。②

第四章　自省与自救：民国时期中外经贸文化交流

---

① 周扬：《中苏英美文化交流》，《解放日报》1943 年 2 月 6 日第 4 版。

② 参见孟长勇：《从东方到西方：20 世纪中国文学与世界文学》，复旦大学出版社，2007，第 19—32 页；中共陕西省委党史研究室编《中外记者团和美军观察组在延安》，陕西人民出版社，1995。

第五章
自主到自信：新中国成立以来
中外经贸文化交流

1950 年 4 月 29 日，在全国政协庆祝五一国际劳动节纪念大会上，时任中央人民政府副主席刘少奇发表讲话指出：

> 帝国主义已经被中国赶走，帝国主义在中国的许多特权已经被取消，新中国的海关政策与对外贸易政策已经成为保护新中国工业发展的重要工具。这就是说，我们已把中国大门的钥匙放在自己的袋子里，而不是如过去一样放在帝国主义及其走狗的袋子里。从今以后，中国工业就不致受到帝国主义的廉价商品的竞争，中国的原料将首先供给自己工业的需要。这就扫除了一百年来使中国工业不能发展的一个最大的障碍。①

"把中国大门的钥匙放在自己的袋子里"这一形象比喻生动描述了新中国成立之后中国对外经贸发展的最大变化，彻底摆脱了近代 100 多年来西方人构建的不平等条约贸易体系的束缚。纵观新中国成立 70 多年来，我国对外经济贸易发展的演变历程，尽管受制于国内外环境变化的原因，呈现出一些阶段性变化，但是在平等与互利的基础之上独立自主地发展同世界各国的对外经济贸易关系，一直是新中国毫不动摇的基本政策。正是在这一政策的指导之下，新中国成立 70 多年来，中国对外贸

---

① 刘少奇：《在庆祝五一劳动节大会上的演说》（1950 年 4 月 29 日），载《刘少奇选集》下卷，人民出版社，1985，第 13 页。

易呈现出变革中不断增长、增长中不断变革的基本主线①，数量和质量都有了质的跃升，这与新中国 70 多年的历史变迁密切相关，也呈现出"站起来""富起来"和"强起来"三个阶段性特点。

新中国成立之后，中外文化交流也进入一个新的阶段，特别是中华文明在中外文化交流中的自信日益显现。不过，这一时期的中外文化交流同样受到当时国内外政治形势的影响，大致可以分为三个阶段：第一个阶段是从新中国成立到 1966 年，是新中国中外文化交流的起步与发展时期。以 1951 年 4 月 3 日《中波文化合作协定》签订为标志，至 1966 年中国与外国签订的政府间文化合作协定达到 30 多个，平均每年有 100 多个文化交流项目，并且成立专门机构推动中外文化交流。1949 年 11 月，设立对外文化事务联络局，隶属文化部。1955 年 1 月，对外文化事务联络局改称对外文化联络局，成为国务院直属局。1958 年 2 月，成立部级对外文化联络委员会。除政府机构外，一些民间中外文化交流机构也不断涌现。1954 年 5 月，中国人民对外文化协会成立，中国的影视、艺术、科学、体育通过各种途径不断被世界各国认识。第二个阶段是 1966 年至 1976 年，这一阶段由于受到"文化大革命"的影响，中外文化交流受到一定程度的影响。但是，中外文化交流也并未间断，中华文明的海外输出一直持续。1966 年 5 月至 1976 年，中国共派出 40 多个艺术表演团体，近 3000 人次，涉及 50 多个国家。第三个阶段是改革开放之后至今，这一阶段中外文化交流的规模和范围空前扩大，广度和深度也不断扩展，中华文明的影响力和自信心也不断加深、加强。

---

① 裴长洪：《中国对外贸易 65 年的基本线索：变革与增长》，《中国经济史研究》
　 2013 年第 3 期。

第一节　改革开放前中国对外贸易政策探索与发展

　　1949 年 9 月 29 日，中国人民政治协商会议第一届全体会议通过《中国人民政治协商会议共同纲领》，其中第四章经济政策第三十七条规定："保护一切合法的公私贸易。实行对外贸易的管制，并采用保护贸易政策。在国家统一的经济计划内实行国内贸易的自由，但对于扰乱市场的投机商业必须严格取缔。国营贸易机关应负调剂供求、稳定物价和扶助人民合作事业的责任。人民政府应采取必要的办法，鼓励人民储蓄，便利侨汇，引导社会游资及无益于国计民生的商业资本投入工业及其他生产事业。"[①]　这一规定奠定了新中国成立后在国民经济恢复、发展、困难和调整时期一以贯之的对外贸易政策，即实行对外贸易的管制与保护，其目的非常明确：一方面通过一系列的管制政策和措施，彻底将对外贸易改造为独立自主、为扩大劳动人民服务的对外贸易；另一方面，在平等和互利的基础上，采取合理的保护关税政策，促进与各国政府和人民恢复并发展正常的商业贸易关系。

一、新中国成立之初的对外贸易政策及贸易发展

　　新中国成立之初，国民经济处于恢复与发展的关键时期，对外贸易政策根据国民经济恢复与发展的需要不断进行调整，具体涉及以下几个方面：

　　第一，建立独立自主的对外贸易管理体系，取得海关行政的完全支配权。新中国成立之前，由于对外贸易的管理实行外籍税务司管理制

---

①《中国人民政治协商会议共同纲领》，载中共中央文献研究室编《建国以来重要文献选编》第一册，第 9—10 页。

度，致使中国对外贸易的诸多权力被西方列强篡取。因此，近代以来收回海关利权的斗争也一直持续不断。新中国即将成立时，废除旧海关中一系列不合理的制度，建立独立自主的新式人民海关管理对外贸易就被提上日程。1949 年 6 月，周恩来代表中共中央与拟任海关筹备处负责人孔原谈话时指出："新中国海关工作性质要求全国统一，要具有一致对外的统一性，如果做不到这一点，就不可能成为真正独立自主的人民海关。"[1] 1949 年 10 月 25 日，海关总署成立后，根据《中国人民政治协商会议共同纲领》和中央人民政府的方针政策，以"建设独立自主的为人民服务的新中国海关"为工作的基本方向。[2] 1949 年 12 月 30 日，政务院正式批准《海关总署试行组织条例》，《条例》明确规定"中央人民政府海关总署为中华人民共和国的国家行政机构，统一掌管全国一切海关事宜"，中央人民政府海关总署"受政务院的领导及政务院财政经济委员会的指导，并与贸易部保持密切联系，执行贸易部根据中央人民政府对外贸易政策法令所颁布的有关进出口货物的决定"，全国各地海关按组织条例"均应即直隶于海关总署，由该总署直接领导，并受其所在地大行政区政府之指导"。[3] 1950 年，政务院发布《政务院关于关税政策和海关工作的决定》，标志着一个旧时代的结束。该决定明确规定了新中国海关政策的基本方向：必须结束以前各种不平等与不自主的状态，收回中国在关税政策方面的独立主权及管理海关事业的自主权；海关税则必须保护国家生产，必须保护国内生产品与外国商品的竞争；海关总署必须是统一集中、独立自主的国家机关，负责对各种货物及货币的输入输出执行实际的监督管理，征收关税，与走私进行斗争，以此来保护我

① 孔原：《周恩来与新中国的人民海关建设》，载中央文献出版社编《不尽的思念》，中央文献出版社，1987，第 280 页。

② 中央人民政府海关总署辑《新中国海关》，中央人民政府海关总署，1951，第 6 页。

③《海关总署试行组织条例》，载中央人民政府法制委员会编《中央人民政府法令汇编（1949—1950）》，人民出版社，1952，第 343 页。

国不受资本主义国家的经济侵略。① 同年 3 月 8 日，政务院财经委员会通知各地执行《海关总署试行组织条例》，条例规定：全国各地海关均应立即和海关总署建立上下级关系，受总署直接领导；一切有关海关的组织、人事、行政、业务等均应向总署报告请示；总署颁发的一切规章、命令与指示应严格地遵照执行；不经政务院财政经济委员会及海关总署批准，各地不得自由变更。②

1950 年，12 月 14 日，政务院又发布《关于设立海关原则和调整全国海关机构的指示》，明确指出中华人民共和国设立海关的基本原则：必须一反过去反动统治为服从帝国主义大量倾销外货并廉价吸取原料的经济侵略措施，滥行开放对外贸易、到处设立海关机构的方针，应严格以独立自主精神，根据国家经济情况的需要，在需要开放对外贸易的地方设立海关机构。③ 根据这一原则，政务院在全国范围内设立地方海关（或关）26 处，分关 9 处及支关 35 处，具体见表 5-1：

表 5-1　1950 年 12 月全国范围内设立地方海关（或关）一览表④

海关名	分关	支关	海关名	分关	支关
满洲里关	—	海拉尔	厦门海关	—	晋江
绥芬河关	—	开山屯、三合村、南坪、珲春	武汉关	—	—
图们关	—		汕头海关	—	
辑安关	—	长白、临江、下解放	广州海关	—	黄埔
安东海关	—	三道浪头	九龙海关	—	文锦渡

---

①《中央人民政府政务院发布〈关于关税政策和海关工作的决定〉》《人民日报》1950 年 3 月 8 日第 1 版。

②《政务院财经委员会通知各地执行〈海关总署试行组织条例〉》，《人民日报》1950 年 3 月 17 日第 1 版。

③《中央人民政府政务院发布〈关于设立海关原则和调整全国海关机构的指示〉》，《人民日报》1950 年 12 月 20 日第 2 版。

④ 同上。

海关名	分关	支关	海关名	分关	支关
沈阳关	—	哈尔滨、齐齐哈尔	江门海关	拱北	—
大连海关	—	—	北海海关	—	东兴
营口海关	—	—	梧州关		
天津海关	秦皇岛、塘沽	—	湛江海关		
北京关	—	—	海口海关	—	—
青岛海关	烟台	连云港	昆明关		打洛、孟连、河口、马关
上海海关	—	吴淞、宁波、温州	腾冲关	畹町	猛卯、遮岛、猴桥、镇康
福州海关		涵江、三都澳	迪化关	霍尔果斯、塔城、承化、喀什	伊宁、巴克图、吉木乃、伊塘、哈密、乌苏

　　全国各海关及分支机构由原来的 173 处缩减为 70 处，"改变了过去对外门户洞开、对内关卡林立的不合理现象，基本上建立起新的海关体系"。① 1951 年 3 月 23 日，政务院公布《中华人民共和国暂行海关法》，对海关的组织、任务与职权等内容作出详细规定。该法第一条规定：中华人民共和国一切海关机关及其业务，由中央人民政府海关总署统一管理。② 至此，独立自主的对外贸易海关管理体系以立法的形式正式确定下来。1951 年 4 月 21 日，《人民日报》在第 1 版以"为建设独立自主的新海关而奋斗——祝《中华人民共和国暂行海关法》的颁布"为题发表社论，称"这是中国人民赶走了帝国主义后，在经济国防的建设上有历史意义的一个重大成就"，指出"这部独立自主的海关法的公布，标示

---

① 吴承明、董志凯主编《中华人民共和国经济史（1949—1952）》，社会科学文献出版社，2010，第 514 页。
② 《中华人民共和国暂行海关法》，《人民日报》1951 年 4 月 28 日第 2 版。

全国海关工作将走上一个新的更有条理的阶段"。① 5 月 4 日，政务院又批准通过《中华人民共和国海关进出口税则》和《中华人民共和国海关进出口税则暂行实施条例》，这是"我国有史以来第一部真正独立自主的符合广大人民利益的海关税则"。② 周恩来总理在签署政务令时，称"本税则及条例公布以前实行的海关进出口税则暨有关税则实施的法令章则均予废止"。③ 尽管之后的海关管理机构和机制根据形势变化不断进行调整，如 1953 年 1 月 9 日，政务院通过《关于海关与对外贸易管理机关实行合并的决定》，将海关总署划归对外贸易部领导，成为对外贸易部的组成部分，改称对外贸易部海关总署，但是独立自主的海关行政支配权并没有改变。④

第二，实行对外贸易管制和保护政策，以服务国民经济恢复与发展的需要，是新中国初期开展对外贸易的基本原则。早在 1949 年 2 月 16 日，刘少奇在谈论新中国的经济建设时，就非常明确地指出"我们为了迅速恢复与发展新中国的国民经济，亦需要进行这种贸易（对外贸易）。因此，我们应该立即开始进行新中国的对外贸易"。同时，刘少奇又特别声明：发展这种贸易关系必须"在对我有利及严格保持我国家主权独立并由政府严格管制等原则的条件下"⑤ 进行。同年 3 月 5 日，毛泽东在中国共产党第七届中央委员会第二次全体会议的报告中，也指出"人民共和国的国民经济的恢复和发展，没有对外贸易的统制政策是不可能的"，认为"对内的节制资本和对外的统制贸易，是这个国家在经济斗

①《为建设独立自主的新海关而奋斗——祝中华人民共和国暂行海关法的颁布》，《人民日报》1951 年 4 月 21 日第 1 版。

② 蔡渭洲：《新中国海关两年来的光辉成就》，载中央人民政府海关总署辑《新中国海关》，第 210 页。

③ 中央人民政府法制委员会编《中央人民政府法令汇编（1951）》，人民出版社，1953，第 213 页。

④《中央人民政府政务院〈关于海关与对外贸易管理机关实行合并的决定〉》，《人民日报》1953 年 1 月 15 日第 1 版。

⑤ 中共中央文献研究室编《刘少奇论新中国经济建设》，中央文献出版社，1993，第 64—68 页。

争中的两个基本政策。谁要是忽视或轻视了这一点，谁就将要犯绝大的错误"。① 同年 9 月 29 日，中国人民政治协商会议第一届全体会议通过《中国人民政治协商会议共同纲领》，该纲领第四章经济政策第三十七条规定："实行对外贸易的管制，并采用保护贸易政策。"② 这一条款让新中国发展对外贸易的两大原则以法律文件的形式确定下来。1950 年 11 月，时任贸易部长叶季壮对于实行这一贸易管理政策的目的和办法进行了具体说明：一是保护和发展国内工业——以此制定税则、税目、税率，实行进出口贸易许可制度，消灭国民党时代以输入非必需品和消费品为主的现象；二是利用各种办法增加出口，同时也是按需要增加进口；三是合理使用外汇。③ 为贯彻《中国人民政治协商会议共同纲领》第三十七条"实行对外贸易管制，并采用保护贸易政策"的规定，1950 年 12 月 8 日，政务院通过《对外贸易管理暂行条例》，并于 12 月 9 日公布实施。该条例总共有 13 条，包括：对外贸易管理机构设置；经营进出口贸易的本国公私营商号及经营出口之工厂、外国商人或外国商业机构之代表均应在对外贸易管理局申请登记；针对进出口货品等事宜做出详细规定，特别是把进出口商品各分为四类，进口类为准许进口类、统购进口类、禁止进口类和特许进口类，出口类为准许出口类、统销出口类、禁止出口类和特许出口类。④ 这一条例进一步加强并明确了实施对外贸易管制和保护政策的若干具体内容。之后，政务院财政经济委员会、贸易部等机构围绕怎么更好地执行管制和保护对外贸易先后出台了一系列措施、规定、通知和指示，如《关于全国贸易统一实施办法的决定》（1950 年 2 月 25 日）、《政务院关于统一全国国营贸易实施办法的决

① 毛泽东：《中国共产党第七届中央委员会第二次全体会议上的报告》，载《毛泽东选集》第四卷，第 1433 页。

②《中国人民政治协商会议共同纲领》，载中共中央文献研究室编《建国以来重要文献选编》第一册，第 9—10 页。

③ 叶季壮：《对外贸易政策和海关与贸易部门的工作关系》，载中国社会科学院、中央档案馆合编《1949—1952 中华人民共和国经济档案资料选编》综合卷，中国城市经济社会出版社，1990，第 275—276 页。

④ 同上书，第 277—278 页。

定》（1950 年 3 月 20 日）、《政务院财政经济委员会关于保证棉、麻与粮食合理比价的通告》（1950 年 4 月 11 日）、《政务院关于向国外订货须先经中财委批准再交贸易部统一办理的通知》（1950 年 8 月 31 日）、《贸易部关于各地贸易行政机关应即检查并领导贸易公司调整零售价格的通知》（1950 年 6 月 9 日）、《贸易部关于公司联合购棉及棉花市场管理的指示》（1950 年 9 月 2 日）、《政务院财政经济委员会关于统购棉花的决定》（1951 年 1 月 4 日）、《政务院财政经济委员会关于保证棉花比价的指示》（1951 年 3 月 7 日）、《政务院财政经济委员会关于麻粮比价、解决收购与粮食肥料供应问题的规定》（1951 年 3 月 17 日）、《进出口商申请营业登记办法》（1951 年 5 月 15 日）、《政务院关于购棉、储棉工作的指示》（1951 年 6 月 1 日）、《政务院财政经济委员会关于 1952 年棉粮比价及棉田的公粮负担的指示》（1952 年 2 月 12 日）、《特派员办事处组织规程草案》（1953 年 2 月 20 日）、《政务院财政经济委员会关于 1953 年棉粮比价的指示》（1953 年 4 月 1 日）等。[①]

　　第三，突破"封锁"与"禁运"，实行东西兼顾的对外贸易策略。早在新中国成立之前，以美国为首的资本主义阵营和以苏联为首的社会主义阵营就已全面进入"冷战"状态。1948 年 3 月和 1949 年 2 月，美国国会先后通过《经济合作法》和《出口管制法》，集中体现了以美国为首的资本主义国家联合对以苏联为首的社会主义国家进行贸易经济的集体抵制、封锁和禁运。1949 年 11 月成立的"巴黎统筹委员会"更是"冷战"状态在经贸领域的进一步强化。这一机构设立的目的是非常明确：制定禁止或控制向社会主义国家出口的战略物资、高技术及其产品的标准和详细的禁运清单；审议可免除禁运而向社会主义国家出口的具

[①] 相关法规详细条款可参阅中央人民政府法制委员会编《中央人民政府法令汇编（1949—1950）》，第 325—342 页；中央人民政府法制委员会编《中央人民政府法令汇编（1951）》，第 175—182 页；中央人民政府法制委员会编《中央人民政府法令汇编（1952）》，人民出版社，1954，第 121—122 页；中央人民政府法制委员会编《中央人民政府法令汇编（1953）》，法律出版社，1955，第 151—166 页。

体项目；协调和监督其禁运政策的执行和实施。[1] 新中国成立之后，美国加紧对新中国的经济"封锁"和贸易"禁运"。1950 年 3 月 8 日，美国政府发布《战略物资管制办法》，涉及机器、交通工具、金属制品及化学原料物资等 600 余种。中国被"作为苏联的卫星国对待"，对中国的出口控制与"苏联和东欧集团的贸易原则相一致"，之后又多次扩大出口管制的商品种类。至同年 11 月，美国宣布管制的"战略物资"增加到 2100 多种。[2] 此外，美国还胁迫其他国家对中国进行全面封锁和制裁。特别是朝鲜战争爆发后，美国对中国的制裁全面升级，于 1951 年 5 月，操纵联合国通过对新中国的"禁运"案；同年 8 月，美国国会又通过了"巴特尔法案"，挟持其他接受美援的国家对中国进行禁运；1952 年 9 月，美国又操纵巴黎统筹委员会增设中国委员会，制定了对中国禁运的特别账单。[3]

为突破以美国为首的西方资本主义国家的封锁和禁运，新中国出台了一系列反制措施，企图降低封锁和禁运带来的消极影响。如，1950 年 12 月 12 日，中央财政委员会针对当时美国的新经济封锁政策，提出七项具体对策：

> 一、即令各地停开一切面向美日的购买证及许可证。二、即令中央贸易部限期退购一切已开出的美、日两国的购买证；将撤回之外汇，经转存别国手续后，立即抢购物资运回。三、装运在途之美货，应着手与原代理行接洽，由银行担保，转装远东其他口岸或即委其转售，退回外汇。四、向西德及其他欧洲国家所订之货及英镑区之订货，应尽速抢运，否则撤汇，或改买其他现货立即装回，以争取时间。五、

① 黄志平：《美国、巴统是怎样进行出口管制的》，中国对外经济贸易出版社，1992，第 2—3 页。关于相关问题的具体论述可参阅崔丕：《美国的冷战战略与巴黎统筹委员会、中国委员会（1945—1994）》，东北师范大学出版社，2000；董志凯：《应对封锁禁运——新中国历史一幕》，社会科学文献出版社，2014。

② 林谷良：《新中国反封锁、反禁运史实述略》，载中共中央党史研究室编《中共党史资料》第 42 辑，中共党史出版社，1992，第 202 页。

③ 苏少之：《中国经济通史》第十卷，湖南人民出版社，2002，第 699 页。

在中立国的存款，亦应购货运回，以策万全。六、我们正在考虑出口的新方式，在未有决定以前，已着令各地除易货外，一律暂停签发出口许可证，以免出口外汇遭受冻结。但此措施，只由内部掌握，不向外宣布。七、改变今后在国际贸易上的做法，一般的采取易货办法，凡须现汇购买者，须货到付款或付货；否则宁愿不订。对资本主义国家的贸易，以后准备少做。在易货的做法上，尽量缩小与资本主义国家贸易的结算差额，以减少贸易外汇遭受冻结的危险。①

同时，新中国积极发展同苏联和各人民民主国家的贸易关系。早在1949年3月5日，毛泽东在中国共产党七届中央委员会第二次全体会议上的报告中，就强调"我们必须尽可能地首先同社会主义国家和人民民主国家做生意"。② 1950年8月，总理办公室第九号通报称："与我国已建立贸易关系，或可建立贸易关系之国家为：苏、波、捷、德、匈、印、日、英、瑞、丹等国，德、法两国已派人来接头，西德近与我贸易较活跃。印有麻袋为我必须进口物资，拟在印建商店，做转口生意。"③ 1951年1月，全国贸易会议明确提出要积极扩大对苏联及新民主主义国家的贸易，称："一方面主动地、有步骤地改组国内出口物资的生产，以求逐渐适应苏联及新民主主义国家的需要"；"另一方面积极地向他们提出今后数年内我们在工业器材与工业原料方面的要求，以便他们扩大在这方面的生产，逐渐弥补在美国封锁下我们进口物资不能满足国内工业需要的困难，向着和平民主阵营内部自给自足的方向走。"④ 仅1950年至1953年间，中国同苏联和各人民民主国家签订的经济贸易协定总计

① 中国社会科学院、中央档案馆合编《1949—1952中华人民共和国经济档案资料选编》综合卷，第158—159页。

② 毛泽东：《中国共产党第七届中央委员会第二次全体会议上的报告》，载《毛泽东选集》第四卷，第1435页。

③ 中国社会科学院、中央档案馆合编《1949—1952中华人民共和国经济档案资料选编》综合卷，第185页。

④ 中国社会科学院、中央档案馆合编《1949—1952年中华人民共和国经济档案资料选编》对外贸易卷，经济管理出版社，1994，第472页。

就有 51 个。其中，1950 年和 1951 年各签订 7 个，1952 年 19 个，1953 年 18 个。按照国家分类，1950 年至 1953 年间，同中国签订协议最多的是苏联 8 个，捷克斯洛伐克 7 个，匈牙利、波兰和德意志民主共和国各 6 个，罗马尼亚 5 个，保加利亚 4 个，芬兰、越南各 2 个，巴基斯坦、蒙古、印度尼西亚、锡兰各 1 个，多边协定 1 个。[①]

　　需要指出的是，尽管由于国际环境束缚，新中国提出扩大同苏联和各人民民主国家的贸易，对外贸易格局呈现"一边倒"地倒向苏联和各人民民主国家的局面。但是，新中国并不排斥与资本主义国家进行贸易，反而还积极寻找时机发展同资本主义国家的贸易关系。1952 年 9 月 19 日，时任贸易部部长叶季壮在论及新中国成立三年来的对外贸易成就时，非常明确地表达了与包括资本主义国家在内的一切国家发展平等互利的贸易关系，称："毫无疑问，我们将继续扩大对苏联和各人民民主国家的贸易，并且继续开展对东南亚邻邦的贸易；同时，我们也愿意在平等、互利的原则下，恢复和增加对西方国家的贸易。我们从来不忽视和世界上一切国家发展贸易的一切可能性。"[②] 1952 年 4 月 3 日至 12 日，在莫斯科举行的国际经济会议上，来自 49 个国家的 471 位代表和 50 余位专家参加，中国派出以中国人民银行行长南汉宸为团长和中国银行董事兼副总经理冀朝鼎为秘书长的 24 人代表团参加会议，贸易部副部长雷任民、中华全国合作社联合总社理事会副主任刘子久、中国经济学会副主任委员陈翰生等代表团团员分别在发展国际贸易小组、促进国际经济合作解决社会问题小组和经济落后国家问题小组发言，大力阐述和宣传中国开展国际经济合作交流的愿望、政策和条件，受到多个国家的高度关注。会议期间，代表团成员先后与英国、日本、法国、荷兰、西德、

① 中华人民共和国外交部编《中华人民共和国条约集（第一集 1949—1951）》，法律出版社，1957，第 35—99 页；中华人民共和国外交部编《中华人民共和国条约集（第二集 1952—1953）》，法律出版社，1957，第 9—176 页。
② 叶季壮：《中华人民共和国三年来的对外贸易》，载中国国际贸易促进委员会编《三年来新中国经济的成就》，人民出版社，1952，第 163 页。

锡兰和智利签订贸易协议。[①] 1952 年 4 月 5 日，《人民日报》专门发表《祝国际经济会议开幕》的社论，称："中国人民将继续发展对苏联和各人民民主国家之间的和平友好的经济关系，并愿意在世界和平条件下发展与世界各国的经济合作，特别是与日本和亚洲其他各国的经济关系。"[②]

应该说，新中国成立之初制定的对外贸易政策对于当时的对外贸易发展起到了立竿见影的效果，迅速摆脱了旧中国对外贸易的半殖民地的依附性。1951 年 3 月 23 日，海关总署署长孔原在政务院第 77 次政务会议上总结 1950 年海关工作时指出，1950 年我国对外贸易的巨变表现在以下六点：进、出口货物总值较新中国成立前有很大增加，出现 73 年来所未曾有的第一次出超；进出口贸易迅速增长，海关关税收入超额完成；贸易结构更为均衡，非国民经济所需外国商品，如奢侈品停止进口，生产原料和工业器材进口比例占 78％ 以上；转变了农业土副产品长期滞销的局面；国营贸易比例增加，全年进口贸易中，国营占 70％，私营占 30％；出口贸易中，国营占 53％，私营占 47％；对苏联和新民主主义国家的贸易关系日益开展，对苏进出口贸易额跃居第一，美、英等资本主义国家地位下降。[③] 时任中央人民政府政务院财政经济委员会副主任兼贸易部部长叶季壮曾对新中国成立三年来的贸易发展有以下总结：

> 三年来，我们在对外贸易方面也获得了很大的成就。我们肃清了对外贸易的半殖民地的依赖性，在平等、互利的基础上建立了新的对外贸易关系。我们已经由历史上长期入超的国家，转变成为进口和出口平衡的国家，战胜了美帝国主义者对我们中国的禁运和封锁。我们通过对外贸易的管理，扶助了国内工业和农业生产的恢复和发展。我

① 中国国际贸易促进委员会编《莫斯科国际经济会议与中国》，中国国际贸易促进委员会，1952，第 59—72、117—144 页。

②《祝国际经济会议开幕》，《人民日报》1952 年 4 月 5 日第 1 版。

③《中央人民政府海关总署 1950 年海关工作总结和今后的方针任务》，载中央人民政府海关总署辑《新中国海关》，中央人民政府海关总署，1951，第 7—8 页。

们的进口和出口货物的数量，都在不断地增加。这样，就使我们的对外贸易，出现了新的局面。[1]

　　下面几组相关贸易数字，可以真实反映这种新格局的变化情况。1948 年，世界进出口总额为 1200 亿美元，中国进出口总额为 9.07 亿美元，占当年世界进出口总额的 0.76％。[2] 新中国成立后，中国对外贸易进出口量不断扩大，所占世界贸易量的比重不断增加。1950 年，世界进出口总额为 1243 亿美元，中国进出口总额为 11.35 亿美元，占当年世界进出口总额的 0.91％；1951 年，世界进出口总额为 1688 亿美元，中国进出口总额为 19.55 亿美元，占当年世界进出口比重总额的 1.16％。1952 年，世界进出口总额为 1677 亿美元，中国进出口总额为 19.41 亿美元，仍占世界进出口总额的 1.16％。[3] 由于受到当时以美国为首的资本主义国家对中国实行禁运与封锁，这一时期对外贸易的最大变化就是对苏联和各人民民主国家的进出口贸易发展迅速。1952 年，与苏联和各人民民主国家的贸易总额较 1951 年增长了 33％，较 1950 年增长了 32％。[4] 1950 年，中国对苏联的进出口总额为 33844 万美元，其中出口额为 15325 万美元，进口额为 18519 万美元；1951 年，进出口总额较 1951 年增加 1 倍多，达到 80860 万美元，其中出口额为 31129 万美元，进口额为 49731 万美元；1952 年，进出口总额为 106421 万美元，出口总额为 41204 万美元，进口总额为 65217 万美元。1950 年至 1952 年，中苏贸易额占中国进出口总额的比重不断攀升，由 1950 年的 29.8％上升到 54.8％，占中国进出口总额的一半。[5] 与此同时，随着国家统制贸易政

① 叶季壮：《中华人民共和国三年来的对外贸易》，载中国国际贸易促进委员会编《三年来新中国经济的成就》，人民出版社，1952，第 160 页。

② 裴长洪主编《共和国对外贸易 60 年》，人民出版社，2009，第 69 页。

③ 中华人民共和国对外经济贸易部编《对外贸易统计资料汇编（1950—1989）》，中华人民共和国对外经济贸易部，1990，第 8 页。

④ 中国社会科学院、中央档案馆合编《1949—1952 中华人民共和国经济档案资料选编》综合卷，中国城市经济社会出版社，1990，第 856 页。

⑤ 孟宪章主编《中苏贸易史资料》，中国对外经济贸易出版社，1991，第 580 页。

策的实施，国营贸易主导地位日益显现，1952 年全国对外贸易总额中，国营贸易总额约占 90％。[①]

二、社会主义改造至改革开放前的对外贸易政策及变化

服务于国民经济发展的需要，发展为国家和人民利益服务的对外贸易，是新中国成立后发展对外贸易的基本要求。不同时期国民经济发展的中心任务和发展要求的变化往往会直接影响到各时期对外贸易政策的调整和发展走向。1953 年至 1976 年是我国社会主义过渡及社会主义建设探索时期，国民经济先后经历发展、困难与调整阶段，对外贸易为了适应这一变化，也不断调整相关政策，以服务于这一时期国民经济发展的整体需求。

1952 年 9 月 24 日，毛泽东在中共中央书记处会议上提出：

我们现在就要开始用 10 年到 15 年的时间，基本上完成到社会主义的过渡，而不是 10 年或者以后才开始过渡。七届二中全会提出限制与反限制的斗争问题，现在这个内容就更丰富了。工业中，私营占 32.7％，国营占 67.3％，是三七开；商业零售是倒四六开。再发展 5 年，私营比例会更小，但绝对数字仍会有些发展，这还不是社会主义。5 年以后如此，10 年以后会怎么样，15 年以后又怎么样，要想一想。到那时私营工商业的性质也变了，是新式的资本主义，公私合营、加工订货、工人监督、资本公开、技术公开、财务公开，他们已经挂在共产党的车头上，离不开共产党了。"空前绝后"，他们的子女们也将接近共产党了。农村也要向合作互助发展，前 5 年不准地主、富农参加，后 5 年可以让他们参加。[②]

---

① 中国社会科学院、中央档案馆合编《1949—1952 中华人民共和国经济档案资料选编》综合卷，第 856 页。

② 薄一波：《若干重大决策与事件的回顾》上卷，中共中央党校出版社，1991，第 213—214 页。

根据毛泽东的指示，1953年12月，中共中央批准，中国共产党中央委员会宣传部刊印《为动员一切力量把我国建设成为一个伟大的社会主义国家而斗争——关于党在过渡时期总路线的学习和宣传提纲》，从五个方面详细阐述过渡时期总路线的基本内容，完整提出过渡时期总路线和总任务是"要在一个相当长的时期内，逐步实现国家的社会主义工业化，并逐步实现国家对农业、对手工业和对资本主义工商业的社会主义改造"。① 这一路线经过广泛深入地学习、宣传和教育之后，获得全党高度共识。1954年2月，党的七届四中全会通过决议并确认这条总路线。这条简称为"一化三改"或者"一体两翼"的总路线直接影响和决定了这一时期的对外贸易政策和发展情况。正如毛泽东所言，总路线是"照耀我们各项工作的灯塔，若各项工作离开它，就要犯右倾或'左'倾的错误"。② 对外贸易工作也不例外，这一时期的对外贸易主要是服务于"一化三改"这一中心工作而进行。

第一，要实现社会主义工业化，建立起强大的、独立的、完整的工业体系，必须加强国际经济合作，增加若干必需工业物资的进口。因此，1953年开始实施的第一个五年计划对于这一阶段的对外贸易做出具体部署：

> 对苏联和各人民民主国家的贸易，特别是对苏联的贸易，是完成我国五年进出口任务、保证对外贸易正常发展的稳固基础，这对于我国的经济发展有极重大的意义。这种经济合作，首先是我国能够从苏联那里得到巨大的技术精良的援助，保证我国为进行社会主义工业化所必需的设备和器材的进口。各人民民主国家在这方面也能够在各种不同程度上援助我们。这种经济合作使我国出口贸易日益增长，也很

① 《为动员一切力量把我国建设成为一个伟大的社会主义国家而斗争——关于党在过渡时期总路线的学习和宣传提纲》，载中南财经大学经济史教研室编《中华人民共和国经济史教学参考资料》第1集，中南财经大学经济史教研室，1985，第89页。

② 中南财经大学经济史教研室编《中华人民共和国经济史教学参考资料》第1集，第76页。

大地刺激我国生产力的发展。配合我国和平外交政策，根据双方平等、互利的原则，发展对东南亚各国的进出口贸易；同时，也在有利于我国的社会主义经济建设的条件下，继续发展对于其他资本主义国家的进出口贸易，增加若干必需物资的进口。①

对此，对外贸易部门积极采取各种措施，为购买需要的工业设备和技术资料创造条件。一方面，不断加强与苏联为首的社会主义阵营的经济合作，特别是工业制成品和技术资料的合作交流。如，1954 年 10 月，中国与苏联访华代表团签订了关于苏联政府帮助中华人民共和国新建 15 项中国工业企业和扩大原有协定规定的 141 项企业设备的供应范围的议定书。② 1956 年 4 月，中苏签订关于进一步发展经济合作的两项协定，其中一项是关于苏联援助中华人民共和国发展某些工业部门的协定，规定建设 55 个新的工业企业。③ 这些协定和举措有力推动了中苏之间工业设备和技术资料的输入。1952 年至 1956 年，苏联向中国输出的工业设备在全部商品中的比重由 27.7％增加到 41.6％，中国从苏联输入的机器设备的种类也日益复杂起来。1952 年，用来装备冶金工厂、机器制造工厂以及化学工业场所所需的整套设备在苏联向中国输出的全部工业品中只占 6.6％，而在 1956 年就达到了 30％左右。④ 1952 年至 1956 年期间，苏联向我国输出设备的构成，一般设备增加了 2 倍，而成套设备则增加了 6 倍，并占苏联对中国出口总值的第一位。⑤ 随着工业化水平的不断提高，中国工业制成品和半成品的出口也在不断增加，在中国输出到苏

①《中华人民共和国发展国民经济的第一个五年计划（1953—1957）》（1955 年 7 月 30 日第一届全国人民代表大会第二次会议通过），载中共中央文献研究室编《建国以来重要文献选编》第六册，第 514—516 页。

②《关于中苏举行会谈的公报》，《人民日报》1954 年 10 月 12 日第 1 版。

③《中苏签订关于进一步发展经济合作的两项协定》，《人民日报》1956 年 4 月 8 日第 1 版。

④《中苏商品交换总额显著增加，苏对外贸易部东方司司长说中苏贸易前景美好》，《人民日报》1957 年 10 月 30 日第 3 版。

⑤ 孟宪章主编《中苏贸易史资料》，第 577 页。

联的商品中，工业制成品和半成品已经占据主要地位，原料在出口中的比重已经从 1952 年的 30％减少到 1956 年的 16.6％。[1] 另一方面，中国积极开拓同包括美国在内的资本主义国家的经济合作。1955 年 6 月 2 日，全国各省市对外贸易局长会议明确要求做好对资本主义出口贸易，并提出五项具体举措：统一安排计划，做好组织货源工作；认真执行对资本主义国家间所签订的贸易协定；有计划地积极组织工业品出口；提高业务水平，学会同资本主义国家做生意；继续做好港澳出口工作。[2] 1957 年，时任对外贸易部部长叶季壮在外贸局长会议上特别提出，"注意研究资本主义国家经济趋势和国外市场情况，做好对外推销工作和进口工作"，"要巩固和发展对民族主义国家的贸易，争取一般资本主义国家"，"向这些国家购买我们需要的工业设备和技术资料，这是我们一项很重要的工作任务"，"要对联邦德国、法国多做些工作，对英国也要维持或增加一定贸易额，争取进口一些合用的机器和技术资料，吸收他们新的技术，以加速提高我国的工业化水平"。[3]

第二，随着对私营对外贸易的社会主义改造，对外贸易经营和管理体制更趋于集中和统一，国营贸易的领导地位进一步加强。1953 年下半年起，国家开始对私营进出口商进行有计划的改造。如 1953 年 8 月 3 日颁布的《公私营出进口商经营范围划分的原则规定（草案）》和 1954 年 4 月 9 日颁布的《国家统计局、对外贸易部联合指示关于对东南亚及资本主义国家进、出口贸易经营成分统计分类的规定》，通过扩大国营商业货源，限制私人投资经营的企业及个人经营的进出口贸易范围。[4]

[1]《中苏商品交换总额显著增加，苏对外贸易部东方司司长说中苏贸易前景美好》，《人民日报》1957 年 10 月 30 日第 3 版。

[2]《中共中央转发对外贸易部党组关于全国各省市对外贸易局长会议的报告》（1955 年 6 月 2 日），载中央档案馆、中共中央文献研究室合编《中共中央文件选集》第十九册，人民出版社，2013，第 326—328 页。

[3] 中国社会科学院、中央档案馆合编《1958—1965 中华人民共和国经济档案资料选编》对外贸易卷，中国财政经济出版社，2011，第 3—4 页。

[4] 中国社会科学院、中央档案馆合编《1953—1957 中华人民共和国经济档案资料选编》商业卷，中国物价出版社，2000，第 1081—1085 页。

1954 年 4 月 16 日，对外贸易部又发布《对外贸易部关于对私营进出口商出口贴补办法的指示》，指出"在过渡时期内，对私营进出口必须进行社会主义改造，采取稳步方针逐步予以代替"；在执行出口贴补办法时，"应首先保证国营出口计划的完成。对公私共同经营的商品，须恰当地安排公私营的经营比重，加强国营公司通过业务对私营进出口商的领导"。[①] 1955 年 2 月，对外贸易部第一届全国各省市对外贸易局长会议上，专门就私营对外贸易的社会主义改造问题进行讨论，会议提出私营对外贸易的社会主义改造基本方针：有经营能力，亦有货源经营者，应尽量维持利用；有一定经营能力，或在国内外政治上有一定影响者，应适当加以维持利用；没有经营能力，名存实亡，或已处于半停业经营者，均不再予以维持。改造步骤，先进口商，后出口商；先内地，后口岸。[②] 经过这一时期的改组改造，资本主义进出口商的经营已经基本上纳入国家资本主义轨道，接受国家委托经营。1955 年，它们的自营额只有 1950 年的 6％，其中进口额只有 1950 年的 3.25％，出口额为 1950 年的 7.47％；1953 年，它们的自营额占全国对外贸易总额的比重为 7.3％，1954 年为 1.7％，到 1955 年仅为 0.8％；1955 年，它们的自营额占对资本主义国家贸易总额的比重只有 4.26％；资本主义进出口商的户数也减少了，1955 年约有 1017 户。[③]

1958 年 5 月 5 日至 5 月 23 日，中共八大二次会议正式制定"鼓足干劲，力争上游，多快好省地建设社会主义"的总路线。5 月 29 日，《人民日报》专门发表《把总路线的红旗插遍全国》的社论，称"把总路线

---

① 中国社会科学院、中央档案馆合编《1953—1957 中华人民共和国经济档案资料选编》商业卷，中国物价出版社，第 1090—1093 页。

②《中共中央转发对外贸易部党组关于全国各省市对外贸易局长会议的报告》（1955 年 6 月 2 日），载中央档案馆、中共中央文献研究室编《中共中央文件选集》第十九册，第 324—325 页。

③ 中央工商行政管理局资本主义经济改造研究室、中国科学院经济研究所资本主义经济改造研究室编《私营商业的社会主义改造（资料）》，生活·读书·新知三联书店，1963，第 172 页。

的红旗插遍全国，使总路线的灯塔照耀全国人民的一切工作"。① 随后，全国掀起了"大跃进"和人民公社化运动，对外贸易工作也转向力争服务于过渡时期的总路线、"大跃进"和人民公社化运动。1958 年 3 月 3 日，时任对外贸易部副部长雷任民在对资出口会议总结大会上指出：保护群众热情，鼓足革命干劲，克勤克俭，多快好省，组织思想上、工作上、贸易额上的大跃进，以支持国内工农业生产和建设的大跃进，并且积极扩大社会主义国家、亚非国家、一般资本主义国家和帝国主义国家的贸易。② 5 月 11 日，对外贸易部在向中央汇报今后对外贸易的发展趋势、任务、方针任务和措施时，围绕着过渡时期总路线针对对外贸易政策进行具体部署，指出进口政策必须遵循在有限发展重工业的原则下工农业并举，在统一规划的原则下中央和地方工业同时并举的方针，并按照国内需要、外汇能力和国外供应可能，有计划地进行采购。首先是满足某些关键性的大型工业建设和发展原子科学、技术改革的需要，其次是满足一般工业、地方工业和农业的需要，再次是酌量满足市场需要。在出口和收购政策上，积极收购和推销，特别是大力组织新品种、工业品和机械设备的推销，以促进工农业生产的发展。③ 7 月 19 日，叶季壮部长在全国对外贸易局长会议上，再次强调对外贸易中贯彻执行建设社会主义总路线问题是今后相当长时期内对外贸易的根本性方针政策问题。④ 9 月 21 日，华南八省外贸局长会议上，对外贸易工作如何为工农业生产大跃进服务是这次会议讨论的主要问题之一。时任对外贸易部副部长雷任民在发言时指出，对外贸易必须为工农业生产和社会主义建设服务，这是我们坚定不移的方针。工农业生产大跃进就必须要求对外贸易工作上的大跃进，提出在反对右倾保守主义的基础上，贯彻"大进大出"的方针。⑤

―――――――――

① 《把总路线的红旗插遍全国》，《人民日报》1958 年 5 月 29 日第 1 版。
② 中国社会科学院、中央档案馆合编《1958—1965 中华人民共和国经济档案资料选编》对外贸易卷，第 5 页。
③ 同上书，第 15 页。
④ 同上书，第 19 页。
⑤ 同上书，第 26—27 页。

在这些政策的指导下，对外贸易年度计划目标也不断被调高。根据1957年10月1日发布的《国务院关于编制1958年度国民经济计划草案的指示》，1958年的进出口贸易总额初步安排为93.9亿元，其中出口总额安排为52.9亿元，维持1957年的水平；进口总额计划为41亿，低于1957年水平。到了1958年2月3日，薄一波在第一届全国人大五次会议上作了关于1958年国民经济计划草案的报告，将1958年的进出口贸易总额安排为110亿元，同比增长8.6％。[1] 1958年3月13日，对外贸易部在关于1958年对外贸易计划的请示报告中，又将这一指标继续上调，将原定进出口贸易总额中第一笔账的指标增加了10亿，达到120亿，其中进口额55亿元，出口额65亿元；第二本账也比原定指标增加了27亿，增至137亿，其中进口额62亿，出口额75亿。[2] 在第二个五年计划中，对外贸易计划也设置有两个账本，第一个账本出口额440亿元，进口额383.2亿元，5年内出口额的平均增长速度为15.1％，进口额的平均增长速度为14.5％；第二本账户出口额460亿元，进口额402.1亿元，5年内出口额的平均增长速度为17.9％，进口额的平均增长速度为17.5％。[3]

根据《全国对外贸易统计年报》记载，1958年对外贸易计划超额完成第一账本计划，全年进出口总额128.7亿元，其中进口额61.7亿元，出口额67.1亿元。[4] 但是进出口总额短期内猛增与整个工农业的实际增长速度是脱钩的。特别是随着脱离实际的"高指标、瞎指挥、浮夸风"在国民经济各领域不断蔓延，再加上1961年中苏关系恶化和1959年至1961年"三年自然灾害"的发生，国民经济出现新中国成立以来最严重的危机：农业生产连年下滑，粮食严重短缺；基本建设规模过大，难以为继；内部比例严重失调；经济效益低下；财政收支不平衡，人民生活

① 中国社会科学院、中央档案馆合编《1958—1965 中华人民共和国经济档案资料选编》对外贸易卷，第 76 页。

② 同上书，第 66 页。

③ 同上书，第 67—68 页。

④ 同上书，第 84 页。

面临严重困难。[1] 尽管相关部门在进口、采购和出口方面出台各种措施，并提出以自力更生为主、争取外援为辅的口号，不断调整年度贸易计划，尽可能争取进口国家建设所需要的物资，满足对外贸易为国民经济建设的需要。但是，从 1959 年下半年开始，对外贸易工作逐渐陷入困难的局面，对外贸易计划指标进展缓慢。1957 年至 1963 年进出口贸易数字的变化更能直观反映这一情况。无论是进口总值，还是出口总值，1959 年之后连续几年均呈现萎缩态势，具体见表 5-2：

表 5-2　1957 年至 1963 年进、出口贸易总值一览表[2]

单位：人民币（元）

时间	进口总值	出口总值	进出口总值
1957 年	4315607779	5264143348	9579751127
1958 年	5281243125	6332086544	11613329669
1959 年	6537036875	7511123049	14048159924
1960 年	6242868770	6313811683	12556680453
1961 年	4452693390	4589733154	9042426544
1962 年	3289078399	4676504815	7965583214
1963 年	3435765496	4881266503	8317031999

这一变化趋势直至国民经济持续调整后，在国民经济不断向好推动下，至 1965 年进出口总额才逐步恢复到 118.4 亿元，接近 1959 年水平，比 1962 年增长了约 60%。1966 年的进出口总额持续增加，达到 127.1 亿元，比 1965 年增长了 7.35%。[3]

这一时期的贸易对象和结构也发生很大变化。1960 年之前，对以苏联为首的社会主义国家的贸易额在历年贸易总额中一般约占 75% 左右。

① 苏少之：《中国经济通史》第十卷，湖南人民出版社，2002，第 258—268 页。
②《海关统计年报（1958—1963 年）》，载中国社会科学院、中央档案馆合编《1958—1965 中华人民共和国经济档案资料选编》对外贸易卷，第 612—630 页。
③ 裴长洪主编《共和国对外贸易 60 年》，人民出版社，2009，第 78 页。

1959 年，苏联及东欧和蒙古所占贸易比重达 71.6％；之后逐年下降，1960 年下降至 67.3％；1961 年下降至 49.1％；1962 年下降至 42.7％；1963 年下降至 34.5％。与此同时，与包括日本在内的资本主义国家的贸易比重却在持续增加，由 1959 年的 12.7％上升至 1963 年的 26.3％；与亚、非、拉国家和地区的贸易比重也在增加，由 1959 年的 11％升至 1963 年的 22.1％。① 进出口商品构成也发生变化。1961 年以前，历年进口总额中，支援重工业、国防建设和其他方面的物资所占比重比较大。1960 年甚至达到 78.4％，但在 1961 年至 1963 年期间比重持续下降，1963 年仅占 30.6％。同时，支援农业、轻工业和市场物资的进口比重由 1960 年的 21.6％上升到 1963 年的 69.4％。出口商品的构成变化是工业品的比重上升，农产品的比重下降。②

1966 年 5 月至 1976 年 10 月，由于受到政治运动的影响，包括对外贸易在内的经济发展都受到不同程度的冲击。不过，对外贸易也并非全部停滞不前。特别是随着 70 年代初与美、日等国外交关系的突破，让这一时期的对外贸易对象不断扩大。如，1973 年，同我国有贸易关系的国家和地区已增加到 150 多个，其中有 50 多个国家同我国签订了贸易协定或贸易议定书。这一年同朝鲜、阿尔巴尼亚、越南、罗马尼亚等社会主义国家的贸易有了新的发展，同亚洲、非洲、拉丁美洲各友好国家的经济贸易往来进一步扩大，同日本以及西欧、北美和大洋洲各国的贸易额也有了增长，贸易交往也更加频繁。③ 国家"四三方案""六五方案"④等政策的先后落地实施，则直接推动这一时期进出口商品结构的不断调

---

① 中国社会科学院、中央档案馆合编《1958—1965 中华人民共和国经济档案资料选编》对外贸易卷，第 160 页。

② 同上书，第 162—163 页。

③《随着社会主义建设蓬勃发展和对外交往不断增多，我国对外经济交流进一步扩大》，《人民日报》1973 年 12 月 29 日第 1 版。

④ 关于"四三方案""六五方案"的具体内容可参阅《关于"四三方案"的一组文献》，载中共中央党史研究室、中央档案馆编《中共党史资料（总第 90 辑）》，中共党史出版社，2004，第 4—24 页；《关于"六五方案"的一组文献》，载中共中央党史研究室、中央档案馆编《中共党史资料（总第 92 辑）》，第 5—37 页。

整。1970 年至 1976 年间对外贸易进口商品中，机电仪器和成套设备组成的机械设备类商品进口数量快速增长，由 1970 年的 3.69 亿美元，增加到 1976 年的 20.37 亿美元，在整个进口贸易总额中所占的比重由 1970 年的 15.8％增长到 1976 年的 30.9％；工业原料和农业生产用物资和生活资料的进口数量虽然有所增加，但是在整个进口贸易总额中的比重呈现不同程度的下降，工业原料和农业生产用物资类商品下降 10 个百分点，在整个进口贸易总额中所占的比重由 1970 年的 66.9％下降到 1976 年的 55.9％；生活类资料在整个进口贸易总额中所占的比重由 1970 年的 17.3％下降到 1976 年的 13.2％。[①] 可以说，这一时期对外贸易发展呈现出动荡中恢复性增长的特点。

第二节　改革开放以来中国对外经济贸易的发展与繁荣

随着粉碎"四人帮"的胜利，全国各行各业迅速开展拨乱反正的工作，把外贸战线受"四人帮"影响最深、造成危害最大的问题，加以澄清，拨乱反正，把充分发挥贸易工作在新时期总任务中的作用作为"四人帮"被粉碎后外贸工作最急迫的任务之一。中央和各地方外贸战线围绕着"拨乱反正，办好外贸"的精神，积极肃清"四人帮"在外贸系统的错误思想和流毒，逐渐恢复正常对外贸易管理和发展秩序。[②] 短短不到两年，至 1978 年 8 月，我国对外贸易较之前已发生很大变化：进出口贸易大幅度增长；对外经济关系广泛开展；展览活动、技术交流、交易

① 中华人民共和国对外经济贸易部编《对外贸易统计资料汇编（1950—1989）》，中华人民共和国对外经济贸易部，1990，第 18—19 页。
② 财贸领域各地方的肃清工作可参阅朱庆隆等：《拨乱反正　办好财贸——肃清"四人帮"在财贸战线散布的流毒》（中国财政经济出版社，1979）一书。

会成交活跃；进口不断扩大；贸易做法和支付方式更灵活多样。① 对外经济贸易关系的政策和方针也在不断探索中逐渐完善。1978 年 2 月 26 日，华国锋在第五届全国人民代表大会第一次会议上的政府工作报告中提出：

> 对外贸易要有一个大的发展。出口贸易既要注意大宗商品，也要注意小宗商品。在增加农副产品出口的同时，努力提高工矿产品在出口中的比重。建设一批出口工矿产品和农副产品的基地。要认真总结对外贸易工作的经验，按照平等互利的原则，把生意做好做活。②

1978 年 10 月 16 日，中国对外贸易部和联合国贸易发展会议在上海联合举办"中国对外贸易及经营管理座谈会"，来自亚、非、拉发展中国家的贸易官员，以及联合国贸易发展会议、国际贸易中心和亚洲太平洋经济社会委员会的代表共 30 多人参加，后又转移至广州，至 11 月 3 日结束。在座谈会上，外贸部、外贸学院、海关、中国银行、中国人民保险公司等单位的负责人和专家分别作了我国对外贸易的方针政策等 10 个专题的报告，系统、准确地阐述了中国对外贸易的方针政策、组织机构及经营管理。③ 专家指出"我国在向社会主义现代化强国进军过程中，对外贸易将要有一个大的发展"，"中国对外贸易开始进入了发展的新阶段"。④ 同年 12 月 4 日，《人民日报》刊发社论《对外贸易要有个大发展》，指出"为了加快社会主义四个现代化的步伐，我国的对外贸易必须有一个大发展。小发展不行，中发展也不行。我们要学会在国际市场

---

① 刘朝缙等编《中国对外贸易及经营管理》，经济导报社，1978，第 105—110 页。

② 华国锋：《团结起来，为建设社会主义的现代化强国而奋斗——1978 年 2 月 26 日在第五届全国人民代表大会第一次会议上》，《政府工作报告汇编（上）》，中国言实出版社，2017，第 361 页。

③《中国对外贸易及经营管理座谈会在上海开幕》，《人民日报》1978 年 10 月 18 日第 4 版。关于这次座谈的具体专题讨论可参阅刘朝缙等编《中国对外贸易及经营管理》一书，该书汇编十个专题讨论的讲话内容。

④ 刘朝缙等编《中国对外贸易及经营管理》，第 105 页。

上做生意，要学会把生意做好做活"，并且提出"对外贸易要有个大发展"的几点建议：进口要有个大发展，出口必须相应地大发展，而把出口搞上去，根本的一条是要搞好生产，发展生产；大力发展出口必须正确处理好内外销的关系；要使对外贸易有个大发展，不能看成只是外贸部门的事，必须大家动手，全党齐心协力；要把对外贸易做大、做好、做活，一定要冲破思想牢笼，还要在体制上、经营管理上来一番大的改革。① 1978 年 12 月 18 日召开的中国共产党十一届中央委员会第三次会议，明确要求"全党工作的着重点和全国人民的注意力转移到社会主义现代化建设上来"，提出"在自力更生的基础上积极发展同世界各国平等互利的经济合作，努力采用世界先进技术和先进设备"。② 至此，对外经济贸易发展进入改革开放的新时期。

一、 面向世界：从沿海、沿江、沿边到内陆

1978 年 10 月 10 日，邓小平在会见德意志联邦共和国新闻代表团时称："我们过去有一段时间，向先进国家学习先进的科学技术被叫作'崇洋媚外'。现在大家明白了，这是一种蠢话。我们派了不少人出去看看，使更多的人知道世界是什么面貌。关起门来，固步自封，夜郎自大，是发达不起来的。"③ 应该说，经历两年的徘徊探索，关起门来搞建设是万万不能的观念基本上成为当时的社会共识。因此，1978 年 12 月 18 日，十一届三中全会明确要求必须"在自力更生的基础上积极发展同世界各国平等互利的经济合作，努力采用世界先进技术和先进设备"。但是，怎么向世界各国学习，怎么打开大门，实际上要经历一个渐进的漫长过程，经过 20 多年的摸索与实践，才逐渐清晰起来，形成向世界打

---

① 《对外贸易要有个大发展》，《人民日报》1978 年 12 月 4 日第 1、4 版。

② 《中国共产党第十一届中央委员会第三次全体会议公报》（1978 年 12 月 22 日通过），载中共中央文献研究室编《十一届三中全会以来重要文献选读》上册，人民出版社，1987，第 6 页。

③ 邓小平：《实行开放政策，学习世界先进科学技术》（1978 年 10 月 10 日），载《邓小平文选》第二卷，人民出版社，1994，第 132 页。

开大门的链条，即从沿海到沿江，从沿边到内陆的开放格局，并走出了"一条独具特色的发展道路——一种吸收资本主义积极因素的社会主义市场经济发展模式"。①

　　第一，以经济特区为突破口，沿海开放城市和沿海经济开放区为骨架的对外开放格局形成。1978 年 10 月 23 日，广东省根据国务院国发〔1978〕167 号文指示精神，编制《关于宝安、珠海两县外贸基地和市政建设规划设想》上报国务院，提出"在三五年内把宝安、珠海两县建设成为具有相当水平的工农业结合的出口商品生产基地"②，迈出"向世界敞开大门，建设经济特区"的关键一步。1979 年 2 月 14 日，国务院以国发〔1979〕38 号文批复这一设想，并提出六条具体政策性支持措施，指出"凡是看准了的，说干就干，立即行动，把它办成、办好"。③ 同年6 月 6 日和 6 月 9 日，广东省和福建省又先后向党中央、国务院上报《中共广东省委关于发挥广东优越条件，扩大对外贸易，加快经济发展的报告》和《中共福建省委、省革委会利用侨资、外资，发展对外贸易，加速福建社会主义建设的请示报告》，分别提出在深圳、珠海、汕头和厦门设置出口特区，以便扩大对外贸易。这两个文件的着力点都是希望广东、福建各自利用对外联系的优势资源，积极发展对外经济贸易，而设置出口特区是发展对外贸易诸多举措之一。同年 7 月 15 日，中共中央和国务院联合发布《中共中央、国务院批转广东省委、福建省委关于对外经济活动实行特殊政策和灵活措施的两个报告》（中发〔1979〕50 号文），指出"关于出口特区，可先在深圳、珠海两市试办，待取得

① ［美］刘海善：《中国经济特区——从深圳到上海的特区政策变迁与现代化新路径》，陈薇译，上海人民出版社，2008，第 1 页。

②《关于宝安、珠海两县外贸基地和市政建设规划设想的报告》（1978 年 10 月 23 日），载钟坚、郭茂佳、钟若愚主编《中国经济特区文献资料》第一辑，社会科学文献出版社，2010，第 6 页。

③《国务院关于宝安、珠海两县外贸基地和市政建设规划设想的批复》（1979 年 2 月 24 日），载钟坚、郭茂佳、钟若愚主编《中国经济特区文献资料》第一辑，第 3—4 页。

经验后，再考虑在汕头、厦门设置的问题"。① 因此，所谓"经济特区"一开始便是以发展对外经济贸易为主要目标的出口特区，是作为扩大对外经济贸易的一个突破口存在的，所以称为"出口特区"。同年 8 月 3 日和 8 月 23 日，中共中央、国务院又先后发布《关于大力发展对外贸易增加外汇收入若干问题的规定通知》和《中共中央、国务院关于进出口管理委员会、外国投资管理委员会的任务和机构的通知》，都是属于这一时期发展对外经济贸易的一揽子计划。

直至 1980 年 3 月 24 日至 30 日在广州召开的广东、福建两省会议上，明确提出试办经济特区，不再局限于出口特区的定位，提出"在发展加工出口工业的同时，有条件的，要逐步发展住宅、旅游等事业"。② 1980 年 12 月 24 日，中共中央、国务院又专门召开的广东、福建两省实行特殊政策、灵活措施座谈会，会议强调"把广东、福建的特区搞得更好"，"要处理好特区与实行特殊政策灵活措施的广东、福建两省的关系，处理好广东、福建与全国的关系"，并指出"我们搞的是经济特区，不是政治特区"，"既要把经济搞活，又能坚持思想基本原则"。③ 至此，经济特区被赋予更多对外开放政策的"试验田"功能。1981 年 5 月 27 日至 6 月 14 日、1982 年 2 月 11 日至 13 日和 11 月 15 日，中央又先后 3 次围绕广东、福建经济特区工作召开工作会议或者座谈会，连续发布《中共中央、国务院批转〈广东、福建两省和经济特区工作会议纪要〉的通知》（一九八一年七月十九日）、《中共中央批转〈广东、福建两省座谈会纪要〉的通知》（一九八二年三月一日）、《中共中央、国务院批转〈当前试办经济特区工作中若干问题的纪要〉的通知》（一九八二年十二月三日），进一步规范和扩大经济特区各项功能。从 1979 年 7 月试办出口特区，到 1982 年 8 月，短短 3 年内，深圳、珠海、汕头和厦门 4 个特

①《中共中央、国务院批转广东省委、福建省委关于对外经济活动实行特殊政策和灵活措施的两个报告》，载《改革开放三十年重要文献选编》上册，53—54 页。
②《中共中央、国务院关于〈广东省、福建两省会议纪要〉的批示》，载钟坚、郭茂佳、钟若愚主编《中国经济特区文献资料》第一辑，第 43 页。
③ 同上书，第 55—57 页。

区的试办成效已经非常明显，特别在加强对外经济贸易联系方面的成绩显著。至 1982 年 8 月底，深圳特区（含蛇口）引进外资项目共有 728 个，投入使用的外资约 2.4 亿美元，珠海对外签订 13 个项目，使用外资约 1650 万美元。一些先进的技术和设备也被引进，深圳引进 11000 多台（套）设备。① 到了 1984 年，4 个特区与外商签订的各种经济合作协议累计达 4700 多项，协议投资额 20 多亿美元，实际利用外资达到 8.4 亿美元。②

经济特区呈现强劲发展势头，也进一步证明了实行对外开放政策的正确性，对外开放力度也不断加大。1984 年 2 月 24 日，邓小平在视察广东、福建、上海等地回京后，同几位中央负责同志谈话时，再次强调"我们建立经济特区，实行开放政策，有个指导思想要明确，就是不是收，而是放"，并且指出"除现在的特区之外，可以考虑再开放几个港口城市，如大连、青岛。这些地方不叫特区，但可以实行特区的某些政策。我们还要开发海南岛，如果能把海南岛的经济迅速发展起来，那就是很大的胜利"。③ 同年 3 月 26 日至 4 月 6 日，根据中共中央和国务院的决定，在北京专门召开"沿海部分城市座谈会"，天津、上海、大连、烟台、青岛、宁波、温州、北海等 8 个沿海城市，深圳、珠海、汕头、厦门 4 个特区和海南行政区，以及这些城市所在各省负责人参加，会议指出：沿海港口城市由于其地理位置、经济基础、经营管理、技术水平等条件较好，势必要先行一步，建议进一步开放天津、上海、大连、秦皇岛、烟台、青岛、连云港、南通、宁波、温州、福州、广州、湛江、北海等 14 个沿海港口城市，并提出 10 条具体优惠政策措施：放宽利用

① 《中共中央、国务院批转〈当前试办经济特区工作中若干问题的纪要〉的通知》（1982 年 12 月 3 日），载钟坚、郭茂佳、钟若愚主编《中国经济特区文献资料》第一辑，第 91 页。
② 谷牧：《关于经济特区建设和沿海十四个城市进一步开放工作进展情况的报告》（1958 年 1 月 17 日），载钟坚、郭茂佳、钟若愚主编《中国经济特区文献资料》第三辑，第 133 页。
③ 邓小平：《办好经济特区，增加对外开放城市》（1984 年 2 月 24 日），载中共中央文献研究室编《改革开放三十年重要文献选编》上册，第 318—319 页。

外资建设项目的审批权限；增加外汇使用额度和外汇贷款；积极支持利用外资、引进先进技术改造老企业；对中外合资、合作经营企业及外商独资企业，给予若干优惠待遇；逐步兴办经济技术开发区；大力发展进料加工出口；调整几个城市的开放类别；加强基础设施建设；加强对利用外资的计划指导；在改革方面应当走在前头。①

1985年1月31日，国务院在北京召开"长江、珠江三角洲和闽南厦漳泉三角地区座谈会"，会议一致认为先将长江三角洲、珠江三角洲和闽南厦漳泉三角地区开辟为沿海经济开放区，继而将辽东半岛、胶东半岛开辟为沿海经济开放区。会议指出长江三角洲、珠江三角洲和闽南厦漳泉三角地区，作为沿海经济开放区，同经济特区、沿海开放城市一样，是我国对外经济联系的桥梁，进出口的重要基地，要把国外的先进技术、设备引进来，加以吸收、消化、创新，向内地转移，推动科技进步；要筛选、移植国外符合社会化大生产要求的经营管理方式，为全国的经济体制改革摸索经验；要把沿海生产的"洋货"向内地销售，繁荣国内市场，满足人民需要；尤为重要的是，必须面向世界，发展出口贸易，开拓国际市场，为增加我国的外汇收入多作贡献。② 同年2月18日，中共中央、国务院以座谈会纪要的形式发布《关于批转〈长江、珠江三角洲和闽南厦漳泉三角地区座谈会纪要〉的通知》，通知认为在长江三角洲、珠江三角洲和闽南厦漳泉三角地区开辟沿海经济开放区，是我国实施对内搞活经济、对外实行开放的又一重要步骤，是社会主义经济建设中具有重要战略意义的布局。这三个经济开放区应逐步形成贸—工—农型的生产结构，即按出口贸易的需要发展加工工业，按加工的需

---

①《中共中央、国务院关于批转〈沿海部分城市座谈会纪要〉的通知》（1984年5月4日），载钟坚、郭茂佳、钟若愚主编《中国经济特区文献资料》第一辑，第113—123页。

②《长江三角洲、珠江三角洲和闽南厦漳泉三角地区座谈会纪要（节录）》（1985年1月31日），载中共中央文献研究室编《改革开放三十年重要文献选编》上册，第364—366页。

要发展农业和其他原材料的生产。① 1988 年 4 月，国务院又做出进一步扩大我国沿海经济开放区范围的决定，新增 140 个市、县，其中包括杭州、南京、沈阳等 3 个省会城市，使我国由经济特区、沿海开放城市和经济开放区构成的沿海对外开放前沿地带显著扩大，市、县增加到 288个，面积增加到约 32 万平方公里，人口增加到 1.6 亿。② 至此，我国形成经济特区—沿海开放城市—沿海经济开放区这样一个"多层次、有重点、点面结合"的对外开放格局。

第二，从沿边、沿江到内陆，全方位、立体化的对外开放格局形成。进入 20 世纪 90 年代，对外开放的步伐和探索进一步加大。1990 年6 月 2 日，国务院批复《关于开发浦东、开放浦东的请示》，指出"开发和开放浦东是深化改革、进一步实行对外开放的重大部署"，"是一件关系全局的大事"，要求上海浦东"利用国外资金发展外向型经济"。③1992 年 1 月 18 日至 2 月 21 日，邓小平先后考察武昌、深圳、珠海、上海等地，发表"南方谈话"，指出"改革开放胆子要大一些，敢于试验，不能像小脚女人一样。看准了的，就大胆地试，大胆地闯"，"改革开放迈不开步子，不敢闯，说来说去就是怕资本主义的东西多了，走了资本主义道路。要害是姓'资'还是姓'社'的问题。判断的标准，应该主要看是否有利发展社会主义社会的生产力，是否有利于增强社会主义国家的综合国力，是否有利于提高人民的生活水平"。④ 随后，国务院于1992 年 3 月 9 日、6 月 9 日和 7 月 30 日先后发布《国务院关于进一步对外开放黑河等四个边境城市的通知》（1992 年 3 月 9 日）、《国务院关于进

---

① 《中共中央、国务院关于批转〈长江、珠江三角洲和闽南厦漳泉三角地区座谈会纪要〉的通知》（1985 年 2 月 18 日），载中共中央文献研究室编《改革开放三十年重要文献选编》上册，第 362 页。

② 《我国决定扩大沿海经济开放区范围》，《人民日报》1988 年 4 月 9 日第 4 版。

③ 《国务院关于开发和开放浦东问题的批复（1990 年 6 月 2 日）》，载全国人大常委会法制工作委员会审定《沿海沿江沿边开放法律法规及规范性文件汇编》，法律出版社，1992，第 407 页。

④ 《在武昌、深圳、珠海、上海等地的谈话要点》（1992 年 1 月 18 日—2 月 21 日），载《改革开放三十年重要文献选编》上册，第 634 页。

一步对外开放南宁、昆明及凭祥等五个边境城镇的通知》(1992 年 6 月 9 日)、《国务院关于新疆维吾尔自治区进一步扩大对外开放问题的批复》(1992 年 6 月 9 日)、《国务院关于进一步对外开放二连浩特市的通知》(1992 年 7 月 30 日),开放黑河、绥芬河、珲春、满洲里、凭祥、东兴、畹町、瑞丽、河口、伊宁、博乐、塔城、二连浩特等 13 个边境城市。同年 7 月 30 日,国务院发布《国务院关于进一步对外开放重庆等市的通知》又进一步对外开放重庆、岳阳、武汉、九江、芜湖等 5 个长江沿岸城市,以及哈尔滨、长春、呼和浩特、石家庄等 4 个边境、沿海地区省会(首府)城市;太原、合肥、南昌、郑州、长沙、成都、贵阳、西安、兰州、西宁、银川等 11 个内陆地区省会(首府)城市也实行沿海开放城市的政策。[1] 1992 年 10 月 12 日,江泽民在中国共产党第十四次全国代表大会上的报告中,明确指出:继续办好经济特区、沿海开放城市和沿海经济开放区。扩大开放沿边地区,加快内陆省、自治区对外开放的步伐。[2] 至此,从沿海到沿江、从沿边到内陆,多层次、多渠道、全方位开放的格局确立。

这一全方位面向世界的开放格局的效十分显著,作为中国近现代史上一次空前的创举,对外开放对我国社会经济发展的影响巨大而深刻。中国迅速成为世界上经济最开放的国家之一,与世界各国的经贸联系日趋紧密。中国进出口贸易数量都有大幅度跃升,对外贸易依存度及其在国际贸易中的地位显著提高。表 5-3 是 1978 年至 2001 年中国对外贸易进出口总额变化情况:

① 全国人大常委会法制工作委员会审定《沿海沿江沿边开放法律法规及规范性文件汇编》,第 460—468 页。
② 江泽民:《加快改革开放和现代化建设步伐,夺取有中国特色社会主义事业的更大胜利——在中国共产党第十四次全国代表大会上的报告》(1992 年 10 月 12 日),载中共中央文献研究室编《改革开放三十年重要文献选编》上册,第 661—662 页。

表 5-3　1978 年至 2001 年中国对外贸易进出口额表[①]

单位：人民币（亿元）

年份	进出口总额	出口额	进口额	差额（顺差与逆差）	年份	进出口总额	出口额	进口额	差额（顺差与逆差）
1978 年	355.0	167.7	187.4	-19.7	1990 年	5560.1	2985.8	2574.3	411.6
1979 年	454.6	211.7	242.9	-31.3	1991 年	7225.8	3827.1	3398.7	428.5
1980 年	570.0	271.2	298.8	-27.6	1992 年	9119.6	4676.3	4443.3	233.0
1981 年	735.3	367.6	367.7	-0.1	1993 年	11271.0	5284.8	5986.2	-701.4
1982 年	771.4	413.8	357.5	56.3	1994 年	20381.9	10421.8	9960.1	461.8
1983 年	860.2	438.3	421.8	16.5	1995 年	23499.9	12451.8	11048.1	1403.7
1984 年	1201.0	580.6	620.5	-39.9	1996 年	24133.9	12576.4	11557.4	1019.0
1985 年	2066.7	808.9	1257.9	-449.0	1997 年	26967.2	15160.7	11806.6	3354.1
1986 年	2580.4	1082.1	1498.3	-416.2	1998 年	26849.7	15223.5	11626.1	3597.4
1987 年	3084.2	1470.0	1614.2	-144.3	1999 年	29896.2	16159.8	13736.5	2423.3
1988 年	3821.8	1766.7	2055.1	-288.4	2000 年	39273.3	20634.4	18638.8	1995.6
1989 年	4155.9	1956.1	2199.9	-243.8	2001 年	42184	22024.4	20159.2	1865.3

　　由表 5-3 可知，改革开放 20 年来的进出口贸易数额大幅增加，1978 年进出口贸易总额是 355 亿元，其中出口总额 167.7 亿元，进口总额 187.4 亿元；至 2001 年，中国进出口贸易总额已经跃升至 42184 亿元，其中出口总额 22024.4 亿元，进口总额 20159.2 亿元。与 1978 年相比，进出口总额、出口总额和进口总额分别增长近 117.83％、130.33％ 和 106.57％。对外贸易在国民经济的重要性也日益重要，出口额占国内生产总值的比重越来越大。表 5-4 是 1980 年至 2001 年中国出口额占国内生产总值的比重情况：

① 国家统计局贸易外经统计司编《中国贸易外经统计年鉴（2020）》，中国统计出版社，2020，第 563 页。

表 5-4　1980 年至 2001 年中国出口额占国内生产总值的比重表①

单位：人民币（亿元）

年份	国内生产总值	出口额	出口额占国内生产总值的比重（%）	年份	国内生产总值	出口额	出口额占国内生产总值的比重（%）
1980 年	4587.6	271.2	5.9	1991 年	22005.6	3827.1	17.4
1981 年	4935.8	367.6	7.4	1992 年	27194.5	4676.3	17.2
1982 年	5373.4	413.8	7.7	1993 年	35673.2	5284.8	14.8
1983 年	6020.9	438.3	7.3	1994 年	48637.5	10421.8	21.4
1984 年	7278.5	580.6	8	1995 年	61339.9	12451.8	20.3
1985 年	9098.9	808.9	8.9	1996 年	71813.6	12576.4	17.5
1986 年	10376.2	1082.1	10.4	1997 年	79715	15160.7	19
1987 年	12174.6	1470	12.1	1998 年	85195.5	15223.5	17.9
1988 年	15180.4	1766.7	11.6	1999 年	90564.4	16159.8	17.8
1989 年	17179.7	1956.1	11.4	2000 年	100280.1	20634.4	20.6
1990 年	18872.9	2985.8	15.8	2001 年	110863.1	22024.4	19.9

　　1980 年中国出口额占国内生产总值的比重只有 5.9％；至 2000 年，这一比重已经上升到 20.6％。尽管个别年份出现波动，但是从总体上看，这一时期中国出口额占国内生产总值的比重不断上升。与同期世界出口总额相比，中国出口额占世界出口总额的比重和位次也有很大提升。1980 年，中国出口总额占世界出口总额的比重是 0.9％；2000 年时，这一比重已经上升至 3.9％，位次也由 1980 年的世界第 26 位升至 2000 年的第 7 位。② 不仅仅贸易，这一时期中国利用外资的情况也可以说明：

① 国家统计局贸易外经统计司编《中国贸易外经统计年鉴（2020）》，第 567 页。
② 同上书，第 568 页。

改革开放 20 年，来中外经济关系联系紧密，中国打开国门取得显著成效。无论是利用外资和外商直接投资项目数，还是实际使用外资金额，都呈现快速增长态势。表 5-5 是 1979 年至 2000 年中国利用外资情况：

表 5-5　1979 年至 2000 年中国利用外资情况表①

年份	项目（个）	外商直接投资（个）	实际使用外资金额（亿美元）	年份	项目（个）	外商直接投资（个）	实际使用外资金额（亿美元）
1979 年至 1982 年	947	920	130.6	1991 年	13086	12978	115.54
				1992 年	48858	48764	192.03
1983 年	690	638	22.61	1993 年	83595	83437	389.6
1984 年	2204	2166	28.66	1994 年	47646	47549	432.13
1985 年	3145	3073	47.6	1995 年	37184	37011	481.33
1986 年	1551	1498	76.28	1996 年	24673	24556	548.05
1987 年	2289	2233	84.52	1997 年	21138	21001	644.08
1988 年	6063	5945	102.26	1998 年	19850	19799	585.57
1989 年	5909	5779	100.6	1999 年	17022	16918	526.59
1990 年	7371	7273	102.89	2000 年	22347	22347	593.56

资料说明：实际使用外资包含对外借款。

可以说，20 年来我国对外开放利用外资取得了举世瞩目的成就。1998 年 4 月 14 日，中共中央、国务院发布《关于进一步扩大对外开放，提高利用外资水平的若干意见》，对于这 20 年来坚持对外开放，利用外资等举措给予高度肯定。《意见》认为吸收和利用外资促进了国民经济持续快速健康发展；弥补了国内建设资金的不足，引进了大量先进、适用技术和管理经验；创造了更多的就业机会，培养了大批人才；增加了国家税收和外汇收入，加速了对外经济贸易发展，提高了我国经济的国际竞争力；促进了思想解放和观念更新，推动了社会主义市场经济体制改革进程和法律体系的建设；加强了祖国大陆与香港、澳门、台湾地区的经济联系，对香港的顺利回归、澳门政权的平稳过渡和祖国和平统一

---

① 国家统计局贸易外经统计司编《中国贸易外经统计年鉴（2020）》，第 645 页。

大业发挥着积极作用。[1]

二、融入国际：从组织到制度的全面融入

　　沿海、沿江、沿边和内陆城市的全方位开放是中国走出封闭、半封闭状态，向世界打开国门，让世界拥抱中国的过程。2001 年，加入世界贸易组织是中国深度参与经济全球化的里程碑，这不仅是向世界开放的问题，更是中国主动融入世界经济组织和规则，主动拥抱世界的问题，标志着中国改革开放进入历史新阶段。

　　中国加入世界贸易组织的历史可以追溯至 20 世纪 80 年代初，新中国与关贸总协定建立联系。1986 年 7 月 10 日，中国政府正式向关贸总协定提出恢复缔约方地位的申请，并表示愿就恢复的条件与各方进行关税减让谈判，同年 9 月，中国开始全面参加关贸发起的第八轮多边贸易谈判，即乌拉圭回合。1987 年 3 月，关贸总协定成立"中国缔约方地位问题工作组"。该工作组自成立至 1993 年 3 月，共召开 13 次会议，完成审议中国外贸制度内容，并进入起草议定书阶段。不过，乌拉圭回合后，以世界贸易组织（简称 WTO）为法律框架、乌拉圭回合谈成的所有协议及关贸遗留下来的其他协议、规则等为内容的世界贸易体制替代以关贸为框架、以关贸文本及其他守则、协议为内容的多边贸易体制。1995 年 1 月 1 日，乌拉圭回合多边贸易谈判达成的《乌拉圭回合多边贸易谈判成果的最后文件》正式生效，世界贸易组织取代关贸总协定。1995 年 11 月，中国申请加入世界贸易组织。之后，根据世界贸易组织的要求，中国遵守"复关"三原则：WTO 没有中国参与是不完整的；中国必须作为发展中国家加入；坚持权利和义务的平衡。按照"态度积极、方法灵活、善于磋商、不可天真"和"态度积极、坚持原则、我们

①《中共中央、国务院关于进一步扩大对外开放，提高利用外资水平的若干意见》（1998 年 4 月 14 日），载中共中央文献研究室编《十五大以来重要文献选编》（上），人民出版社，2000，第 297 页。

不急、水到渠成"方针①，与 WTO 的 37 个成员国开始了拉锯式的双边谈判。从 1997 年 5 月与匈牙利最先达成协议，到 2001 年 9 月 13 日与墨西哥达成协议；其中，中美谈判进行了 25 轮，中欧谈判进行了 15 轮。2001 年 9 月 17 日，WTO 中国工作组第十八次会议通过中国入世法律文件。② 2001 年 11 月 10 日，在卡塔尔首都多哈举行的世界贸易组织第四届部长级会议，审议通过了《关于中华人民共和国加入的决定》和《中华人民共和国加入议定书》。次日晚，时任对外贸易经济合作部部长石广生代表中国政府签署了《中华人民共和国加入议定书》，并向 WTO 秘书处递交了中华人民共和国主席江泽民签署的批准书，完成了中国加入 WTO 的所有法律程序。2001 年 12 月 11 日，中国正式成为 WTO 成员，开始全方位融入并参与到国际贸易规则和秩序中。

中国加入世界贸易组织之后，在履行和遵守承诺和条款过程中，进一步扩大对外开放内容：第一，不断完善社会主义市场经济体制和法律体系，构建符合多边贸易规则的法律体系。加入世贸组织后，中国开始大规模开展法律法规清理修订工作，中央政府清理法律法规和部门规章 2300 多件，地方政府清理地方性政策法规 19 万多件，覆盖贸易、投资、知识产权保护等各个方面。第二，全面履行货物贸易领域开放承诺，包括大幅降低进口关税、削减非关税壁垒和全面放开外贸经营权。截至 2010 年，中国货物降税承诺全部履行完毕，关税总水平由 2001 年的 15.3% 降至 9.8%。其中，工业品平均税率由 14.8% 降至 8.9%；农产品平均税率由 23.2% 降至 15.2%，约为世界农产品平均关税水平的 1/4，远低于发展中成员 56% 和发达成员 39% 的平均关税水平。截至 2005 年 1 月，中国已按加入承诺全部取消了进口配额、进口许可证、特定招标等非关税措施，涉及汽车、机电产品、天然橡胶等 424 个税号产品。民营企业和外商投资企业进出口总额占全国进出口总额的比重由 2001 年的

---

① 江泽民：《在激烈的国际竞争中掌握主动》（2002 年 2 月 25 日），载《江泽民文选》第三卷，人民出版社，2006，第 447 页。

② 龚雯：《让历史铭记这十五年——中国加入世贸组织谈判备忘录》，《人民日报》2001 年 11 月 11 日第 2 版。

57.5％上升到 2017 年的 83.7％。第三，全面完成服务贸易领域开放承诺。在世界贸易组织分类的 12 大类服务部门的 160 个分部门中，中国承诺开放 9 大类的 100 个分部门，接近发达成员平均承诺开放 108 个分部门的水平。截至 2007 年，中国服务贸易领域开放承诺已全部履行完毕。第四，履行知识产权保护承诺，构建完备的知识产权保护法律体系。从 2001 年起，中国对外支付知识产权费年均增长 17％，2017 年达到 286 亿美元。第五，履行透明度义务。中国按照要求定期向世贸组织通报国内相关法律、法规和具体措施的修订调整和实施情况。截至 2018 年 1 月，中国提交的通报已达上千份，涉及中央和地方补贴政策、农业、技术法规、标准、合格评定程序、国营贸易、服务贸易、知识产权法律法规等诸多领域。①

与此同时，"走出去"与"引进来"相结合战略进一步扎实推动，并上升为国家战略。2000 年 10 月 11 日，中国共产党第十五届中央委员会第五次全体会议通过《中共中央关于制定国民经济和社会发展第十个五年计划的建议》，指出"要以更加积极的姿态，抓住机遇，迎接挑战，趋利避害，不断提高企业竞争能力，进一步推动全方位、多层次、宽领域的对外开放"，提出要"实施'走出去'战略，努力在利用国内外两种资源、两个市场方面有新的突破"，并提出一系列针对性措施：鼓励能够发挥我国比较优势的对外投资，扩大经济技术合作的领域、途径和方式，支持有竞争力的企业跨国经营，到境外开展加工贸易或开发资源，并在信贷、保险等方面给予帮助。抓紧制定和规范国内企业到境外投资的监管制度，加强我国在境外企业的管理和投资业务的协调。继续发展对外承包工程和劳务合作，在竞争中形成一批具有实力的对外承包工程企业。② 2002 年 2 月 25 日，江泽民在"省部级主要领导干部国际形势与世界贸易组织专题研究班"上再次指出："'引进来'和'走出去'

---

① 中华人民共和国国务院新闻办公室编《中国与世界贸易组织》，人民出版社，2018，第 3—10 页。

②《中共中央关于制定国民经济和社会发展第十个五年计划的建议》，人民出版社，2000，第 31—32 页。

是对外开放的两个轮子，必须同时转动起来”，“在新的条件下扩大对外开放，必须更好地实施'引进来'和'走出去'同时并举、相互促进的开放战略，努力在'走出去'方面取得明显进展。实施'走出去'战略，是把对外开放推向新阶段的重要举措，是更好地利用国内国外两个市场、两种资源的必然选择，是逐步形成我们自己的大型企业和跨国公司的重要途径。"①

之后，中央在“十一五”规划和“十二五”规划中都把实施“走出去”战略作为国民经济和社会发展规划纲要的重要内容进行重点布局。2006年3月14日，第十届全国人民代表大会第四次会议通过《中华人民共和国国民经济和社会发展第十一个五年规划纲要》，明确要求加快实施“走出去”战略，提出：支持有条件的企业对外直接投资和跨国经营。以优势产业为重点，引导企业开展境外加工贸易，促进产品原产地多元化。通过跨国并购、参股、上市、重组联合等方式，培育和发展我国的跨国公司。按照优势互补、平等互利的原则扩大境外资源合作开发。鼓励企业参与境外基础设施建设，提高工程承包水平，稳步发展劳务合作。完善境外投资促进和保障体系，加强对境外投资的统筹协调、风险管理和海外国有资产监管。② 2011年3月14日，第十一届全国人民代表大会第四次会议通过《中华人民共和国国民经济和社会发展第十二个五年规划纲要》，再次明确强调必须实行更加积极主动的开放战略，适应我国对外开放由出口和吸收外资为主转向进口和出口、吸收外资和对外投资并重的新形势。③

---

① 江泽民：《在激烈的国际竞争中掌握主动》（2002年2月25日），载中共中央文献研究室编《改革开放三十年重要文献选编》下册，中央文献出版社，2008，第1238—1239页。

②《中华人民共和国国民经济和社会发展第十一个五年规划纲要》，载全国人大财政经济委员会办公室、国家发展和改革委员会发展规划司合编《建国以来国民经济和社会发展五年计划重要文件汇编》，中国民主法制出版社，2007，第11页。

③《中华人民共和国国民经济和社会发展第十二个五年规划纲要》，人民出版社，2011，第130页。

正是在主动全面融入国际社会和全球化的过程中，中国对外开放水平不断提升。这一时期在对外贸易、利用外资、对外投资等领域都取得重要进展，开放型经济水平不断提高。2011 年 12 月，国务院新闻办公室发布的《中国的对外贸易》白皮书对中国自 2001 年加入世界贸易组织 10 年来对外贸易所取得的成就进行系统总结，指出这 10 年来中国对外贸易取得历史性进步：第一，货物贸易总量跻身世界前列。2010 年，中国货物进出口总额达到 29740 亿美元，比 1978 年增长了 143 倍，年均增长 16.8%。其中，出口总额为 15778 亿美元，年均增长 17.2%；进口总额为 13962 亿美元，年均增长 16.4%。中国出口总额和进口总额占世界货物出口和进口的比重分别提高到 10.4% 和 9.1%。第二，货物贸易结构发生了根本性变化。出口商品中，以电子和信息技术为代表的高新技术产品出口比重不断扩大。第三，形成全方位和多元化进出口市场格局。这一时期与新兴市场和发展中国家的贸易持续较快增长。2005 年至 2010 年，中国与东盟货物贸易占中国货物贸易的比重由 9.2% 提高到 9.8%，与其他金砖国家货物贸易所占比重由 4.9% 提高到 6.9%，与拉丁美洲和非洲货物贸易所占比重分别由 3.5% 和 2.8% 提高到 6.2% 和 4.3%。第四，服务贸易的国际竞争力不断增强。2001 年至 2010 年，中国服务贸易总额（不含政府服务）从 719 亿美元增加到 3624 亿美元，增长了 4 倍多。中国服务贸易出口在世界服务贸易出口中的比重从 2.4% 提高到 4.6%，2010 年达到 1702 亿美元，从世界第 12 位上升到第 4 位；服务贸易进口比重从 2.6% 提高到 5.5%，2010 年达 1922 亿美元，从世界第 10 位上升到第 3 位。①

不仅是对外贸易，这一时期中国利用外资和对外直接投资也都有快速提升，特别是在"走出去"战略的推动下，对外直接投资也呈现快速增长。2000 年，中国实际使用外资金额为 593.56 亿美元；至 2011 年，中国实际使用外资金额较 2000 年增长 1 倍，达到 1176.98 亿美元。②

① 中华人民共和国国务院新闻办公室编《中国的对外贸易》，《人民日报》2011 年 12 月 8 日第 14、15 版。
② 国家统计局贸易外经统计司编《中国贸易外经统计年鉴（2020）》，第 645 页。

2002 年至 2009 年，中国对外直接投资年均增速达 54.4％，连续 6 年居发展中国家之首。截至 2009 年底，中国共有 1.2 万名境内投资者在国（境）外设立直接投资企业 1.3 万家，分布在全球 177 个国家（地区），对外直接投资累计净额为 2457.5 亿美元。[①]

三、与世界共赢：构建开放型经济新体制

2012 年 11 月 8 日，胡锦涛在中国共产党第十八次全国代表大会上的报告中，提出要全面提高开放型经济水平，实行更加积极主动的开放战略，完善互利共赢、多元平衡、安全高效的开放型经济体系。为实现这一目标，提出了六项具体举措：加快转变对外经济发展方式，推动开放朝着优化结构、拓展深度、提高效益方向转变；创新开放模式，促进沿海内陆沿边开放优势互补，形成引领国际经济合作和竞争的开放区域，培育带动区域发展的开放高地；坚持出口和进口并重，强化贸易政策和产业政策协调，形成以技术、品牌、质量、服务为核心的出口竞争新优势，促进加工贸易转型升级，发展服务贸易，推动对外贸易平衡发展；提高利用外资综合优势和总体效益，推动引资、引技、引智有机结合；加快走出去步伐，增强企业国际化经营能力，培育一批世界水平的跨国公司；统筹双边、多边、区域次区域开放合作，加快实施自由贸易区战略，推动同周边国家互联互通；提高抵御国际经济风险能力。[②]

2013 年 11 月 12 日，中国共产党第十八届中央委员会第三次全体会议通过《中共中央关于全面深化改革若干重大问题的决定》，提出推动对内对外开放相互促进、引进来和走出去更好结合，促进国际国内要素有序自由流动、资源高效配置、市场深度融合，加快培育参与和引领国

[①] 中华人民共和国商务部编《中国对外投资合作发展报告 2010》，上海交通大学出版社，2010，第 5 页。

[②] 胡锦涛：《坚定不移沿着中国特色社会主义道路前进，为全面建成小康社会而奋斗——胡锦涛在中国共产党第十八次全国代表大会上的报告》（2012 年 11 月 8 日），载中共中央文献研究室编《十八大以来重要文献选编》（上），中央文献出版社，2014，第 19 页。

际经济合作竞争新优势，以开放促改革；构建开放型经济新体制，并强调从放宽投资准入、加快自由贸易区建设、扩大内陆沿边开放三个方面加大开放力度。①

2015年5月5日，中共中央、国务院又专门发布《关于构建开放型经济新体制的若干意见》，指出要加快培育国际合作和竞争新优势，更加积极地促进内需和外需平衡、进口和出口平衡、引进外资和对外投资平衡，逐步实现国际收支基本平衡，形成全方位开放新格局，实现开放型经济治理体系和治理能力现代化，在扩大开放中树立正确义利观，切实维护国家利益，保障国家安全，推动我国与世界各国共同发展，构建互利共赢、多元平衡、安全高效的开放型经济新体制。《意见》要求从十个方面加快推进开放型经济新体制建设，即创新外商投资管理体制；建立促进走出去战略的新体制；构建外贸可持续发展新机制；优化对外开放区域布局；加快实施"一带一路"战略；拓展国际经济合作新空间；构建开放安全的金融体系；建设稳定、公平、透明、可预期的营商环境；加强支持保障机制建设；建立健全开放型经济安全保障体系。②

2017年10月18日，习近平在中国共产党第十九次全国代表大会报告中进一步要求"推动形成全面开放新格局"，指出"开放带来进步，封闭必然落后。中国开放的大门不会关闭，只会越开越大"，并提出"要以'一带一路'建设为重点，坚持引进来和走出去并重，遵循共商共建共享原则，加强创新能力开放合作，形成陆海内外联动、东西双向互济的开放格局"。③ 2020年10月29日，中国共产党第十九届中央委员

①《中共中央关于全面深化改革若干重大问题的决定（2013年11月12日中国共产党第十八届中央委员会第三次全体会议通过）》，载中共中央文献研究室编《十八大以来重要文献选编》（上），第525页。

②《中共中央、国务院关于构建开放型经济新体制的若干意见》（2015年5月5日），载中共中央文献研究室编《十八大以来重要文献选编》（中），第503—520页。

③习近平：《决胜全面建成小康社会，夺取新时代中国特色社会主义伟大胜利——在中国共产党第十九次全国代表大会上的报告（2017年10月18日）》，载《习近平谈治国理政》第三卷，外文出版社，2020，第27页。

会第五次全体会议又把"建设更高水平开放型经济新体制"列入"十四五"时期经济社会发展主要目标，提出"坚持实施更大范围、更宽领域、更深层次对外开放，依托我国大市场优势，促进国际合作，实现互利共赢"，"全面提高对外开放水平，推动贸易和投资自由化便利化，推进贸易创新发展，推动共建'一带一路'高质量发展，积极参与全球经济治理体系改革"。[①] 至此，十八大以来，围绕着建立开放型经济新体制这一核心内容，以"一带一路"建设和构建人类命运共同体为纽带，中国对外开放的大门越开越大，对外开放水平持续提升，全面进入新的时期。

在推进开放型经济新体制建设的过程中，对外开放也取得了引人注目的成就，具体表现在以下几个方面：

第一，对外贸易质量不断优化升级。货物贸易进出口额从 2015 年的 3.95 万亿美元增加至 2019 年的 4.58 万亿美元，连续 3 年保持全球货物贸易第一大国地位，连续 11 年保持第一出口大国地位。服务贸易进出口额从 2015 年的 6542 亿美元增加至 2019 年的 7850 亿美元，稳居世界第二。贸易结构持续优化。2019 年机电产品出口占比提升至 58.4%，高新技术产品出口保持较高增速；国际市场布局更加优化，对新兴市场出口占比增加至 49.2%；国内区域布局更加均衡，中西部地区出口占比增加至 18.3%。贸易新业态成为新增长点。2019 年，跨境电商零售进出口额较 2015 年增长 4 倍，市场采购贸易出口额增长 2.2 倍。外贸对国民经济贡献愈加突出，带动就业约 1.8 亿人。2019 年，货物和服务净出口对经济增长贡献率达到 11%，有力保障了国际收支平衡。[②]

第二，双向投资达到新水平。自 2003 年中国有关部门权威发布年度对外直接投资统计数据以来，中国已连续 9 年位列全球对外直接投资流

① 《中国共产党第十九届中央委员会第五次全体会议公报》（2020 年 10 月 29 日），载《中国共产党第十九届中央委员会第五次全体会议文件汇编》，人民出版社，2020，第 14 页。

② 钟山：《我国开放型经济发展取得历史性成就》，《人民日报》2020 年 9 月 29 日第 9 版。

量前3，对世界经济的贡献日益凸显。2020年末，中国对外直接投资存量25806.6亿美元，是2002年末存量的86.3倍，占全球外国直接投资流出存量的份额由2002年的0.4％提升至6.6％，排名由世界第25位攀升至第3位，对外直接投资存量分布在全球的189个国家（地区），占全球国家（地区）总数的81.1％。[1] 2017年，中国成为全球第二大外资流入国，2016年至2019年吸收外资合计达5496亿美元，其中高技术产业利用外资年均增长23.9％，2019年占比达27.7％，比2015年提高15.5个百分点。外资对国民经济拉动作用明显，创造了2/5的对外贸易、1/6的税收收入，带动了近1/10的城镇就业。[2]

第三，"一带一路"建设全方位推进，成效显著。2016年至2019年，我国对"一带一路"沿线国家货物进出口总额达到4.6万亿美元，占外贸比重提升至29.4％。[3] 截至2020年，中国与171个国家和国际组织签署了205份共建"一带一路"合作文件。仅2020年，我国在"一带一路"沿线国家设立境外企业超过1.1万家，实现直接投资225.4亿美元，同比增长20.6％，占同期流量的14.7％；年末存量2007.9亿美元，占存量总额的7.8％。2013年至2020年，中国对"一带一路"沿线国家的累计直接投资达到1398.5亿美元。[4]

第四，建设对外开放新平台，积极参与全球经济治理。十八大以来，中国全力打造高起点、高水平对外开放新平台。如，2018年11月5日，在上海举办的中国国际进口博览会，是"国际贸易发展史上一大创举"，也是"中国着眼于推动新一轮高水平对外开放的重大决策，是中

① 中华人民共和国商务部、国家统计局、国家外汇管理局合编《2020年度中国对外直接投资统计公报》，中国商务出版社，2021，第8、19—20、22页。

② 钟山：《我国开放型经济发展取得历史性成就》，《人民日报》2020年9月29日第9版。

③ 同上。

④ 中华人民共和国商务部、国家统计局、国家外汇管理局合编《2020年度中国对外直接投资统计公报》，第17—18页。

国主动向世界开放市场的重大举措"。① 21 个自贸试验区的设立和海南自由贸易港建设更是成为新时期改革开放全面提升提质的新高地。与此同时，中国积极参与全球治理体系改革和建设，加快建设面向全球的自贸区网络。截至 2019 年，已累计与 25 个国家和地区签署了 17 个自贸协定，推动区域全面经济伙伴关系协定整体结束谈判，推进中日韩自贸区、中欧投资协定谈判，加强与包括联合国在内的国际组织、区域经济组织进行合作，提出一批中国倡议、中国方案，不断深化多边、双边经贸合作，推动完善国际经济治理体系。

第三节　走向世界：中外文化交流发展与繁荣

伴随着新中国的成立，中国文化的发展迎来新的契机，彻底改变了近代以来"文明蒙尘"的局面。正如毛泽东所言："伟大的胜利的中国人民解放战争和人民大革命，已经复兴了并正在复兴着伟大的中国人民的文化。"② 1949 年 9 月 21 日，毛泽东在中国人民政治协商会议第一届全体会议开幕式上亦称："随着经济建设的高潮的到来，不可避免地将要出现一个文化建设的高潮。中国人被认为不文明的时代已经过去了，我们将以一个具有高度文化的民族出现于世界。"③ 但是，这种文化自信从未要求将自己完全封闭起来进行文化建设。新中国成立以来，对外文化交流一直被纳入到新中国整个对外工作大局之中。周恩来更是将对外文化交流称为中国外交工作两翼中的一翼。1956 年 6 月，周恩来在第一

① 习近平：《共建创新包容的开放型世界经济：在首届中国国际进口博览会开幕式上的主旨演讲》（2018 年 11 月 5 日），人民出版社，2018，第 2 页。

② 毛泽东：《唯心历史观的破产》（1949 年 9 月 16 日），载《毛泽东选集》第四卷，第 1516 页。

③ 毛泽东：《中国共产党中央委员会主席毛泽东在中国人民政治协商会议第一届全体会议上的开幕词》，载《人民政协文件》，人民出版社，1951。

届全国人民代表大会第三次会议的发言中称：

> 各国人民在文化上的交流，正如在经济上的合作一样，也是促使各国之间的和平、友谊和合作得到巩固的一个重要条件。在历史上，各国人民从来就是通过互相学习和互相吸收优点来丰富和发扬自己的文化的……我国的自然科学、社会科学、哲学和文学艺术将会得到最迅速最广泛的发展。但是另一方面，用现代的水平来衡量，我国还是一个文化上落后的国家。我们要认识到，世界上每一个民族都有它的长处。我们不仅要向苏联和人民民主国家学习他们的长处，而且还要吸取所有其他国家的长处。这只能加速我国社会主义建设的发展，而不会为我们带来任何坏处。因此，我们毫不惧怕，相反地，我们热烈欢迎同一切国家广泛地进行文化交流。事实上，进行文化交流是各国人民的共同愿望。我只需要提到我国的艺术团体和其他国家的艺术团体在进行相互访问时所受到的盛大欢迎，就足以证明这一点。作为增加各国人民之间的相互了解和促进国际合作的一个方法，文化交流已经取得了初步的成就，但是还有更多的工作需要做。就中国来说，我们不会在这方面吝惜我们的力量。[1]

新中国成立七十多年来，随着文化建设不断推进，文化自觉和文化自信不断提升，中华文化的世界认知度和美誉度不断增强，中外文化交流进入一个新的阶段，中外文化交流的规模和范围不断扩大，内容和形式也日趋多样，特别是中华文化在中外文化交流中的主体性意识不断增强。不过，这一时期的中外文化交流受到不同阶段的国内外社会政治环境变化的影响，也呈现出阶段性特征。

一、新的历史起点：中外文化交流的起步与发展时期

新中国成立后，一直都高度重视对外文化交流问题。1949 年 9 月 29

---

① 中华人民共和国第一届全国人民代表大会第三次会议秘书处编《中华人民共和国第一届全国人民代表大会第三次会议汇刊》，第一届全国人民代表大会第三次会议秘书处，1956，第 691 页。

日，中国人民政治协商会议第一届全体会议通过《中国人民政治协商会议共同纲领》，明确指出"中华人民共和国外交政策的原则：为保障本国独立、自由和领土主权的完整，拥护国际的持久和平和各国人民间的友好合作"。[①] 1956 年 4 月 25 日，毛泽东在论及中国与外国的关系时再次强调"我们提出向外国学习的口号，我想是提得对的"，提出"我们的方针是，一切民族、一切国家的长处都要学，政治、经济、科学、技术、文学、艺术的一切真正好的东西都要学。但是，必须有分析有批判地学，不能盲目地学，不能一切照抄，机械搬用。他们的短处、缺点，当然不要学"，并强调"对外国的科学、技术和文化，不加分析地一概排斥，和前面所说的对外国东西不加分析地一概照搬，都不是马克思主义的态度，都对我们的事业不利"。[②] 因此，新中国一成立，对外文化交流工作就迅速开展起来，具体地讲，主要表现在以下几个方面：

第一，文化交流专门机构先后成立，并积极推动中外文化合作协定或项目签订与展开。1949 年 11 月，文化部设立对外文化事务联络局。1955 年 1 月，改称对外文化联络局，成为国务院直属局。1958 年 2 月，成立部级的对外文化联络委员会，作为负责对外文化交流的官方机构，与外交部门密切配合，对这一时期的对外文化交流工作发挥关键作用。以 1951 年 4 月 3 日，签订《中波文化合作协定》为标志，截至 1967 年 2 月 16 日签订的《中毛（毛利塔尼亚）文化合作》，中国与外国签订的政府间文化合作协定达到 39 个，涉及波兰、匈牙利、德意志民主共和国、罗马尼亚、捷克斯洛伐克、保加利亚、阿尔巴尼亚、越南、埃及、叙利亚、苏联、南斯拉夫、蒙古、朝鲜、伊拉克、几内亚、古巴、印度尼西亚、加纳、埃塞俄比亚、坦桑尼亚、索马里、马里、挪威、阿尔及利亚、也门、中非、刚果、尼泊尔、柬埔寨、阿富汗、巴基斯坦、罗马尼

————————

① 中国人民政治协商会议全国委员会文史资料研究委员会编《五星红旗从这里升起：中国人民政治协商会议诞生记事资料选编》，文史资料出版社，1984，第490—491 页。

② 毛泽东：《论十大关系》（1956 年 4 月 25 日），载中共中央文献研究室编《毛泽东文集》第七卷，人民出版社，1999，第 41—42 页。

亚、毛里塔尼亚等 34 个国家。其中，与德意志民主共和国、捷克斯洛伐克、越南、叙利亚和蒙古先后签订 2 个文化合作协定。[①] 中国与各国签订文化合作执行计划更多，从 1952 年签订中波文化合作执行计划起，至 1966 年与索马里签订文化合作执行计划，期间总签订 164 个文化合作执行计划。表 5-6 是 1952 年至 1966 年政府间签订文化合作执行计划具体情况：

表 5-6　1952 年至 1966 年中国政府同各国签订文化合作执行计划一览表[②]

时间	数量（个）	国家
1952 年	2	波兰、匈牙利
1953 年	6	波兰、匈牙利、民主德国、保加利亚、罗马尼亚、捷克斯洛伐克
1954 年	6	波兰、保加利亚、蒙古、罗马尼亚、匈牙利、民主德国
1955 年	10	匈牙利、波兰、保加利亚、捷克斯洛伐克、阿尔巴尼亚、罗马尼亚、蒙古、埃及、朝鲜
1956 年	8	保加利亚、波兰、匈牙利、民主德国、罗马尼亚、蒙古、苏联、捷克斯洛伐克
1957 年	12	波兰、苏联、罗马尼亚、蒙古、越南、南斯拉夫、阿尔巴尼亚、匈牙利、朝鲜
1958 年	9	捷克斯洛伐克、蒙古、保加利亚、南斯拉夫、匈牙利、罗马尼亚、民主德国、阿尔巴尼亚
1959 年	9	蒙古、匈牙利、捷克斯洛伐克、越南、波兰、罗马尼亚、苏联、民主德国
1960 年	11	朝鲜、越南、匈牙利、罗马尼亚、捷克斯洛伐克、阿尔巴尼亚、民主德国、蒙古、伊拉克、几内亚、阿尔巴尼亚

① 对外文化联络委员会综合研究室编《中华人民共和国文化合作协定汇编》第一集，对外文化联络委员会综合研究室，1982，第 1—91 页。
② 中华人民共和国对外文化联络局编《中国对外文化交流概览（1949—1991）》，光明日报出版社，1993，第 1198—1219 页。

时间	数量（个）	国家
1961 年	11	苏联、匈牙利、罗马尼亚、朝鲜、捷克斯洛伐克、蒙古、越南、古巴、民主德国、保加利亚、伊拉克
1962 年	14	蒙古、苏联、匈牙利、罗马尼亚、波兰、捷克斯洛伐克、保加利亚、阿尔巴尼亚、朝鲜、越南、古巴、民主德国
1963 年	11	苏联、保加利亚、朝鲜、蒙古、波兰、捷克斯洛伐克、匈牙利、民主德国、罗马尼亚、古巴、马里
1964 年	15	罗马尼亚、苏联、保加利亚、匈牙利、朝鲜、阿联酋、马里、几内亚、越南、阿尔及利亚、波兰、伊拉克、捷克斯洛伐克、蒙古、加纳
1965 年	18	阿尔巴尼亚、柬埔寨、马里、也门、民主德国、波兰、保加利亚、苏联、阿尔及利亚、几内亚、匈牙利、蒙古、捷克斯洛伐克、越南、刚果（布）、索马里、法国、古巴
1966 年	22	罗马尼亚、柬埔寨、刚果（布）、叙利亚、挪威、阿尔巴尼亚、几内亚、阿联酋、坦桑尼亚、捷克斯洛伐克、马里、也门、阿富汗、越南、伊拉克、波兰、苏联、保加利亚、匈牙利、民主德国、巴基斯坦、索马里

由表 5-6 可知，不论是文化合作执行计划的签订数量，还是签订国别数量，新中国成立至 1966 年这一阶段都呈现逐渐增长的趋势。随着这些文化合作协定和执行计划的签订，大量旨在促进中外各国友好合作的各式各样的文化交流活动也先后被举办。如 1949 年，对外文化事务联络局成立后，先后在国内主办纪念波兰国庆节、匈牙利人民共和国展览会和匈牙利电影展览周预演晚会、保加利亚国庆庆祝会、德意志民主共和国实用艺术展览会、德意志民主共和国版画和雕塑展览会、德意志民主共和国及其成为华沙条约参加国的图片展览会等文化交流活动。这一时期，政府间官方性质的对外文化交流活动越来越多，一些群众性的对外文化交流机构也先后成立。如 1954 年成立的中国人民对外文化协会，以"促进中国人民与世界各国人民的友谊和相互了解，保卫世界和平"为宗旨，主要职责有接待各国友好代表团和学术团体，选派代表团出访；进行非官方的文化交流；举办支持世界各国人民的正义斗争和维护世界

和平的声援活动；举行纪念各国文化名人和革命先驱以及为中国革命作出贡献的外国友人的活动；组织外国形势报告会和举办纪念外国节日活动；协助中国与外国建立友好省市等友好交流活动。①

第二，这一时期的对外文化交流，由于受当时新中国成立之初所面临的外部环境影响，政府间的文化合作协定或者项目主要是以苏联为首的社会主义民主国家。不过，当时的对外文化交流却不局限于这些国家。一些与资本主义国家的友好活动和文化交流工作也以半官方或者民间交流形式开展。仅以戏剧和杂技类艺术形式交流为例，1952年7月至12月，由中华全国文学艺术界联合会应邀派出中国人民杂技团赴芬兰、丹麦、瑞典3个国家的67个城市，共演出120次，访问演出受到上述3国广大观众和各界人士的热烈欢迎和赞扬。哥本哈根皇家医院的一位医师对该团的演出致谢说：中国人民杂技团的到来，引起了当地人民对认识新中国的兴趣，并且改变了一些向来以为只有西方文化才是领导着全世界文化的人的看法。②

1955年5月，由文化部副部长张致祥任团长，88人组成的中国艺术团访问了法国、比利时、荷兰、英国、意大利、瑞士、南斯拉夫、捷克斯洛伐克、匈牙利9个国家的30个城市，艺术团在各地的演出都获得巨大成功。在巴黎，艺术团一共演出了18场，观众达4.5万人。巴黎艺术界人士认为这次演出是继20世纪初俄国的迪亚基列夫芭蕾舞上演后，50年来巴黎文化生活中最为轰动的一件大事。《法兰西晚报》记者在报道中写道："1909年，当俄国的迪亚基列夫芭蕾舞上演的头天晚上，观众们发现了一种同我们的艺术如此不同的，如此艳丽、生动、自然和活泼的艺术时，感到大为惊讶。而在星期六晚上的国际戏剧节的演出中，由于我们发现了中国古典戏剧的异乎寻常的美，因此我们也大吃一惊。我在任何剧院里都很少看见过像萨拉·伯纳尔剧院里的观众那样站起来狂热地在这场难忘的演出结束后对中国演员欢呼喝彩。我们从京剧中得到

① 中华人民共和国对外文化联络局编《中国对外文化交流概览（1949—1991）》，第520—521页。
②《中国人民杂技团由北欧返京》，《人民日报》1953年1月19日第1版。

的东西值得我们作长期的细致的研究……"① 在瑞士，艺术团先后在巴塞尔、苏黎世和日内瓦 3 个城市进行演出，演出也受到各地观众盛赞，《巴塞尔新闻》发表评论说：中国艺术团使"巴塞尔昨天也能欣赏远东的非凡的演出"，"在我们这里没有比这更美丽和更富有诗意的了。"②《新苏黎世报》称赞中国艺术团的演出"对于欧洲的演员、歌唱家和舞蹈家来说，中国古典戏剧中片段的演出乃是一本真正的教科书。"③

1955 年 9 月 9 日至 11 月 30 日，楚图南任团长的中国古典歌舞剧团先后访问芬兰、瑞典、挪威、丹麦、冰岛 5 国，演出 52 场，观众总计 57438 人次，剧团和 5 国社会各阶层人士进行广泛交流，媒体争相报道交流盛况，仅仅在北欧各国的访问中，就搜集到 25 万字以上的评论文章。这些评论对于中国艺术家的表演都给予高度赞扬。④ 1958 年 4 月 27 日至 6 月 23 日，吴晗任团长的中国戏曲歌舞团先后访问法国、比利时、卢森堡、英国、瑞士等国，欧洲各国报纸"用尽各种赞美辞藻来称颂这一欧洲艺坛的盛事"。⑤ 1964 年，金仲华任团长的中国艺术团先后访问法国、联邦德国、瑞士、意大利、比利时、荷兰等国，《法兰西晚报》在盛赞中国艺术团的这次巴黎演出时称："这就是我们通过约一百位杰出的中国艺术家而看到和感受到的六亿中国人及其五千年历史的艺术、文化和文明。他们是无与伦比的。"⑥

亚洲、非洲和拉丁美洲各国交流也日益活跃起来。如中国杂技团先后访问苏丹、埃塞俄比亚、几内亚、摩洛哥、也门等国；中国青年艺术团访问伊拉克、阿富汗和尼泊尔 3 国，先后演出 20 余场，观众达到 5 万

①《巴黎的人们盛赞中国艺术团——巴黎报纸综述》，《人民日报》1955 年 6 月 15 日第 4 版；《中国艺术团在巴黎演出结束》，《人民日报》1955 年 7 月 3 日第 4 版。

②《中国艺术团在瑞士巴塞尔演出受到称赞》，《人民日报》1955 年 9 月 4 日第 4 版。

③ 陈适五：《中国艺术团在瑞士》，《人民日报》1955 年 9 月 13 日第 3 版。

④ 中国人民对外文化协会、对外文化联络局编《文化交流资料（中国古典歌舞剧团在北欧五国）》，中国人民对外文化协会、对外文化联络局，1956，第 3 页。

⑤ 方辉盛、赵克敏：《和平的使者，文化的使者——中国戏曲歌舞团访问欧洲》，《戏剧报》1958 年 8 月 28 日，第 17—18 页。

⑥ 杨效农、田允中：《中国艺术团在巴黎》，《人民日报》1964 年 3 月 16 日第 3 版。

余人次；沈阳杂技团则先后访问缅甸、坦桑尼亚、乌干达、东非、也门等国；武汉杂技团先后访问古巴、墨西哥城；等等。① 需要特别指出的是，中日之间的文化交流在这一时期也逐渐恢复和活跃起来。1959 年 6月、1959 年 10 月、1960 年 9 月、1962 年 10 月、1963 年 12 月、1964 年10 月，中国人民对外文化协会先后 6 次同日本中国文化交流协会、日本庆祝中华人民共和国成立十周年代表团、日本中国友好协会、日中文化交流协会等团体签订民间文化交流合作协定。1960 年 9 月，中国人民对外文化协会和日本中国友好协会达成五点共识：（1）中国人民对外文化协会和中国有关团体将分别邀请日本中国友好协会代表团、日本中国友好协会青年与学生代表团、日本中国友好协会妇女代表团、日本中国友好协会学术代表团、日本围棋代表团、日本渔业工人代表团、日本民间教育家代表团、日本地方自治友好代表团以及日本经济界友好代表团来中国访问；（2）日本中国友好协会和日本有关团体分别邀请中国人民对外文化协会代表团、中国妇女代表团以及中国渔业工人代表团到日本访问；（3）在日本举办中国水产展览会、中国农业展览会、中国手工艺文化展览会；（4）双方将继续加强进行电影、动物以及其他文化资料的交换；（5）此外，有关其他友好往来和文化交流，今后双方将继续联系和协商，经双方同意后，付诸实施。② 1962 年 10 月签订的"中日两国人民间文化交流的共同声明"就中日之间文学、艺术、学术、宗教、体育及其他文化方面的交流计划又进行了协商，并约定进行各种代表团和个人的互相访问以及演出、比赛、展览等。③

第三，中外文化交流的内容日渐丰富，形式日趋多样。1956 年 11月 9 日，《人民中国》刊发《新中国的对外文化联系》一文，对新中国成立 6 年来的文化交流工作进行梳理。截至 1956 年，新中国先后在艺术、

① 文化部党史资料征集工作委员会、对外文化联络局党史资料征集工作领导小组合编《当代中外文化交流史料》第 1 辑，文化艺术出版社，1990，第 389—463 页。
②《我对外文协和日中友协发表共同声明：粉碎美日反动势力敌视中国的政策，扩大中日人民友好往来和文化交流》，《人民日报》1960 年 9 月 19 日第 1 版。
③《中日两国人民的战斗友谊坚定不移：楚图南和中岛健藏签订两国人民之间文化交流的共同声明》，《人民日报》1962 年 10 月 10 日第 2 版。

体育、科学、医药卫生、新闻广播、电影、译著、展览、动物交换等方面与世界上 86 个国家进行相互交流。截至 1956 年 8 月底，共派出 34 个艺术团 3273 人在 35 个国家访问演出，17 个国家 47 个艺术团 4381 人先后访问中国；体育交流方面，6 年来共派出 55 个体育代表团队 1406 人到 10 个国家访问、学习、比赛，12 个国家 30 个体育代表团 585 人访问中国；电影艺术方面，截至 1956 年 6 月，输出影片约 240 部至 60 个国家，译成华语对白的电影 440 部。1951 年至 1955 年期间，举办 12 次外国电影周、电影展览和电影月，观众达到 81364950 人次；翻译书籍方面，1949 年 10 月至 1956 年 3 月，共翻译出版各国书籍 23956 种，其中苏联 10544 种，人民民主国家 656 种，包括美国在内的其他国家 12756 种；举办展览方面，截至 1956 年 6 月，在 40 个国家举办 330 个有关中国文化的艺术展览，20 个国家来华举办 94 个各种展览。① 可以说，这一时期中外各方面交流进一步扩大。1964 年，时任中国人民对外文化协会会长楚图南在总结新中国成立 15 年来的对外文化交流工作的发展时，称"我们同世界各国的文化联系正在蓬蓬勃勃、欣欣向荣地日益广泛、日益深入地开展"。至 1963 年年底，来自 38 个国家的 170 多个团体来华表演，中国也派出 120 多个戏剧、歌舞、音乐、杂技等艺术表演团体，访问近 60 个国家。据不完全统计，这一时期我国同世界各国的书刊交流达到 2 亿多册，影片 1 万多部，相互举办的文化性展览 1000 多个。② 各地与各国文化友好交流活动、也取得了很大成绩，截至 1964 年年底，各地方共接待外宾 3208 次，23600 多人；接待外国艺术团 196 次，10037 人；派出的艺术团共计 138 个，8200 人。③

---

①《新中国的对外文化联系》，载文化部党史资料征集工作委员会、对外文化联络局党史资料征集工作领导小组编《当代中外文化交流史料》第 1 辑，第 27—29 页。

② 楚图南：《我国对外文化交流工作的发展》，《世界知识》1964 年第 19 期。

③《中共中央批转对外文化联络委员会党组关于地方对外文化友好工作会议给中央的报告（摘要）》（1966 年 1 月 5 日），载中央档案馆、中共中央文献研究室编《中共中央文件选集（1949 年 10 月—1966 年 5 月）》第 50 册，人民出版社，2013，第 12—17 页。

新中国成立 17 年，中外文化交流工作深受当时中国所面临的外交形势的影响，交流形式、内容和对象都被纳入到外交工作中，并为外交工作服务。因此，这一时期的中外文化交流工作更多是注重形式化交流。时任中国人民对外文化协会会长楚图南在政协第二届全国委员会第三次全体会议上的发言中指出：

> 我们的工作还停留在一般性的阶段和多少有些浮在表面上。周恩来主席在访问欧亚十一国的报告中所提到的寻求友谊、寻求和平、寻求知识，对我们说来，特别是在寻求知识方面我们是做得极不够的。我们对于专业性质的来往还没有充分认真地注意到向各国先进的、对我有用的文化、科学、技术的学习和交流。①

但是，即便如此，这一时期的中外文化交流对于增进中国与各国之间的交流、友谊和团结也作出了积极贡献。特别是在相互尊重的原则下对等交流，互为借鉴，从根本上改变了近代以来"文明蒙尘"的被动境遇。

二、动荡中的发展：中外文化交流在曲折中前进

1966 年至 1976 年，这一阶段由于受政治环境的影响，中外文化交流也遭遇了较为严重的挫折。当时，正常的对外文化交流受到严重干扰，中外文化交流频次、内容和对象较之前呈现较大下滑。根据宋天仪的研究，1966 年以前，我国每年派出的各类艺术团组近 20 个，1960 年达到 23 个。1966 年之后开始明显下降，1966 年派出 13 个，到 1967 年减至 4 个，而 1968 年至 1970 年，连 1 个都没有，之后虽有恢复，但是仍维持在个位数，1971 年 2 个，1973 年 5 个，1974 年 5 个，1975 年 5 个，1976 年 7 个。出访的国家主要为亚非地区，多是执行文化合作计划或应邀参加对方的有关庆祝活动。来华访问的外国艺术团体也

显著减少，1966 年全年接待外国艺术团 11 个，不及最高年份 1964 年的一半，到 1967 年减少至 8 个，1968 年至 1970 年 3 年间，每年只接待过一两个。① 政府间的文化合作项目也大幅缩减。1967 年，仅与日本、越南、索马里、巴基斯坦和匈牙利签订 5 个文化合作执行计划；1968 年，仅同尼泊尔一国签订文化和科学交流计划；1969 年至 1976 年，完全没有相关政府间文化交流合作协定签订。② 1971 年至 1976 年，翻译出版的外国哲学社会科学图书共 467 册，其中 95％以上是内部发行，公开发行的只有 21 册，其中重印 12 册，新出版的只有 9 册。③ 当时承担对外交流的一些出版机构也受到干扰，如外文发行所原有工作人员 142 人，至 1970 年 6 月，下放干校 92 人，转岗 47 人，再加上退休等原因减去人员 3 人，实际上整个外文发行所处于空转状态。在传统文化对外交流中发挥重要作用的荣宝斋也受到冲击，至 1970 年 6 月，下放干校 29 人，转岗 10 人，再加上退休等原因减去人员 9 人，实际在岗工作人员仅剩 87 人。④

当然，这一时期的中外文化交流并没有中断。特别是 1971 年联合国恢复中国合法地位之后，与中国建立外交关系的国家迅速增加。仅 20 世纪 70 年代上半期，中国先后与土耳其、伊朗、马来西亚、菲律宾、泰国、埃塞俄比亚、秘鲁、阿根廷、墨西哥、巴西等 40 多个亚非拉国家建立外交关系。此外，与发达资本主义国家的外交关系也全面发展。至 1973 年年底，中国已经同除美国之外的主要资本主义发达国家建立正式外交关系，加拿大、意大利、比利时、日本、联邦德国、澳大利亚、新

---

① 宋天仪：《中外表演艺术交流史略（1949—1992）》，文化艺术出版社，1994，第 89—92、189—191 页。

② 中华人民共和国对外文化联络局编《中国对外文化交流概览（1949—1991）》，第 1119—1220 页。

③《从统计资料看"四人帮"对出版工作的严重干扰和破坏》，载宋原放主编《中国出版史料（现代部分）》第 3 卷上，山东教育出版社、湖北教育出版社，2001，第 272 页。

④ 中国新闻出版研究院编《中华人民共和国出版史料（14）》，中国书籍出版社，2013，第 28 页。

西兰等国家都是在这一时期与中国建立正式外交关系。随着外交关系的建立，中国与这些国家的文化交流也逐渐活跃起来。尽管当时的对外文化交流受到"文革"冲击明显，但据统计，从 1971 到 1976 年，中国仍接待了来自罗马尼亚、日本、土耳其、澳大利亚、新西兰等国家的访华艺术团和艺术家。派出艺术团组的活动尽管一度中断，但是这一时期也派出了 40 个艺术表演团组，访问了 50 多个国家，很多都是在建立外交关系后派出的。① 与一些国家的文化交流还十分活跃，如中日之间的文化交流，日中友好协会、日中文化交流协会、中国人民对外文化友好协会等均积极推动中日两国之间开展一系列双向文化交流活动。特别是中日邦交正常化之后，中日之间的交流范围比建交前更为广泛，规模更加扩大。日本工人、农民、渔民、妇女、青年等团体和文教、卫生、体育、艺术、新闻、出版、贸易等各界人士，1973 年一年内相继派出 200 多批、1 万多人来中国进行友好访问。② 中国也先后派出中华医学会中药针灸代表团、中国土木工程技术代表团、中国建筑工程技术代表团、中国生物科学家代表团、中国科学院植物学工作者代表团、中国出版印刷代表团、中国出土文物展览代表团、中国分子晶体考察团、中国农学会代表团、中国科学技术协会代表团等科学文化团体访问日本，进行学术文化交流。两国之间的体育交流也有了很大发展，除乒乓球外，双方还进行了排球、足球、田径、篮球、羽毛球、冰球、速度滑冰、体操、围棋、相扑、武术等运动项目的交流。③

① 中华人民共和国对外文化联络局编《中国对外文化交流概览（1949—1991）》，第 63—64 页。

②《一九七三年——中日两国建交后的第一年：中日人民友好往来日益发展局面一新》，《人民日报》1974 年 1 月 2 日第 5 版。

③ 关于这一时期中日文化领域的交流互访可参阅田桓主编《战后中日关系史年表（1945—1993）》，中国社会科学出版社，1994，第 264—409 页。另外，孙承在其论著中也曾专门整理制作《近现代中日文化关系年表》。中日具体的互访交流也可参阅孙承：《近现代中日文化交流概说（1840—1990）》，中国政法大学出版社，2017，第 223—320 页。

1963 年日本工业展览会在北京举办

　　中国对外输出图书报刊的工作也一直没有中断。表 5-7 是这一时期中国外文局下属的外文图书出版社和国际书店对外发行图书报刊数量一览表：

表 5-7　中国外文局下属外文图书出版社和国际书店
对外发行图书报刊数量一览表[①]

年代	外文出版社		国际书店	
	外文图书种类（种）	语言（种）	外文图书数量（万册）	外文期刊（万册）
1966 年	394	21	358	999
1967 年	301	25	617	1011
1968 年	767	32	773	565

① 参见戴延年、陈日浓编《中国外文局五十年大事记 1（1949—1982）》，新星出版社，1999，第 227、239、248—249、253、261、270、278、286、291、298、303—304 页。

年代	外文出版社		国际书店	
	外文图书种类（种）	语言（种）	外文图书数量（万册）	外文期刊（万册）
1969 年	815	32	613	943
1970 年	533	28	582	1052
1971 年	245	27	444	1073
1972 年	371	30	371	1143
1973 年	209	26	228	1184
1974 年	247	22	329	1344
1975 年	308	26	627	1427
1976 年	232	25	455	1476

虽然这一时期的对外图书报刊输出受"文革"影响明显，但是对表5-7数据进行分析，这一时期外文图书出版社出版的外文图书种类和国际书店的图书、期刊发行数量虽有波动，但是总体上仍保持相当数量，涉及英、法、西、俄、印尼、日、朝、蒙、越、老挝、泰、缅、孟加拉国、印地、泰米尔、乌尔都、波斯、土耳其、罗马尼亚、保加利亚、波兰、捷克、匈牙利、塞尔维亚、德、意大利、葡萄牙、瑞典、阿拉伯、斯瓦希里、豪萨、世界语等30余种语言。

总之，"文革"十年的对外文化交流，一方面由于受到"文革"政治动荡的影响，正常对外文化交流不断被干扰；另一方面，这一时期又在新中国成立17年来的对外文化交流经验基础上，竭力推进中外文化交流不断扩展和深化。因此，1981年6月27日中国共产党第十一届中央委员会第六次全体会议通过《关于建国以来党的若干历史问题的决议》（简称《决议》），对于建国32年来的对外关系发展给予充分肯定，其中就包括对"文革"十年的对外文化交流工作在动荡中发展的肯定，《决议》称：

在国际上，始终不渝地奉行社会主义的独立自主的外交方针，倡导和坚持了和平共处五项原则，同全世界一百二十四个国家建立了外

交关系，同更多的国家和地区发展了经济、贸易和文化往来。我国在联合国和安理会的席位得到恢复。我们坚持无产阶级国际主义，发展同各国人民的友谊，支持和援助被压迫民族的解放事业、新独立国家的建设事业和各国人民的正义斗争，坚决反对帝国主义、霸权主义、殖民主义和种族主义，维护世界和平，在国际事务中发挥着越来越重大的积极作用。这一切为我国的社会主义建设创造了有利的国际条件，促进了国际形势朝着有利于世界人民的方向发展。①

三、改革中的繁荣：中外文化交流的全面发展

"文革"结束后，极"左"思潮逐渐得到肃清，对外文化交流工作也逐渐步入正轨。1978年9月，国务院下达《关于对外文化交流工作由文化部归口管理》的文件，逐渐理顺了对外文化交流各职能部门之间的关系。1978年12月，中共中央召开了党的十一届三中全会，拉开了改革开放的序幕，中外文化交流也进入一个新的历史时期。1981年3月6日，第五届全国人民代表大会常务委员会第十七次会议决定：为了加强对外文化的联络工作，恢复"文革"时期被撤销的对外文化联络委员会，设立国务院对外文化联络委员会。时任国务院副总理姬鹏飞在关于设立对外文化联络委员会的说明中指出，新的对外文化联络委员会是国务院所属的主管对外文化交流工作的一个外事部门，它的工作职责范围包括：研究和掌握有关形势和国际文化动向，拟订对外文化交流活动的方针、政策；代表政府同有关国家签订文化协定及文化交流计划等，办理有关问题的对外交涉；对各有关部门的对外文化交流工作，进行综合平衡；协调地方的对外文化交流活动；管理驻外使馆文化处的工作；组织对外文化宣传工作。② 1981年6月27日，中国共产党第十一届中央委

---

① 《关于建国以来党的若干历史问题的决议》，《人民日报》1981年7月1日第1版。
② 《设立国务院对外文化联络委员会，姬鹏飞向人大常委会议作说明》，《人民日报》1981年3月7日第1版。

员会第六次全体会议通过《中华人民共和国宪法》，从法律层面规定了发展同各国的外交关系和经济、文化的交流的基本原则和必要性。该部《宪法》在序言中指出：中国的前途是同世界的前途紧密地联系在一起的。中国坚持独立自主的对外政策，坚持互相尊重主权和领土完整、互不侵犯、互不干涉内政、平等互利、和平共处的五项原则，发展同各国的外交关系和经济、文化的交流。^① 可以说，伴随着改革开放进程的不断推进，中外文化交流的频率、规模、范围和深度都空前扩大。回望改革开放 40 多年来的历史，中华文化在中外文化交流中的主体性意识大幅度提升，呈现出近代以来前所未有的文化自觉和自信。具体表现在以下几个方面：

第一，不断加强对外文化交流的战略规划和机制建设。对外政策的转变通常都是基于国家战略的探索、确立或根本性调整而发生变化。^②对外文化交流作为对外关系和政策的有机组成部分，纵观对外文化交流 40 多年的历史发展脉络，也是与这一时期不同阶段的国家战略调整需要有密切关系。改革开放 40 多年来，在面向世界、融入国际和与世界共赢的对外战略调整中，对外文化交流战略也在不断调整，并被纳入对外开放的国家战略和国家中长期发展规划中，日益展现出中华文化的自觉和自信。

从 1981 年制定"中华人民共和国国民经济和社会发展第六个五年计划"开始，对外文化交流被专门纳入到我国国民经济和社会发展中、长期规划中进行规划建设。《中华人民共和国国民经济和社会发展第六个五年计划 1981—1985》在文化事业的五年规划中专门制定了五年的对外文化艺术交流规划，包括扩大同外国，特别是第三世界国家的文化艺术界人士和表演团体的互访活动，开展文化艺术交流；积极创制适合国外

① 《中华人民共和国宪法》（1982 年 12 月 4 日第五届全国人民代表大会第五次会议通过），载中共中央文献研究室编《改革开放三十年重要文献选编》上册，第 300 页。

② 牛军：《关于当代中国对外关系史研究的几点看法》，《中共党史研究》2019 年第 4 期。

放映的故事片、纪录片和表演节目；增加 16 毫米影片和录像、录音带；增加适合对外宣传的报刊、图书等出版物；与更多的国家签订文化合作协定，加强对外文化宣传品的供应，改善对外发行工作。① 《中华人民共和国国民经济和社会发展第七个五年计划（1986—1990）》制定的五年对外文化艺术交流规划，包括适应对外开放的新形势，积极开展同外国，特别是第三世界国家和一些重点地区的文化艺术、广播电影电视、新闻出版界人员和表演团体的交流和互访活动，不断扩大文化交流领域；采取有力措施，使对外的报刊、书籍、广播、电影、电视、录音磁带等文种和数量有较大的增长；增加在国外的文化设施、出版机构、发行网点和记者站。② 《中华人民共和国国民经济和社会发展十年规划和第八个五年计划纲要》指出积极开展对外学术文化交流，继续组织力量，加强对国外优秀图书的翻译出版。③

"九五""十五""十一五""十二五""十三五"和"十四五"期间，对外文化交流都被纳入国家中长期规划中，而且为贯彻和落实文化建设的相关规划要求，文化部门还专门根据五年计划的要求制定国家文化发展规划纲要，对于如何开展对外文化交流工作制定可执行性指导策略。

《文化事业发展"九五"计划和 2010 年远景目标纲要》提出继续坚持"古为今用，洋为中用""推陈出新"的方针，切实加强和完善对外文化工作的归口管理，进一步推动中国文化走向世界，积极引进外国文化艺术优秀成果，加强双边和多边文化交流；计划举办或参加艺术展览、艺术表演、文物展览等综合性的大型文化活动，加强双方文化交流

---

①《中华人民共和国国民经济和社会发展第六个五年计划（1981—1985）》，人民出版社，1983，第 158 页。

②《中华人民共和国国民经济和社会发展第七个五年计划（1986—1990）》，人民出版社，1986，第 205 页。

③《中华人民共和国国民经济和社会发展十年规划和第八个五年计划纲要》，载《关于国民经济和社会发展十年规划和第八个五年计划纲要的报告》，人民出版社，1991，152 页。

互鉴。①

《文化事业发展第十个五年计划纲要》要求"大力传播中华民族文化，全面展示当代中国改革开放和现代化建设的形象，积极吸收世界各国优秀文化成果"，并提出积极参与和举办国际多边活动，扩大我国在国际文化领域的影响；积极开拓国际艺术市场，扩大对外艺术交流；增加我国文化艺术表演团体和艺术、文物展览团组的出访次数；努力培养和扶持一批在世界上具有较大影响的民族文化艺术名牌；加强对外文化工作的阵地建设，扩大中华文化在世界上的影响。②

《国家"十一五"时期文化发展规划纲要》提出要从三个方面加强对外文化交流：第一，拓展对外文化交流和传播渠道。充分利用各种资源，创新文化"走出去"的形式和手段，吸收借鉴世界各国优秀文化成果，提升我国文化产品的影响力和竞争力，积极推动中华文化面向世界、走向世界。第二，培育外向型骨干文化企业。完善对外文化贸易制度，依托已有的国内知名对外文化企业和文化产业品牌，积极培育外向型文化企业，发挥其在文化"走出去"中的主导作用。第三，实施"走出去"重大工程项目。整合资源，突出重点，实施"走出去"重大工程项目，加快"走出去"步伐，扩大我国文化的覆盖面和国际影响力。③

《国家"十二五"时期文化改革发展规划纲要》提出加强对外文化交流；推动文化产品和服务出口；扩大文化企业对外投资和跨国经营等三项举措，为落实这些举措，开展"中华文化走出去工程"，包括建设国际文化产品交易平台、建设海外中国文化中心、建设孔子学院、对外翻译与传播中华文化、国际文化使者计划和扶持重点文化企业海外发展等五大工程。④

① 文化部计划财务司编《全国文化事业"九五"计划和 2010 年远景目标纲要汇编》，文化部计划财务司，1997，第 6、11—12 页。

②《文化事业发展第十个五年计划纲要》，https://www. taiwan. cn/wxzl/qtbwwx/gwychbf/whb/200603/t20060320_240604 htm，访问日期：2021 年 10 月 27 日。

③《国家"十一五"时期文化发展规划纲要》，人民出版社，2006，第 47—49 页。

④《国家"十二五"时期文化改革发展规划纲要》，人民出版社，2012，第 32—35 页。

《国家"十三五"时期文化改革发展规划纲要》指出"推动中华文化走出去，统筹对外文化交流、传播和贸易，创新方式方法，讲述好中国故事，阐释好中国特色"，加强国家传播能力建设、扩大文化交流合作、发展对外文化贸易和投资、吸收借鉴国外优秀文化成果等四项建设内容。[1]

《"十四五"文化和旅游发展规划》要求加强中外文化交流和多层次文明对话，持续提升中国文化、中国精神、中国价值的国际认同，推动我国逐步从国际文化发展的贡献者向引领者转变，提出对外文化交流的三个重点：大力推动文化外交；开展多层次对外交流；提高国际传播能力。[2]

为落实和贯彻"一带一路"重大倡议，文化部又制定了《"一带一路"文化发展行动计划（2016—2020年）》和《"十四五""一带一路"文化和旅游发展行动计划》，对于"一带一路"沿线国家的文化交流合作机制、平台建设、品牌建设、文化产业发展和文化贸易合作等重点领域进行全方位部署和全局谋划。[3]

第二，对外文化交流工作的内涵和外延不断扩展，文化外交、文化交流、文化宣传和文化贸易齐头并进，构建起全方位、多层次、宽领域、多渠道的对外文化交流大格局。改革开放以来，随着外交工作的全面发展，举办了许多政府间丰富多彩的公共、人文外交活动，文化外交也一直都是外交工作的重要组成部分之一。特别是十八大以来，在五大洲举办了30余次大型中国文化年（节）系列活动，中俄、中美、中欧、中阿、中非等文化交流合作机制向更高层次发展。2003年，中法两国首次启动互办文化年之后，中国先后与美国、意大利、葡萄牙、日本、西

① 中华人民共和国文化部政策法规司编《"十三五"文化发展改革规划汇编》，知识产权出版社，2018，第26页。

② 《文化和旅游部关于印发〈"十四五"文化和旅游发展规划〉的通知》，http://zwgk. mct. gov. cn/zfxxgkml/ghjh/20210602_924956. html，访问日期：2021年10月27日。

③ 中华人民共和国文化部政策法规司编《"十三五"文化发展改革规划汇编》，知识产权出版社，2018，第112—116页。

班牙、韩国、瑞士、印度、澳大利亚、土耳其、埃及、墨西哥、德国、希腊等国互办国家级文化年。这些文化年活动展现出前所未有的多样性和丰富性，对于国家之间的文化交流和认识发挥着重要作用，并成为推动国际文化艺术发展的重要力量。

以 2003 年至 2005 年中法互办文化年为例，2003 年在法国举办中国文化年，中国先后在法国举办《走近中国——中国当代生活艺术展》《东方既白——20 世纪中国绘画展》《"三星堆"文物展》《时尚中华——当代中国优秀时装设计师作品展示会》《当代中国科技展》《孔子文化展》《中国电影回顾展》和中国古代珍品山水画展《神圣的山峰》，中国中央芭蕾舞团原创舞剧《红色娘子军》《大红灯笼高高挂》等也在里昂、巴黎等地上演。2004 年至 2005 年，在中国举办法国文化年，《法国时尚 100 年》大型设计展、《戴高乐生平展》《法国印象派绘画珍品展》《走进法国展》《法国电影回顾展：从经典到当代》《法国三代摄影家作品展》《法国视觉——当代城市与建筑艺术展》《新浪潮——法国当代艺术展》《太阳王路易十四——法国凡尔赛宫珍品特展》《艺术法国，家中绽放——法兰西家居装饰艺术展》和"仲夏法兰西—北京"系列艺术展等先后在中国举办；雅尔激光音乐会、法国现代音乐节、巴黎歌剧院芭蕾舞团访华演出等艺术文化交流活动也先后在中国举办。①

随着文化年活动不断深入，相关活动也逐渐以表演艺术、视觉艺术、文物展览等为主，扩展到影视、出版、文化贸易等领域，并逐步向思想对话、文化论坛、艺术家和智库交流、联合创作、文物保护合作等深层次、新方向深入发展。② 文化交流的频率大大提高，规模、范围也都空前扩大。表 5-8 是文化部门统计的 1985 年至 2019 年有关中外文化交流来往项目的具体情况：

表 5-8　1985 年至 2019 年中外文化交流来往项目一览表①

单位:起

年份	总计	来华	出国	年份	总计	来华	出国	年份	总计	来华	出国
1985 年	804	381	423	1997 年	1446	527	919	2009 年	1537	737	804
1986 年	1075	456	619	1998 年	1871	672	1199	2010 年	—	—	—
1987 年	880	378	502	1999 年	1366	534	832	2011 年	2564	1803	761
1988 年	707	282	425	2000 年	1433	595	838	2012 年	2929	1674	1255
1989 年	484	182	302	2001 年	2042	1103	939	2013 年	2908	1732	1176
1990 年	733	263	470	2002 年	1447	748	729	2014 年	2397	1592	805
1991 年	736	227	509	2003 年	762	420	342	2015 年	2624	1555	1066
1992 年	1181	413	768	2004 年	1647	815	832	2016 年	3274	1974	1300
1993 年	1534	480	1054	2005 年	1168	587	581	2017 年	3893	2320	1573
1994 年	1176	401	775	2006 年	1672	943	729	2018 年	4184	2307	1877
1995 年	1647	500	1147	2007 年	1815	605	1210	2019 年	2822	2200	622
1996 年	1580	859	721	2008 年	1422	625	797				

资料说明：相关统计年鉴独缺 2010 年相关数据，特此说明。

从这些统计数字的变化可以发现中外文化交流频次越来越多，"请进来"和"走出去"的频次都有很大增长。其中，来华进行文化交流的项目增长迅速，尤其进入新世纪后，每年来华进行文化交流的项目超过外访文化交流的项目。此外，对外文化交流规模和范围也不断扩大。截至 2017 年年底，我国已与 157 个国家签署了文化合作协定，累计签署文化交流执行计划近 800 个，初步形成了覆盖世界主要国家和地区的政府间文化交流与合作网络；近 50 个海外中国文化中心开展各类文化活动达

① 参见文化部财务司编《中国文化文物统计年鉴 2010》，国家图书馆出版社，2010；中华人民共和国文化部编《中国文化文物统计年鉴 2011—2018》，国家图书馆出版社，2018；中华人民共和国文化和旅游部编《中国文化和旅游统计年鉴 2019—2020》，国家图书馆出版社，2019；中华人民共和国文化和旅游部编《中国文化和旅游统计年鉴 2020》，国家图书馆出版社，2020。

4000 余场次，直接受众达到 800 余万人次，成为全方位展示中华文化精粹和国家形象的重要平台；146 个国家（地区）建立 525 所孔子学院和 1113 个孔子课堂，为增进中外人民的了解和友谊，促进人类文明交流互鉴发挥了独特作用。[①]

文化贸易是不同文化发生联系的重要渠道和形式之一。新中国成立后的相当长一段时期内，对外文化联系主要以文化交流为主，文化贸易所占的份额比较小。改革开放以来，随着人们对文化贸易重要性认识的不断提升，"文化市场""文化经济""文化产业"等概念先后被官方以正式文件的形式提出[②]，文化贸易也被纳入对外经济发展大格局中。特别是进入新世纪之后，积极发展对外文化贸易也被提到国家战略层面，成为中外文化交流不断深化的新突破口。

2005 年 12 月，中共中央、国务院印发《关于深化文化体制改革的若干意见》，提出要"形成以民族文化为主体、吸收外来有益文化，推动中华文化走向世界的文化开放格局，进一步提升文化事业和文化产业的国际影响力和竞争力"，并指出要创新对外文化交流体制和机制；打造一批具有国际竞争力的文化企业；形成一批经营文化产品的跨国公司；鼓励有条件的文化企事业单位以独资、合资或合作的方式，在境外兴办文化实体，合办报刊、频道、栏目和节目，合作演出或举办展览。[③] 2009 年 7 月，国务院通过《文化产业振兴规划》，标志着国家已经把发展文化产业提升为一项国家战略。《文化产业振兴规划》把扩大对外文化贸易作为文化产业振兴的重点任务之一，明确要求文化产品和服务出口要进一步扩大，文化贸易逆差要明显缩小，对外文化贸易要成为我国服务贸易出口的重要增长点；并提出落实国家鼓励和支持文化产品和服务出口的优惠政策，扶持民族特色文化产品和服务的出口，抓好国际营

① 黄发红、朱玥颖、李欣怡、张芳曼、沈亦伶：《我国对外文化交流传播取得丰硕成果》，《人民日报》2018 年 10 月 29 日第 9 版。

② 宋磊：《中国对外文化贸易研究》，云南人民出版社，2016，第 218 页。

③《中共中央、国务院关于深化文化体制改革的若干意见》（2005 年 12 月 23 日），载中共中央文献研究室编《改革开放三十年重要文献选编》（下），第 1541、1543 页。

销网络建设，办好国家重点支持的文化会展等诸多举措。①

"十二五"以来，中央对进一步发展对外文化贸易提出新的要求。"十二五"规划明确指出要"推动文化产业成为国民经济支柱性产业"。② 2013 年 5 月，中宣部、商务部在深圳专门召开文化贸易工作座谈会，会议提出要把对外文化贸易与外交、对外援助结合起来，与对外宣传、对外文化交流结合起来，推动文化贸易上水平、上台阶。③ 2014 年 3 月，国务院专门印发《关于加快发展对外文化贸易的意见》（以下简称《意见》），对加快发展对外文化贸易、推动文化产品和服务出口作出全面部署。《意见》要求加快发展对外文化贸易，在更大范围、更广领域和更高层次上参与国际文化合作和竞争，把更多具有中国特色的优秀文化产品推向世界，并提出 2020 年我国对外文化贸易的发展目标：从微观看，要培育一批具有国际竞争力的外向型文化企业，形成一批具有核心竞争力的文化产品，打造一批具有国际影响力的文化品牌，搭建若干具有较强辐射力的国际文化交易平台；从宏观看，要使我国核心文化产品和服务贸易逆差状况得以扭转，对外文化贸易额在对外贸易总额中的比重大幅提高，文化产品和服务在国际市场的份额进一步扩大，文化整体实力和竞争力显著提升。④ 各地方政府和行业也相继制定了旨在发展区域和行业对外文化贸易的相关措施。⑤ 随着这些文化产业和贸易政策的逐渐落地实施，中国对外文化贸易获得快速发展。表 5-9 是 2007 年至 2019 年文化产品进出口情况：

---

① 《文化产业振兴规划》，人民出版社，2009，第 5、9—10 页。

② 《中共中央关于制定国民经济和社会发展第十二个五年规划的建议》，人民出版社，2010，第 37 页。

③ 《刘奇葆在文化贸易工作座谈会上强调推动更多优秀文化产品走出去》，《人民日报》2013 年 5 月 18 日第 4 版。

④ 《国务院关于加快发展对外文化贸易的意见》，人民出版社，2014，第 5、10 页。

⑤ 相关研究可参阅吴承忠、田昀：《中国对外文化交流与文化贸易发展历程》，经济科学出版社，2021，第 148—165 页。

表 5-9　2007 年至 2019 年文化产品进出口情况一览表①

年份	进出口总额（亿美元）	出口额（亿美元）	进口额（亿美元）	贸易差额（亿美元）	出口额增长率（%）	进口额增长率（%）
2007 年	382.4	349.2	33.2	315.9	73.1	180.1
2008 年	433	390.5	42.5	348	11.8	28
2009 年	388.9	346.5	42.4	304.1	−11.3	−0.2
2010 年	487.1	429	58.1	370.8	23.8	37
2011 年	671.4	582.1	89.3	492.9	35.7	53.6
2012 年	887.5	766.5	121	645.5	31.7	35.6
2013 年	1070.8	898.6	172.2	726.4	17.2	42.3
2014 年	1273.7	1118.3	155.4	962.9	24.5	−9.8
2015 年	1013.2	870.9	142.3	728.6	−22.1	−8.4
2016 年	881.5	784.9	96.6	688.3	−9.9	−32.1
2017 年	971.2	881.9	89.3	792.5	12.4	−7.6
2018 年	1023.8	925.3	98.5	826.8	4.9	10.3
2019 年	1114.5	998.9	115.7	883.2	7.9	17.4

　　由表 5-9 可知，除个别年份的对外文化贸易有所波动之外，2007 年至 2019 年间的对外文化贸易的进出口额都保持快速增长态势，文化贸易逆差的情况也发生根本性变化，呈现出"以文化商品出口带动经济发展，经济发展再推动文化服务的进出口"② 的发展路径。文化贸易结构也持续优化中，如 2017 年文化和娱乐服务、研发成果使用费、视听及相关产品许可费等三项文化服务出口额为 15.4 亿美元，同比增长 25%，占文化服务出口额比重提升 5.7 个百分点，达到 24.9%，出口结构呈持续

---

① 国家统计局社会科技和文化产业统计司、中宣部文化体制改革和发展办公室合编《中国文化及相关产业统计年鉴 2020》，中国统计出版社，2020，第 43 页。

② 程相宾：《中国文化贸易的经济学解释研究》，社会科学文献出版社，2020，第 56 页。

优化态势。[1]

第三，文化自信不断提升，中国文化在对外文化交流中的主体意识越来越强。正如前言，随着西方资本主义文化的强势崛起，近代以来的中外文化交流中，特别是中西文化交流过程中，中国文化的主体性一直被不断消解。新中国成立以来，特别是改革开放以来，中华文明的世界认知度和美誉度不断增强，彻底改变近代以来"文明蒙尘"的局面，越来越具有世界影响力。这种文化自觉和文化自信集中体现为大力弘扬中国传统文化，积极建设优秀传统文化传承体系，推动中华文明与世界其他文明不断交流互鉴等。国家也把传承和弘扬中华优秀传统文化纳入国民经济和社会发展中长期规划中，要求推动中华优秀传统文化创造性转化、创新性发展。

2011 年 10 月 18 日，中国共产党第十七届中央委员会第六次全体会议通过《中共中央关于深化文化体制改革 推动社会主义文化大发展大繁荣若干重大问题的决定》，明确提出"建设优秀传统文化传承体系"，强调"要全面认识祖国传统文化，取其精华、去其糟粕，古为今用、推陈出新，坚持保护利用、普及弘扬并重，加强对优秀传统文化思想价值的挖掘和阐发，维护民族文化基本元素，使优秀传统文化成为新时代鼓舞人民前进的精神力量"。[2]

2017 年，中共中央办公厅、国务院办公厅联合印发《关于实施中华优秀传统文化传承发展工程的意见》（以下简称《意见》），提出要实施中华优秀传统文化传承工程，并就这一工程实施的意义、要求、主要内容、重点任务和组织保障进行全面规划和部署。《意见》提出：到 2025 年，中华优秀传统文化传承发展体系基本形成，研究阐发、教育普及、保护传承、创新发展、传播交流等方面协同推进并取得重要成果，具有

①《商务部公布 2017 年我国对外文化贸易相关数据》https://www.mct.gov.cn/whzx/bnsj/whcys/201809/t20180903_834530.htm，访问日期：2021 年 10 月 25 日。

②《中共中央关于深化文化体制改革 推动社会主义文化大发展大繁荣若干重大问题的决定》（2011 年 10 月 18 日中国共产党第十七届中央委员会第六次全体会议通过），载中共中央文献研究室编《十七大以来重要文献选编》（下），中央文献出版社，2013，第 572 页。

中国特色、中国风格、中国气派的文化产品更加丰富，文化自觉和文化自信显著增强，国家文化软实力的根基更为坚实，中华文化的国际影响力明显提升。[1]《意见》颁布实施以来，中华优秀传统文化传承发展硕果累累。

截至 2020 年，国家古籍保护工程累计完成普查登记数据 270 余万部，公布六批《国家珍贵古籍名录》和全国古籍重点保护单位，累计修复古籍 360 多万页，培训古籍从业人员 1 万余人次；全国累计发布古籍数字资源达 7.2 万部；"中华再造善本工程"、《国学基本典籍丛刊》等重大出版项目顺利实施；中华文化资源公共数据库建设，先后完成全国地方戏曲剧种普查，编写《中国戏曲剧种全集》；推进古籍普查，完成 270 万部、1.8 万函；推进美术馆藏品普查，报送数据 41.4 万余条，数据总量 6.9TB；实施中华民族音乐传承出版工程，对全国范围内的民族音乐进行调研普查，录制约 128 小时的采风样品；初步建成数据库、音色库；完成数字化修复约 1328 小时；基础资料数据库一期、二期、三期共完成 14577 册 3169961 页；截至 2020 年年底，《中华传统文化百部经典》已完成图书编纂出版 5 批共计 40 种；中国传统村落保护工程已公布 135 座国家历史文化名城、799 个中国历史文化名镇名村、6819 个中国传统村落，划定历史文化街区 912 片，确定历史建筑 3.85 万处。[2]

2021 年 4 月，中共中央宣传部又正式印发《中华优秀传统文化传承发展工程"十四五"重点项目规划》（以下简称《规划》），对未来五年中国优秀传统文化的传承发展工作进行重点部署。《规划》注重在记忆、传承、创新、传播四个方面推动中华优秀传统文化传承发展，明确 23 个未来五年发展的重点项目，包括中华文化资源普查工程、国家古籍保护及数字化工程、中华经典诵读工程、中国传统村落保护工程、非物质文化遗产传承发展工程、中华民族音乐传承出版工程、中国民间文学大系

① 《中共中央办公厅、国务院办公厅印发关于实施中华优秀传统文化传承发展工程的意见》，《人民日报》2017 年 1 月 26 日第 6 版。

② 郑海鸥：《中华优秀传统文化传承发展硕果累累——彰显文化魅力 增强文化自信》，《人民日报》2021 年 4 月 13 日第 6 版。

出版工程、戏曲传承振兴工程、中国经典民间故事动漫创作工程、中华文化广播电视传播工程、中华老字号保护发展工程、中国传统节日振兴工程、中华文化新媒体传播工程、革命文物保护利用工程、国家文化公园建设工程、黄河文化保护传承弘扬工程、大运河文化保护传承利用工程、中华古文字传承创新工程、农耕文化传承保护工程、中医药文化弘扬工程、城市文化生态修复工程、历史文化名城名镇名村街区和历史建筑保护利用工程。①

　　中国文化越来越展现出自我魅力，吸引世界各国人民来了解中国和认识中国。越来越多的外国企业来中国投资兴业，越来越多的外国人士来中国学习工作、观光旅游。1978 年至 2018 年，中国累计吸引非金融类外商直接投资 20343 亿美元，累计设立近 100 万家外商投资企业。2018 年，有 49.2 万余名外国留学人员来华学习。② 当前，全球文明中的中国智慧正日益彰显影响力，"中国对世界的影响，从未像今天这样全面、深刻、长远；世界对中国的关注，也从未像今天这样广泛、深切、聚焦"③，"中国道路""中国经验""中国模式""中国梦""中国方案"等语汇在西方世界日益流行即是明证。除了传统的古典文明被继续关注之外，现代政治、经济、军事、文化和科技都被广泛关注，不仅有"阳春白雪"，还有"下里巴人"，中国民间文化也受到广泛接受和重视，昆曲艺术、古琴艺术、新疆木卡姆艺术、蒙古族长调民歌、中国传统蚕桑丝织技艺、南音、藏戏、花儿、妈祖信俗等民间文化先后被列为世界非物质文化遗产便可证明。这一切既是改革开放以来中外文化交流的表现，也是改革开放以来中外文化交流的结果。

　　这种文化自信还表现在对待外来文化的态度问题上。弘扬民族优秀传统文化绝不意味着排斥外来文化，党和政府一直把借鉴和吸收外国优

① 郑海鸥：《中华优秀传统文化传承发展硕果累累——彰显文化魅力 增强文化自信》，《人民日报》2021 年 4 月 13 日第 6 版。

② 中华人民共和国国务院新闻办公室编《新时代的中国与世界》（2019 年 9 月），https://www.gov.cn/zhengce/2019-09/27/content_5433889.htm，访问日期：2021 年 10 月 30 日。

③ 同上。

秀文化作为发展同世界各国关系的重要内容之一，一方面提出要弘扬民族文化，一方面主张要吸取外来文化中的优秀成果。1990 年 1 月 10 日，时任全国政协主席李瑞环在全国文化艺术工作情况交流座谈会上，指出"在改革开放的今天，我们吸收外来文化的气魄应该更大一点，更要有世界眼光。不管是资本主义国家的还是社会主义国家的，不管是第三世界的还是发达国家的，不管是古代的还是近代、现代的，凡是人类创造的积极的精神财富，凡属人类文明发展的新成果，凡属世界各民族创造的优秀艺术表现形式，我们都要积极地了解、介绍、学习、借鉴"。①"九五""十五""十一五""十二五""十三五"和"十四五"期间制定的文化发展规划纲要也都把积极吸收借鉴国外优秀文化成果作为提高文化开放水平的重要内容之一。如《国家"十三五"时期文化改革发展规划纲要》明确指出："统筹引进来和走出去，以我为主、为我所用，积极吸收借鉴国外有益文化成果、先进经营管理理念和有益做法经验。"② 特别是十八大以来，随着改革开放的全面推进，中外文化交流更是被纳入人类命运共同体和"一带一路"倡议的国家战略之中。2014 年 3 月 27 日，习近平在联合国教科文组织总部演讲时，从全球文明史的角度指出不同文明之间交流和互鉴的重要性，称"文明因交流而多彩，文明因互鉴而丰富"。③

　　总之，改革开放 40 多年来，我们秉持平等、多样、包容、开放的文明观，全方位、多层次地加强不同国家文明之间的交流互鉴，不仅打开国门面向世界，而且还积极全方位地融入世界，与世界共赢。

---

① 李瑞环：《关于弘扬民族优秀文化的若干问题》（1990 年 1 月 10 日），载中共中央文献研究室编《十三大以来重要文献选编》中，人民出版社，1991，第 861 页。
② 中华人民共和国文化部政策法规司编《"十三五"文化发展改革规划汇编》，知识产权出版社，2018，第 26 页。
③ 习近平：《文明因交流而多彩，文明因互鉴而丰富》（2014 年 3 月 27 日），《习近平谈治国理政》，外文出版社，2014，第 258—263 页。

余论
何谓"世界"?

　　随着资本主义世界的强势崛起，近代以来中国遭遇"三千年未有之大变局"的挑战和冲击，这已是不争的事实。近代以来的中外经贸文化交流就是在这一大变局下启动的。"世界怎么了、我们怎么办？"的中国之问，成为近代中外经贸文化交往与发展绕不过又必须面对的话题。回望近代以来中外经贸文化的交往历程，伴随西方资本主义世界的强势崛起，资本主义政治、经济、军事和文化的影响力越来越大，并成为世界文明中心。中国则日益成为西方世界中的"非文明"世界，在中外经贸文化交往中的主体意识或者主导性地位渐被消解，直至被替代。西方资本主义世界所主导的"世界"秩序成为国人"爱恨交织"的模仿、学习和融入的对象，意图通过模仿、学习和融入来扭转近代以降中国文明主体性地位被消解的历史遭遇。这一变化表现在认识论层面，集中体现在"西方人的世界观和中国人的天下观"[1] 之间的转变。道光咸丰年间"经世派"的"开眼看世界"，是"中华文化系统从中古式的封闭走向近代式的开放的第一步，是中国人面对西方工业挑战的第一个积极回应"。[2]同时，这一回应也开启了中国近代以来"世界怎么了、我们怎么办？"的历史探索。至此，在中国的语境中，西方也逐渐成为"世界"代名词，中国逐渐被排除在"世界"之外。尽管近代以来中外经贸文化交流不止局限于欧美西方世界，也包括东亚、非洲、拉丁美洲等这些非西方

---

① 葛兆光：《古代中国文化讲义》，复旦大学出版社，2012，第1—17页。
② 冯天瑜：《试论道咸间经世派的"开眼看世界"》，《近代史研究》1991年第2期。

世界。但是，当我们回望近代以来的中外经贸文化发展逻辑时，中西之间的经贸文化交流与冲突无疑是这一时期中国与非中国世界发生关系的主角。

一、中国的"天下"

中国与中国之外的世界联系，曾经以"丝绸之路"的开拓而闻名于世。虽然"丝绸之路"一词是近代意义上的概念，但是"丝绸之路"一词所包含的事实逻辑却源远流长。中国也因为"丝绸之路"的不断延伸和扩展，使中国与中国之外的世界关系日益紧密。因此，当我们转换视角去考察中华文明时，发现中国所呈现的是"海—陆"一体的结构，"中国既是一个大陆国家，又是一个海洋国家，中华文明具有陆地与海洋双重性格。中华文明以农业文明为主体，同时包容游牧文明和海洋文明，形成多元一体的文明共同体"。① 正是"多元一体的文明共同体"这一特殊属性才让中国长期走在世界前列，中国与周遭世界的关系也表现出很强的中国主体意识，朝贡体制的形成就是这种主体意识的集中体现。从某种意义上讲，这一时期的中国扮演着"世界"秩序规则的制定者和维护者的角色，尽管这里的"世界"是拘囿于自我的一种认知。但是，这一东方"世界"体系的确是要早于西方资本主义世界体系的海洋世界体系。因此，当西方人东来时，他们不得不面对这一既有的东方"世界"体系规则。这种对立和矛盾表现在最早接触各自世界的商人、传教士、外交官、探险家和政府官员的言行之中。如，1793 年，英国派遣以马戛尔尼为首的使团出使中国，马戛尔尼在出使中国的日记中写道：

> 将近 40 年过去，我们知道的中国对外开埠贸易地点仅限于广州。欧洲人常光临该港，主要在当地进行买卖，没有时间和兴趣去了解除

① 杨国桢、王鹏举：《中国传统海洋文明与海上丝绸之路的内涵》，《厦门大学学报（哲学社会科学版）》2015 年第 4 期。

直接的和最关心的事外的其他东西，中国商人因无知或因策略，没有资格或不愿向对方提供确实的情报。不过，可以确定，中国和日本、菲律宾群岛、巽他岛、交趾支那和朝鲜诸国一直维持大量的贸易，尽管可能比从前要少。从广州到登州府，在北直隶海湾的入口处，是一条将近2英里长的海岸线，无数港湾犬牙交错。其中，许多港湾可容纳最大的欧洲船。这些港湾对当地的船只来说都是安全的，有足够的深度。每个小湾小港上都有一个村镇或城池，令人难以置信的是，大量居民在其中居住，大多是买卖人，其中许多人需要以捕鱼为生，习惯出海和驾驶舟楫。但根据目前国家的规定，这些地方绝对禁止与欧洲人交易，广州则成为唯一允许他们交易的港口。①

尽管马戛尔尼是站在自己的立场描述和观察中国的商业贸易，但是这段记载清楚地展现了当时中西之间商业贸易关系的基本事实逻辑：一是中西之间贸易主要根据中国的贸易制度安排维持在广州一口贸易体制内；二是中国与日本、菲律宾群岛、巽他岛、交趾支那和朝鲜诸国的贸易制度安排在中国贸易体系中占有相当的分量，其地位远超中西贸易；三是沿海居民的贸易活动十分频繁，以马戛尔尼为首的英国人对于中国对西方的广州体制安排表示出疑问。事实上，在西方人东来之初，中国人一直把西方纳入中国传统"天下观"范畴内去认识，很长一段时期内是"以'天朝上国'俯视'夷狄蛮貊'的态度来看待开始走向近代社会的欧洲列强"。② 因此，这一时期的西方是被排除在中国所支配的"世界"体系之外的。对于中国而言，这一时期的"世界"就是中国"天下"，西方人与传统远国异人并无根本差异。即便是被称为"睁眼看世界"的林则徐，虽然表现出"敢于率先突破固有传统的文化思维，探索新的适应时代变化的图强之路"③，但是其"睁眼看世界"的广度和深度

---

① ［英］乔治·马戛尔尼、［英］约翰·巴罗：《马戛尔尼使团使华观感》，何高济、何毓宁译，商务印书馆，2013，第50页。

② 冯天瑜：《试论道咸间经世派的"开眼看世界"》，《近代史研究》1991年第2期。

③ 陈支平：《从文化传承的视野来评价林则徐的伟大历史贡献》，《福建论坛（人文社会科学版）》2015年第9期。

都是有限的，甚至其言论中仍表现出"中央帝国"根深蒂固观念的影响。1839年，林则徐、邓廷桢、怡良在会奏《拟谕英吉利国王檄》中就言之凿凿地描述了这一"天下观"逻辑：

> 洪惟我大皇帝抚绥中外，一视同仁，利则与天下公之，害则为天下去之，盖以天地之心为心也。贵国王累世相传，皆称恭顺。观历次进贡表文云："凡本国人到中国贸易，均蒙大皇帝一体公平恩待"等语。窃喜贵国王深明大义，感激天恩，是以天朝柔远绥怀，倍加优礼，贸易之利，垂二百年。该国所由以富庶称者，赖有此也。惟是通商已久，众夷良莠不齐，遂有夹带鸦片，诱惑华民，以致毒流各省者。似此但知利己，不顾害人，乃天理所不容，人情所共愤。大皇帝闻而震怒，特遣本大臣来至广东，与本总督部堂巡抚部院，会同查办。凡内陆民人贩鸦片食鸦片者，皆应处死。若追究夷人历年贩卖之罪，则其贻害深而攫利重，本为法所当诛。惟念众夷尚知悔罪乞诚，将趸船鸦片二万二百八十三箱，由领事官义律，禀请缴收，全行毁化，叠经本大臣等据实具奏。幸蒙大皇帝格外施恩，以自首者，情尚可原，姑宽免罪。再犯者法难屡贷，立定新章。谅贵国王向化倾心，定能谕令众夷，兢兢奉法。但必晓以利害，乃知天朝法度，断不可以不懔遵也。①

这一"天下观"支配下的中外经贸文化发展一直呈现出西方对中国传统贸易制度安排的不断挑战，西方特许公司建立和鸦片走私都是西方对这一体系进行挑战的手段。中国为应对这种挑战也不断调整对外贸易和文化政策，包括"限令一口通商"和"禁教""禁烟"政策的强化都是对这种挑战的一种回应。正因为这一事实逻辑，20世纪30年代以来的中外历史学者将近代中外关系归结为中西方之间的一种张力冲突，特别是不同学者基于各自角度和立场，或者强调从西方资本主义扩张性政策角度解释这种逻辑，或者从中国自满于自己文化优越感的角度去解释

---

① ［清］林则徐等：《拟谕英吉利国王檄》，载郑振铎编《晚清文选》，西苑出版社，2003，第2—3页。

这种逻辑。① 但是，无论何种逻辑，我们都必须承认，直至鸦片战争之前，尽管西方人一直试图证明资本主义扩张的世界意义，但是从中国社会角度看，中国"天下观"的支配性地位并没有发生本质性变化，西方的行为一直被纳入"非正当性行为"的逻辑体系中。因此，那种试图从全球化视角解读这一过程的逻辑，其本质上忽视了这一时期中国"天下观"的支配性地位，这里说的全球化本质是资本主义化，当时国人是把资本主义世界排斥在中国的"世界观"之外。因此，近代以降，中外经贸文化交流历史考察和分析必须考虑这一历史大背景。

二、西方的"天下"

1840 年，鸦片战争的爆发，应该说是西方世界对中国"天下观"持续性挑战的必然结果。这种挑战与之前的挑战最大的不同在于鸦片战争之后签订的一系列条约构成了条约体系的开端。这种条约体系主要反映的是西方列强的强权政治和暴力，其法理来源于欧洲三十年战争之后所签订的《威斯特伐利亚和约》。这一条约所确立的国与国之间的新秩序规则随着欧洲在全球范围的扩张，成为西方世界观的基本依据。② 鸦片战争的爆发，从某种意义上讲也是这一所谓的"现代"国际秩序与中国"华夷秩序"的冲突，即西方"世界观"与中国"天下观"之间的冲突。随着西方政治、经济、军事、文化对华压迫和介入不断增强，这些压迫和介入所引起的中国式回应主要体现在诸如"经世派"和"保守派"、"洋务派"和"顽固派"、"改良派"与"革命派"之间的矛盾和冲突，中国的"天下观"随着这种矛盾和冲突的发展逐渐式微、瓦解，由西方的挑战与否定到中国的自我否定。这时的世界已经不属于"天朝上国"的

---

① [美] 何伟亚：《怀柔远人：马嘎尔尼使华的中英礼仪冲突》，邓常春泽，社会科学出版社，2002，第 100 页。

② 雷颐：《帝国的覆没：近代中国社会的转型困局》，东方出版社，2021，第 5—6 页。

世界,"中国也从'天下共主'成为'万国'中的一国"。① 这一时期的世界被认为是西方的天下,中国变成被排除在西方所建构的"世界"体系之外。近代国人力图通过借助西方技术、制度和文化来避免被"世界"边缘化。② 鸦片战争至民国时期的中外经贸文化交往就是在这一大"势"的转换中展开的。

晚清时期,西方一直试图通过各种方式把中国纳入自己的"世界"体系之中,具体表现在贸易交往层面,即通过构建一套条约贸易制度代替中国的朝贡贸易制度。这种在中国被视为"不平等条约"的制度体系,在西方世界中承载着建构世界新秩序的开路先锋。中外贸易内容因此发生根本性变化,茶叶贸易从"以茶制夷"到"洋茶制华"、鸦片贸易从"走私"到"合法"的转变,都是西方在华建构新秩序规则的结果和体现。国人对于西方的认知,从"夷务"到"洋务",从"洋务"到"时务",从"时务"到"西学",再到尊称的"泰西"。这一称呼的变化也可以反映出国人观念中的西方世界越来越具有支配性,并沿着"'西学为用'的方向走上了'中学不能为体'的不归之路"。③ "新学诸子"更是把"神州之不振,归咎于国学之无用","乃欲尽弃其学而学焉"。④ 1904年,时任《国粹学报》主编邓实也指出这种转变:

> 御侮无人,忧时之士愤神州之不振,哀黄民之多艰,以谓中国之弱,弱于中国之学;中国之学必不足以强中国。于是而求西学,尊西

① 雷颐:《帝国的覆没:近代中国社会的转型困局》,第61页。
② 学界对这一转换过程多有解释和研究,具体可参阅罗志田:《天下与世界:清末士人关于人类社会认知的转换——侧重梁启超的观念》,《中国社会科学》2007年第5期;罗志田:《走向世界的近代中国——近代国人世界观的思想体系》,《文化纵横》2010年第3期;桑兵:《华洋变形的不同世界》,《学术研究》2011年第3期;雷颐:《帝国的覆没:近代中国社会的转型困局》,第1—61页。
③ 罗志田:《中国的近代:大国的历史转身》,商务印书馆,2019,第304页。
④ 姚光:《国学保存论》,载梁启超《国学的盛宴》,新世界出版社,2016,第294页。

人若帝天，视西籍如神圣。方言之学堂、翻译之套社，如云而起。①

因此，这一阶段的中外文化交流，特别是中西文化交流，虽然仍然有"国学保存"论者疾呼，中国古典文化也仍在西方被译介和传播，但是晚清时期，中国人对于西方文化的需求日益成为近代中外文化交流的主体，西方文化被国人赋予强烈的自救意识，国人对于西学的理解也从技术，到制度，再到文化。

进入民国之后，西方建构起来的条约体系和对中国的支配性地位并没有发生根本性变化。虽然这一时期国人的自我反省能力在不断提升，并一直试图通过出台和实施一系列的贸易文化措施进行自救，但是这种自救和自省还不足以改变西方"世界观"的支配性地位，特别是这种自救和自省的意识背后都是以"西化"为目标的。因此，在这一时期的中外贸易文化交往中，中西方所处的地位并没有发生根本性改变。在中外文化交流方面，两个基本取向也没有发生改变：一是西方文化在中国"救急图存"的功用依然是时人在接受、传播和研究西方文化的主要诉求；二是西方人对于中国文化的认识仍然没有从根本上摆脱"标签化"的文化霸权语境。

从进出口贸易净值方面来看，中国延续了晚清以来贸易逆差的不利地位。对外贸易的商品结构也体现出不均衡的特点，在进口贸易中，消费资料的进口额远大于生产资料的进口额，而直接消费资料的进口又以消费品原料的进口为主，生产资料的进口，特别是近代化生产的机器及大工具的进口更少；在出口贸易中，除棉纱机制品和部分丝机制品外，其他基本上都为手工业制成品和农产原料。② 这一时期贸易的变化主要体现为西方各国在华势力的消长，英国、日本和美国先后在不同阶段呈现主导性地位。

---

① 邓实：《国学保存论》，《政艺通报》1904 年第 3 号。

② 严中平等编《中国近代经济史统计资料选辑》，科学出版社，2016，第 70—71 页。

三、共同的"天下"

1949年9月21日，毛泽东在中国人民政治协商会议第一届全体会议上发表《中国人民站起来了》的开幕讲话，称：

> 我们有一个共同的感觉，这就是我们的工作将写在人类的历史上，它将表明：占人类总数四分之一的中国人从此站立起来了。中国人从来就是一个伟大的勇敢的勤劳的民族，只是在近代落伍了。这种落伍，完全是被外国帝国主义和本国反动政府所压迫和剥削的结果。一百多年以来，我们的先人以不屈不挠的斗争反对内外压迫者，从来没有停止过，其中包括伟大的中国革命先行者孙中山先生所领导的辛亥革命在内。我们的先人指示我们，叫我们完成他们的遗志。我们是这样做了。我们团结起来，以人民解放战争和人民大革命打倒了内外压迫者，宣布中华人民共和国的成立了。我们的民族将从此列入爱好和平自由的世界各民族的大家庭，以勇敢而勤劳的姿态工作着，创造自己的文明和幸福，同时也促进世界的和平和自由。我们的民族将再也不是一个被人侮辱的民族了，我们已经站起来了。我们的革命已经获得全世界广大人民的同情和欢呼，我们的朋友遍于全世界。①

"中国人民站起来"这一政治宣誓可以说具有划时代意义，而且其意义不仅局限于一个新政权的建立，还带给我们"世界观"的认识转变，即对中国与中国之外的世界关系的全新认识，中国再次跻身于世界民族之林，改变了近百年来中国被排除在"世界"之外的认识逻辑。当然，这一时期的世界既不是传统中国人认识中的"天下"，也不是西方支配的"天下"，而是共同的"天下"。因此，新中国成立70多年的对外经贸文化交流，一方面强调的是独立自主的对外经贸文化交流政策，确

---

① 中华人民共和国外交部、中共中央文献研究室合编《毛泽东外交文选》，中央文献出版社，1994，第113—114页。

保对外贸易文化交往中的自主性和独立性；一方面强调的是在平等互利基础上发展同世界各国的经贸文化关系，以实现民族复兴的重任。所以，新中国成立70多年来对外经济贸易发展的历史演变呈现出"站起来""富起来"和"强起来"的历史演进逻辑，同时也展现出积极面向世界、融入世界和与世界共赢的全球眼光。在中外文化交流方面，新中国成立70多年来，积极拓展对外文化交流，在强调借鉴和吸收世界各国优秀文化的同时，更为强调中国文化的向外传播，特别是改革开放以来，对外文化交流工作全面发展，中国文化呈现出近代以来所不曾出现的自信和开放。"世界怎么了、我们怎么办？"的中国之问，正在被"中国怎么了，世界怎么办？"的世界之问所代替。

主要参考文献

一、古籍文献

[1] 陈子龙. 明经世文编［M］. 明崇祯平露堂刻本.

[2] 梁兆阳. 海澄县志［M］. 崇祯六年刊本.

[3] 万表. 玩鹿亭稿［M］. 明万历万邦孚刻本.

[4] 徐学聚. 国朝典汇［M］. 明天启四年徐与参刻本.

[5] 朱景英. 海东札记［M］. 乾隆三十八年刊本.

[6] 舒懋官等. 新安县志［M］. 嘉庆二十四年刊本.

[7] 梁廷枏. 粤海关志［M］. 清道光广东刻本.

[8] 程岱葊. 野语［M］. 清道光二十五年增修本.

[9] 邓廷桢等. 广东海防汇览［M］. 清道光十八年刻本.

[10] 魏源. 圣武记［M］. 清道光刻本.

[11] 沈德符. 万历野获编［M］. 同治八年补修本.

[12] 刘良璧. 重修福建省志［M］. 清同治十年重刊本.

[13] 陈其元. 庸闲斋笔记［M］. 清同治十三年刻本.

[14] 魏源. 海国图志［M］. 清光绪二年刻本.

[15] 林则徐. 林文忠公政书［M］. 清光绪三年山林氏刻林文忠公遗集本.

［16］博润，姚光发. 松江府续志［M］. 清光绪九年刊本.

［17］王先谦. 东华录［M］. 清光绪十年长沙王氏刻本.

［18］王之春. 国朝柔远记［M］. 清光绪十七年广雅书刻本.

［19］李奎. 鸦片事略［M］. 清光绪二十一年海宁州署刻本.

［20］薛福成. 出使日记续刻［M］. 清光绪二十四年刻本.

［21］唐才常. 觉颠冥斋内言［M］. 清光绪二十四年长沙刻本.

［22］吴汝纶. 李文忠公奏稿［M］. 清光绪三十一至三十四年金陵刻本.

［23］樊国梁. 燕京开教略［M］. 1905年救世堂刊印.

［24］刘盛堂. 云南地志［M］. 清光绪三十四年石印本.

［25］佚名. 南海乡土志［M］. 清光绪三十四年钞本.

［26］颜世清. 约章成案汇览［M］. 清光绪上海点石斋石印本.

［27］昆冈等. 钦定大清会典事例［M］. 清光绪石印本.

［28］左宗棠. 左文襄公全集［M］. 清光绪刻本.

［29］黄佐. 香山县志［M］. 清光绪刻本.

［30］朱寿朋. 东华续录［M］. 清宣统元年上海集成图书公司本.

［31］李时珍. 本草纲目［M］. 清文渊阁四库全书本.

［32］徐伯龄. 蟫精隽［M］. 清文渊阁四库全书本.

［33］黄叔璥. 台海使槎录［M］. 清文渊阁四库全书本.

［34］胤禛. 雍正上谕内阁［M］. 清文渊阁四库全书本.

［35］嵇璜. 续文献通考［M］. 清文渊阁四库全书本.

［36］俞樾. 彭刚直公奏稿［M］. 清刻本.

［37］梁廷枏. 夷氛闻记［M］. 清刻本.

［38］佚名. 晚清洋务运动事类汇钞［M］. 清抄本.

［39］王鸣鹤辑. 登坛必究［M］. 清刻本.

［40］黄鸿寿. 清史纪事本末［M］. 民国三年石印本.

［41］赵本荫. 韩城县续志［M］. 民国十四年石印本.

［42］赵琪等. 胶澳志［M］. 民国十七年铅印本.

［43］赵尔巽. 清史稿［M］. 民国十七年清史馆本.

［44］吴堂，刘光鼎. 同安县志［M］. 民国十八年铅印本.

［45］宝鋆等. 筹办夷务始末（同治朝）［M］. 民国十八年故宫博物院刊印.

近现代时期：中外经贸文化交流与发展

[46] 文庆等. 筹办夷务始末（道光朝）［M］. 民国十九年故宫博物院影印清内府抄本.

[47] 上海县志［M］. 民国二十四年铅印本.

[48] 邹鲁，温廷敬. 广东通志［M］. 民国二十四年稿本.

[49] 魏源. 魏源集［M］. 中华书局，1976.

[50] 张燮. 东西洋考［M］. 中华书局，1981.

[51] 梁廷枏. 海图四说［M］. 中华书局，1993.

[52] 刘锦藻. 清续文献通考［M］. 浙江古籍出版社，2000.

[53] 王士禛. 池北偶谈［M］. 齐鲁书社，2007.

[54] 谢肇淛. 五杂俎［M］. 中国书店，2019.

[55] 梁启超. 戊戌政变记［M］. 岳麓书社，2011.

二、资料汇编

[1] 赵秉钧. 工商会议报告录［Z］. 工商部，1913.

[2] 世界社. 旅欧教育运动［M］. 旅欧杂志社，1916.

[3] 施泽臣. 新编实业法令［M］. 上海：中华书局，1924.

[4] 中华民国海关进口税税则［M］. 上海：上海通商海关总税务司署造册处，1928.

[5] 省政府准国民政府工商部函知设立工商访问局请搜集材料令建设厅遵照［N］. 湖北省政府公报，1928（24）.

[6] 中国恢复关税主权之经过（下编）［M］. 北洋政府外交部编纂委员会，1929.

[7] 工商部商品检验暂行条例［J］. 公安旬刊，1930-1（30）.

[8] 实业部驻外商务专员章程［N］. 实业公报，1931（12）.

[9] 实业部国际贸易局组织条例［N］. 国民政府公报，1931（827）.

[10] 民国十九年中华民国海关进口税税则［N］. 行政院公报，1931（217）.

[11] 半年来之亚洲文化协会［M］. 南京：亚洲文化协会，1931.

[12] 王彦威. 清季外交史料［M］. 王希隐自排本，1932.

主要参考文献

299

［13］中华民国海关进口税税则［M］.上海：总税务司署统计科，1933.

［14］陈和铣.参加国联世界文化合作会第十四次会议之经过［M］.北京：世界编译馆，1933.

［15］修正海关出口税则［N］.国民政府公报，1934（1458）.

［16］修正海关进口税税则［N］.国民政府公报，1934（1477）.

［17］中外文化协会章程［M］.中外文化协会，1935.

［18］上海市通志馆年鉴委员会.上海市年鉴（1936）［M］.上海：中华书局，1936.

［19］中苏文化协会会章［M］.中苏文化杂志，1936-1（1）.

［20］新华日报馆.新华日报社论（第五集）［M］.新华日报馆印行，1938.

［21］财政部贸易委员会组织规程［N］.经济动员，1938（7）.

［22］盛慕杰、沈雷春、陈禾章.中国战时经济法规汇编［M］.上海：世界书局，1940.

［23］修正财政部贸易委员会组织规程［N］.经济汇报，1940-2（1-2）.

［24］周亮才.贸易法令章则汇编［M］.南平：福建省贸易特种股份有限公司，1941.

［25］罗忠恕.中国与国外大学学术合作之建议及东西文化学社之缘起［M］.成都：蓉新印刷工业合作社，1941.

［26］战时管理进出口物品条例［Z］.中农月刊，1942-3（5）.

［27］修正资源委员会国外贸易事务所组织规程［N］.资源委员会公报，1947-12（5）.

［28］联合国教育、科学、文化组织中国委员会筹备委员会组织规程［N］.教育部公报，1947-19（4）.

［29］教育部教育年鉴编纂委员会.第二次中国教育年鉴［M］.上海：商务印书馆，1948.

［30］朱斯煌.民国经济史：银行周报三十周年纪念刊［M］.银行学会银行周报社，1948.

［31］华商报社.解放区贸易须知［Z］.香港：华商报社资料室，1949.

［32］山东解放区进出口贸易管理暂行办法［N］.经济导报，1949（110）.

[33] 山东解放区征收进出口税暂行条例 [N]. 经济导报，1949（110）.

[34] 华北对外贸易管理局. 华北对外贸易法令汇编 [M]. 新华书店印行.

[35] 中央人民政府海关总署. 新中国海关 [Z]. 中央人民政府海关总署，1951.

[36] 人民政协文件 [M]. 北京：人民出版社，1951.

[37] 中国国际贸易促进委员会. 三年来新中国经济的成就 [M]. 北京：人民出版社，1952.

[38] 中国国际贸易促进委员会. 莫斯科国际经济会议与中国 [M]. 北京：中国国际贸易促进委员会，1952.

[39] 中央人民政府法制委员会. 中央人民政府法令汇编（1949—1950）[M]. 北京：人民出版社，1952.

[40] 中央人民政府法制委员会. 中央人民政府法令汇编（1951）[M]. 北京：人民出版社，1953.

[41] 中央人民政府法制委员会. 中央人民政府法令汇编（1952）[M]. 北京：人民出版社 1954.

[42] 中央人民政府法制委员会. 中央人民政府法令汇编（1953）[M]. 北京：法律出版社，1955.

[43] 中国史学会. 鸦片战争 [M]. 上海：上海人民出版社，1955.

[44] 中华人民共和国第一届全国人民代表大会第三次会议秘书处. 中华人民共和国第一届全国人民代表大会第三次会议汇刊 [Z]. 第一届全国人民代表大会第三次会议秘书处，1956.

[45] 中国人民对外文化协会，对外文化联络局. 文化交流资料（中国古典歌舞剧团在北欧五国）[Z]. 中国人民对外文化协会、对外文化联络局，1956.

[46] 中华人民共和国外交部. 中华人民共和国条约集 [M]. 北京：法律出版社，1957.

[47] 彭泽益. 中国近代手工业史资料 [M]. 北京：生活·读书·新知三联书店，1957.

[48] 中央工商行政管理局资本主义经济改造研究室，中国科学院经济研

究所资本主义经济改造研究室. 私营商业的社会主义改造（资料）[M]. 北京：生活·读书·新知三联书店，1963.

[49] 刘朝缙等. 中国对外贸易及经营管理 [M]. 香港：经济导报社，1978.

[50] 朱庆隆等. 拨乱反正，办好财贸——肃清"四人帮"在财贸战线散布的流毒 [M]. 北京：中国财政经济出版社，1979.

[51] 吕浦，张振鹍等. "黄祸论"历史资料选辑 [M]. 北京：中国社会科学出版社，1979.

[52] 上海文艺出版社. 中国现代文艺资料丛刊（第5辑）："左联"成立五十周年纪念特辑 [M]. 上海：上海文艺出版社，1980.

[53] 刘真. 留学教育：中国留学教育史料 [M]. 台湾地区编译馆，1980.

[54] 中国第一历史档案馆. 清代中俄关系档案史料选编 [M]. 北京：中华书局，1981.

[55] 中国第二历史档案馆. 中华民国档案资料汇编 [M]. 南京：江苏人民出版社，1981.

[56] 对外文化联络委员会综合研究室. 中华人民共和国文化合作协定汇编 [G]. 北京：对外文化联络委员会综合研究室，1982.

[57] 中共中央马克思恩格斯列宁斯大林著作编译局马恩室. 马克思恩格斯著作在中国的传播 [M]. 北京：人民出版社，1983.

[58] "中国近代经济史资料丛刊"编辑委员会. 中国海关与中日战争 [M]. 北京：中华书局，1983.

[59] "中国近代经济史资料丛刊"编辑委员会. 中国海关与英德续借款 [M]. 北京：中华书局，1983.

[60] 文天行，王大明，廖全京. 中华全国文艺界抗敌协会资料汇编 [M]. 成都：四川省社会科学院出版社，1983.

[61] 中国人民政治协商会议全国委员会文史资料研究委员会. 五星红旗从这里升起：中国人民政治协商会议诞生记事资料选编 [M]. 北京：文史资料出版社，1984.

[62] 魏宏运. 抗日战争时期晋察冀边区财政经济史资料选编 [M]. 天津：南开大学出版社，1984.

[63] 中国艺术研究院戏曲研究所戏曲研究编辑部，吉林省戏剧创作评论室评论辅导部. 戏剧工作文献资料汇编［G］. 北京：中国艺术研究院戏曲研究所，1984.

[64] 刘少奇. 刘少奇选集［M］. 北京：人民出版社，1985.

[65] 北京大学国际政治系. 中国现代史统计资料选编［M］. 郑州：河南人民出版社，1985.

[66] 中山大学历史系孙中山研究室等. 孙中山全集［M］. 北京：中华书局，1985.

[67] 中南财经大学经济史教研室. 中华人民共和国经济史教学参考资料［G］. 中南财经大学经济史教研室，1985.

[68] 中华人民共和国国民经济和社会发展第七个五年计划（1986—1990）［M］. 北京：人民出版社，1986.

[69] 中共山西省委党史研究室. 文献选编（抗日战争时期二）［M］. 太原：山西人民出版社，1986.

[70] 中共中央文献研究室. 十一届三中全会以来重要文献选读［M］. 北京：人民出版社，1987.

[71] "东北解放区财政经济史"编写组. 东北解放区财政经济史资料选编［M］. 哈尔滨：黑龙江人民出版社，1988.

[72] 孙玉宗. 对外经济贸易工作手册［M］. 北京：中国财政经济出版社，1988.

[73] 中共中央党史资料征集委员会征集研究室. 党的创立和第一次国内革命战争时期［M］. 北京：中共党史资料出版社，1989.

[74] 中国社会科学院，中央档案馆. 1949—1952 中华人民共和国经济档案资料选编［M］. 北京：中国城市经济社会出版社，1990.

[75] 中华人民共和国对外经济贸易部. 对外贸易统计资料汇编［G］. 中华人民共和国对外经济贸易部，1990.

[76] 文化部党史资料征集工作委员会，对外文化联络局党史资料征集工作领导小组. 当代中外文化交流史料［M］. 北京：文化艺术出版社，1990.

[77] 关于国民经济和社会发展十年规划和第八个五年计划纲要的报告

［M］．北京：人民出版社，1991.

［78］薄一波．若干重大决策与事件的回顾［M］．北京：中共中央党校出版社，1991.

［79］孟宪章．中苏贸易史资料［M］．北京：中国对外经济贸易出版社，1991.

［80］江苏省商业厅，中国第二历史档案馆．中华民国商业档案资料汇编［M］．北京：中国商业出版社，1991.

［81］毛泽东选集［M］．北京：人民出版社，1991.

［82］中共中央文献研究室．十三大以来重要文献选编［M］．北京：人民出版社，1991.

［83］全国人大常委会法制工作委员会．沿海沿江沿边开放法律法规及规范性文件汇编［M］．北京：法律出版社，1992.

［84］中共中央文献研究室．建国以来重要文献选编［M］．北京：中央文献出版社，1992.

［85］中央档案馆．中共中央文件选集［M］．北京：中共中央党校出版社，1992.

［86］胡滨．英国档案有关鸦片战争资料选译［M］．北京：中华书局，1993.

［87］中共中央文献研究室．刘少奇论新中国经济建设［M］．北京：中央文献出版社，1993.

［88］中国社会科学院，中央档案馆．1949—1952年中华人民共和国经济档案资料选编［M］．北京：经济管理出版社，1994.

［89］中华人民共和国外交部，中共中央文献研究室．毛泽东外交文选［M］．北京：中央文献出版社，1994.

［90］黎难秋．中国科学翻译史料［M］．合肥：中国科学技术大学出版社，1996.

［91］沈家五．张謇农商总长任期经济资料选编［M］．南京：南京大学出版社，1996.

［92］文化部计划财务司．全国文化事业"九五"计划和2010年远景目标纲要汇编［G］．文化部计划财务司，1997.

[93] 马模贞. 中国禁毒史资料 [M]. 天津：天津人民出版社，1998.

[94] 中国第二历史档案馆. 中华民国史档案资料汇编 [M]. 南京：江苏古籍出版社，1998.

[95] 田涛. 清朝条约全集 [M]. 哈尔滨：黑龙江人民出版社，1999.

[96] 梁启超. 梁启超全集 [M]. 北京：北京出版社，1999.

[97] 中共中央文献研究室. 毛泽东文集 [M]. 北京：人民出版社，1999.

[98] 中国社会科学院、中央档案馆. 1953—1957 中华人民共和国经济档案资料选编 [M]. 北京：中国物价出版社，2000.

[99] 中共中央文献研究室. 十五大以来重要文献选编 [M]. 北京：人民出版社，2000.

[100] 中共中央关于制定国民经济和社会发展第十个五年计划的建议 [M]. 北京：人民出版社，2000.

[101] 宋原放. 中国出版史料 [M]. 济南：山东教育出版社，2001.

[102] 中国第二历史档案馆，中国海关总署办公厅. 中国旧海关史料 [M]. 北京：京华出版社，2001.

[103] 国家"十一五"时期文化发展规划纲要 [M]. 北京：人民出版社，2006.

[104] 吴弘明. 津海关贸易年报（1865—1946）[M]. 天津：天津社会科学院出版社，2006.

[105] 江泽民文选 [M]. 北京：人民出版社，2006.

[106] 陈学恂，田正平. 中国近代教育资料汇编·留学教育 [M]. 上海：上海教育出版社，2007.

[107] 全国人大财政经济委员会办公室，国家发展和改革委员会发展规划司. 建国以来国民经济和社会发展五年计划重要文件汇编 [M]. 北京：中国民主法制出版社，2007.

[108] 中共中央文献研究室. 改革开放三十年重要文献选编 [M]. 北京：中央文献出版社，2008.

[109] 文化产业振兴规划 [M]. 北京：人民出版社，2009.

[110] 张磊. 孙中山文粹 [M]. 广州：广东人民出版社，2009.

[111] 庄建平. 近代史资料文库 [M]. 上海：上海书店出版社，2009.

主要参考文献

[112] 本书编写组. 清代档案史料选编［M］. 上海：上海书店出版社，2010.

[113] 陕西省档案局. 陕甘宁边区法律法规汇编［M］. 西安：三秦出版社，2010.

[114] 钟坚，郭茂佳，钟若愚. 中国经济特区文献资料［M］. 北京：社会科学文献出版社，2010.

[115] 中华人民共和国商务部. 中国对外投资合作发展报告 2010［M］. 上海：上海交通大学出版社，2010.

[116] 中共中央关于制定国民经济和社会发展第十二个五年规划的建议［M］. 北京：人民出版社，2010.

[117] 文化部财务司. 中国文化文物统计年鉴 2010［M］. 北京：国家图书馆出版社，2010.

[118] 中华人民共和国文化部. 中国文化文物统计年鉴 2011［M］. 北京：国家图书馆出版社，2011.

[119 中国社会科学院，中央档案馆. 1958—1965 中华人民共和国经济档案资料选编［M］. 北京：中国财政经济出版社，2011.

[120] 中共中央文献研究室，中央档案馆. 建党以来重要文献选编（一九二一——一九四九）［M］. 北京：中央文献出版社，2011.

[121] 中华人民共和国国民经济和社会发展第十二个五年规划纲要［M］. 北京：人民出版社，2011.

[122] 中共中央文献研究室. 十七大以来重要文献选编［M］. 北京：中央文献出版社，2011.

[123] 中共中央马克思恩格斯列宁斯大林编译局. 马克思恩格斯选集［M］. 北京：人民出版社，2012.

[124] 梁启超. 梁启超游记［M］. 北京：东方出版社，2012.

[125] 中华人民共和国文化部. 中国文化文物统计年鉴 2012［M］. 北京：国家图书馆出版社，2012.

[126] 国家"十二五"时期文化改革发展规划纲要［M］. 北京：人民出版社，2012.

[127] 中央档案馆，中共中央文献研究室. 中共中央文件选集［M］. 北

京：人民出版社，2013.

[128] 中共中央文献研究室. 十七大以来重要文献选编［M］. 北京：中央文献出版社，2013.

[129] 袁亮. 中华人民共和国出版史料（1966 年 5 月—1976 年 10 月）［M］. 北京：中国书籍出版社，2013.

[130] 中华人民共和国文化部. 中国文化文物统计年鉴 2013［M］. 北京：国家图书馆出版社，2013.

[131] 中共中央文献研究室. 十八大以来重要文献选编［M］. 北京：中央文献出版社，2014.

[132] 国务院关于加快发展对外文化贸易的意见［M］. 北京：人民出版社，2014.

[133] 中国第一历史档案馆，天津市档案馆，天津市长芦盐业总公司. 清代长芦盐务档案史料选编［M］. 天津：天津人民出版社，2014.

[134] 李忠杰，段东升. 中国共产党第二次全国代表大会档案文献选编［M］. 北京：中共党史出版社，2014.

[135] 中华人民共和国文化部. 中国文化文物统计年鉴 2014［M］. 北京：国家图书馆出版社，2014.

[136] 中共中央文献研究室. 十八大以来重要文献选编［M］. 北京：中央文献出版社，2015.

[137] 中华人民共和国文化部. 中国文化文物统计年鉴 2015［M］. 北京：国家图书馆出版社，2015.

[138] 姚贤镐. 中国近代对外贸易史资料（1840—1895）［M］. 北京：科学出版社，2016.

[139] 中华人民共和国文化部. 中国文化文物统计年鉴 2016［M］. 北京：国家图书馆出版社，2016.

[140] 妈祖文献整理与研究丛刊编纂委员会. 妈祖文献整理与研究丛刊（第 2 辑）［M］. 福州：海峡文艺出版社，2017.

[141] 赖骏楠. 宪制道路与中国命运：中国近代宪法文献选编 1840—1949［M］. 北京：中央编译出版社，2017.

［142］政府工作报告汇编［M］.北京：中国言实出版社，2017.

［143］中华人民共和国国务院新闻办公室.中国与世界贸易组织［M］.北京：人民出版社，2018.

［144］习近平.共建创新包容的开放型世界经济：在首届中国国际进口博览会开幕式上的主旨演讲（2018年11月5日）［M］.北京：人民出版社，2018.

［145］中华人民共和国文化部政策法规司.“十三五”文化发展改革规划汇编，北京：知识产权出版社，2018年。

［146］中华人民共和国文化部.中国文化文物统计年鉴2018［M］.北京：国家图书馆出版社，2018.

［147］孙郁，季水河.新文化运动史料丛编.马克思主义传播卷［M］.北京：人民文学出版社，2019.

［148］中华人民共和国文化和旅游部.中国文化和旅游统计年鉴2019［M］.北京：国家图书馆出版社，2019.

［149］国家统计局贸易外经统计司.中国贸易外经统计年鉴2020［M］.北京：中国统计出版社，2020.

［150］中华人民共和国文化和旅游部.中国文化和旅游统计年鉴2020［M］.北京：国家图书馆出版社，2020.

［151］习近平谈治国理政［M］.北京：外文出版社，2020.

［152］国家统计局社会科技和文化产业统计司，中宣部文化体制改革和发展办公室.中国文化及相关产业统计年鉴2020［M］.北京：中国统计出版社，2020.

［153］中国共产党第十九届中央委员会第五次全体会议文件汇编［M］.北京：人民出版社，2020.

［154］中华人民共和国商务部，国家统计局，国家外汇管理局.2020年度中国对外直接投资统计公报［M］.北京：中国商务出版社，2021.

三、报刊等文章

[1] Baron Richthofen's Travels in China. The Shanghai Evening Courier，1873-7-17（3）.

[2] 中华国货维持会缘起［N］. 时报，1911-12-25（9）.

[3] 外交部修改税则之提议［N］. 时报，1913-10-21（6）.

[4] 仲岳. 全国商业联合会第五届开幕［N］. 工商新闻，1925-5-9（6）.

[5] 中瑞合组西北科学考查团［N］. 申报，1927-5-10（9）.

[6] 中瑞合组西北科学考查团（续）［N］. 申报，1927-5-11（7）.

[7] 国际宣传委员会组织［N］. 时报，1928-5-18（5）.

[8] 规定国际宣传方案［N］. 大公报（天津），1929-6-10（3）.

[9] 外人之新疆考古热［N］. 申报，1930-5-22（8）.

[10] 新省府令斯坦因出境［N］. 申报，1931-5-23（5）.

[11] 新疆省府勒令出境［N］. 申报，1931-5-26（7）.

[12] 斯坦因由蒲犁出境［N］. 申报，1931-7-1（8）.

[13] 李秀芬. 各国在华的考古研究事业［N］. 申报，1931-7-14（25）.

[14] 国际问题研究会组英法德俄日各委会［N］. 申报，1935-5-9（10）.

[15] 国际问题研究会发起组海外经济考察团［N］. 新闻报，1935-8-9（10）.

[16] 丁文江. 我国的科学研究事业［N］. 申报，1935-12-4（2）.

[17] 战时贸易的调整工作［N］. 大公报（上海），1937-11-12（1）.

[18] 国难中留学人数仍众［N］. 申报（香港），1938-6-16（4）.

[19] 苏联赶工修筑公路通至新疆惠远［N］. 申报，1939-1-11（4）.

[20] 行政院昨日例会通过进口减税办法［N］. 中央日报（重庆），1939-9-13（2）.

[21] 东方文化协会成立［N］. 中国商报，1940-12-30（1）.

[22] 贸易部组织法 立院审查完竣［N］. 大公报（桂林），1941-6-7（2）.

[23] 周扬. 中苏英美文化交流［N］. 解放日报，1943-2-6（4）.

[24] 选民. 南洋各地特辑之四：马来亚纵横谈（一）［N］. 申报，1943-

2-24（2）.

[25] 进出口贸易暂行办法 [N]. 中央日报（重庆），1946-2-26（2）.

[26] 立法院批准中巴文化专约 [N]. 申报，1946-9-26（6）.

[27] 输入临时管理委员会穗、厦、津分设办事处 [N]. 前线日报，1946-12-29（5）.

[28] 适安. 蒋美商约出卖的是什么权益？ [N]. 人民日报，1947-2-14（4）.

[29] 漠野. 蒋美商约与二十一条 [N]. 人民日报，1947-2-18（3）.

[30] 燕凌. 三十条沉重的锁链，蒋美商约介绍 [N]. 人民日报，1947-2-23（2）.

[31] 杜波. 不平等与独惠的蒋美商约 [N]. 人民日报，1947-2-26（3）.

[32] 蒋美商约签定 美货入口激增 一个月超过去年全年一倍半 [N]. 人民日报，1947-6-12（1）.

[33] 中美文化协定签字 [N]. 中央日报，1947-11-11（2）.

[34] 美先锋论坛报记者看中共对外贸易 [N]. 大公报（上海），1949-5-12（1）.

[35] 懦君. 进展中的华北对外贸易 [N]. 大公报（香港），1949-7-28（6）.

[36] 华北出版事业跃进 [N]. 大公报（上海），1949-8-18（1）.

[37] MF. 论新旧中国的对外贸易政策（上） [N]. 大公报（香港），1949-4-12（5）.

[38] MF. 论新旧中国的对外贸易政策（下） [N]. 大公报（香港），1949-4-13（5）.

[39] 粤东潮梅解放区对外贸易管理暂行办法 [N]. 大公报（香港），1949-9-11（5）.

[40] 中央人民政府政务院发布关于关税政策和海关工作的决定 [N]. 人民日报，1950-3-8（1）.

[41] 政务院财经委员会通知各地执行《海关总署试行组织条例》 [N]. 人民日报，1950-3-17（1）.

[42] 中央人民政府政务院发布《关于设立海关原则和调整全国海关机构

的指示》[N]. 人民日报，1950-12-20（2）.

[43] 为建设独立自主的新海关而奋斗——祝中华人民共和国暂行海关法的颁布 [N]. 人民日报，1951-4-21（1）.

[44] 中华人民共和国暂行海关法 [N]. 人民日报，1951-4-28（2）.

[45] 祝国际经济会议开幕 [N]. 人民日报，1952-4-5（1）.

[46] 中央人民政府政务院《关于海关与对外贸易管理机关实行合并的决定》[N]. 人民日报，1953-1-15（1）.

[47] 中国人民杂技团由北欧返京 [N]. 人民日报，1953-1-19（1）.

[48] 关于中苏举行会谈的公报 [N]. 人民日报，1954-10-12（1）.

[49] 巴黎的人们盛赞中国艺术团——巴黎报纸综述 [N]. 人民日报，1955-6-15（4）.

[50] 中国艺术团在巴黎演出结束 [N]. 人民日报，1955-7-3（4）.

[51] 中国艺术团在瑞士巴塞尔演出受到称赞 [N]. 人民日报，1955-9-4（4）.

[52] 陈适五. 中国艺术团在瑞士 [N]. 人民日报，1955-9-13（3）.

[53] 中苏签订关于进一步发展经济合作的两项协定 [N]. 人民日报，1956-4-8（1）.

[54] 对外文化友好活动又有显著进展 [N]. 人民日报，1957-3-20（5）.

[55] 中苏商品交换总额显著增加，苏对外贸易部东方司司长说中苏贸易前景美好 [N]. 人民日报，1957-10-30（3）.

[56] 把总路线的红旗插遍全国 [N]. 人民日报，1958-5-29（1）.

[57] 方辉盛，赵克敏. 和平的使者，文化的使者——中国戏曲歌舞团访问欧洲 [N]. 戏剧报，1958-8-28.

[58] 我对外文协和日中友协发表共同声明：粉碎美日反动势力敌视中国的政策，扩大中日人民友好往来和文化交流 [N]. 人民日报，1960-9-19（1）.

[59] 中日两国人民的战斗友谊坚定不移：楚图南和中岛健藏签订两国人民之间文化交流的共同声明 [N]. 人民日报，1962-10-10（2）.

[60] 杨效农，田允中. 中国艺术团在巴黎 [N]. 人民日报，1964-3-16（3）.

主要参考文献

［61］ "丝绸之路"［N］．人民日报，1971-6-22（6）．

［62］ 中国对外贸易及经营管理座谈会在上海开幕［N］．人民日报，1978-10-18（4）．

［63］ 对外贸易要有个大发展［N］．人民日报，1978-12-4（1、4）．

［64］ 关于建国以来党的若干历史问题的决议［N］．人民日报，1981-7-1（1）．

［65］ 设立国务院对外文化联络委员会，姬鹏飞向人大常委会议作说明［N］．人民日报，1981-3-7（1）．

［66］ 中外专家探讨"丝绸之路"考察计划［N］．人民日报，1987-12-2（7）．

［67］ 我国决定扩大沿海经济开放区范围［N］．人民日报，1988-4-9（4）．

［68］ 徐松巍．危机意识与"探阅夷情"［N］．光明日报，1999-2-5（7）．

［69］ 来新夏．科学对待外来文化［N］．人民日报，1999-4-20（9）．

［70］ 龚雯．让历史铭记这十五年——中国加入世贸组织谈判备忘录［N］．人民日报，2001-11-11（2）．

［71］ 升平．中法文化年大事回望［N］．人民日报，2005-9-20（16）．

［72］ 文化事业发展第十个五年计划细要［N/OL］2006-3-20．

［73］ 中华人民共和国国务院新闻办公室．中国的对外贸易［N］．人民日报，2011-12-8（14、15）．

［74］ 李舫，樊国平．中国文化年如何提升世界影响力［N］．人民日报，2011-12-23（17）．

［75］ 刘奇葆在文化贸易工作座谈会上强调推动更多优秀文化产品走出去［N］．人民日报，2013-5-18（4）．

［76］ 习近平．弘扬人民友谊 共创美好未来——在纳扎巴耶夫大学的演讲［N］．人民日报，2013-9-8（3）．

［77］ 习近平．携手建设中国—东盟命运共同体——在印度尼西亚国会的演讲［N］．人民日报，2013-10-4（2）．

［78］ 加快推进丝绸之路经济带和21世纪海上丝绸之路建设——习近平主持召开中央财经领导小组第八次会议并发表重要讲话［N］．人民日报，2014-11-7（1）．

[79] 习近平在中共中央政治局第三十一次集体学习时强调：借鉴历史经验，创新合作理念，让"一带一路"建设推动各国共同发展 [N]. 人民日报，2016-5-1 (1).

[80] 习近平：携手共创丝绸之路新辉煌——在乌兹别克斯坦最高会议立法院的演讲 [N]. 人民日报，2016-6-23 (1).

[81] 习近平在推进"一带一路"建设工作座谈会上强调：总结经验，坚定信心，扎实推进让"一带一路"建设，造福沿线各国人民 [N]. 人民日报，2016-8-18 (1).

[82] 中共中央办公厅、国务院办公厅印发关于实施中华优秀传统文化传承发展工程的意见 [N]. 人民日报，2017-1-26 (6).

[83] 习近平. 携手推进"一带一路"建设——在"一带一路"国际合作高峰论坛开幕式上的演讲 [N]. 人民日报，2017-5-15 (3).

[84] 商务部公布 2017 年我国对外文化贸易相关数据 [N/OL]. 中华人民共和国文化和旅游部，2018-3-7.

[85] 黄发红，朱玥颖，李欣怡等. 我国对外文化交流传播取得丰硕成果 [N]. 人民日报，2018-10-29 (9).

[86] 水海刚. 中国古代海上丝绸之路的近代演变——以环南中国海地区为视域 [N]. 光明日报，2019-3-11 (14).

[87] 钟山. 我国开放型经济发展取得历史性成就 [N]. 人民日报，2020-9-29 (9).

[88] 郑海鸥. 中华优秀传统文化传承发展硕果累累——彰显文化魅力增强文化自信 [N]. 人民日报，2021-4-13 (6).

[89] 未来 5 年，中华传统文化传承发展这么 [N/OL]. 光明网，2021-4-16.

[90] 文化和旅游部关于印发《"十四五"文化和旅游发展规划》的通知 [N/OL]. 中华人民共和国文化和旅游部，2021-4-29.

[91] 明确三大任务 促进高质量发展《"十四五""一带一路"文化和旅游发展行动计划》制定印发 [N/OL]. 中华人民共和国文化和旅游部.

主要参考文献

四、学术专著

[1] 涂开舆. 华侨 [M]. 上海：商务印书馆，1934.

[2] [日] 石田干之助. 中西文化之交流 [M]. 上海：商务印书馆，1941.

[3] [美] 威廉·乌克斯. 茶叶全书 [M]. 香港：香港心一堂有限公司，1949.

[4] [德] 卡尔·马克思，[德] 弗里德里希·恩格斯. 马克思、恩格斯论中国 [M]. 上海：解放社，1950.

[5] [德] 施丢克尔. 十九世纪的德国与中国 [M]. 北京：生活·读书·新知三联书店，1963.

[6] [英] 莱特. 中国关税沿革史 [M]. 北京：商务印书馆，1963.

[7] [美] 马士. 中华帝国对外关系史 [M]. 北京：生活·读书·新知三联书店，1963.

[8] [德] 海因茨·哥尔维策尔. 黄祸论 [M]. 北京：商务印书馆，1964.

[9] [美] 费正清. 美国与中国 [M]. 北京：商务印书馆，1971.

[10] [日] 高柳松一郎. 中国关税制度论 [M]. 台北：文海出版社有限公司，1972.

[11] 华中师范大学历史系印度史研究室. 马克思、恩格斯、列宁、斯大林论印度 [M]. 北京：人民出版社，1979.

[12] [日] 实藤惠秀. 中国人留学日本史 [M]. 北京：生活·读书·新知三联书店，1983.

[13] 郑成功研究学术讨论会学术组. 郑成功研究论文选续集 [M]. 福州：福建人民出版社，1984.

[14] 延安文艺丛书编委会. 延安文艺丛书：文艺理论卷 [M]. 长沙：湖南人民出版社，1984.

[15] [美] 费正清. 剑桥中国晚清史 [M]. 北京：中国社会科学出版社，1985.

[16] 周一良. 中外文化交流史 [M]. 郑州：河南人民出版社，1987.

[17] 谭汝谦. 近代中日文化关系研究 [M]. 香港：香港日本研究所，1988.

[18] ［意］卡洛·M. 奇拉波. 欧洲经济史 ［M］. 北京：商务印书馆，1988.

[19] 沈剑虹. 半生忧患：沈剑虹回忆录 ［M］. 台北：联经出版事业公司，1989.

[20] 陈勇. 商品经济与荷兰近代化 ［M］. 武汉：武汉大学出版社，1990.

[21] 中国海关学会. 海关职工革命斗争史文集 ［M］. 北京：中国展望出版社，1990.

[22] 黄新宪. 中国留学教育的历史反思 ［M］. 成都：四川教育出版社，1991.

[23] 陈椽. 茶叶贸易学 ［M］. 合肥：中国科学技术大学出版社，1991.

[24] 叶松年. 中国近代海关税则史 ［M］. 上海：上海三联书店，1991.

[25] ［美］马士. 东印度公司对华贸易编年史 ［M］. 广州：中山大学出版社，1991.

[26] 郑友揆. 中国近代对外经济关系研究 ［M］. 上海：上海社会科学院出版社，1991.

[27] 庄建平. 国耻事典 ［M］. 成都：成都出版社，1992.

[28] 王奇生. 中国留学生的历史轨迹：1872—1949 ［M］. 武汉：湖北教育出版社，1992.

[29] 黄志平. 美国、巴统是怎样进行出口管制的 ［M］. 北京：中国对外经济贸易出版社，1992.

[30] 朱亚非. 明代中外关系史研究 ［M］. 济南：济南出版社，1993.

[31] 中华人民共和国对外文化联络局. 中国对外文化交流概览 ［M］. 北京：光明日报出版社，1993.

[32] 朱国宏. 中国的海外移民：一项国际迁移的历史研究 ［M］. 上海：复旦大学出版社，1994.

[33] 宋天仪. 中外表演艺术交流史略 1949—1992 ［M］. 北京：文化艺术出版社，1994.

[34] 田桓. 战后中日关系史年表（1945—1993）［M］. 北京：中国社会科学出版社，1994.

[35] 唐培吉. 中国近现代对外关系史 ［M］. 北京：高等教育出版社，1994.

主要参考文献

［36］李金明，廖大珂. 中国古代海外贸易史［M］. 南宁：广西人民出版社，1995.

［37］王奇生. 留学与救国：抗战时期海外学人群像［M］. 桂林：广西师范大学出版社，1995.

［38］夏瑞春. 德国思想家论中国［M］. 南京：江苏人民出版社，1995.

［39］中共陕西省委党史研究室. 中外记者团和美军观察组在延安［M］. 西安：陕西人民出版社，1995.

［40］沙健孙. 中国共产党通史［M］. 长沙：湖南教育出版社，1996.

［41］黄兴涛. 辜鸿铭文集［M］. 海口：海南出版社，1996.

［42］严绍璗，［日］中西进. 中日文化交流史大系［M］. 杭州：浙江人民出版社，1996.

［43］曹树基. 中国移民史［M］. 福州：福建人民出版社，1997.

［44］苏良智. 中国毒品史［M］. 上海：上海人民出版社，1997.

［45］上海海关志编委会. 上海海关志［M］. 上海：上海社会科学院出版社，1997.

［46］蒋宝德，李鑫生. 中国地域文化［M］. 济南：山东美术出版社，1997.

［47］林煌天. 中国翻译辞典［M］. 武汉：湖北教育出版社，1997.

［48］邱远猷、张希坡. 中华民国开国法制史：辛亥革命法律制度研究［M］. 北京：首都师范大学出版社，1997.

［49］虞宝棠. 国民政府与民国经济［M］. 上海：华东师范大学出版社，1998.

［50］朱学勤，王丽娜. 中国与欧洲文化交流志［M］. 上海：上海人民出版社，1998.

［51］［日］滨下武志. 近代中国的国际契机：朝贡贸易体系与近代亚洲经济圈［M］. 北京：中国社会科学出版社，1999.

［52］龚缨晏. 鸦片的传播与对华鸦片贸易［M］. 北京：东方出版社，1999.

［53］武力. 中华人民共和国经济史［M］. 北京：中国经济出版社，1999.

[54] 孙维学，林地. 新中国对外文化交流史略［M］. 北京：中国友谊出版公司，1999.

[55] 戴延年，陈日浓. 中国外文局五十年大事记［M］. 北京：新星出版社，1999.

[56] 张恩荫，杨来运. 西方人眼中的圆明园［M］. 北京：对外经济贸易大学出版，2000.

[57] ［美］马士. 中华帝国对外关系史［M］. 上海：上海书店出版社，2000.

[58] 广州市地方志编纂委员会. 广州市志［M］. 广州：广州出版社，2000.

[59] 崔丕. 美国的冷战战略与巴黎统筹委员会、中国委员会（1945—1994）［M］. 长春：东北师范大学出版社，2000.

[60] 秦宝琦. 五千年中外文化交流史［M］. 福州：福建人民出版社，2000.

[61] 庄国土. 华侨华人与中国的关系［M］. 广州：广东高等教育出版社，2001.

[62] 朱维铮. 利玛窦中文著译集［M］. 上海：复旦大学出版社，2001.

[63] 钱平桃，陈显泗. 东南亚历史舞台上的华人与华侨［M］. 太原：山西教育出版社，2001.

[64] ［美］何伟亚. 怀柔远人：马戛尔尼使华的中英礼仪冲突［M］. 北京：社会科学文献出版社，2002.

[65] 陈诗启. 中国近代海关史［M］. 北京：人民出版社，2002.

[66] 李喜所，张静. 五千年中外文化交流史［M］. 北京：世界知识出版社，2002.

[67] 葛荷英. 档案鉴定：理论与方法［M］. 北京：中国档案出版社，2002.

[68] 叶再生. 中国近代现代出版通史［M］. 北京：华文出版社，2002.

[69] 苏少之. 中国经济通史［M］. 长沙：湖南人民出版社，2002.

[70] 鲜于浩、田永秀. 近代中法关系史稿［M］. 成都：西南交通大学出版社，2003.

[71] 米镇波. 清代中俄恰克图边境贸易［M］. 天津：南开大学出版社，2003.

[72] 孔海珠. 左翼·上海（1934—1936）［M］. 上海：上海文艺出版社，2003.

[73] 谢必震. 明清中琉航海贸易研究［M］. 北京：海军出版社，2004.

[74] 李云泉. 朝贡制度史论——中国古代对外关系体制研究［M］. 北京：新华出版社，2004.

[75] ［英］李约瑟. 中国科学技术史［M］. 北京：科学出版社，2005.

[76] ［英］赫德. 这些从秦国来——中国问题论集［M］. 天津：天津古籍出版社，2005.

[77] ［英］斯当东. 英使谒见乾隆纪实［M］. 上海：上海书店出版社，2005.

[78] ［美］史景迁. 中国纵横［M］. 上海：上海远东出版社，2005.

[79] 张西平. 传教士汉学研究［M］. 郑州：大象出版社，2005.

[80] 米镇波. 清代西北边境地区中俄贸易：从道光朝到宣统朝［M］. 天津：天津社会科学院出版社，2005.

[81] 刘兆伟，许金龙，赵为. 日本侵华对文教的摧残与掠夺：纪念抗日战争胜利六十周年［M］. 沈阳：辽宁大学出版社，2005.

[82] 赵凌云. 中国共产党经济工作史［M］. 武汉：湖北人民出版社，2005.

[83] 奚洁人，余源培. 二十世纪中国社会科学（马克思主义卷）［M］. 上海：上海人民出版社，2005.

[84] 王尔敏. 五口通商变局［M］. 桂林：广西师范大学出版社，2006.

[85] ［瑞典］罗伯特·贺曼逊. 伟大的中国探险：一个远东贸易的故事［M］. 广州：广东人民出版社，2006.

[86] 李喜所. 近代留学生与中外文化［M］. 天津：天津教育出版社，2006.

[87] 马祖毅等. 中国翻译通史［M］. 武汉：湖北教育出版社，2006.

[88] 孟长勇. 从东方到西方：20 世纪中国文学与世界文学［M］. 上海：复旦大学出版社，2007.

[89] 许明龙. 欧洲十八世纪中国热［M］. 北京：外语教学与研究出版社，2007.

[90] 王冀青. 国宝流散：藏经洞纪事［M］. 兰州：甘肃教育出版社，2007.

[91] ［美］肯尼思·F. 基普尔. 剑桥世界人类疾病史［M］. 上海：上海科技教育出版社，2007.

[92] 侯仁之等. 名家眼中的圆明园［M］. 北京：文化艺术出版社，2007.

[93] ［美］彭慕兰，［美］史蒂夫·托皮克. 贸易打造的世界［M］. 西安：陕西师范大学出版社，2008.

[94] 陈椽. 茶叶通史［M］. 北京：中国农业出版社，2008.

[95] 高令印，高秀华. 辜鸿铭与中西文化［M］. 福州：福建人民出版社，2008.

[96] 巴兆祥. 中国地方志流播日本研究［M］. 上海：上海人民出版社，2008.

[97] ［美］徐中约. 中国近代史：1600—2000，中国的奋斗［M］. 北京：世界图书出版公司，2008.

[98] ［美］刘海善. 中国经济特区——从深圳到上海的特区政策变迁与现代化新路径［M］. 上海：上海人民出版社，2008.

[99] 章文钦. 广东十三行与早期中西关系［M］. 广州：广东经济出版社，2009.

[100] 王尔敏. 晚清商约外交［M］. 北京：中华书局，2009.

[101] 裴长洪. 共和国对外贸易 60 年［M］. 北京：人民出版社，2009.

[102] ［美］道格拉斯·诺斯，［美］罗伯斯·托马斯. 西方世界的兴起［M］. 北京：华夏出版社，2009.

[103] ［加］卜正民，［加］若林正. 鸦片政权：中国、英国和日本（1839—1952）［M］. 合肥：黄山书社，2009.

[104] 仲伟民. 茶叶与鸦片：十九世纪经济全球化中的中国［M］. 北京：生活·读书·新知三联书店，2010.

[105] ［俄］特鲁谢维奇. 十九世纪前的俄中外交及贸易关系［M］. 长

沙：岳麓书社，2010.

[106] [美] 费正清. 中国的世界秩序——传统中国的对外关系 [M]. 北京：中国社会科学出版社，2010.

[107] 徐宗泽. 明清间耶稣会士译著提要 [M]. 上海：上海人民出版社，2010.

[108] 吴承明，董志凯. 中华人民共和国经济史 [M]. 北京：社会科学文献出版社，2010.

[109] 刘克祥，吴太昌. 中国近代经济史 [M]. 北京：人民出版社，2010.

[110] 元青等. 中国留学通史 [M]. 广州：广东教育出版社，2010.

[111] 佳宏伟. 区域社会与口岸贸易——以天津为中心（1867—1931）[M]. 天津：天津古籍出版社，2010.

[112] 林满红. 银线：19世纪的世界与中国 [M]. 南京：江苏人民出版社，2011.

[113] 高平叔. 蔡元培教育论著选 [M]. 北京：人民教育出版社，2011.

[114] 中国社会科学院近代史研究所. 中华民国史 [M]. 北京：中华书局，2011.

[115] [日] 井上裕正. 清代鸦片政策史研究 [M]. 拉萨：西藏人民出版社，2011.

[116] 孙成德. 化蛹成蝶的追求：档案文化建设的理论与实践 [M]. 沈阳：辽宁人民出版社，2011.

[117] [荷] 伽士特拉. 荷兰东印度公司 [M]. 上海：东方出版中心，2011.

[118] 周大鸣. 侨乡·宗族·围龙屋：梅州南口侨乡村的田野考察 [M]. 北京：知识产权出版社，2012.

[119] 葛兆光. 古代中国文化讲义 [M]. 上海：复旦大学出版社，2012.

[120] 严中平. 中国近代经济史 [M]. 北京：人民出版社，2012.

[121] 张晓编. 近代汉译西学书目题要（明末至1919）[M]. 北京：北京大学出版社，2012.

[122] [英] 布鲁诺. 英帝国在华利益之基石：近代中国海关（1854—1949年）[M]. 北京：中国海关出版社，2012.

[123] 陈慈玉. 近代中国茶叶之发展 [M]. 北京：中国人民大学出版社，2013.

[124] ［英］乔治·马戛尔尼，［英］约翰·巴罗. 马戛尔尼使团使华观感 [M]. 北京：商务印书馆，2013.

[125] 祝国红，王芳. 古代中日贸易述论 [M]. 济南：山东人民出版社，2014.

[126] 元青. 留学生与中国文化的海外传播：以 20 世纪上半期为中心的考察 [M]. 天津：南开大学出版社，2014.

[127] 董志凯. 应对封锁禁运——新中国历史一幕 [M]. 北京：社会科学文献出版社，2014.

[128] 徐海荣. 中国饮食史 [M]. 杭州：杭州出版社，2014.

[129] 潘世伟，徐党哉. 世界社会主义研究年鉴（2013）[M]. 上海：上海人民出版社，2014.

[130] 沈定平. "伟大相遇"与"对等较量"——明清之际中西贸易和文化交流研究 [M]. 北京：商务印书馆，2015.

[131] 方豪. 中西交通史 [M]. 上海：上海人民出版社，2015.

[132] ［美］萨拉·罗斯. 茶叶大盗：改变世界史的中国茶 [M]. 北京：社会科学文献出版社，2015.

[133] 王寅生. 西方的中国形象 [M]. 北京：团结出版社，2015.

[134] 曹宇明，徐忠良. 圆明园流散文物考录（法国卷）[M]. 上海：上海远东出版社，2015.

[135] 齐海鹏，孙文学，张军. 中国财政史 [M]. 大连：东北财经大学出版社，2015.

[136] 商务部国际贸易经济合作研究院. 中国对外贸易史 [M]. 北京：中国商务出版社，2016.

[137] 丁宗皓. 中国东北角之文化抗战 1895—1945 [M]. 沈阳：辽宁人民出版社，2015.

[138] ［英］艾伦·麦克法兰，［英］艾丽丝·麦克法兰. 绿色黄金：茶叶帝国 [M]. 北京：社会科学文献出版社，2016.

[139] 何芳川. 中外文化交流史 [M]. 北京：国际文化出版公司，2016.

主要参考文献

[140] 宋磊. 中国对外文化贸易研究［M］. 昆明：云南人民出版社，2016.

[141] 陈慈玉. 生津解渴：中国茶叶的全球化［M］. 北京：商务印书馆，2017.

[142] 孙承. 近现代中日文化交流概说（1840—1990）［M］. 北京：中国政法大学出版社，2017.

[143] 茅海建. 天朝的崩溃：鸦片战争再研究［M］. 北京：三联书店，2017.

[144] ［法］包利威. 鸦片在中国（1750—1950）［M］. 北京：中国画报出版社，2017.

[145] ［法］考狄. 西人论中国书目［M］. 北京：中华书局，2017.

[146] 何品，王良镭. 中国科学社档案资料整理与研究［M］. 上海：上海科学技术出版社，2017.

[147] 顾钧，陶欣尤. 20 世纪中国古代文化经典在美国的传播编年［M］. 郑州：大象出版社，2017.

[148] 元青等. 民国时期留美生的中国问题研究——以留美生博士论文为中心的考察［M］. 天津：南开大学出版社，2017.

[149] 吴智刚. 21 世纪海上丝绸之路与妈祖文化［M］. 广州：广东旅游出版社，2017.

[150] ［德］费迪南德·冯·李希霍芬，［德］E. 蒂森. 李希霍芬中国旅行日记［M］. 北京：商务印书馆，2018.

[151] 王来特. 近世中日通商关系史研究：贸易模式的转换与区域秩序的变动［M］. 北京：清华大学出版社，2018.

[152] 罗福惠. 非常的东西文化碰撞：近代中国人对"黄祸论"及人种学的回应［M］. 北京：北京大学出版社，2018.

[153] 李育民. 晚清中外条约关系研究［M］. 北京：法律出版社，2018.

[154] 王宪明. 本来·外来·未来——中外文化交流与中国思想文化的现代转型［M］. 北京：人民出版社，2018.

[155] 张剑. 赛先生在中国——中国科学社研究［M］. 上海：上海科学技术出版社，2018.

[156] 岑红，周棉. 留学生与中外文化交流［M］. 南京：南京大学出版社，2018.

[157] 沈福伟. 中国与欧洲文明［M］. 太原：山西教育出版社，2018.

[158] 周文玖. 民国时期中外史学交流［M］. 郑州：河南人民出版社，2019.

[159] 李君如. 李君如著作集［M］. 上海：上海人民出版社，2019.

[160] 程小莹. 白纸红字［M］. 上海：上海人民出版社，2019.

[161] ［美］费正清，邓嗣禹. 冲击与回应：从历史文献看近代中国［M］. 北京：民主与建设出版社，2019.

[162] 罗志田. 中国的近代：大国的历史转身［M］. 北京：商务印书馆，2019.

[163] 王国强. 网洋撷英：数字资源与汉学研究［M］. 南昌：江西高校出版社，2020.

[164] 程相宾. 中国文化贸易的经济学解释研究［M］. 北京：社会科学文献出版社，2020.

[165] ［美］威廉·伯恩斯坦. 伟大的贸易——贸易如何塑造世界［M］. 北京：中信出版社，2020.

[166] ［美］费正清. 中国沿海的贸易与外交：通商口岸的开埠（1842—1854）［M］. 太原：山西人民出版社，2021.

[167] 吴承忠，田昀. 中国对外文化交流与文化贸易发展历程［M］. 北京：经济科学出版社，2021.

[168] 雷颐. 帝国的覆没：近代中国社会的转型困局［M］. 北京：东方出版社，2021.

五、论文

[1] 徐维荣. 黄祸［J］. 志学报，1905（1）.

[2] 张星煌.《中国》、《中国地质图》图书介绍［J］. 地学杂志，1911，2（16）.

[3] 林淮琛. 振兴工商业意见书［J］. 东方杂志，1911，8（8）.

［4］中华民国临时大总统宣言书［J］．民国报，1912（4）．

［5］冯国福．中国茶与英国贸易沿革史［J］．东方杂志，1913，10（3）．

［6］全国商业联合会成立始末记［J］．云南实业杂志，1913，2（3）．

［7］国定关税条例（教令第二十八号）［J］．东方杂志，1918，15（2）．

［8］蔡和森．马克思学说与中国无产阶级［J］．新青年，1921，9（4）．

［9］李季．社会主义与中国［J］．新青年，1921，8（6）．

［10］中国共产党对于时局的主张［J］．先驱，1922（9）．

［11］振宇．关税主权与外人代管［J］．向导，1923（16）．

［12］蔡和森．为收回海关主权事告全国国民［J］．向导，1923（48）．

［13］陈独秀．关税主权与资产阶级［J］．向导，1923（50）．

［14］王友梧．我所望于全国实业大会及全国商业联合会者［J］．国货月
报，1924，1（6）．

［15］段大成，党荣庆．赴农商部实业会议报告书［J］．劝农浅说，1924
（32）．

［16］资耀华．中国国际贸易之现状及其救济方案［J］．东方杂志，1925，
22（17）．

［17］陈独秀．我们对于关税问题的意见［J］．向导，1925（131）．

［18］张太雷．抗议粤海关停止验货起卸［J］．人民周刊，1926（3）．

［19］张太雷．海关问题发生后之各方面［J］．人民周刊，1926（4）．

［20］为海关事件告广东民众［J］．人民周刊，1926（4）．

［21］对粤海关税务司贝尔宣言［J］．人民周刊，1926（4）．

［22］工商部工商访问局暂行组织规程［J］．工商公报，1928，1（7）．

［23］左翼作家联盟成立了［J］．大众文艺（上海1928），1930，2（4）．

［24］国内文艺消息：左翼作家联盟消息［J］．萌芽月刊，1930，1（5）．

［25］海关出口税则：附出口税则修正案比较表［J］．国际贸易导报，
1931，2（6）．

［26］菲律宾华侨文化机关调查表［J］．华侨周报，1932（19）．

［27］何家驹．商品检验局的内容和我的杂感［J］．实业部天津商品检验
局季刊，1932，2（2）．

［28］翁文灏．李希霍芬与中国之地质工作［J］．国风半月刊，1933，3

（12）.

[29] ［瑞典］斯文·赫定，李玉林. 地学耆旧——李希霍芬小传 [J]. 方志月刊，1934，7（4）.

[30] 海外华侨文化机关统计表 [J]. 侨务月报，1934，1（4）.

[31] ［德］克莱白. 李希霍芬之研究工作与教育工作 [J]. 方志月刊，1935，8（1-2）.

[32] 修正海关出口税则明令颁布 [J]. 矿业周报，1935（341）.

[33] ［德］彭克. 李希霍芬对地理学之贡献 [J]. 地理杂志，1935，8（1-2）.

[34] 真之. 介绍中苏文化协会 [J]. 世界知识，1936，4（1）.

[35] 郭子雄. 中国与世界文化合作 [J]. 中国国际联盟同志会月刊，1936，1（2）.

[36] 土货三十四种免征出口税 [J]. 银行周报，1939，23（25）.

[37] 非常时期禁止进口物品办法 [J]. 中央银行月报，1939，8（7）.

[38] 财部汇编土货转口免税品目表 [J]. 金融周报，1940，9（4）.

[39] ［德］魏金鳌. 斐迪南·李希霍芬传 [J]. 中德学志，1940，2（2）.

[40] 洛甫. 抗战以来中华民族的新文化运动与今后任务 [J]. 解放，1940，6（103）.

[41] 梁盛志. 华侨之世界的分布 [J]. 侨声，1942，4（5）.

[42] 钱穆. 东西文化社缘起 [J]. 旅行杂志，1943，17（7）.

[43] 历年度出国留学生 [J]. 统计月报，1943（66）.

[44] 宋则行. 综论战后对外贸易政策 [J]. 财政评论，1944，11（1）.

[45] 修正进出口贸易暂行办法 [J]. 银行周报，1946，30（47）.

[46] 大珽. 对外贸易的逆态与立法院修改进出口关税税则 [J]. 经济导报，1946（1）.

[47] 输出推广委员会昨正式宣告成立，并决定十七个贸易小组会召集人 [J]. 征信所报，1947（277）.

[48] 输出推广委员会设各地办事处 [J]. 金融周刊，1947，8（12）.

[49] 输出入管理委员会介绍 [J]. 机联，1948（225）.

[50] 管理进出口贸易办法 [J]. 工商法规，1948（59）.

[51] 汪通祺. 战后两年来的中外文化交流 [J]. 中华教育界，1948（5）.

[52] 张轶东. 中英两国最早的接触 [J]. 历史研究，1958 (5).

[53] 楚图南. 我国对外文化交流工作的发展 [J]. 世界知识，1964 (19).

[54] 全汉昇. 明季中国与菲律宾间的贸易 [J]. 中国文化研究所学报，1968 (1).

[55] [日] 大庭脩. 日清贸易概观 [J]. 社会科学辑刊，1980 (1).

[56] 李伯祥，蔡永贵，鲍正廷. 关于十九世纪三十年代鸦片进口和白银外流的数量 [J]. 历史研究，1980 (5).

[57] 欧阳采薇. 西书中关于圆明园的纪事 [M] //中国圆明园学会筹委会. 圆明园（第1集）. 北京：中国建筑工业出版社，1981.

[58] 蔡鸿生. "商队茶" 考释 [J]. 历史研究，1982 (6).

[59] 史树青. 法国枫丹白露中国馆中的圆明园遗物 [M] //中国圆明园学会筹备委员会. 圆明园（第2集）. 北京：中国建筑工业出版社，1983.

[60] 王建辉. "海上丝绸之路" 应称为 "瓷器之路" [J]. 求索，1984 (6).

[61] 李大钊. 由经济上解释中国近代思想变动的原因 [M] //李大钊史学论集. 石家庄：河北人民出版社，1984.

[62] 郭蕴深. 中俄茶叶贸易初探 [J]. 社会科学战线，1985 (2).

[63] 于醒民. 第一个鸦片贸易合法化协议 [J]. 史学月刊，1985 (4).

[64] 胡建中. 清代火炮 [J]. 故宫博物院院刊，1986 (2).

[65] 王若昭. 明代对佛郎机炮的引进和发展 [J]. 清华大学学报（哲社版），1986 (1).

[66] [日] 柴田敏隆. 收集的道德观念 [Z] //文化部文物局教育处南开大学历史系. 博物馆学参考资料（下），1986.

[67] 孔原. 周恩来与新中国的人民海关建设 [M] //中央文献出版社. 不尽的思念. 北京：中央文献出版社，1987.

[68] 林健. 洪任辉案——兼论乾隆时期的对外贸易政策 [M] //中国人民大学清史研究所. 清史研究集（第六辑）. 北京：光明出版社，1988.

[69] 傅衣凌. 明代泉州安平商人论略——读《景璧集》《镜山全集》等

书后札记［M］//安海港史研究. 福州：福州教育出版社，1989.

[70]［英］梅森. 19 世纪西方对鸦片贸易的评论［M］//国外中国近代史研究（第 12 辑）. 北京：中国社会科学出版社，1989.

[71] 毛泽东. 中国革命与中国共产党［M］//毛泽东选集（第二卷）. 北京：人民出版社，1991.

[72] 毛泽东. 新民主义论［M］//毛泽东选集（第二卷）. 北京：人民出版社，1991.

[73] 毛泽东. 论联合政府［M］//毛泽东选集（第三卷）. 北京：人民出版社，1991.

[74] 毛泽东. 唯心历史观的破产（1949 年 9 月 16 日）［M］//毛泽东选集（第四卷）. 北京：人民出版社，1991.

[75] 冯天瑜. 试论道咸间经世派的"开眼看世界"［J］. 近代史研究，1991（2）.

[76] 林谷良. 新中国反封锁、反禁运史实述略［M］//中共中央党史研究室. 中共党史资料（第 42 辑）. 北京：中共党史出版社，1992.

[77] 唐凌. 协定关税——一条束缚中国的巨大绳索［J］. 广西师范大学学报（哲学社会科学版），1992（3）.

[78] 林仁川. 北洋军阀时期财政与关税自主［J］. 中国社会经济史研究，1993（3）.

[79] 庄国土. 鸦片战争前 100 年的广州中西贸易（上）［J］. 南洋问题研究，1995（2）.

[70] 王建朗. 中国废除不平等条约的历史考察［J］. 历史研究，1997（5）.

[81] 李志强. 茶商万里行［M］//中国人民政治协商会议张家口市委员会文史资料委员会. 张家口文史资料（第 31—32 辑），1997.

[82] 毛泽东. 论十大关系［M］//中共中央文献研究室. 毛泽东文集（第 7 卷）. 北京：人民出版社，1999.

[83] 元青. 民国时期的留美学生与中美文化交流［J］. 南开大学学报（哲学社会科学版），2000（5）.

[84] 林延清. 试论明清之际中西文化交流的分期、特点和历史作用

主要参考文献

［J］. 河南大学学报（社会科学版），2001（5）.

［85］罗福惠. 孙中山先生怎样对待"黄祸"论？［J］. 华中师范大学学报（人文社科版），2001（2）.

［86］吴义雄. 鸦片战争前的鸦片贸易在研究［J］. 近代史研究，2002（2）.

［87］张国刚. 明清之际中欧贸易格局的演变［J］. 天津社会科学，2003（6）.

［88］黄一农. 红夷大炮与皇太极创立的八旗汉军［J］. 历史研究，2004（4）.

［89］林琳，许学强. 广东及周边地区骑楼发展的时空过程及动力机制［J］. 人文地理，2004（1）.

［90］田伟. "四三方案"的出台经过［M］//中共中央党史研究室、中央档案馆. 中共党史资料（第90辑）. 北京：中共党史出版社，2004.

［91］杨小平. 李希霍芬地貌学思想在德国的继承和发展［J］. 第四纪研究，2005（4）.

［92］Dieter Jaekel. 李希霍芬对中国地质和地球科学的贡献［J］. 第四纪研究，2005（4）.

［93］孙继敏. 李希霍芬与黄土的风成学说［J］. 第四纪研究，2005（4）.

［94］郭正堂，刘东生. 黄土与地球系统：李希霍芬对黄土研究的贡献及对地球系统科学研究的现实意义［J］. 第四纪研究，2005（4）.

［95］吴义雄. 基督教道德与商业利益的较量——1830年来华传教士与英商关于鸦片贸易的辩论［J］. 学术研究，2005（12）.

［96］李里峰. 中共中央领导层中的留学生群体分析（1921—1949）［J］. 徐州师范大学学报（哲学社会科学版），2005（6）.

［97］张先清. 康熙三十一年容教诏令初探［J］. 历史研究，2006（5）.

［98］何顺果. 特许公司——西方推行"重商政策"的急先锋［J］. 世界历史，2007（1）.

［99］王国强. "侨居地汉学"与十九世纪末英国汉学之发展——以《中国评论》为中心的讨论［J］. 清史研究，2007（4）.

[100] 郑德华. 近现代岭南侨乡文化与中华文化的一体多元 [M] //王俊义. 炎黄文化研究（第 9 辑）. 郑州：大象出版社，2009.

[101] 康波. 法国东印度公司与中法贸易 [J]. 学习与探索，2009（6）.

[102] 王宏斌. 罂粟传入中国及其在古代的医药价值析论 [J]. 广东社会科学，2009（5）.

[103] 王宏斌. 从英国议会文件看英国外交官关于鸦片贸易合法化的密谋活动 [J]. 世界历史，2010（3）.

[104] 桑兵. 华洋变形的不同世界 [J]. 学术研究，2011（3）.

[105] ［美］丹尼尔 C. 沃. 李希霍芬的"丝绸之路"：通往一个概念的考古学 [M] //朱玉麒. 西域文史第七辑. 北京：科学出版社，2012.

[106] 裴长洪. 中国对外贸易 65 年的基本线索：变革与增长 [J]. 中国经济史研究，2013（3）.

[107] 周长山. "海上丝绸之路"概念之产生与流变 [J]. 广西地方志，2014（3）.

[108] 王冀青. 关于"丝绸之路"一词的词源 [J]. 敦煌学辑刊，2015（2）.

[109] 韩昭庆. 康熙《皇舆全览图》与西方对中国历史疆域认知的成见 [J]. 清华大学学报（哲学社会科学版），2015（6）.

[110] 杨国桢，王鹏举. 中国传统海洋文明与海上丝绸之路的内涵 [J]. 厦门大学学报（哲学社会科学版），2015（4）.

[111] 陈支平. 从文化传承的视野来评价林则徐的伟大历史贡献 [J]. 福建论坛（人文社会科学版），2015（9）.

[112] 陈支平. 关于"海丝"研究得若干问题 [J]. 文史哲，2016（6）.

[113] 王加丰. 西方历史上的特许公司 [J]. 历史教学问题，2016（2）.

[114] 仝群旺. 抵货运动与国货运动中的中国共产党 [J]. 广东社会科学，2016（1）.

[115] 庞乃明. "船坚利炮"：一个明代已有的欧洲形象 [J]. 史学月刊，2016（2）.

[116] 王小英. "丝绸之路"的语言学命名及其传播中的话语实践

［J］. 现代传播，2017（11）.

［117］王健. 从"丝绸之路"概念演变到"近代丝绸之路"研究［J］. 云南师范大学学报（哲学社会科学版），2017（6）.

［118］吴贺. 18—20世纪中俄茶路兴衰的再思考［J］. 南开大学学报（哲学社会科学版），2017（2）.

［119］［日］井上久士文. 南京大屠杀与中国国民党国际宣传处［M］// 朱成山. 日本侵华史研究（第4卷）. 南京：南京出版社，2017.

［120］李玉茹，黄晓坚. 潮汕侨乡文化概论［J］. 八桂侨刊，2017（1）.

［121］刘进宝. "丝绸之路"概念的形成及其在中国的传播［J］. 中国社会科学，2018（11）.

［122］唐晓峰. 李希霍芬的"丝绸之路"［J］. 读书，2018（3）.

［123］邬国义. "丝绸之路"名称概念传播的历史考察［J］. 学术月刊，2019（5）.

［124］陈支平，林东杰. 明代市舶司与提督市舶太监［J］. 东南学术，2019（2）.

［125］牛军. 关于当代中国对外关系史研究的几点看法［J］. 中共党史研究，2019（4）.

［126］宁文晓，程舒伟. 解放战争时期东北解放区对苏贸易研究［J］. 社会科学战线，2019（10）.

［127］李伯重. 丝绸之路的终结：丝绸之路史研究的新视角［J］. 亚洲世界历史评论，2020（8）.

［128］［日］万志英. 13—17世纪东亚的海上贸易世界［M］//李庆新. 海洋史研究（第十五辑）. 北京：社会科学文献出版社，2020.

［129］唐俊. 近代粤海关职工斗争的发展历程（1917—1949）［J］. 海关与经贸研究，2020（6）.